中华传世藏书 【图文珍藏版】

资治通鉴

[北宋]司马光·原著
姜涛·主编

线装书局

资治通鉴第三十三卷

汉纪二十五

【原文】

孝成皇帝下绥和二年（甲寅，前7年）

二月，壬子，丞相方进薨。

时荧惑守心，丞相府议曹平陵李寻奏记方进，言："灾变迫切，大责日加，安得保斥逐之戮！阖府三百余人，唯君侯择其中，与尽节转凶。"方进忧之，不知所出。会郎贲丽善为星，言大臣宜当上。上乃召见方进。还归，未及引决，上遂赐册，责让以政事不治，灾害并臻，百姓穷困，曰："欲退君位，尚未忍，使尚书令赐君上尊酒十石，养牛一，君审处焉！"方进即日自杀。上秘之，遣九卿策赠印绶，赐乘舆秘器、少府供张，柱槛皆衣素。天子亲临吊者数至，礼赐异于他相故事。

臣光曰：晏婴有言："天命不慆，不贰其命。"祸福之至，安可移乎！昔楚昭王、宋景公不忍移灾于卿佐，曰："移腹心之疾，置诸股肱，何益也！"藉其灾可移，仁君犹不忍为，况不可乎！使方进罪不至死而诛之，以当大变，是诬天也；方进有罪当刑，隐其诛而厚其葬，是诬人也；孝成欲诬天、人而卒无所益，可谓不知命矣。

丙戌，帝崩于未央宫。

帝素强无疾病，是时，楚思王衍、梁王立来朝，明旦，当辞去，上宿供张白虎殿；又欲拜左将军孔光为丞相，已刻侯印，书赞。昏夜，平善，乡晨，傅绔袜欲起，因失衣，不能言，昼漏上十刻而崩。民间欢哗，咸归罪赵昭仪。皇太后诏大司马莽杂与御史、丞相、廷尉治，问皇帝起居发病状；赵昭仪自杀。

夏，四月，丙午，太子即皇帝位，谒高庙；尊皇太后曰太皇太后，皇后曰皇太后。大赦天下。

哀帝初立，躬行俭约，省减诸用，政事由己出，朝廷翕然望至治焉。

有诏问丞相、大司空："定陶共王太后宜当何居？"丞相孔光素闻傅太后为人刚暴，长于权谋，自帝在襁褓，而养长教道至于成人，帝之立又有力；光心恐傅太后与政事，不欲与帝旦夕相近，即议以为："定陶太后宜改筑宫。"大司空何武曰："可居北宫。"上从武言。北宫有紫房复道通未央宫，傅太后果从复道朝夕至帝所，求欲称尊号，贵宠其亲属，使上不得由直道行。高昌侯董宏希指，上书言："秦庄襄王，母本夏氏，而为华阳夫人所子，及即位后，俱称太后。宜立定陶共王后为帝太后。"事下有司，大司马王莽、左将军、关内侯、领尚书事师丹劾奏宏："知皇太后至尊之号，天下一统，而称引亡秦以为比喻，诖误圣朝，非所宜言，大不道！"上新立，谦让，纳用莽、丹言，免宏为庶人。傅太后大怒，要上，欲必称尊号。上乃白太皇太后，令下诏尊定陶恭王为恭皇。

诏曰："《春秋》，母以子贵。宜尊定陶太后曰恭皇太后、丁姬曰恭皇后，各置左右詹事，食邑如长信宫、中宫。"追尊傅父为崇祖侯，丁父为褒德侯；封舅丁明为阳安侯，舅子满为平周侯，皇后父晏为孔乡侯，皇太后弟侍中、光禄大夫赵钦为新城侯。太皇太后诏大司马莽就第，避帝外家；莽上疏乞骸骨。帝遣尚书令诏起莽，又遣丞相孔光、大司空何武、左将军师丹、卫尉傅喜白太皇太后曰："皇帝闻太后诏，甚悲！大司马即不起，皇帝即不敢听政！"太后乃复令莽视事。

王莽荐中垒校尉刘歆有材行，为侍中，稍迁光禄大夫，贵幸；更名秀。上复令秀典领《五经》，卒父前业；秀于是总群书而奏其七略，有》《有《六艺略》、有《诸子略》、有《诗赋略》、有《兵书略》、有《术数略》、有《方技略》。凡书六略，三十八种，五百九十六家、万三千二百六十九卷。其叙诸子，分为九流：曰儒、曰道、曰阴阳、曰法、曰名、曰墨、曰从横、曰杂、曰农，以为："九家皆起于王道既微，诸侯力政，时君世主好恶殊方，是以九家之术蜂出并作，各引一端，崇其所善，以此驰说，取合诸侯，其言虽殊，譬如水火相灭，亦相生也；仁之与义，敬之与和，相反而皆相成也。《易》曰：'天下同归而殊涂，一致而百虑。'今异家者推所长，穷知究虑以明其指，虽有蔽短，合其要归，亦《六经》之支与流裔；使其人遭明王圣主，得其所折中，皆股肱之材已。仲尼有言："礼失而求诸野。'方今去圣久远，道术缺废，无所更索，彼九家者，不犹愈于野乎！或能修《六艺》之术而观此九家之言，舍短取长，则可以通万方之略矣。"

【译文】

汉成帝绥和二年（甲寅，公元前7年）

二月，壬子（十三日），丞相翟方进去世。

当时星象显示火星停留在心宿。丞相府议曹平陵人李寻向翟方进上呈文说："灾害天变逼迫，严厉的谴责天天增加，怎样才能做到只受斥逐的惩罚！整个丞相府有三百余人，请您从中挑选合适的人与他一起尽节，转移凶险。"翟方进感到忧愁，不知如何是好。正好郎官贲丽精通天文星象，说大臣应当代替天子身当灾祸。于是成帝召见翟方进。翟方进从宫里回来，还没来得及自裁，成帝就下策书，斥责他把国家政事管理得乱七八糟，天灾人祸同时并作，百姓穷困。并说："本打算把你免职，但尚未忍心，派尚书令赐予你上等好酒十石，肥牛一头，你好自为之！"翟方进即日自杀。成帝对此事保密，派九卿拿着皇帝的策书，赠翟方进印信绶带，赐御用冥器，由少府供设帷帐，房柱和栏杆都裹以白布。成帝数次亲临吊唁，礼仪之隆重，赏赐之多，不同于其他丞相，前所未有。

臣司马光曰：晏婴有句话说："天命不容怀疑，命运只有一个，无法改变。"祸福降临，难道可以转移吗？从前楚昭王、宋景公不忍将灾祸转移到大臣身上，说："把心腹的疾患，转移到四肢，有什么好处呢！"假如灾祸可以转移，仁慈的君王还不忍心那样做，何况不可转移呢！假使翟方进罪不至死而诛杀了他，以承当天变，这是诬蔑上天；假使翟方进有罪应当处以死刑，却秘密诛杀，又赐以厚葬，这是欺骗人心。孝成皇帝想欺天、欺人，但最后并没有好处，可以说是不知天命。

丙戌（三月十八日），成帝在未央宫驾崩。

成帝一向身体强壮，没有疾病。当时，楚王刘衍、梁王刘立来京朝见，第二天早晨就要辞行归国。成帝铺设帷帐，宿于白虎殿。成帝又想拜左将军孔光为丞相，已刻好侯爵的印信，准备了封拜诏书。黄昏和夜间，还一切平静如常，清晨，成帝穿裤袜要起床，突然衣服滑落，不能言语，当计时的昼漏到十刻时，成帝驾崩。民间喧哗，都归罪于赵昭仪。皇太后诏令大司马王莽，与御史、丞相、廷尉一起追究审理，查问成帝起居和发病的情况。赵昭仪自杀。

夏季，四月，丙午（初八），太子即皇帝位。拜谒汉高祖刘邦的祭庙。尊皇太后为太皇太后，皇后为皇太后。大赦天下。

哀帝即位之初，亲自厉行节俭，减省各项费用，政事由自己裁决处理，朝廷上下一致希望能天下大治。

晏婴

哀帝下诏询问丞相、大司空："定陶共王太后应当居住在什么地方才合适？"丞相孔光素来听说傅太后为人刚强暴烈，工于心计，善于弄权，哀帝在襁褓中时，便由她抚养教导，以至成人，哀帝能继位，她又出了大力，孔光担心傅太后会干预政事，不想使她与皇帝早晚接近，于是就建议说："定陶太后应另行修筑宫室居住。"大司空何武却说："可以住在北宫。"哀帝听从何武的建议。北宫有紫房复道通到未央宫，傅太后果然从复道早晚去哀帝住所，请求哀帝加封她尊号，提拔宠信她的亲属，使哀帝无法以正道行事。高昌侯董宏迎合哀帝、傅太后的心意，上书说："秦庄襄王的母亲，本来是夏氏，后来庄襄王被华阳夫人认为嗣子。等到继位后，夏氏、华阳夫人都被尊称为太后。应该尊定陶共王后为帝太后。"哀帝把此奏章交给有关官署讨论，大司马王莽、左将军、关内侯、主管尚书事师丹联合上奏弹劾董宏说："董宏明知皇太后是最为尊贵的称号，现今天下一统，他却援引亡秦的事例作为比喻，贻误圣朝，这不是应该说的话，犯了大逆不道之罪。"哀帝新继位，态度谦让，采纳了王莽、师丹的意见，把董宏免官，贬为平民。傅太后勃然大怒，要挟哀帝，非要称尊号不可。哀帝于是转告太皇太后，太皇太后同意下诏尊定陶恭王为恭皇。

哀帝下诏说："《春秋》说，母以子贵。所以应尊定陶太后为恭皇太后，尊丁姬为恭皇后。各自设置左右詹事，采邑如同长信宫皇太后和中宫皇后。"同时追尊傅太后的父亲为崇祖侯，丁姬的父亲为褒德侯。封哀帝舅父丁明为阳安侯，舅父的儿子丁满为平周侯，傅皇后的父亲傅晏为孔乡侯。又封皇太后赵飞燕的弟弟、侍中、光禄大夫赵钦为新城侯。太皇太后王政君诏令大司马王莽离开朝廷，回到府第，以避开哀帝的外戚。王莽上书请求退休。哀帝派尚书令持诏书命令王莽出来任职。又派丞相孔光、大司空何武、左将军师丹、卫尉傅喜向太皇太后报告说："皇上听到太皇太后的诏书，十分悲痛！如果大司马不出来任职，皇上就不敢听政了。"太皇太后于是又命令王莽上朝处理政事。

王莽举荐中垒校尉刘歆，说他有才干德行，任命为侍中，逐步升为光禄大夫，地位显贵，受到皇帝宠信。刘歆改名为刘秀。哀帝又命令刘秀负责审核校对儒学《五经》，完成其父刘向未完成的事业。刘秀于是汇总群书，编成"七略"上奏，有《辑略》《六艺略》《诸子略》《诗赋略》《兵书略》《术数略》、《方技略》。记录书目的共有六略，包括三十八种、五百九十六家、一万三千二百六十九卷。其中叙述诸子的，分为九大流派：儒家、道家、阴阳家、法家、名家、墨家、纵横家、杂家、农家。他认为："九家都兴起于王道已经衰微、诸侯以实力为政的时代，当时的君主们的喜好厌恶大不相同，因此九家学派同时兴起，各持一端，推崇所喜好的学说，并用这些学说去游说各国，争取诸侯的赞同。主张虽然不同，但就像水火相灭，同时也相生一样，它们也是相反相成的。比如仁与义，敬与和，虽然相反，但也都是相成的。《易经》说：'天下人都回到同一个地方，但走的路不同；天下的道理是一致的，但人们却有许多种思虑。'而今，各个不同学派的人推崇自己学派的长处，如果深入研究，弄清它们的宗旨，虽然都有掩蔽短处的现象，但综合各家学说的主要内容和宗旨，也不过是儒学《六经》的支派或末流。倘若这些人能遇到圣王明主，将他们的主张折中修正，那么他们都可成为栋梁之材。孔子说：'礼仪失传，到乡野去寻找。'现在距离圣人的时代，已经很久远了，当时的道术不是缺失，就是废止了，无处追寻，这九家学派，不是胜过乡野吗！如果能钻研儒学《六艺》，再参考这九家学说，舍弃短处，采取精华，就可以精通万种方略了。"

资治通鉴第三十四卷

汉纪二十六

【原文】

孝哀皇帝中建平二年（丙辰，前 5 年）

上即位，司隶校尉解光、骑都尉李寻白贺良等，皆待诏黄门。数召见，陈说"汉历中衰，当更受命。成帝不应天命，故绝嗣。今陛下久疾，变异屡数，天所以谴告人也；宜急改元易号，乃得延年益寿，皇子生，灾异息矣。得道不得行，咎殃且无不有，洪水将出，灾火且起，涤荡民人。"上久寝疾，冀其有益，遂从贺良等议，诏大赦天下，以建平二年为太初元年，号曰"陈圣刘太平皇帝"，漏刻以百二十为度。

上以寝疾，尽复前世所尝兴诸神祠凡七百余所，一岁三万七千祠云。

【译文】

汉哀帝建平二年（丙辰，公元前 5 年）

哀帝即位后，司隶校尉解光、骑都尉李寻，向哀帝介绍夏贺良等人，使他们都成为待诏得以在黄门伺应召对。夏贺良等人多次被哀帝召见，向哀帝述说："汉朝的历运中衰，应当重新受命。孝成皇帝没有应合天命，因此断绝了后嗣。如今陛下患病已久，天象变异屡屡发生，这是上天在谴责和警告人们。应该赶快改换年号，才能延年益寿，诞生皇子，平息灾害变异。明白了这个道理，却不实行，灾祸就会无所不有：洪水将会涌出，大火将会燃起，冲淹和焚毁人民。"哀帝久病在床，希望更改年号能得到些益处，就听从夏贺良等人的建议，下诏大赦天下，并改建平二年为太初元年，自称"陈圣刘太平皇帝"，还把计时漏器的刻度改为一百二十度。

哀帝因为卧病在床，把过去成帝时曾祭祀过的各种神祠全部予以恢复，共七百余所。一年之中，祭祀的次数达三万七千次。

【原文】

三年（丁卯，前4年）

上使使者召丞相平当，欲封之；当病笃，不应。室家或谓当："不可强起受侯印为子孙邪？"当曰："吾居大位，已负素餐责矣；起受侯印，还卧而死，死有馀罪。今不起者，所以为子孙也！"遂上书乞骸骨，上不许，三月，己酉，当薨。

【译文】

三年（丁巳，公元前4年）

哀帝派使者召丞相平当，打算封他为侯爵。平当病重，没有应召前往。家中有的人对平当说："难道不能为子孙勉强起来接受侯印吗？"平当说："我居丞相高位，已经背着白吃饭不干事的罪责了。若起来接受侯印，回家倒在床上就死去，是死有余辜。现在我所以不起来，正是为子孙打算啊！"遂上书请求退休，哀帝不准。三月，己酉（二十八日），平当去世。

【原文】

四年（戊午，前3年）

关东民无故惊走，持稿或撷一枚，转相付与，曰"行西王母筹"，道中相过逢，多至千数；或被发徒跣，或夜折关，或逾墙入，或乘车骑奔驰，以置驿传行，经郡国二十六至京师，不可禁止。民又聚会里巷阡陌，设博具，歌舞祠西王母，至秋乃止。

驸马都尉、侍中云阳董贤得幸于上，出则参乘，入御左右，赏赐累巨万，贵震朝廷。常与上卧起；尝昼寝，偏藉上袖，上欲起，贤未觉，不欲动贤，乃断袖而起。又诏贤妻得通引籍殿中，止贤庐。又召贤女弟以为昭仪，位次皇后。昭仪及贤与妻旦夕上下，并侍左右。以贤父恭为少府，赐爵关内侯。诏将作大匠为贤起大第北阙下，重殿，洞门，土木之功，穷极技巧。赐武库禁兵、上方珍宝。其选物上弟尽在董氏，而乘舆所服乃其副也。及至东园秘器、珠襦、玉匣，豫以赐贤，无不备具。又令将作为贤冢茔义陵旁，内为便房，刚柏题凑，外为徼道，周垣数里，门阙罘罳甚盛。

上欲侯董贤而未有缘，侍中傅嘉劝上定息夫躬、孙宠告东平本章，去宋弘，更言因董贤以闻，欲以其功侯之，皆先赐爵关内侯。顷之，上欲封贤等而心惮王嘉，乃先使孔乡侯晏持诏书示丞相、御史。于是嘉与御史大夫贾延上封事言："窃见董贤等三人始赐爵，众庶匈匈，咸曰贤贵，其余并蒙恩；至今流言未解。陛下仁恩于贤等不已，宜暴贤等本奏语言，延问公卿、大夫、博士、议郎，考合古今，明正其义，然后乃加爵士；不然，恐大失众心，海内引领而议。暴评其事，必有言当封者，在陛下所从；天下虽不说，咎有所分，不独在陛下。前定陵侯淳于长初封，其事亦议，大司农谷永以长当封；众人归咎于永，先帝不独蒙其讥。臣嘉，臣延，材驽不称，死有余责，知顺指不迕，可得容身须臾；所以不敢者，思报厚恩也。"上不得已，且为之止。

上使中黄门发武库兵，前后十辈，送董贤及上乳母王阿舍。执金吾毋将隆奏言："武库兵器，天下公用。国家武备，缮治造作，皆度大司农钱。大司农钱，自乘舆不以给共养；共养劳赐，一出少府。盖不以本臧给末用，不以民力共浮费，别公私，示正路也。古者诸侯、方伯得征伐，乃赐斧钺，汉家边吏职任距寇，亦赐武库兵，皆任事然后蒙之。《春秋》之谊，家不臧甲，所以抑臣威，损私力也。今贤等便僻弄臣，私恩微妾，而以天下公用给其私门，契国威器，共其家备，民力分于弄臣，武兵设于微妾，建立非宜，以广骄僭，非所以示四方也。孔子曰：'奚取于三家之堂！'臣请收还武库。"上不说。

谏大夫渤海鲍宣上书曰："窃见孝成皇帝时，外亲持权，人人牵引所私以充塞朝廷，妨贤人路，浊乱天下，奢泰亡度，穷困百姓，是以日食且十，彗星四起。危亡之征，陛下所亲见也；今奈何反复剧于前乎！"

今民有七亡：阴阳不和，水旱为灾，一亡也；县官重责更赋租税，二亡也；贪吏并公，受取不已，三亡也；豪强大姓，蚕食亡厌，四亡也；苛吏徭役，失农桑时，五亡也；部落鼓鸣，男女遮列，六亡也；盗贼劫略，取民财物，七亡也。七亡尚可，又有七死：酷吏殴杀，一死也；治狱深刻，二死也；冤陷亡辜，三死也；盗贼横发，四死也；怨仇相残，五死也；岁恶饥饿，六死也；时气疾疫，七死也。民有七亡而无一得，欲望国安，诚难；民有七死而无一生，欲望刑措，诚难。此非公卿、守相贪残成化之所致邪！

【译文】

四年（戊午，公元前3年）

函谷关以东地区人民无故惊恐奔走，拿着一枝禾秆或麻秆，互相传递，说："将西王母的筹策传递天下。"在道路中相遇转手，多达一千余枝。有的披头散发光着脚，有的夜里绕关而行，有的翻墙而过，有的乘车骑马奔驰，利用国家设置的驿传车马赶路传递。经过二十六个郡国，传递到了京师，无法禁止。人们又在街巷、田间小路上聚会，设赌具赌博，唱歌跳舞祭祀西王母，一直闹到秋天才停止。

驸马都尉、侍中、云阳人董贤很得哀帝的宠爱，出则陪同乘车，入则随侍左右，赏赐累积有巨万，他的显贵震动了朝廷。董贤常与哀帝睡在一张床上，有一次睡午觉，董贤斜身压住了哀帝的袖子，哀帝想起床，但董贤还没睡醒，哀帝不愿惊动他，于是就把袖子割断了再起床。哀帝又诏命董贤的妻子可以经向门使通报姓名记录在案后进入皇宫，住在董贤在宫中的住所。又召董贤的妹妹入宫，封为昭仪，地位仅次于皇后。昭仪与董贤夫妻日夜侍奉哀帝，一同跟随左右。哀帝还任命董贤的父亲董恭为少府，赐爵关内侯。哀帝又下诏，命令将作大匠为董贤在北宫门外建筑宏大的宅邸，里面有前后大殿，殿门宽阔，工程浩大，豪华精巧绝伦。又赐给他武器库里宫中专用的兵器和皇宫的珍宝，宫中珍宝物品上等的，全都被挑选进了董贤的家里，而皇帝所使用的不过是次一等的了。甚至连皇家丧葬用的棺木、珍珠连缀制成的寿衣、玉璧制成的寿裤，都预先赐给了董贤，无不齐备。又下令让将作大匠在哀帝的陵墓义陵旁为董贤建筑墓园，内修别室，还用坚实的柏木，大头朝内排垒在棺外。墓园外修筑巡察道路，围墙有数里之长。门阙和用作守望防御的网状障墙十分堂皇。

哀帝想封董贤侯爵，又没有什么借口。侍中傅嘉劝哀帝更改息夫躬、孙宠告发东平王的奏章，抹去宋弘的名字，改说成是由于董贤报告，皇上才得以知晓。哀帝想用这个功劳封董贤侯爵，就先把进行告发的有功人员全赐封为关内侯。不久，哀帝想封董贤等人，又心里顾忌王嘉反对，便先派孔乡侯傅晏将诏书拿给丞相、御史看。于是王嘉与御史大夫贾延上密封奏书说："我们看到董贤等三人当初被赐封关内侯时，众人议论纷纷，都说董贤是因为贵宠而得赐封，捎带着其余两人也一起蒙恩受封，至今流言没有平息。陛下对董贤等施加仁恩不已，就应该公布董贤等人的奏章原文，询问公卿、大夫、博士、议郎，请他们考查是否合乎古今前例，使此事能名正言顺，然后再加封他们爵位采邑。不然的话，恐怕会大失众心，天下人要伸长脖子议论抨击。若公开评论此事，必有说应当加封的人，陛下不过是听从采纳其建议，如此，天下人虽然不高兴，责任也有人分担，不单在陛下一人了。从前定陵侯淳于长初封爵之时，也曾经有议论，大司农谷永认为淳于长应当加封，众人怪罪于谷永，先帝因而没有单独蒙受讥刺。臣王嘉、臣贾延，无才无能不称职，虽死仍有余责，明知顺从陛下的旨意，不违逆陛下，可以暂时保全身家性命。所以不敢这样做，是想报答陛下的厚恩啊。"哀帝不得已，暂且停止这样做。

哀帝派中黄门到武库拿兵器，前后十次，送到董贤和哀帝乳母王阿的住所。执金吾毋将隆上奏说："武库兵器，是天下公用的东西。国家武器装备的建造制作，都是用大司农的钱。大司农的钱，连天子的生活费用等都不供给。天子的生活费用和犒劳赏赐臣下的钱，一律出自少府。这就是不把国家用于根本的储藏用在不重要的事情上，不以民财人力供应无谓的消耗。区别公私，以表示所行是正路。古代侯、方伯受命主持讨伐，天子才赐给他们斧钺。汉朝边疆官吏接受抗拒侵略的任务和职务时，也赐给他们武库兵器，都是先接受军事和军职，然后接受兵器。《春秋》之义，强调臣民之家不可以私藏武器铠甲，目的在于抑制臣子的武威，削弱私家的力量。而今董贤等不过是陛下亲近宠爱的弄臣、对陛下有私情的卑贱奴仆，而陛下却把国家公用的东西送进私人家门，取走国家的威武之器，供应他们家用，使人民的财力分散于弄臣，国家的武库兵器摆设在卑贱奴仆之家，所做不当，将使骄横僭越愈演愈烈，不能够给四方做出好的榜样。孔子说：'雍乐怎么会出现在三家的堂上！'我请陛下把兵器收还武库。"哀帝不高兴。

谏大夫渤海人鲍宣上书说："我见到孝成皇帝时，外戚把持权柄，人人引荐他们各自的亲信来充塞朝廷，妨碍贤能之士的晋身之路，混乱天下，又奢侈无度，使百姓穷困，因此发生了将近十次日食，四次彗星。这些危险覆亡的征兆，都是陛下所亲眼见到的。如今为什么反而更甚于从前呢！

"现在人民生业有七失：阴阳不和，出现水旱灾，是一失；国家加重征收更赋和租税，苛责严酷，是二失；贪官污吏借口为公，勒索不已，是三失；豪强大姓蚕食兼并小民土地，贪得无厌，是四失；苛吏横征滥发徭役，耽误种田养蚕的农时，是五失；发现盗贼，村落鸣鼓示警，男女追捕清剿，是六失；盗贼抢劫，夺民财物，是七失。七失尚可勉强忍受，然而还有七死：被酷吏殴打致死，是一死；入狱被虐致死，是二死；无辜被冤枉陷害而死，是三死；盗贼劫财残杀致死，为四死；怨仇相报残杀而死，为五死；荒年饥馑活活饿死，为六死；瘟疫流行染病而死，为七死。人民生业有七失而没有一得，想让国家安定，实在困难；百姓有七条死路而没有一条生路，想要无人犯法，废弃刑罚，也实在困难。这难道不是公卿、守相贪婪残忍成风所造成的后果吗？"

资治通鉴第三十五卷

汉纪二十七

【原文】

孝哀皇帝下元寿元年（己未，前2年）

丞相嘉奏封事曰："孝元皇帝奉承大业，温恭少欲，都内钱四十万万。尝幸上林，后宫冯贵人从临兽圈，猛兽惊出，贵人前当之，元帝嘉美其义，赐钱五万。掖庭见亲，有加赏赐，属其人勿众谢。示平恶偏，重失人心，赏赐节约。是时外戚赀千万者少耳，故少府、水衡见钱多也。虽遭初元、永光凶年饥谨，加以西羌之变，外奉师旅，内振贫民，终无倾危之忧，以府藏内充实也。孝成皇帝时，谏臣多言燕出之害，及女宠专爱，耽于酒色，损德伤年，其言甚切，然终不怨怒也。宠臣淳于长、张放、史育，育数贬退，家赀不满千万，放斥逐就国，长榜死于狱，不以私爱害公义，故虽多内讥，朝廷安平，传业陛下。

陛下在国之时，好《诗》《书》，上俭节，征来，所过道上称诵德美，此天下所以回心也。初即位，易帷帐，去锦绣，乘舆席缘绨缯而已。共皇寝庙比当作，忧闵元，惟用度不足，以义割恩，辄且止息，今始作治。而驸马都尉董贤亦起官寺上林中，又为贤治大第，开门乡北阙，引王渠灌园池，使者护作，赏赐吏卒，甚于治宗庙。贤母病，长安厨给祠具，道中过者皆饮食。为贤治器，器成，奏御乃行，或物好，特赐其工；自贡献宗庙、三宫，犹不至此。贤家有宾婚及见亲，诸官并共，赐及仓头、奴婢人十万钱。使者护视、发取市物，百贾震动，道路欢哗，群臣惶惑。诏书罢苑，而以赐贤二千馀顷，均田之制从此堕坏。奢僭放纵，变乱阴阳，灾异众多，百姓讹言，持筹相惊，天惑其意，不能自止。陛下素仁智慎事，今而有此大饥。

孔子曰：'危而不持，颠而不扶，则将安用彼相矣！'臣嘉幸得备位，窃内悲伤不能通愚忠之信；身死有益于国，不敢自惜。唯陛下慎己之所独乡，察众人之所共疑！往者邓通、韩嫣，骄贵失度，逸豫无厌，小人不胜情欲，卒陷罪辜，乱国亡躯，不终其禄，所谓'爱之适足以害之'者也！宜深览前世，以节贤宠，全安其命。"上由是于嘉浸不说。

初，王莽既就国，杜门自守。其中子获杀奴，莽切责获，令自杀。在国三岁，吏民上书冤讼莽者百数。至是，贤良周护、宋崇等对策，复深讼莽功德；上于是征莽及平阿侯仁还京师，侍太后。

初，廷尉梁相治东平王云狱时，冬月未尽二旬，而相心疑云冤狱，有饰辞，奏欲传之长安，更下公卿复治。尚书令鞫谭，仆射宗伯凤以为可许。天子以为相等皆见上体不平，外内顾望，操持两心，幸云逾冬，无讨贼疾恶主仇之意，免相等皆为庶人。后数月，大赦，嘉荐"相等皆有材行，圣王有计功除过，臣窃为朝廷惜此三人。"书奏，上不能平。后二十余日，嘉封还益董贤户事，上乃发怒，召嘉诣尚书，责问以"相等前坐不为忠，罪恶著闻，君时辄已自劾；今又称誉，云'为朝廷惜之'，何也？"嘉免冠谢罪。

事下将军朝者，光禄大夫孔光等劾"嘉迷国罔上，不道，请谒者召嘉诣廷尉诏狱。"议郎龚等以为"嘉言事前后相违，宜夺爵士，免为庶人。"永信少府猛等以为"嘉罪名虽应法，大臣括发关械，裸躬就笞，非所以重国，褒宗庙也。"上不听，诏"假谒者节，召丞相诣廷尉诏狱。"

使者既到，府掾、史涕泣，共和药进嘉，嘉不肯服。主簿曰："将相不对理陈冤，相踵以为故事，君侯宜引决！"使者危坐府门上，主簿复前进药。嘉引药杯以击地，谓官属曰："丞相幸得备位三公，奉职负国，当伏刑都市，以示万众。丞相岂儿女子邪！何谓咀药而死！"嘉遂装，出见使者，再拜受诏；乘吏小车，去盖，不冠，随使者诣廷尉。廷尉收嘉丞相、新甫侯印绶，缚嘉载致都船诏狱。上闻嘉生自诣吏，大怒，使将军以下与五二千石杂治。吏诘问嘉，嘉对曰："案事者思得实。窃见相等前治东平王狱，不以云为不当死，欲关公卿，示重慎，诚不见其外内顾望、阿附为云验，复幸得蒙大赦。相等皆良善吏，臣窃为国惜贤，不私此三人。"

狱吏曰："苟如此，则君何以为罪？犹当有以负国，不空入狱矣。"吏稍侵辱嘉，嘉喟然仰天叹曰："幸得充备宰相，不能进贤、退不肖，以是负国，死有余责。"吏问贤、不肖主名。嘉曰："贤故丞相孔光、故大司空何武，不能进；恶高安侯董贤父、子乱朝，而不能退。罪当死，死无所恨！"嘉系狱二十余日，不食，呕血而死。

【译文】

汉哀帝元寿元年（己未，公元前2年）

丞相王嘉上密封奏书说："孝元皇帝继承大业，温良谦恭，少有欲望，国库存钱达四十亿。"元帝曾前往上林苑，后宫冯贵人跟随一起到了兽圈，猛兽受惊窜出，冯贵人挺身向前，用身体遮挡住皇帝。元帝嘉勉她的义勇，赏赐不过五万钱。在深宫后庭，对宠爱的人加以特别的赏赐，元帝总要嘱咐她，不要在众人面前谢恩。这是为了表示公平，不愿被人指责不公，看重人心的得失，而且赏赐节约。当时外戚资产达千万的很少，因而少府、水衡的积钱才很多。虽然遭受初元、永光年间的灾荒饥馑，再加西羌部族的叛变，对外要供给作战部队的需要，对内要赈济贫苦的灾民，然而国家始终没有倾覆崩溃的忧虑，是因为国库积藏充实。孝成皇帝时，谏臣大多提出皇帝私自出宫的危害，并说到专宠美女，耽于酒色，有损德行，伤身短寿等，言词非常激烈，然而成帝始终不怨恨发怒。宠臣淳于长、张放、史育三人，史育多次被贬退，家资不满千万；张放被斥退逐回封国；淳于长在监狱中被拷打致死。成帝并不以私爱而妨害公义，因此，虽然因宠爱内宫而招致很多讥讽，但是朝廷安定平稳，这才能把大业传给陛下。

陛下在封国之时，喜好《诗经》《书经》，崇尚节俭。征召前来长安时，一路经过的地方，都称颂陛下的美德，这正是天下之人把希望转而寄托在陛下身上的原因。初即位时，陛下更换帷帐，撤去锦绣，车马和座席的靠垫不过用绨缯包边而已。每逢共皇寝庙应当兴建，都因怜悯百姓劳苦，考虑国家经费不足，为了公义割舍亲情，总是暂停修建，直到最近才开始动工。可是驸马都尉董贤，也在上林苑中兴建官衙，陛下还为他修建了宏大的宅第，开门朝着皇宫的北门，引王渠灌注园林水池，陛下派使者监督施工，赏赐吏卒，超过修建宗庙之时。董贤母亲患病，由官家长安的厨官提供祈祷的用具和食品，道路过往行人都可获得施舍的饮食。陛下为董贤制造器具，做成后，必须奏报陛下审查，才可送去。如果工艺精巧，还特别赏赐工匠。即便是奉献宗庙、奉养三宫太后，也没有达到这种程度。遇到董贤家招待宾客、举办婚礼以及亲戚相见，由各官署一起贡献财物，甚至赏赐仆人、奴婢的钱，一人达十万钱。董贤家去街市购买物品，有圣上派的使者陪同，监视交易，百商震恐，路人喧哗，群臣为之惶惑。陛下诏令裁撤皇家苑林，却用来赏赐董贤两千余顷土地，官员限田的制度从此破坏。奢侈僭越，横行放纵，变乱阴阳，灾异众多，流言在百姓中传播，路人手持禾秆麻秆惊恐奔走，上天也对百姓的流言和奔走感到迷惑，不能使他们自行停止。陛下一向仁慈智慧，行事谨慎，如今却被人这样大肆嘲讽。

"孔子说：'有危险不撑持，见摔倒不搀扶，那又何必用你们做助手呢！'臣王嘉有幸能够位居丞相，自己私下因无法使陛下相信我的愚忠而内心悲伤。如果身死能够有益于国家，我不敢爱惜自己的生命。请陛下审慎地对待自己的偏宠，细察众人共同的疑惑！从前邓通、韩嫣骄横显贵没有限度，逸乐无厌，小人不能克制情欲，终于陷于大罪，把国家搞乱，使自己丧生，不能最终保全富贵，正所谓'爱他，却恰恰足以害他'！应该深察前世的教训，以节制对董贤的宠爱，保全他的生命。"哀帝由此对王嘉渐渐不满。

当初，王莽返回封国后，闭门不见宾客，以求自保。他的次子王获杀死家奴，王莽严厉责备王获，命他自杀。在封国三年，官吏百姓上书为王莽呼冤的，数以百计。到本年，贤良周护、宋崇等在朝廷对策时，又大大颂扬王莽的功德，为他辩冤。哀帝于是征召王莽以及平阿侯王仁回到京师，让他们侍奉太皇太后。

当初，廷尉梁相审理东平王刘云一案时，冬月只剩下二十日，而梁相心里怀疑刘云一案是冤案，供词有虚饰不实的地方，因而上奏哀帝，请求把一干人犯押解长安，改由公卿复审。尚书令鞠谭、仆射宗伯凤认为可以准许。哀帝认为，梁相等人都见皇上病情没有起色，内外顾望，怀有二心，希图刘云一案侥幸拖过冬季而减刑免死，没有痛恨奸恶、为主上讨贼报仇的忠心，于是罢免了梁相等人的官职，都贬为平民。数月后，大赦天下，王嘉举荐说："梁相等人都有才干德行，圣明的君王对臣下总是计其功劳、抹去过失，我私下里为朝廷怜惜这三个人才。"奏书呈上，哀帝愤愤不平。过了二十余日，王嘉封还为董贤增加封国户数的诏书，哀帝于是大怒，召王嘉到尚书那里，令尚书责问他："梁相等人前些时犯了对天子不忠之罪，罪恶昭著，人所共闻，当时你也曾自我弹劾。现在却又称誉赞美他们，说'为朝廷怜惜他们'，这是为什么？"王嘉脱下官帽谢罪。

哀帝把此案交付将军和当时入朝的官员讨论。光禄大夫孔光等弹劾王嘉说："王嘉迷惑国家，欺骗主上，大逆不道，请派谒者召王嘉前往廷尉诏狱。"议郎龚等认为："王嘉的奏言前后不一致，应该剥夺爵位采邑，免去官职，贬为平民。"永信少府猛等认为："王嘉的罪名虽然应该依法惩处，但是把大臣束住头发，锁上刑具，裸露身体，鞭笞拷打，这不是使国家受到尊重，宗庙受到褒美的作法。"哀帝不听猛的劝告，诏令使者："凭谒者的符节，召丞相到廷尉诏狱。"

使者到了丞相府，丞相府的掾、史等官员流泪哭泣，共同调和毒药请王嘉喝，王嘉不肯服用。主簿说："将相不面对执法官为自己诉冤，这种做法世代相沿，已成为惯例，君侯应当自裁！"使者严肃地坐在府门那边，主簿再次上前送上毒药。王嘉拿起药杯扔到地下，对相府官属们说："丞相我有幸位居三公，如果奉职不谨慎，辜负了国家，理应在都市上服刑受死，向万众宣示。丞相难道是小儿小女吗？为什么要吃毒药而死！"王嘉于是穿戴官服，出来见使者，再拜，接受诏书，然后乘上小吏坐的小车，去掉车篷，脱下官帽，随使者到了廷尉官衙。廷尉收缴了王嘉的丞相和新甫侯印信绶带，把他捆绑起来，押送到都船诏狱。哀帝听说王嘉活着亲自去见廷尉，勃然大怒，派将军以下官员和五名二千石官员，共同审讯。官吏审问王嘉时，王嘉回答说："审理案件的人，希望得到事实真相。我见梁相等过去审理东平王一案，并不认为刘云不该处死，只是希望公卿参与审理，以表示慎重。实在看不出他们有内外顾望怀着二心、阿谈攀附刘云的罪证。以后他们又有幸蒙恩获得大赦。梁相等都是优秀的官吏，我是为国惜才，并不是偏袒他们三人。"狱吏说："假如是这样，那么你为什么有罪？你还是有负国的行为，不是凭白入狱的。"狱吏逐渐开始侵犯凌辱王嘉，王嘉喟然仰天叹息说："我有幸能够充任丞相，不能引进贤能，斥退奸佞，因此是犯有负国之罪，死有余辜。"狱吏问贤者和奸佞者的名字，王嘉说："贤者，前丞相孔光、前大司空何武，却不能举荐引进他们；恶者，高安侯董贤父子奸佞乱朝，却不能斥退他们。罪当处死，死无所憾！"王嘉被关押在监狱二十余天，不进饮食，吐血而死。

【原文】

二年（庚申，前1年）

六月，戊午，帝崩于未央宫。

帝睹孝成之世禄去王室，及即位，屡诛大臣，欲强主威以则武、宣。然而宠信谗谄，憎疾忠直，汉业由是遂衰。

太皇太后闻帝崩，即日驾之未央宫，收取玺绶。太后召大司马贤，引见东箱，问以丧事调度；贤内忧，不能对，免冠谢。太后曰："新都侯莽，前以大司马奉送先帝大行，晓习故事，吾令莽佐君。"贤顿首："幸甚！"太后遣使者驰召莽，诏尚书，诸发兵符节、百官奏事、中黄门、期门兵皆属莽。莽以太后指，使尚书劾贤，帝病不亲医药，禁止贤不得入宫殿司马中；贤不知所为，诣阙免冠徒跣谢。己未，莽使谒者以太后诏即阙下册贤曰："贤年少，未更事理，为大司马，不合众心，其收大司马印绶，罢归第！"即日，贤与妻皆自杀；家惶恐，夜葬。莽疑其诈死；有司奏请发贤棺，至狱诊视，因埋狱中。太皇太后诏"公卿举可大司马者"。莽故大司马，辞位避丁、傅，众庶称以为贤，又太皇太后近亲，自大司徒孔光以下，举朝皆举莽。

太皇太后与莽议立嗣。安阳侯王舜，莽之从弟，其人修饰，太皇太后所信爱也，莽白以舜为车骑将军。秋，七月，遣舜与大鸿胪左咸使持节迎中山王箕子以为嗣。

九月，辛酉，中山王即皇帝位，大赦天下。

平帝年九岁，太皇太后临朝，大司马莽秉政，百官总己以听于莽。莽权日盛，孔光忧惧，不知所出，上书乞骸骨；莽白太后，帝幼少，宜置师傅，徙光为帝太傅，位四辅，给事中，领宿卫、供养，行内署门户，省服御食物。以马宫为大司徒，甄丰为右将军。

【译文】

二年（庚申，公元前1年）

六月，戊午（二十六日），哀帝在未央宫驾崩。

哀帝目睹了孝成皇帝时代政权脱离王室的情形，及至登极，他屡次诛杀大臣，想效法汉武帝和汉宣帝，加强君主之威。然而他宠任奸佞，听信谗言，憎恨忠直的之臣，汉朝的大业从此便衰落了。

太皇太后得到哀帝驾崩的消息，当天就驾临未央宫，收走了皇帝的玉玺、绶带。太后召大司马董贤，在东厢接见，询问他关于哀帝丧事的布置安排。董贤内心忧惧，不能回答，只有脱下官帽谢罪。太后说："新都侯王莽，先前曾以大司马身份，办理过先帝的丧事，熟悉旧例，我命他来辅佐你。"董贤叩头说："那就太好了！"太后派使者骑马速召王莽，并下诏给尚书：所有征调军队的符节、百官奏事、中黄门和期门武士等，都归王莽掌管。王莽遵照太后旨令，命尚书弹劾董贤，说他在哀帝病重时不亲自侍奉医药，因此禁止董贤进入宫殿禁卫军中。董贤不知如何才好，到皇宫大门，脱下官帽，赤着脚叩头谢罪。己未（六月二十七日），王莽派谒者拿着太后诏书，就在宫门口罢免了董贤，说："董贤年轻，未经历过事理，当大司马不合民心。着即收回大司马印信、绶带，免去官职，遣回宅第。"当天，董贤与妻子都自杀了。其家人惶恐万分，趁夜将他悄悄埋葬。王莽疑心他诈死，于是主管官员奏请发掘董贤棺枢，把棺枢抬到监狱验视，就将他埋葬在狱中。太皇太后诏令"公卿举荐可担任大司马的人选"。王莽从前是大司马，为避开丁、傅两家才辞去职务，众人都认为他贤能，又是太皇太后的近亲，满朝文武百官自大司徒孔光以下，全都推举他担任大司马。

太皇太后与王莽商议选立皇位继承人。安阳侯王舜，是王莽的堂弟，为人正直谨慎，受到太皇太后的信任宠爱，王莽就奏请太皇太后，任命王舜为车骑将军。秋季，七月，派王舜和大鸿胪左咸持符节迎接中山王刘箕子，立为皇位继承人。

九月，辛酉（初一），中山王刘箕子即帝位，大赦天下。

平帝时年九岁，太皇太后临朝听政，大司马王莽把持国政。百官各自负责本职，最后都听王莽裁决。王莽的权势日益上升，孔光忧虑恐惧，不知如何才好，上书请求退休。王莽奏报太后，认为皇帝年幼，应该为他配置师傅。于是调任孔光为皇帝的太傅，位居四辅，兼给事中，负责皇宫宿卫和皇帝的供养，兼管禁中官署门户、察看皇帝服饰、御用、食物等。任命马宫为大司徒，甄丰为右将军。

【原文】

孝平皇帝上元始元年（辛酉，1年）

春，正月，王莽风益州，令塞外蛮夷自称越裳氏重译献白雉一、黑雉二。莽白太后下诏，以白雉荐宗庙。于是群臣盛陈莽功德，"致周成白雉之瑞；周公及身在而托号于周，莽宜赐号曰安汉公，益户畴爵邑。"太后诏尚书具其事。莽上书言："臣与孔光、王舜、甄丰、甄邯共定策；今愿独条光等功赏，寝置臣莽，勿随辈列。"甄邯白太后下诏曰："'无偏无党，王道荡荡。'君有安宗庙之功，不可以骨肉故蔽隐不扬，君其勿辞！"莽复上书固让数四，称疾不起；左右白太后，"宜勿夺莽意，但条孔光等，"莽乃肯起。二月，丙辰，太后下诏："以太傅、博山侯光为太师，车骑将军、安阳侯舜为太保，皆益封万户；左将军、光禄勋丰为少傅，封广阳侯；皆授四辅之职。侍中、奉车都尉邯封承阳侯。"四人既受赏，莽尚未起。群臣复上言："莽虽克让，朝所宜章，以时加赏，明重元功，无使百僚元元失望！"太后乃下诏："以大司马、新都侯莽为太傅，干四辅之事，号曰安汉公，益封二万八千户。"于是莽为惶恐，不得已而起，受太傅、安汉公号，让还益封事，云："愿须百姓家给，然后加赏。"群臣复争，太后诏曰："公自期百姓家给，是以听之，其令公奉赐皆倍故。百姓家给人足，大司徒、大司空以闻。"莽复让不受，而建言褒赏宗室群臣，立故东平王云太子开明为王；又以故东平思王孙成都为中山王，奉孝王后；封宣帝耳孙信等三十六人皆为列侯；太仆王恽等二十五人皆赐爵关内侯。又令诸侯王公、列侯、关内侯无子而有孙若同产子者，皆得以为嗣；宗室属未尽而以罪绝者，复其属；天下吏比二千石以上年老致仕者，参分故禄，以一与之，终其身。下及庶民鳏寡，恩泽之政，无所不施。

莽既媚说吏民，又欲专断；知太后老，厌政，乃风公卿奏言："往者吏以功次迁至二千石，州部所举茂材异等吏，率多不称，宜皆见安汉公。又，太后春秋高，不宜亲省小事。"令太后下诏曰："自今以来，唯封爵乃以闻，他事安汉公、四辅平决。州牧、二千石及茂材吏初除奏事者，辄引人，至近署对安汉公，考故官，问新职，以知其称否。"于是莽人人延问，密致恩意，厚加赠送，其不合指，显奏免之，权与人主侔矣。

【译文】

汉平帝元始元年（辛酉，公元1年）

春季，正月，王莽暗示益州地方官，命令塞外蛮族自称越裳氏部落，通过几道翻译，向天子进献一只白野鸡，两只黑野鸡。王莽向太皇太后报告此事，建议太后下诏，用白野鸡祭献宗庙。于是群臣大肆歌颂王莽的功德，认为他"像周公姬旦使周成王获得白野鸡的祥瑞一样。姬旦活着时就被称为'周公'，因此王莽也应该被赐号为'安汉公'，并增加他的采邑人户，使与公爵爵位相称。"太皇太后诏令尚书备办此事。王莽上书说："我与孔光、王舜、甄丰、甄邯共同制定迎立今上的国策，现在我希望仅让孔光等人论功行赏，抛开我王莽，不要与他们列在一起。"甄邯向太皇太后报告，太皇太后下诏说："《尚书》说：'不偏向，不结党，圣王之道，宽广坦荡。'你有安定宗庙的大功，不能因为你是我的骨肉亲戚，就遮盖隐讳，不加宣扬褒奖。请你不要推辞了。"王莽又四次上书坚持推让，称病不上朝。左右臣子对太后说："还是不要硬改变王莽谦让的心意，只论功赏赐孔光等人吧。"王莽才肯起床。二月，丙辰（二十八日），太皇太后下诏："任命太傅、博山侯孔光为太师，车骑将军、安阳侯王舜为太保，均增加采邑民户到万户。任命左将军、光禄勋甄丰为少傅，封广阳侯。以上三人都分别授予四辅的职务。封侍中、奉车都尉甄邯为承阳侯。"四人接受封赏后，而王莽尚未起来上朝理事。群臣又进言："王莽虽然克己谦让，但朝廷对应当表彰的大臣，还是应及时加以封赏，以表明重视元勋，不要使百官和人民失望！"于是太皇太后下诏："任命大司马、新都侯王莽为太傅，主管四辅事务，称'安汉公'，增加采邑民户到二万八千户。"于是王莽惶恐，不得已而起来，接受太傅、安汉公的封号，但推辞了增加的采邑民户。他说："我愿等到百姓家家自足，然后才能接受赏赐。"群臣又力争，太皇太后下诏说："安汉公自己约定要等到百姓家家自足之后才接受赏赐，因此，听从安汉公的意见，不过要让俸禄和赏赐都增加一倍。等到百姓家家自足时，大司徒、大司空再行奏报。"王莽仍然谦让不接受，而建议褒奖赏赐宗室和群臣。于是，立已故东平王刘云的太子刘开明为东平王；又立已故东平思王的孙子刘成都为中山王，为中山孝王的后嗣；封汉宣帝的曾孙刘信等三十六人都为列侯；又赐太仆王恽等二十五人爵位，均为关内侯；又命诸侯王公、列侯、关内侯，凡无儿子，但有孙子或同母兄弟的儿子的，都可作为继承人；皇族近亲支系的后裔，因犯罪而被开除宗室谱籍的，恢复原来的身份；全国官秩为比二千石以上的官员，年老退休的，以原俸禄的三分之一作为退休金，直至死亡。下至平民百姓、鳏夫寡妇，恩惠照顾政策，无所不施。

王莽已经讨好取悦于吏民，又想独断专行。他知道太皇太后年老了，厌倦政事，就暗示公卿上奏说："以往根据官吏的功绩和资历，按顺序逐阶提升到二千石。各州部刺史所举荐的茂材、异能等被委任为官吏，大多数不称职。应该让他们都去谒见安汉公。另外，太皇太后年事已高，不适宜亲自过问这些小事。"让太皇太后下诏说："从今以后，只有封爵之事才禀告我，其他事项，由安汉公和四辅裁决处理。新任命的州牧、二千石以及茂材出身的官吏奏报情况，就直接引到安汉公官署回答所问问题，安汉公考核过去官吏的治绩，询问到任后打算如何施政，以了解他们是否能称职。"于是王莽对这些官员一一接见询问，关怀备至，示以恩意，赠送厚重的礼品。对那些不迎合他的旨意的人，就公开奏报，予以免职。王莽的权力几乎与皇帝相等了。

【原文】

二年（壬戌，2年）

郡国大旱、蝗，青州尤甚，民流亡。王莽白太后：宜衣缯练，颇损膳，以示天下。莽因上书愿出钱百万，献田三十顷，付大司农助给贫民。于是公卿皆慕效焉。凡献田宅者二百三十人，以口赋贫民。又起五里于长安城中，宅二百区，以居贫民。莽帅群臣奏太后言："幸赖陛下德泽，间者风雨时，甘露降，神芝生，蓂荚、朱草、嘉禾，休征同时并至。愿陛下遵帝王之常服，复太官之法膳，使臣子各得尽欢心，备共养！"莽又令太后下诏，不许。每有水旱，莽辄素食，左右以白太后。太后遣使者诏莽曰："闻公菜食，忧民深矣。今秋幸孰，公以时食肉，爱身为国！"

莽欲以女配帝为皇后以固其权，奏言："皇帝即位三年，长秋宫未建，掖庭媵未充。乃者国家之难，本从无嗣，配取不正，请考论《五经》，定取后礼，正十二女之义，以广继嗣，博采二王后及周公、孔子世、列侯在长安者适子女。"事下有司，上众女名，王氏女多在选中者，莽恐其与己女争，即上言："身无德，子材下，不宜与众女并采。"太后以为至诚，乃下诏曰："王氏女，朕之外家，其勿采。"庶民、诸生、郎吏以上守阙上书者日千余人，公卿大夫或诣廷中，或伏省户下，咸言："安汉公盛勋堂堂若此，今当立后，独奈何废公女，天下安所归命！愿得公女为天下母！"莽遣长史以下分部晓止公卿及诸生，而上书者愈甚。太后不得已，听公卿采莽女。莽复自白："宜博选众女。"公卿争曰："不宜采诸女贰正统。"莽乃曰："愿见女。"

【译文】

二年（壬戌，公元2年）

郡国发生大旱灾、蝗灾，青州尤其严重，人民逃荒流亡。王莽禀告太皇太后：应该改穿没有花纹的丝帛服装，减省御用膳食，以向天下表示克己节约。王莽乘机上书，愿意拿出百万钱的捐款和献田三十顷，交付大司农以救助贫民。于是公卿大臣都敬仰而仿效，共有二百三十人捐献田宅，把这些田宅按人口数分配给贫民。又在长安城中兴建五个里，盖民宅二百所，用来安置贫民居住。然后王莽率领群臣奏报太皇太后说："有幸仰赖陛下的盛德恩泽，最近以来，风雨依时，甘露从天而降，灵芝生长，蓂荚、朱草、嘉禾等诸般美好祥瑞的征兆，同时并至。愿陛下仍然遵照规定穿帝王正常的服装，恢复太官的正常膳食供应。使做臣子的各自都能尽力使陛下有和乐之心，精心周到地供养陛下。"王莽又让太皇太后下诏，表示不同意。每遇水旱灾害，王莽就吃素食。左右侍臣将此情况报告太皇太后，太皇太后派使者诏令王莽说："听说安汉公只吃素食，真是忧民至深。今年秋天幸而庄稼丰收，请公及时吃肉,为国家爱护自己的身体!"

　　王莽想把女儿嫁给平帝为皇后,以巩固自己的权力。就上奏说:"陛下即位已三年,还没有立皇后,后宫嫔妃也空缺。以往国家的灾难,本由于无继承人,后妃的来路不正所引起。请考查讨论儒学五经的有关记载,制定聘娶皇后之礼,使古代天子娶十二个女子的规定,纳入正轨,以广求继嗣。广泛地在殷、周天子的后裔,周公、孔子的后代,以及在长安的列侯之家中,挑选合适的女子。"太皇太后将此事交付有关主管机关办理,主管官员呈上众女的名单,王氏家族的女子多在被选中。王莽恐怕王氏其他人的女儿会与自己的女儿争当皇后,就上书说:"我本身没有高尚的品德,女儿的资质才能又为下等,她不适宜与众女子一起被挑选。"太皇太后以为他是诚心诚意谦虚,就下诏说:"王氏家族的女子,是我娘家人,就不要参加挑选了。"平民、诸生、郎吏及以上官吏,守候在皇宫大门上书的,每天有一千余人。公卿大夫,有的前往廷中,有的俯伏在宫内官署的门下,都要求说:"安汉公的盛大功勋这样辉煌,如今应当立他的女儿为皇后,为什么单单剔除了安汉公的女儿,天下人将把期望归聚到哪里!我们希望能让安汉公的女儿做天下之母!"王莽派遣长史及以下官员,分别去劝说阻止公卿及诸生的请愿,然而上书请愿的人愈来愈多。太皇太后不得已,就听从公卿的意见,挑选王莽的女儿为皇后。王莽又自己声称说:"应该广选众女。"公卿争辩说:"不应选取其他女子而导致出现两个正统。"王莽这才说:"请察看我的女儿。"

汉纪二十八

资治通鉴第三十六卷

【原文】

孝平皇帝下元始三年（癸亥，3年）

夏，安汉公奏车服制度，吏民养生、送终、嫁娶、奴婢、田宅、器械之品，立官稷，及郡国、县邑、乡聚皆置学官。

【译文】

汉平帝元始三年（癸亥，公元3年）

夏季，安汉公王莽奏报关于车马和衣服穿着的制度，全国官吏平民的日常生活，丧葬送终，男婚女嫁，奴婢，田地房产，各种用具等等，分别定立等级。又设置祭祀五谷的神庙。并在各郡、各封国、各县、各城、各乡、各村，都设置学官。

【原文】

四年（甲子，4年）

夏，太保舜等及吏民上书者八千余人，咸请"如陈崇言，加赏于安汉公。"章下有司，有司请"益封公以召陵、新息二县及黄邮聚、新野田；采伊尹、周公称号，加公为宰衡，位上公，三公言事称'敢言之'；赐公太夫人号曰功显君；封公子男二人安为褒新侯，临为赏都侯；加后聘三千七百万，合为一万万，以明大礼；

太后临前殿亲封拜，安汉公拜前，二子拜后，如周公故事。"莽稽首辞让，出奏封事："愿独受母号，还安、临印韍及号位户邑。"事下，太师光等皆曰："赏未足以直功；谦约退让，公之常节，终不可听。忠臣之节亦宜自屈，而伸主上之义。宜遣大司徒、大司空持节承制诏公亟入视事；诏尚书勿复受公之让奏。"奏可。莽乃起视事，止减召陵、黄邮、新野之田而已。

莽复以所益纳征钱千万遗太后左右奉共养者。莽虽专权，然所以逛耀媚事太后，下至旁侧长御，方故万端，赂遗以千万数。白尊太后姊、妹号皆为君，食汤沐邑。以故左右日夜共誉莽。莽又知太后妇人，厌居深宫中，莽欲虞乐以市其权，乃令太后四时车驾巡狩四郊，存见孤、寡、贞妇，所至属县，辄施恩惠，赐民钱帛、牛酒，岁以为常。太后旁弄儿病，在外舍，莽自亲候之。其欲得太后意如此。

群臣奏言："昔周公摄政七年，制度乃定。今安汉公辅政四年，营作二旬，大功毕成，宜升宰衡位在诸侯王上。"诏曰："可。"仍令议九锡之法。

莽自以北化匈奴，东致海外，南怀黄支，唯西方未有加，乃遣中郎将平宪等多持金币诱塞外羌，使献地愿内属。宪等奏言："羌豪良愿等种可万二千人，愿为内臣，献鲜水海、允谷、盐池、平地美草，皆与汉民；自居险阻处为藩蔽。问良愿降意，对曰：'太皇太后圣明，安汉公至仁，天下太平，五谷成熟，或禾长丈余，或一粟三米，或不种自生，或茧不蚕自成；甘露从天下，醴泉自地出；凤皇来仪，神爵降集。从四岁以来，羌人无所疾苦，故思乐内属。'宜以时处业，置属国领护。"事下莽，莽复奏："今已有东海、南海、北海郡，请受良愿等所献地为西海郡。分天下为十二州，应古制。"奏可。冬，置西海郡。又增法五十条，犯者徙之西海。徙者以千万数，民始怨矣。

【译文】

四年（甲子，公元4年）

夏季，太保王舜等以及官民八千余人上书朝廷，一致请求："请按照大司徒司直陈崇的建议，增加对安汉公王莽的赏赐。"奏章交给主管官吏，主管官吏奏报："增加安汉公王莽的封地，把召陵、新息二县，跟黄邮聚、新野两地的耕田全都划入。采用伊尹和周公的称号，给安汉公加上宰衡的官号，位居上公。三公向安汉公报告工作，自称'冒昧陈词'。封王莽的母亲为功显君，封王莽的两个儿子王安为褒新侯，王临为赏都侯。增加皇后彩礼三千七百万钱，合成一万万钱，用来表明礼仪的隆重。太皇太后来到前殿，亲自赐封爵位和称号。王莽在前面下拜，两个儿子在后面下拜，一如周公的旧例。"王莽叩头辞让，出宫以后送上密封的奏章，说："仅愿接受对我母亲的封号，而退还王安、王临的印玺绶带和爵位称号、封邑民户。"太师孔光等都说："赏赐不足以抵过功劳，谦虚辞让是安汉公的一贯作风，到底不可以听从。忠臣的气节有时应该自己屈服，使主上的大义得以伸张。应该派遣大司徒、大司空拿着符节，奉皇帝命令征召安汉公赶快入宫主持朝政。并下令尚书，拒绝接受安汉公任何推辞退让的奏章。"奏章被批准了。王莽这才起来办理公务，仅减少召陵、黄邮聚、新野三地的封土罢了。

王莽又在所增加彩礼的三千七百万中，提出一千万，送给太皇太后左右侍从人员。王莽虽然独裁，但他千方百计迷惑献媚取悦太皇太后，甚至太皇太后身旁那些常侍的随从，都使用多种方法，致送数以千万计的贿赂。又建议封太后的姐、妹为君，各有汤沐邑。因此，太皇太后身旁的人日夜共同赞美王莽。此外，王莽知道，太皇太后仍是一个女人，厌恶居住在深宫之中。他打算用娱乐换取在太后手里的权力，于是，春夏秋冬四季，都请太后到长安四郊游览，慰问孤儿、寡妇和贞妇。所到长安各属县，都布施恩惠，赏赐平民钱币、丝织品、牛肉、美酒，每年都是如此。太后身旁供支使的小子有病，王莽亲自前往探望。王莽想得到太后的好感，所用手段就是这样。

文武百官奏称："从前，周公代周成王处理国政七年，国家的制度才厘定妥当。而今，安汉公辅助国政四年，修建明堂等用了二十天，却大功全部完成。所以，应该把宰衡的地位，提高到诸侯王之上。"下诏说："可以。"同时下令讨论九锡之法。

王莽自以为他的德威，北边感化了匈奴，东边招来了海外国家，南边怀柔了黄支，只有西边没有施加影响。便派遣平宪等人多多携带金钱礼物，去招引边界以外的羌人，使他们献出土地，归属汉朝。平宪等人奏报说："羌人以良愿等为首的部落，人口约一万二千，愿意成为汉朝的臣民，献出鲜水海和允谷、盐池，该地区地平草茂，都交给汉朝百姓，自己住到险阻之处，作为汉朝的屏障。我们询问良愿归降的用意，他回答说：'太皇太后圣明，安汉公最仁慈，天下太平，五谷成熟，有的禾苗长到一丈多长，有的一粒谷子包含三粒米，有的不需种植自己生长，有的茧不要蚕吐丝就可以自织而成，甘露从天上降下，甘泉从地下涌出，凤凰前来朝贺，神雀飞临聚集。四年来，羌人没有遭遇过艰难困苦，所以希望并喜欢归属汉朝。'应及时安排他们的生产和生活，设置属国统辖保护他们。"事情交给王莽处理，王莽回奏说："现在已有东海郡、南海郡、北海郡，请接受良愿等所献土地设置西海郡。全国分为十二州，以符合古代制度。"平帝批准。冬季，设置西海郡。又增订法律五十条，违犯者被流放到西海郡去。被流放的人数以千万，百姓开始怨恨了。

【原文】

王莽上居摄元年（丙寅，6年）

三月，己丑，立宣帝玄孙婴为皇太子，号曰孺子。婴，广戚侯显之子也。年二岁；托以卜相最吉，立之。尊皇后曰皇太后。

四月，安众侯刘崇与相张绍谋曰："安汉公莽必危刘氏，天下非之，莫敢先举，此乃宗室之耻也。吾帅宗族为先，海内必和。"绍等从者百余人遂进攻宛；不得入而败。

绍从弟竦与崇族父嘉诣阙自归；莽赦弗罪。竦因为嘉作奏，称莽德美，罪状刘崇："愿为宗室倡始，父子兄弟负笼荷锸，驰之南阳，猪崇宫室，令如古制；及崇社宜如亳社，以赐诸侯，用永监戒！"于是莽大说，封嘉为率礼侯，嘉子七人皆赐爵关内侯；后又封竦为淑德侯。长安为之语曰："欲求封，过张伯松。力战斗，不如巧为奏。"自后谋反皆污池云。

群臣复白："刘崇等谋逆者，以莽权轻也；宜尊重以填海内。"五月，甲辰，太后诏莽朝见太后称"假皇帝"。

【译文】

王莽居摄元年（丙寅，公元6年）

三月己丑（初一）册立宣帝玄孙刘婴作皇太子，称号叫作孺子。刘婴是广戚侯刘显的儿子，年仅二岁。王莽声称，称说卜卦的结果，他最吉利，所以才册立。尊王皇后为皇太后。

四月，安众侯刘崇跟封国丞相张绍商量道："安汉公王莽一定要危害刘家。天下人反对他，竟没有人敢首先起事，这是我们皇族的耻辱。我率领同族的人倡首，全国必定响应。"张绍等跟随者共一百多人于是进攻宛城，没有攻进去就失败了。

张绍的堂弟张竦和刘崇的远房伯叔刘嘉前往朝廷自首，王莽赦免了他们，没有加罪。张竦代替刘嘉撰写奏章，歌颂王莽美德，痛斥刘崇有罪，声称："愿意给皇族带头，父子兄弟背着箩筐，扛着锸锹，跑到南阳郡去，掘毁刘崇的宫室使成为蓄积污水的池沼，像古代的制度一样。还有，刘崇的土地神社应当像亡国的毫社一样被毁掉，把它分赐给各王侯，用来作永远的鉴戒！"于是王莽非常高兴，封刘嘉为率礼侯，刘嘉的七个儿子都封为关内侯。后来又封张竦为淑德侯。长安人为这件事编成俗语说："要想封，去找张柏松。拼命斗，不如巧上奏。"从此以后，凡是谋反的人，都把他们的房屋掘毁成污池。

群臣又上报："刘崇等人敢于造反，就是因为王莽的权力还小。应当提高他的权力地位去镇服全国。"五月甲辰（十七日），太皇太后命令王莽在朝见她的时候自称"假皇帝"。

【原文】

二年（丁卯，7年）

东郡太守翟义，方进之子也，与姊子上蔡陈丰谋曰："新都侯摄天子位，号令天下，故择宗室幼稚者以为孺子，依托周公辅成王之义，且以观望，必代汉家，其渐可见。方今宗室衰弱，外无强蕃，天下倾首服从，莫能亢扞国难。吾幸得备宰相子，身守大郡，父子受汉厚恩，义当为国讨贼，以安社稷；欲举兵西，诛不当摄者，选宗室子孙辅而立之。设令时命不成，死国埋名，犹可以不惭于先帝。今欲发之，汝肯从我乎？"丰年十八，勇壮，许诺。义遂与东郡都尉刘宇、严乡侯刘信、信弟武平侯刘璜结谋，以九月都试日斩观令，因勒其车骑、材官士，募郡中勇敢，部署将帅。信子匡时为东平王，乃并东平兵，立信为天子；义自号大司马、柱天大将军；移檄郡国，言"莽鸩杀孝平皇帝，摄天子位，欲绝汉室。今天子已立，共行天罚！"郡国皆震。比至山阳，众十余万。

莽闻之，惶惧不能食。太皇太后谓左右曰："人心不相远也。我虽妇人，亦知莽必以此自危。"

三辅闻翟义起，自茂陵以西至汧二十三县，盗贼并发。槐里男子赵朋、霍鸿等自称将军，攻烧官寺，杀右辅都尉及斄令，相与谋曰："诸将精兵悉东，京师空，可攻长安！"众稍多至十余万，火见未央宫前殿。

诸将东至陈留菑，与翟义会战，破之，斩刘璜首。莽大喜，复下诏先封车骑都尉孙贤等五十五人皆为列侯，即军中拜授。因大赦天下。于是吏士精锐遂攻围义于圉城，十二月，大破之。义与刘信弃军亡，至固始界中，捕得义，尸磔陈都市；卒不得信。

【译文】

二年（丁卯，公元7年）

东郡太守翟义是翟方进的儿子，与姐姐的儿子上蔡人陈丰密谋说："新都侯王莽代理皇位，向全国发号施令，故意在皇族中挑选一个幼年孩子，称为孺子，假托周公辅佐成王的做法，试探天下人心，他必然取代汉家，迹象已经逐渐可见。而今，皇族衰弱，长安以外又没有强大的封国，天下全都低头顺从，没有人能挽救国家的灾难。我有幸是宰相的儿子，自己又是一个大郡的郡守，父子都受汉朝的厚恩，有义务为国家讨伐叛贼，使国家安定。我打算发动军队西进，诛杀不应当代理皇位的人，而另行选择、辅助皇族子弟当皇帝。即使事情不能成功，为国而死，身虽埋葬，名却长存，还可以无愧于先帝。如今我准备行动，你肯追随我吗？"陈丰十八岁，勇猛强壮，一口承诺。翟义于是与东郡都尉刘宇、严乡侯刘信、刘信的弟弟武平侯刘璜合谋，在九月检阅军队的日子斩杀观县县令，控制了本地的战车、骑兵、弓箭手，再征召郡中勇士，部署将帅。刘信的儿子刘匡，当时是东平王，于是与东平国的防卫部队合兵一处，拥立刘信为皇帝。翟义自称大司马，兼柱天大将军。通报各郡、各封国，指出："王莽用鸩酒毒死孝平皇帝，代理皇位，目的在铲除汉朝政权。现在，天子已经即位，当共同代天行罚！"各郡、各封国大为震动。大军抵达山阳时，已有十余万人。

王莽得到消息，惊惶失措，连饭都吃不下。太皇太后对她的侍从说："人同此心，心同此理。我虽然是一个女人，也知道王莽必定因此而自危。"

京城附近地区听到翟义起兵的消息，自茂陵以西到汧县，共二十三县，盗贼一齐爆发。槐里男子赵朋、霍鸿等自称为将军，攻击、焚烧官府，击杀右辅都尉及盩厔县县令。他们会商说："众将和精兵全部东征，京师空虚，我们可以进攻长安！"军队渐渐增多到十余万人，未央宫前殿可以见到火光。

各位将军率军东征，抵达陈留郡菑县，与翟义的军队进行会战，取得胜利，斩杀刘璜。王莽大喜，再次下诏，将车骑都尉孙贤等五十五人都封为列侯，就在军中授予爵位。因此大赦天下。于是，用精兵围攻翟义于圉城，十二月，大败翟义。翟义与刘信放弃军队逃亡。逃到固始县界内，翟义被捕，押解到淮阳国所属陈县，施以分裂肢体的酷刑，在市上示众。而刘信最终没有抓到。

【原文】

始初元年（戊辰，8年）

司威陈崇奏：莽兄子衍功侯光私报执金吾窦况，令杀人；况为收系，致其法。莽大怒，切责光。光母曰："汝自视孰与长孙、中孙！"长孙、中孙者，宇及获之字也。遂母子自杀，及况皆死。初，莽以事母、养嫂、抚兄子为名，及后悖虐，复以示公义焉。令光子嘉嗣爵为侯。

梓潼人哀章学问长安，素无行，好为大言，见莽居摄，即作铜匮，为两检，署其一曰"天帝行玺金匮图"，其一署曰"赤帝玺某传予皇帝金策书"。某者，高皇帝名也。书言王莽为真天子，皇太后如天命。图书皆书莽大臣八人，又取令名王兴、王盛，章因自窜姓名，凡十一人，皆署官爵，为辅佐。章闻齐井、石牛事下，即日昏时，衣黄衣，持匮至高庙，以付仆射。仆射以闻。戊辰，莽至高庙拜受金匮神禅，御王冠，谒太后，还坐未央宫前殿，下书曰："予以不德，托于皇初祖考黄帝之后，皇始祖考虞帝之苗裔，而太皇太后之末属。皇天上帝隆显大佑，成命统序，符契、图文、金匮策书，神明诏告，属予以天下兆民。赤帝汉氏高皇帝之灵，承天命，传金策之书，予甚祗畏，敢不钦受！以戊辰直定，御王冠，即真天子位，定有天下之号曰新。其改正朔，易服色，变牺牲，殊徽帜，异器制。以十二月朔癸酉为始建国元年正月之朔；以鸡鸣为时。服色配德上黄，牺牲应正用白，使节之旄幡皆纯黄，其署曰'新使五威节'，以承皇天上帝威命也。"

莽将即真，先奉诸符瑞以白太后，太后大惊。是时以孺子未立，玺藏长乐宫。及莽即位，请玺，太后不肯授莽。莽使安阳侯舜谕指。舜素谨敕，太后雅爱信之。舜既见太后，太后知其为莽求玺，怒骂之曰："而属父子宗族，蒙汉家力，富贵累世，既无以报，受人孤寄，乘便利时夺取其国，不复顾恩义。人如此者，狗猪不食其余，天下岂有而兄弟邪！且若自以金匮符命为新皇帝，变更正朔、服制，亦当自更作玺，传之万世，何用此亡国不祥玺为，而欲求之！我汉家老寡妇，旦暮且死，欲与此玺俱葬，终不可得！"太后因涕泣而言，旁侧长御以下皆垂涕。舜亦悲不能自止，良久，乃仰谓太后："臣等已无可言者。莽必欲得传国玺，太后宁能终不与邪！"太后闻舜语切，恐莽欲胁之，乃出汉传国玺投之地，以授舜曰："我老已死，知而兄弟今族灭也！"舜既得传国玺，奏之；莽大说，乃为太后置酒未央宫渐台，大纵众乐。

莽又欲改太后汉家旧号，易其玺绶，恐不见听，而莽疏属王谏欲谄莽，上书言："皇天废去汉而命立新室，太皇太后不宜称尊号，当随汉废，以奉天命。"莽以其书白太后，太后曰："此言是也！"莽因曰："此悖德之臣也，罪当诛！"于是冠军张永献符命铜璧文，言太皇太后当为新室文母太皇太后；莽乃下诏从之。于是鸩杀王谏而封张永为贡符子。

【译文】

始初元年（戊辰，公元8年）

司威陈崇奏报：王莽哥哥的儿子、衍功侯王光私下告知执金吾窦况，让窦况替他杀人。窦况替他拘禁了那个人，用法律把那个人处死了。王莽大怒，严厉地责备了王光。王光的母亲对王光说："你看自己和长孙、仲孙相比怎么样？"长孙、仲孙是王莽长子王宇、次子王获的表字。王光母子便自杀了，连窦况也死了。起初，王莽由于服侍母亲，供养嫂子，抚育兄长的儿子求得了名誉，等到后来狂妄凶暴，又这样来显示公正无私。令王光的儿子王嘉继承爵位为侯。

樟潼县人哀章在长安学习，一向品行不好，喜欢说大话。他看见王莽居位摄政，就制造了一只铜柜，做了两道标签，一道写作"天帝行玺金匮图"，另一道写作"赤帝行玺某传予黄帝金策书"。所谓某，就是高皇帝的名字。那策书说王莽是真天子，皇太后应遵照天意行事。图和策书都写明王莽的大臣八人，又加上两个好名字王兴和王盛，哀章乘机把自己的姓名也塞在里面，共是十一人，都写明了官职和爵位，作为辅佐。哀章听到齐郡新井和巴郡石牛事件下达了，当天黄昏时候，穿着黄衣，拿着铜柜到高帝祭庙，把它交给了仆射。仆射奏报。戊辰（二十五日），王莽到高帝祭庙拜受天神命令转让统治权的铜柜。他戴上王冠，进见太皇太后，回来便坐在未央宫的前殿，发布文告说："我德行不好，幸赖是皇初祖黄帝的后代，是皇始祖虞帝的子孙，又是太皇太后的微末亲属。皇天上帝予以浓厚的庇佑，令我继承大统。符命、图文，金柜中的策书，都是神明的诏告，把天下千百万人民托付我。赤帝汉朝高皇帝的神灵，秉承上天的命令，传给我转让政权的金策书，我非常敬畏，敢不敬谨接受！根据占卜，戊辰日（二十五日）是吉日，我戴上王冠，登上真天子的座位，建立国号为"新"的朝代。决定改变历法，改变车马、服饰的颜色，改变供祭把用的牲畜的毛色，改变旌旗，改变用器制度。把今年十二月朔癸酉（初一）定为始建国元年正月的初一，把鸡鸣之时作为一天的开始。车马、服饰的颜色配合土德崇尚黄色，祭祀用的牲畜与正月建丑相应而使用白色，使者符节的旌头旗幡都采用纯黄色，写上'新使五威节'，表明我们是秉承皇天上帝的威严

命令。"

王莽将要即位当真皇帝,先捧来各种符命祥瑞向太皇太后报告,太皇太后大吃一惊。这时,因孺子刘婴并没有即位,所以皇帝御玺仍放在太皇太后所住的长乐宫。等到王莽即位,向太后请求交出御玺,太皇太后不肯给。王莽让安阳日侯王舜规劝。王舜一向谨慎恭敬,太后平素喜欢他、信任他。王舜见到了太皇太后,太皇太后知道他是为了王莽索求御玺,怒骂他道:"你们父子宗族,靠着汉朝的力量,几代富贵,不但没有回报,反而利用人家托孤寄子的机会,夺取政权,不再顾念恩义。这样的人,连猪狗都不吃他剩余的东西,天下难道会客下你们兄弟吗!而且你们自己以金匮符命当新皇帝,改变历法,改变车马、服饰颜色,改变制度,也应该自己另刻御玺,使它传到万世,用这个亡国不祥的玺做什么,而想得到它?我是汉朝的老寡妇,早晚就要死,打算跟御玺一同埋葬。你们终究得不到!"太后一面说,一面哭泣。身边的常侍随从及下面的人都跟着哭泣。王舜也哀恸落泪,不能自止。过了很久,王舜才抬头问太后:"我等已无话可说,只是王莽一定要得到传国御玺,太后难道能够最终不给他吗?"太后听王舜的话恳切,又怕王莽用暴力胁迫,于是拿出汉朝的传国御玺扔到地上,对王舜说:"待我老死后,你们兄弟将被灭族!"王舜得到传国御玺后,报告王莽。王莽万分喜悦,于是为太皇太后在未央殿渐台设酒宴,让众人纵情欢乐。

王莽又打算改变王太后在汉朝时的旧封号,更换她的印玺绶带,但又怕她拒绝。而王莽的远族王谏打算向王莽献媚,上奏说:"皇天废除汉朝,而命令建立新朝,太皇太后不宜再称尊号,应该跟汉朝同时废除,顺应天命。"王莽把奏章呈报太后,太后说:"此话有理!"王莽于是说:"这是违背德义之臣,罪当杀!"当时冠军人张永呈献璧形铜片,上有符命文字,说太皇太后应称为"新室文母太皇太后"。王莽下诏接受。于是用鸩酒毒死王谏,封张永为贡符子。

汉纪二十九

【原文】

王莽中始建国元年（己巳，9年）

春，正月，朔，莽帅公侯卿士奉皇太后玺韨上太皇太后，顺符命，去汉号焉。

莽乃策命孺子为定安公，封以万户，地方百里；立汉祖宗之庙于其国，与周后并行其正朔、服色；以孝平皇后为定安太后。读策毕，莽亲执孺子手，流涕歔欷曰："昔周公摄位，终得复子明辟；今予独迫皇天威命，不得如意！"哀叹良久。中傅将孺子下殿，北面而称臣。百僚陪位，莫不感动。

是日，封拜卿大夫、侍中、尚书官凡数百人，诸刘为郡守者皆徙为谏大夫。改明光宫为定安馆，定安太后居之；以大鸿胪府为定安公第；皆置门卫使者监领。敕阿乳母不得与婴语，常在四壁中，至于长大，不能名六畜；后莽以女孙宇子妻之。

又曰："汉氏诸侯或称王，至于四夷亦如之，违于古典，缪于一统。其定诸侯王之号皆称公，及四夷僭号称王者皆更为侯。"于是汉诸侯王三十二人皆降为公，王子侯者百八十一人皆降为子，其后皆夺爵焉。

莽以刘之为字"卯、金、刀"也，诏正月刚卯、金刀之利皆不得行，乃罢错刀、契刀及五铢钱，更作小钱，径六分，重一铢，文曰"小钱直一"，与前"大钱五十"者为二品，并行。欲防民盗铸，乃禁不得挟铜、炭。

莽曰："古者一夫田百亩，什一而税，则国给民富而颂声作。秦坏圣制，废井田，是以兼并起，贪鄙生，强者规田以千数，弱者曾无立锥之居。又置奴婢之市，与牛马同阑，制于民臣，颛断其命，缪于'天地之性人为贵'之义。减轻田租，三

十而税一，常有更赋，罢癃咸出；而豪民侵陵，分田劫假。厥名三十税一，实什税五也。故富者犬马余菽粟，骄而为邪；贫者不厌糟糠，穷而为奸；俱陷于辜，刑用不错。今更名天下田曰'王田'，奴婢曰'私属'，皆不得卖买。其男口不盈八而田过一井者，分余田予九族、邻里、乡党。故无田、今当受田者，如制度。敢有非井田圣制、无法惑众者，投诸四裔，以御魑魅，如皇始祖考虞帝故事！"

【译文】

王莽始建国元年（己巳，公元9年）

春季，正月朔（初一），王莽率领公侯卿士捧着新制的皇太后御玺，呈上太皇太后，遵从上天的符命，去掉汉朝的名号。

王莽下策书命孺子为定安公，把居民一万户，土地纵横各一百里，赐封给他。在封国里建立汉朝祖宗的祠庙，与周朝的后代一样，都使用自己的历法和车马服饰的颜色。把孝平皇后立为定安太后。宣读策书完毕，王莽亲自握着孺子的手，流着眼泪抽泣道："从前周公代理王位，最后能够把明君的权力归还周成王；现在我偏偏迫于上天威严的命令，不能够如自己的意！"悲伤叹息很久。中傅带着孺子下殿，向着北面自称臣下。百官陪在旁边，没有人不受感动。

这一天，授任卿大夫、侍中、尚书官职总共几百人。各刘姓皇族担任郡太守的，都调任谏大夫。王莽把明光宫改为定安馆，让定安太后住在那里。把大鸿胪官署作为定安公住宅，都设置门卫、使者监护管理。告诫保育人员和奶妈不准跟定安公谈话，让他常在四壁合围的屋子里。一直到长大，定安公还不能叫出六畜的名称。后来王莽把孙女王宇的女儿嫁给了他。

王莽又说道："汉朝有的诸侯称王，以至四方的夷民也仿效这样称呼，这违反了古代制度，背离了一统的原则。如今确定诸侯王的名号都称为公，以及四方夷民，冒用帝王尊号的都改为侯。"于是汉诸侯王三十二人的名号都降为公，诸侯王的子弟名号为侯的一百八十一人都降为子，他们在后来都被剥夺了爵号。

王莽认为刘字由"卯、金、刀"组成，因而下诏，"正月刚卯"佩饰和金刀钱都不准再使用。于是，废除错刀币、契刀币以及五铢钱，改铸小钱，直径六分，重量一铢，上面有"小钱值一"的字样，加上以前的"大钱五十"的货币为两类，同时发行。为了防止民间私自铸造，便下禁令不准携带铜、炭。

王莽下诏："古代一夫分田一百亩，按十分之一交租税，就能够国家丰裕，百姓富足，于是歌颂的舆论兴起来了。秦破坏圣人制度，废除井田，因此并吞土地的现象出现了，贪婪卑鄙的行为发生了，强者占田数千亩，贫者竟没有立锥之地。又设置买卖奴婢的市场，与牛马一同关闭在栅栏之内，被地方官吏控制，专横地裁决他们的命运，违背了'天地之间的生命，人类最宝贵'的原则。汉朝减轻土地税，按三十分之一征税，但是经常有代役税，病残而丧失劳力的都要交纳。加之土豪劣绅侵犯欺压，利用租佃关系掠夺财物，于是名义上按三十分之一征税，实际上征收了十分之五的税。所以富人的狗马有吃不完的粮食，因骄奢而作邪恶的事；穷人却吃不饱酒渣糠皮，因贫困而作邪恶的事。他们都陷于犯罪，刑罚因此不能搁置不用。现在把全国的田改名叫'王田'，奴婢叫'私属'，都不准买卖。那些家庭人口男性不满八人，而占有田亩超过一井的，把多余的田亩分给亲属、邻居和同乡亲友。原来没有田，现在应当分得田的，按照规定办。敢有反对井田这种圣人首创的制度，无视法律惑乱民众的，把他们流放到四方极远的地方，去抵挡妖怪鬼神，如同我的始祖虞舜帝惩罚四凶的旧例！"

【原文】

二年（庚午，10年）

国师公刘秀言："周有泉府之官，收不售，与欲得，即《易》所谓'理财正辞，禁民为非'者也。"莽乃下诏曰："《周礼》有赊贷，《乐语》有五均，传记各有焉。今开赊贷、张五均、设诸斡者，所以齐众庶，抑并兼也。"遂于长安及洛阳、邯郸、临菑、宛、成都立五均司市、钱府官。司市常以四时仲月定物上中下之贾，各为其市平。民卖五谷、布帛、丝绵之物不售者，均官考检厥实，用其本贾取之；物贵过平一钱，则以平贾卖与民；贱减平者，听民自相与市。又民有乏绝欲赊贷者，钱府予之；每月百钱收息三钱。

又以《周官》税民，凡田不耕为不殖，出三夫之税；城郭中宅不树艺者为不毛，出三夫之布；民浮游无事，出夫布一匹；其不能出布者冗作，县官衣食之。诸取金、银、连、锡、鸟、兽、鱼、鳖于山林、水泽及畜牧者，嫔妇桑蚕、织紝、纺绩、补缝、工匠、医、巫、卜、祝及他方技，商贩、贾人，皆各自占所为于其所之，县官除其本，计其利十分之，而以其一为贡；敢不自占、自占不以实者，尽没入所采取而作县官一岁。

羲和鲁匡复奏请榷酒酤，莽从之。又禁民不得挟弩、铠，犯者徙西海。

定安公太后自刘氏之废，常称疾不朝会。时年未二十，莽敬惮伤哀，欲嫁之，乃更号曰黄皇室主，欲绝之于汉；令孙建世子盛饰，将医往问疾。后大怒，鞭笞其傍侍御，因发病，不肯起。莽遂不复强也。

莽恃府库之富，欲立威匈奴，乃更名匈奴单于曰"降取服于"，下诏遣立国将军孙建等率十二将分道并出：五威将军苗诉、虎贲将军王况出五原；厌难将军陈钦、震狄将军王巡出云中；振武将军王嘉、平狄将军王萌出代郡；相威将军李棽、镇远将军李翁出西河；诛貉将军杨俊、讨秽将军严尤出渔阳；奋武将军王骏、定胡将军王晏出张掖；及偏裨以下百八十人，募天下囚徒、丁男、甲卒三十万人，转输衣裘、兵器、粮食，自负海江、淮至北边，使者驰传督趣，以军兴法从事。先至者屯边郡，须毕具乃同时出；穷追匈奴，内之丁令。分其国土人民以为十五，立呼韩邪子孙十五人皆为单于。

莽以钱币讫不行，复下书曰："宝货皆重则小用不给，皆轻则儳载烦费；轻重大小各有差品，则用便而民乐。"于是更作金、银、龟、贝、钱、布之品，名曰宝货。钱货六品，金货一品，银货二品，龟货四品，贝货五品，布货十品，凡宝货五物、六名、二十八品。铸作钱布。皆用铜，淆以连、锡。百姓溃乱，其货不行。莽知民愁，乃但行小钱直一与大钱五十，二品并行；龟、贝、布属且寝。盗铸钱者不可禁，乃重其法，一家铸钱，五家坐之，没入为奴婢。吏民出入持钱，以副符传，不持者厨传勿舍，关津苛留。公卿皆持以人宫殿门，欲以重而行之。是时百姓便安汉五铢钱，以莽钱大小两行，难知，又数变改，不信，皆私以五铢钱市买；讹言大钱当罢，莫肯挟。莽患之，复下书："诸挟五铢钱、言大钱当罢者，此非井田制，投四裔！"及坐卖买田宅、奴婢、铸钱，自诸侯、卿大夫至于庶民，抵罪者不可胜数。于是农商失业，食货俱废，民人至涕泣于市道。

【译文】

二年（庚午，公元10年）

国师公刘秀奏称："周王朝有泉府之官，收购民间卖不出去的产品，供应民间缺乏的货物，也就是《易经》说：'治理财富，端正言行，禁止人民为非作歹。'"于是王莽下诏说："《周礼》上有由官府办理赊贷的记载，《乐语》上有五均的设立，史书上有关于诸筦的记载。现在，开展赊贷、设立五均、诸筦，目的在于使民众均平，遏止富豪侵吞兼并。"于是在长安以及洛阳、邯郸、临菑、宛、成都设立五均司市、钱府官。司市于每季的第二个月，对货物定出上、中、下三等价钱，保持市价的稳定。民间卖不出去的五谷、麻布、丝绸、棉絮等，均官经过调查，认为确实之后，依照成本收购。一旦物价上涨，超过平价一钱，均官将所藏货物以平价卖给百姓。如物价比平价低，则听凭百姓自由交易。另外百姓如果无钱需要赊贷，则钱府可以借给，每月一百钱收利息三钱。

同时，新朝朝廷依照古书《周礼》，规定：凡有田不耕种，称为不殖，要罚交三个人的赋税，城市中房宅不种树的称为不毛，罚交三个人的布匹；平民游手好闲，无所事事，处罚布匹一匹。缴纳不出布匹的，则应为官府做工，由官府给他衣食。凡是在山林水泽开采金矿、银矿、铅矿、锡矿的工人，捕捉鸟兽的猎人，捞取鱼鳖的渔夫，以及从事畜牧业的牧民，种桑养蚕、织布纺线、缝纫的妇女，工匠、医生、巫师、算卦的人，祭司及有其他技能的人和小贩、商人，全都要在所前往的地方自己申报经营所得，由地方官府除去其成本，在纯利中征收十分之一作为贡税。胆敢不自行申报，或申报不实的，把经营所得没收，并处罚为官府服役一年。

羲和鲁匡又奏请酒类由官府专卖，王莽批准。又下令禁止民间挟带弩弓和铠甲，违犯者流放到西海郡。

定安太后自从汉朝灭亡，时常称病，不去朝见。当时她还不满二十岁，王莽对她既尊敬害怕，又忧伤哀怜，打算让她改嫁。于是取消定安太后称号，改称黄皇室主，想使她跟汉朝一刀两断。命孙建的儿子刻意装扮，带着御医，前往问病。定安太后大怒，鞭打她身旁的侍从，于是真的患病，不肯起床。王莽便不再勉强她。

王莽仗恃国库储藏丰富，打算对匈奴显示国威，于是把匈奴单于改称为"降奴服于"，下诏派立国将军孙建率领十二位将领，分道并进，讨伐匈奴：五威将军苗䜣、虎贲将军王况从五原出击；厌难将军陈钦、震狄将军王巡从云中出击；振武将军王嘉、平狄将军王萌从代郡出击；相威将军李棽、镇远将军李翁从西河出击；诛貉将军杨俊、讨薉将军严尤从渔阳出击；奋武将军王骏、定胡将军王晏从张掖出击。此外，还有偏裨将领一百八十人。募集天下囚犯、成年男子、兵士，共三十万人。转运军服皮衣、兵器和粮食，从沿海、长江、淮河流域到北部边郡，使者乘坐驿车疾行，监督催促，按战时法令行事。先到达的部队在边郡驻扎，等全部到齐才同时出击。目标是穷追匈奴，直追到丁零部落。把匈奴国土百姓分成十五个部分，物色呼韩邪单于的子孙十五人，全部立为单于。

　　王莽因为钱币一直不流通，又下诏说："钱币都是大面额，则不能应付小额交易；钱币都是小面额，则运输装载就麻烦费事。轻重大小各有等级，那么使用方便，百姓就欢迎。"于是，更铸宝币六种：金币、银币、龟币、贝币、钱币、布币。其中钱币六种，金币一种，银币二种，龟币四种，贝币五种、布币十种。总计，货币共有五类、六种名称，二十八个等级。钱币、布币都用铜铸作，其中混杂铅锡。因为货币的种类太多，百姓生活陷于混乱，货币不能流通。王莽了解人民的怨愤，于是只使用值一钱的小钱和值五十的大钱，两种并行，龟币、贝币、布币暂且停止使用。私自铸钱的无法禁止，便加重那方面的刑罚，一家铸钱，邻居五家连坐，将这些人送到官府作奴婢。官吏和平民外出要携带钱币作为通行副证，不携带的人，旅舍不允许住宿，关卡和渡口要盘问留难，公卿大臣都要携带它才能进入宫殿大门，想要用这样的办法提高它的身价从而得以流通。当时，百姓认为汉五铢钱方便适用，而王莽钱因有大有小，两种钱同时发行，难以分辨，并且不断变化，所以不信任它，都私下用五铢钱在市场上购买商品，并谣传说大钱会废除，没有人肯于挟带。王莽深感烦恼，再下诏书："凡是挟带五铢钱，说大钱要废除的人，比照'诽谤井田制'罪状，放逐到四方边远地区！"连同被指控买卖田宅、买卖奴婢、盗铸钱币的人，从封国国君、朝廷官员到平民，犯法的人不计其数。于是农民、商人失业、全国经济崩溃，百姓甚至在街市道路上哭泣。

【原文】

三年（辛未，11年）

吏士屯边者所在放纵，而内郡愁于征发，民弃城郭，始流亡为盗贼，并州、平州尤甚。莽令七公、六卿号皆兼称将军，遣著武将军逯并等镇名都，中郎将、绣衣执法各五十五人，分镇缘边大郡，督大奸猾擅弄兵者。皆乘便为奸于外，挠乱州郡，货赂为市，侵渔百姓。莽下书切责之曰："自今以来，敢犯此者，辄捕系，以名闻！"然犹放纵自若。北边自宣帝以来，数世不见烟火之警，人民炽盛，牛马布野；及莽挠乱匈奴，与之构难，边民死亡系获，数年之间，北边虚空，野有暴骨矣。

【译文】

三年（辛未，公元11年）

驻扎在边塞的部队在当地放纵扰民，而内地各郡因征兵催税，苛刻迫急，百姓不堪愁苦，纷纷抛弃家园，开始流浪逃亡，成为盗贼，并州、平州尤其严重。王莽下令七公、六卿都兼任将军，派著武将军逯并等，镇守各大名城；另派中郎将、绣衣执法各五十五人，分别镇守沿边大郡，监察擅动干戈兴兵作乱的刁徒。而这些人都利用镇守之便在外地干坏事，扰乱州郡，行贿受贿像做买卖一样，掠夺百姓的财物。王莽下诏书严厉斥责："自今以后，胆敢再犯这类罪行的，就逮捕监禁，把名字报上来。"然而还是照样胡作非为。中国北部边疆，自从汉宣帝以来，百姓已数代看不见烽火的警报，人口繁殖，牛马遍野。及至王莽扰乱匈奴，与匈奴结成仇怨，沿边百姓或死亡，或被俘虏，几年之间，北方边疆一片荒凉，野外有无人掩埋的白骨。

【原文】

四年（壬申，12年）

初，莽为安汉公时，欲谄太皇太后，以斩郅支功奏尊元帝庙为高宗，太后晏驾后，当以礼配食云。及莽改号太后为新室文母，绝之于汉，不令得体元帝，堕坏孝元庙，更为文母太后起庙；独置孝元庙故殿以为文母篹食堂，既成，名曰长寿宫，以太后在，故未谓之庙。莽置酒长寿宫，请太后。既至，见孝元庙废彻涂地，太后惊泣曰："此汉家宗庙，皆有神灵，与何治而坏之！且使鬼神无知，又何用庙为！如今有知，我乃人之妃妾，岂宜辱帝之堂以陈馈食哉！"私谓左右曰："此人慢神多矣，能久得祐乎！"饮酒不乐而罢。自莽篡位后，知太后怨恨，求所以媚太后者无不为，然愈不说。莽更汉家黑貂著黄貂；又改汉正朔、伏腊日。太后令其官属黑貂；至汉家正、腊日，独与其左右相对饮食。

【译文】

四年（壬申，公元12年）

当初，王莽做安汉公时，打算谄媚太皇太后，借口斩杀郅支单于的功劳，报告尊称汉元帝的祭庙为高宗，待太皇太后去世后，就将按照礼仪跟丈夫分享祭祀香火。到新朝建立后，王莽改太皇太后号为"新室文母"，断绝她跟汉朝的关系，不让她跟元帝一体享受汉朝的祭祀，把高宗祭庙摧毁，而另给文母太后盖一座祭庙，只保留高宗祭庙的一个殿作为文母的膳堂。落成之后，名叫长寿宫。只因太皇太后仍在人世，所以不称庙。王莽在长寿宫摆设酒席，宴请太皇太后。太皇太后到了之后，看见孝元祭庙被彻底废弃，无法收拾，惊骇悲伤地骂着说："这些汉朝的祭庙，都是神灵的，什么地方得罪了你，非把它摧毁！况且假使没有鬼神，何必盖庙？假使有鬼神，我是他的妻子，难道应该羞辱元帝的庙堂来摆放祭祀我的食品！"她悄悄对侍从说："这个人得罪神灵的地方太多了，能够长久得到神灵的保佑吗？"这次饮酒在不愉快中结束。王莽篡权之后，知道太皇太后怨恨，所以凡是可以取悦讨好她的手段，全部使用。然而，太皇太后愈发不高兴。汉朝的宫廷朝装，都用黑色貂皮，王莽下令改穿黄色貂皮。汉朝以正月一日作为元旦，王莽改十二月一日作为元旦。汉朝每年十二月举行腊祭，祭祀天地神灵，王莽改在九月举行。太皇太后教她的官属仍穿汉朝的黑色貂皮，到汉朝元旦和腊祭之日，独自与身边的侍从聚餐。

【原文】

五年（癸酉，13年）

春，二月，文母皇太后崩，年八十四；葬渭陵，与元帝合，而沟绝之。新室世世献祭其庙；元帝配食，坐于床下。莽为太后服丧三年。

【译文】

五年（癸酉，公元13年）

春季，二月，文母皇太后驾崩，终年八十四岁，安葬在渭陵，与元帝合葬一处，中间开了一条沟把它们隔开来。在常安设立祠庙，规定新朝要世世代代祭祀。元帝配享，神主安放在太后神主的龛架下面。王莽为太后服丧三年，表示哀悼。

【原文】

天凤元年（甲戌，14年）

莽复申下金、银、龟、贝之货，颇增减其贾直，而罢大、小钱，改作货布、货泉二品并行。又以大钱行久，罢之恐民挟不止，乃令民且独行大钱；尽六年，毋得复挟大钱矣。每一易钱，民用破业而大陷刑。

【译文】

天凤元年（甲戌，公元14年）

王莽又下令恢复金币、银币、龟币、贝币，对价值略做增减。取消大钱、小钱，改为制作货布、货泉二种钱币，一并通行，此外，因为大钱流通已久，一旦废除，恐怕无法禁绝人们携带，于是准许百姓暂且只使用大钱，以六年为期，到第六年结束时，就不能再携带大钱了。每一次改变币制，百姓都随着破产而大大地陷于刑网。

资治通鉴第三十八卷

汉纪三十

【原文】

王莽下天凤二年（乙亥，15年）

莽意以为制定则天下自平，故锐思于地理，制礼，作乐，讲合《六经》之说。公卿旦人暮出，论议连年不决，不暇省狱讼冤结，民之急务。县宰缺者数年守兼，一切贪残日甚。中郎将、绣衣执法在郡国者，并乘权势，传相举奏。又十一公士分布劝农桑，班时令，按诸章、冠盖相望，交错道路，召会吏民，逮捕证左，郡县赋敛，递相赇赂，白黑纷然，守阙告诉者多。莽自见前颛权以得汉政，故务自揽众事，有司受成苟免。诸宝物名、帑藏、钱谷官皆宦者领之；吏民上封事，宦官、左右开发，尚书不得知，其畏备臣下如此。又好变改制度，政令烦多，当奉行者，辄质问乃以从事，前后相乘，愦毼不渫。莽常御灯火至明，犹不能胜。尚书因是为奸，寝事，上书待报者连年不得去，拘系郡县者逢赦而后出，卫卒不交代者至三岁。谷籴常贵，边兵二十余万人，仰衣食县官；五原、代郡尤被其毒，起为盗贼，数千人为辈，转入旁郡。莽遣捕盗将军孔仁将兵与郡县合击，岁余乃定。

【译文】

王莽天凤二年（乙亥，公元15年）

王莽认为制度一经确定，那么天下自然太平，所以精心思考划分地域，制定礼仪，创作乐教，都讲求符合《六经》的说法。公卿大臣早晨上朝，傍晚退朝，议论

连年，不能够做出决断，没有时间处理诉讼冤案和百姓迫切需要解决的问题。县宰缺额往往好几年都是派人代理，各种贪赃枉法的行径，一天比一天厉害。派驻郡和封国的中郎将、绣衣执法，纷纷利用权势，互相检举弹劾。还有十一公士分布各地，督促农耕和蚕桑，安排每季每月的工作，检查各种规章的实行情况，车水马龙，在路上络绎不绝。召集官民，逮捕取证，郡县官府征收赋税和财物，层层贿赂，是非清浊不分，前往朝廷申诉冤苦的人很多。王莽看到自己从前因专权而取得了汉朝政权，所以总想自己包揽众事，而有关官员只按既定的政令办事，以图能够免除罪责。各宝库、国库和钱粮官，都由宦官管理；官吏和平民的密奏，由宦官和左右随从开拆，尚书不得知道。他提防臣下就是这样。又喜欢改变制度，政令繁多，本来应当由下面奉命执行的，总要考察过问以后才交去办理，以致前面的事情没有完，后面的事情又赶上了，昏乱糊涂，没完没了。王莽时常在灯光下办公，直到天明还没有办完。尚书借此机会舞弊，阻塞下情，奏报后等待回答的人连年无法离去，被关押在郡县监狱里的人要遇到大赦才得出来，京城卫戍士兵不能轮换甚至达到三年之久。谷物常常很贵，边疆的军队二十多万人仰赖官府供应吃穿。五原郡和代郡尤其遭殃，有的人成为盗贼，几千人成群结队，转到邻近各郡。王莽派遣捕盗将军孔仁率领军队会同地方官兵联合进击，经过一年多才平定。

【原文】

三年（丙子，16年）

先是，莽以制作未定，上自公侯，下至小吏，皆不得俸禄。夏，五月，莽下书曰："予遭阳九之厄，百六之会，国用不足，民人骚动，自公卿以下，一月之禄十缀布二匹，或帛一匹。予每念之，未尝不戚焉。今厄会已度，府帑虽未能充，略颇稍给。其以六月朔庚寅始，赋吏禄皆如制度。"四辅、公卿、大夫、士下至舆、僚，凡十五等。僚禄一岁六十六斛，稍以差称。上至四辅而为万斛云。莽又曰："古者岁丰穰则充其礼，有灾害则有所损，与百姓同忧喜也。其用上计时通计，天下幸无灾害者，太官膳羞备其品矣；即有灾害，以什率多少而损膳焉。自十一公、六司、六卿以下，各分州郡、国邑保其灾害，亦以十率多少而损其禄。郎、从官、中都官吏食禄都内之委者，以太官膳羞备损而为节。冀上下同心，劝进农业，安元元焉。"莽之制度烦碎如此，课计不可理，吏终不得禄，各因官职为奸，受取赇赂以自共给焉。

【译文】

三年（丙子，公元16年）

先前，王莽以厘定制度未完为由，上自公爵侯爵，下到小吏，全都停发俸禄。夏季，五月，王莽下诏书说："我遭遇不幸的命运，灾难难避，国家财政开支不足，人民骚动，从公卿以下，一个月的俸禄只有十缏布二匹，或丝帛一匹。我每想到这件事，没有不忧愁的。现在困难时期已经过去，国库储备虽然还不充足，但已略微宽裕，将从六月朔（初一）庚寅开始，按照制度发给官吏俸禄。"四辅、公卿、大夫、士，下至舆、僚，共十五等。僚的俸禄每年六十六斛，按照等差逐渐上升，到四辅则是一万斛。王莽又下诏："古时候，年岁丰收则俸禄增加，年岁歉收则俸禄减少，表示官吏与平民同喜同忧。现在，利用年终统计作为统一计算的根据，天下幸而没有灾害的时候，御厨房各种膳食全备。如有灾害，则以十为率，计算数量而减少膳食。十一位公爵、六司、六卿及以下，各分到若干州郡、封国，保护这些地区渡过灾害，也以十为率，计算受灾多少而削减俸禄。从京师仓库的储积粮里面领取俸禄的郎官、侍从官和京师官吏，以太官膳食的齐备或减少作为尺度。希望上下同心同德，鼓励、促进农业生产，安抚善良的老百姓。"王莽的制度如此琐碎，核算课计很难办理，官吏到底还是领不到俸禄，于是纷纷利用自己的职权干坏事，靠收受贿赂来解决自己的费用开支。

【原文】

五年（戊寅，18年）

琅邪樊崇起兵于莒，众百余人，转入太山。群盗以崇勇猛，皆附之，一岁间至万余人。崇同郡人逄安、东海人徐宣、谢禄、杨音各起兵，合数万人，复引从崇；共还攻莒，不能下，转掠青、徐间。又有东海刀子都，亦起兵钞击徐、兖。莽遣使者发郡国兵击之,不能克。

【译文】

五年（戊寅,公元18年）

琅邪樊崇在莒城聚众起兵,有一百多人,辗转进入泰山。盗贼们因樊崇勇猛,纷纷归附。一年之间,集结到一万余人。樊崇的同郡人逢安,东海人徐宣、谢禄、杨音,也分别起兵,总共有数万人之多,又带着部下跟随樊崇,并一同回军进攻莒城,未能攻下。他们就在青州、徐州一带流窜,抢掠。又有东海卜丁子都,也起兵,在徐州、兖州一带抢劫掠夺。王莽派遣使者征调各郡、各封国军队进击,未能取胜。

【原文】

六年（己卯,19年）

春,莽见盗贼多,乃令太史推三万六千岁历纪,六岁一改元,布天下；下书自言"己当如黄帝仙升天",欲以诳耀百姓,销解盗贼。众皆笑之。

更始将军廉丹击益州,不能克。益州夷栋蚕、若豆等起兵杀郡守；越巂夷人大牟亦叛,杀略吏人。莽召丹还,更遣大司马护军郭兴、庸部牧李棽击蛮夷若豆等、太傅羲叔士孙喜清洁江湖之盗贼。而匈奴寇边甚,莽乃大募天下丁男及死罪囚、吏民奴,名曰猪突、豨勇,以为锐卒。一切税天下吏民,訾三十取一,缣帛皆输长安。令公卿以下至郡县黄绶皆保养军马,多少各以秩为差；吏尽复以与民。又博募有奇技术可以攻匈奴者,将待以不次之位,言便宜者以万数：或言能渡水不用舟楫,连马接骑,济百万师；或言不持斗粮,服食药物,三军不饥；或言能飞,一日千里,可窥匈奴；莽辄试之,取大鸟翮为两翼,头与身皆著毛,通引环纽,飞数百步堕。莽如其不可用,苟欲获其名,皆拜为理军,赐以车马,待发。

【译文】

六年（己卯，公元19年）

春季，王莽见全国盗贼很多，于是命令太史推算出三万六千年的日历。下令每隔六年改换一次年号，布告天下。又下诏书："我会跟黄帝一样成仙升天。"想以此对百姓欺骗和夸耀，使盗贼瓦解。众人都觉得可笑。

更始将军廉丹攻打益州郡，不能取胜。益州郡夷人栋蚕、若豆等起兵，击杀郡守。越嶲郡夷人大牟也叛变了，屠杀官吏平民，并侵占他们的财产。王莽召廉丹回来，改派大司马护军郭兴、庸部牧李蒙去攻打蛮夷若豆等部落，派太傅义叔士孙喜去平定江湖的盗贼。同时匈奴侵犯边境很厉害，王莽便大规模招集全国的壮丁以及死刑罪犯和官吏、平民的家奴，起名叫猪突、豨勇，把他们作为精锐的士兵。向全国一切官吏和平民征税，抽取财产三十分之一，绸绢都运送到长安。命令公卿及以下直到郡县佩带黄色绶带的官吏都要保养军马，马匹的多少根据各人的官秩规定等级，而官吏都把这个负担转嫁给老百姓。又广泛招集有奇巧技术可以用来攻打匈奴的人才，打算越级提升他们。于是上言建议者有万人左右，有的说能够不用舟船桨楫渡过江河，连接马匹，可以渡过百万军队；有的说不要携带一斗粮食，只要服食药物，军队可以不饥饿；还有的说能够飞行，一天飞行一千里，可以去侦察匈奴。王莽就进行试验，那个人拿大鸟的羽毛做成两扇翅膀，头上和身上都附上羽毛，翅膀用扣环纽带操纵，飞行几百步就掉下来了。王莽知道他们不能起作用，但硬要博取珍惜人才的名声，将他们都任命作理军，赏赐车马，等待出发。

【原文】

地皇元年（庚辰，20年）

望气为数者多言有土功象；九月，甲申，莽起九庙于长安城南，黄帝庙方四十丈，高十七丈，余庙半之，制度甚盛。博征天下工匠及吏民以义入钱谷助作者，骆驿道路；穷极百工之巧；功费数百余万，卒徒死者万数。

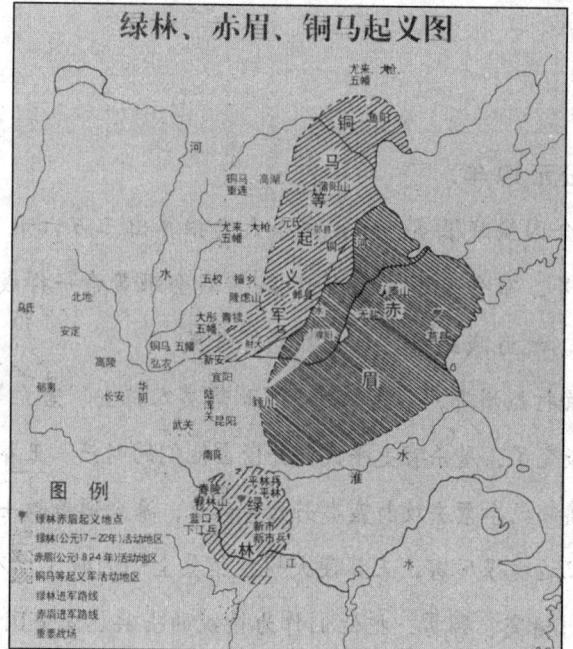

绿林、赤眉、铜马起义图

【译文】

地皇元年（庚辰，公元20年）

很多观察云气的人都说出现了大兴土木的征象；九月甲申（疑误），王莽在长安城南兴建皇家九座祭庙。其中黄帝庙东西南北四方各长四十丈，高十七丈，其他祭庙只有黄帝庙的一半，规模十分宏伟。广泛征召全国工匠及捐助钱粮者，人马粮草在道路上络绎不断。九庙的设计与施工，都极尽各种工匠的技巧。支出数百万钱，而役夫丧生的有一万人左右。

【原文】

二年（辛巳，21年）

春，正月，莽妻死，谥曰孝睦皇后。初，莽妻以莽数杀其子，涕泣失明；莽令太子临居中养焉。莽妻旁侍者原碧，莽幸之，临亦通焉；恐事泄，谋共杀莽。临妻愔，国师公女，能为星，语临宫中且有白衣会，临喜，以为所谋且成；后贬为统义阳王，出在外第，愈忧恐。会莽妻病困，临予书曰："上于子孙至严，前长孙、中孙年俱三十而死。今臣临复适三十，诚恐一旦不保中室，则不知死命所在！"莽侯妻疾，见其书，大怒，疑临有恶意，不令得会丧。既葬，收原碧等考问，具服奸、谋杀状。莽欲秘之，使杀案事使者司命从事，埋狱中，家不知所在。赐临药；临不肯饮，自刺死。又诏国师公："临本不知星，事从愔起。"愔亦自杀。

莽既轻私铸钱之法，犯者愈众，及伍人相坐，没入为官奴婢；其男子槛车，女子步，以铁琐琅当其颈，传诣钟官以十万数。到者易其夫妇。愁苦死者什六七。

初，四方皆以饥寒穷愁起为盗贼，稍群聚，常思岁熟得归乡里，众虽万数，不敢略有城邑，日阕而已；诸长吏牧守皆自乱斗中兵而死，贼非敢欲杀之也，而莽终不谕其故。是岁，荆州牧发奔命二万人讨绿林贼；贼帅王匡等相率迎击于云杜，大破牧军，杀数千人，尽获辎重。牧欲北归，马武等复遮击之，钩牧车屏泥，刺杀其骖乘，然终不敢杀牧。贼遂攻拔竟陵，转击云杜、安陆，多略妇女，还入绿林中，至有五万余口，州郡不能制。

【译文】

二年（辛巳，公元 21 年）

春季，正月，王莽的妻子去世，谥号为孝睦皇后。当初，王莽的妻子由于王莽几次杀死了她的儿子，哭瞎了眼睛。王莽让太子王临住在宫中照顾她。王莽奸淫了妻子身边的侍女原碧，王临也跟她通奸。王临和原碧恐怕事情泄漏，两个人便计划一同杀死王莽。王临的妻子刘愔，是国师公的女儿，会观察星象，告诉王临宫中将会有白衣之会。王临喜悦，以为自己计划的事会成功。后来被贬降作统义阳王，又被打发到外面的宅第居住，更加忧虑恐惧。当王莽的妻子病得厉害的时候，王临给她一封信说："皇上对于子孙极为严厉，从前我的哥哥长孙和仲孙都是三十岁的年纪就死了。现在我又刚好三十岁，恐怕一旦母后有什么不幸，我就不知道会死在哪里！"王莽来探望妻子的病情，看见了那封信，大怒，怀疑王临有恶意，不让他参加丧礼。安葬结束逮捕原碧等审问，原碧完全承认了通奸、谋杀等情况。王莽想要掩盖这件事，派人杀死了奉命办案的司命及属官，尸体埋在狱中，死者家里都不知所在。赐给王临毒药，王临不肯喝，自杀而亡。王莽又命令国师公说："王临本来不懂得星象，事情是从刘愔发端的。"刘愔也自杀了。

王莽减轻私自铸钱的处罚后，犯法的就更多了，加上邻居连坐，都被收作官府的奴婢。其中男子坐囚车，妇女步行，用铁锁链套住他们的脖子，前往铸钱的官府，以十万计。到达后拆散夫妻，另行改配，愁苦而死的十有六七。

起初，各地人民都由于饥寒贫苦才起来做盗贼，众人聚集在一起，时常盼望着年景好时能够返回家园。聚众虽然以万计，但不敢攻占城市，劫掠到食物，当天吃完而已。各县长官和州牧、郡太守都是自己乱斗被武器杀伤而死的，盗贼并不敢存心杀死他们，可是王莽始终不懂得这个道理。这一年，荆州牧动员称作奔命的部队二万人攻击绿林贼寇，贼寇首领王匡等率部众在云杜迎战，大破州府官军，杀数千人，把所有的军用物资全部掳获。荆州牧准备向北撤退，绿林将领马武等再予截击，钩住荆州牧车上挡泥的装饰板，刺杀在车上陪乘的人。然而，却始终不敢杀害州牧。贼寇于是攻陷竟陵，转而袭击云杜、安陆，大量掳掠妇女，退回绿林山中。此时已增加到五万余人，州郡官府已无法制止。

资治通鉴第三十九卷

汉纪三十一

【原文】

淮阳王更始元年（癸未，23年）

舂陵戴侯曾孙玄在平林兵中，号更始将军。时汉兵已十余万，诸将议以兵多而无所统一，欲立刘氏以从人望。南阳豪杰及王常等皆欲立刘縯；而新市、平林将帅乐放纵，惮縯威明，贪玄懦弱，先共定策立之，然后召縯示其议。

二月，辛巳朔，设坛场于淯水上沙中，玄即皇帝位，南面立，朝群臣；羞愧流汗，举手不能言。于是大赦，改元，以族父良为国三老，王匡为定国上公、王凤为成国上公，朱鲔为大司马，刘縯为大司徒，陈牧为大司空，余皆九卿将军。由是豪杰失望，多不服。

王莽欲外示自安，乃染其须发，立杜陵史谌女为皇后；置后宫，位号视公、卿、大夫、元士者凡百二十人。

三月，王凤与太常偏将军刘秀等徇昆阳、定陵、郾，皆下之。

王莽闻严尤、陈茂败，乃遣司空王邑驰传，与司徒王寻发兵平定山东；征诸明兵法六十三家以备军吏，以长人巨毋霸为垒尉，又驱诸猛兽虎、豹、犀、象之属以助威武。邑至洛阳，州郡各选精兵，牧守自将，定会者四十三万人，号百万；余在道者，旌旗、辎重，千里不绝。夏，五月，寻、邑南出颍川，与严尤、陈茂合。

诸将见寻、邑兵盛，皆反走，人昆阳，惶怖，忧念妻孥，欲散归诸城。刘秀曰："今兵谷既少而外寇强大，并力御之，功庶可立；如欲分散，势无俱全。且宛城未拔，不能相救；昆阳即拔，一日之间，诸部亦灭矣。今不同心胆，共举功名，

反欲守妻子财物邪！"诸将怒曰："刘将军何敢如是！"秀笑而起。会候骑还，言："大兵且至城北，军陈数百里，不见其后。"诸将素轻秀，及迫急，乃相谓曰："更请刘将军计之。"秀复为图画成败，诸将皆曰："诺。"时城中唯有八九千人，秀使王凤与廷尉大将军王常守昆阳，夜与五威将军李轶等十三骑出城南门，于外收兵。

时莽兵到城下者且十万，秀等几不得出。寻、邑纵兵围昆阳，严尤说邑曰："昆阳城小而坚，今假号者在宛，亟进大兵，彼必奔走；宛败，昆阳自服。"邑曰："吾昔围翟义，坐不生得以见责让，今将百万之众，遇城而不能下，非所以示威也。当先屠此城，蹀血而进，前歌后舞，顾不快邪！"遂围之数十重，列营百数，钲鼓之声闻数十里，或为地道、冲輣撞城；积弩乱发，矢下如雨，城中负户而汲。王凤等乞降，不许。寻、邑自以为功在漏刻，不以军事为忧。严尤曰："《兵法》：'围城为之阙'，宜使得逸出以怖宛下。"邑又不听。

刘秀至郾、定陵，悉发诸营兵；诸将贪惜财物，欲分兵守之。秀曰："今若破敌，珍宝万倍，大功可成；如为所败，首领无余，何财物之有！"乃悉发之。六月，己卯朔，秀与诸营俱进，自将步骑千余为前锋，去大军四五里而陈；寻、邑亦遣兵数千合战，秀奔之，斩首数十级。诸将喜曰："刘将军平生见小敌怯，今见大敌勇，甚可怪也！且复居前，请助将军！"秀复进，寻、邑兵却，诸部共乘之，斩首数百、千级。连胜，遂前，诸将胆气益壮，无不一当百，秀乃与敢死者三千人从城西水上冲其中坚。寻、邑易之，自将万余人行陈，敕诸营皆按部毋得动，独迎与汉兵战，不利，大军不敢擅相救；寻、邑陈乱，汉兵乘锐崩之，遂杀王寻。城中亦鼓噪而出，中外合势，震呼动天地；莽兵大溃，走者相腾践，伏尸百余里。会大雷、风，屋瓦皆飞，雨下如注，滍川盛溢，虎豹皆股战，士卒赴水溺死者以万数，水为不流。王邑、严尤、陈茂轻骑乘死人渡水逃去，尽获其军实辎重，不可胜算，举之连月不尽，或燔烧其余。士卒奔走，各还其郡，王邑独与所将长安勇敢数千人还洛阳，关中闻之震恐。于是海内豪杰翕然响应，皆杀其牧守，自称将军，用汉年号以待诏命；旬月之间，遍于天下。

新市、平林诸将以刘縯兄弟威名益盛，阴劝更始除之。秀谓縯曰："事欲不善。"縯笑曰："常如是耳。"更始大会诸将，取縯宝剑视之；绣衣御史申徒建随献玉玦；更始不敢发。縯舅樊宏谓縯曰："建得无有范增之意乎？"縯不应。李轶初与縯兄弟善，后更谄事新贵；秀戒縯曰："此人不可复信！"縯不从。縯部将刘稷，勇冠三军，闻更始立，怒曰："本起兵图大事者，伯升兄弟也。今更始何为者邪！"更始以稷为抗威将军，稷不肯拜；更始乃与诸将陈兵数千人，先收稷，将诛之；縯固争。李轶、朱鲔因劝更始并执縯，即日杀之；以族兄光禄勋赐为大司徒。秀闻之，自父城驰诣宛谢。司徒官属迎吊秀，秀不与交私语，惟深引过而已，未尝自伐昆阳之功；又不敢为縯服丧，饮食言笑如平常。更始以是惭，拜秀为破房大将军，封武信侯。

成纪隗崔、隗义、上邽杨广、冀人周宗同起兵以应汉，攻平襄，杀莽镇戎大尹李育。崔兄子嚣，素有名，好经书，崔等共推为上将军；崔为白虎将军，义为左将军。嚣遣使聘平陵方望，以为军师。望说嚣立高庙于邑东；己巳，祠高祖、太宗、世宗，嚣等皆称臣执事，杀马同盟，以兴辅刘宗；移檄郡国，数莽罪恶。勒兵十万，击杀雍州牧陈庆、安定大尹王向。分遣诸将徇陇西、武都、金城、武威、张掖、酒泉、敦煌，皆下之。

初，茂陵公孙述为清水长，有能名；迁导江卒正，治临邛。汉兵起，南阳宗成、商人王岑起兵徇汉中以应汉，杀王莽庸部牧宋遵，众合数万人。述遣使迎成等，成等至成都，虏掠暴横。述召郡中豪杰谓曰："天下同苦新室，思刘氏久矣，故闻汉将军到，驰迎道路。今百姓无辜而妇子系获，此寇贼，非义兵也。"乃使人诈称汉使者，假述辅汉将军、蜀郡太守兼益州牧印绶；选精兵西击成等，杀之，并其众。

莽愈忧，不知所出。崔发言："古者国有大灾，则哭以厌之。宜告天以求救！"莽乃率群臣至南郊，陈其符命本末，仰天大哭，气尽，伏而叩头。诸生、小民旦夕会哭，为设餐粥；甚悲哀者，除以为郎，郎至五千余人。

莽拜将军九人，皆以虎为号，将北军精兵数万人以东，内其妻子宫中以为质。时省中黄金尚六十余万斤，他财物称是，莽愈爱之，赐九虎士人四千钱；众重怨，无斗意。

邓晔开武关迎汉兵。李松将三千余人至湖，与晔等共攻京师仓，未下。晔以弘农掾王宪为校尉，将数百人北渡渭，入左冯翊界。李松遣偏将车韩臣等径西至新丰击莽波水将军，追奔至长门宫。王宪北至频阳，所过迎降。诸县大姓各起兵称汉将

军，率众随宪。李松、邓晔引军至华阴，而长安旁兵四会城下；又闻天水隗氏方到，皆争欲入城，贪立大功、卤掠之利，莽赦城中囚徒，皆授兵，杀豨，饮其血，与誓曰："有不为新室者，社鬼记之！"使更始将军史谌将之。渡渭桥，皆散走；谌空还。众兵发掘莽妻、子、父、祖冢，烧其棺椁及九庙、明堂、辟雍，火照城中。

火及掖庭、承明，黄皇室主所居。黄皇室主曰："何面目以见汉家！"自投火中而死。

莽避火宣室前殿，火辄随之。莽绀袀服，持虞帝匕首；天文郎按式于前，莽旋席随斗柄而坐，曰："天生德于予，汉兵其如予何！"庚戌，且明，群臣扶掖莽自前殿之渐台，公卿从官尚千余人随之。王邑昼夜战，罢极，士死伤略尽；驰入宫，间关至渐台，见其子侍中睦解衣冠欲逃，邑叱之，令还，父子共守莽。军人入殿中，闻莽在渐台，众共围之数百重。台上犹与相射，矢尽，短兵接；王邑父子、䜰恽、王巡战死，莽入室。下餔时，众兵上台，苗䜣、唐尊、王盛等皆死。商人杜吴杀莽，校尉东海公宾就斩莽首；军人分莽身，节解脔分，争相杀者数十人。

传莽首诣宛，悬于市；百姓共提击之，或切食其舌。

更始将都洛阳，以刘秀行司隶校尉，使前整修宫府。秀乃置僚属，作文移，从事司察，一如旧章。时三辅吏士东迎更始，见诸将过，皆冠帻而服妇人衣，莫不笑之；及见司隶僚属，皆欢喜不自胜，老吏或垂涕曰："不图今日复见汉官威仪！"由是识者皆属心焉。

更始遣使降赤眉。樊崇等闻汉室复兴，即留其兵，将渠帅二十余人随使者至洛阳，更始皆封为列侯。崇等既未有国邑，而留众稍有离叛者，乃复亡归其营。

更始欲令亲近大将徇河北，大司徒赐言："诸家子独有文叔可用。"朱鲔等以为不可，更始狐疑，赐深劝之；更始乃以刘秀行大司马事，持节北渡河，镇慰州郡。

大司马秀至河北，所过郡县，考察官吏，黜陟能否，平遣囚徒，除王莽苛政，复汉官名；吏民喜悦，争持牛酒迎劳，秀皆不受。

秀自兄縯之死，每独居辄不御酒肉，枕席有涕泣处，主薄冯异独即头宽譬；秀止之曰："卿勿妄言！"异因进说曰："更始政乱，百姓无所依戴。夫人久饥渴，易为充饱。今公专命方面。宜分遣官属徇行郡县，宣布惠泽。"秀纳之。

故赵缪王子林说秀决列人河水以灌赤眉，秀不从；去之真定。林素任侠于赵、魏间，王莽时，长安中有自称成帝子子舆者，莽杀之。邯郸卜者王郎缘是诈称真子舆，云："母故成帝讴者，尝见黄气从上下，遂任身；赵后欲害之，伪易他人子，以故得全。"林等信之，与赵国大豪李育、张参等谋共立郎。

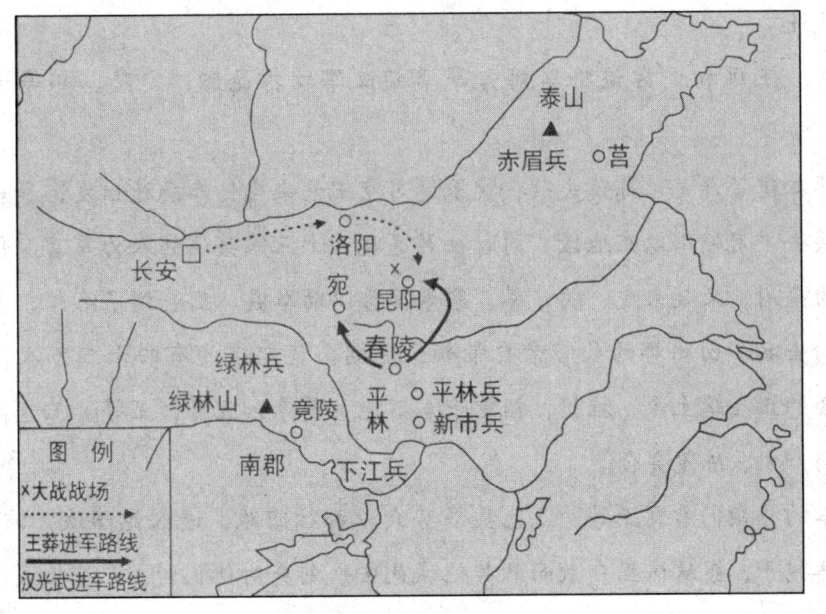

昆阳之战形势图

【译文】

淮阳王更始元年（癸未，公元23年）

春陵戴侯刘熊渠的曾孙刘玄，在平林兵中，称更始将军。这时汉兵已有十余万人，将领们议论，军队虽多，却没有共同的领袖。于是打算拥立一位汉朝的刘姓皇族，以便顺从大家的希望。南阳郡的豪杰与下江兵王常等，都主张立刘縯。而新市兵、平林兵的将领乐于放纵，害怕刘縯的威武严明，贪图刘玄的懦弱，抢先共同定下策略拥立刘玄，造成既成事实，然后召来刘縯告知决议。

二月辛巳朔（初一），在淯水畔沙滩中设置坛场，刘玄登极，面向南方站立，接受群臣朝拜。他感到羞愧，满脸流汗，只举手而说不出话来。于是宣布大赦，改变年号，任命堂叔刘良当国三老，王匡当定国上公，王凤当成国上公，朱鲔当大司马，刘縯当大司徒，陈牧当大司空，其他将领都当九卿将军。从此，英雄豪杰感到失望，多有不服。

王莽想要显示自己的心情是安定的，于是染黑了胡子和头发，立杜陵人史谌的女儿做皇后。此外还设置后宫，遴选嫔妃一百二十人，地位封号分别比照公、卿、大夫、元士。

三月，王凤和太常偏将军刘秀等率领汉军攻掠昆阳、定陵、郾等城，都予攻克。

王莽知道了严尤、陈茂失败，就派遣司空王邑乘坐传车急速出发，和司徒王寻一起发兵去平定崤山以东地区。同时征召通晓六十三家兵法的人为军官，任用巨人巨无霸为垒尉，又赶来虎、豹、犀、象等猛兽以助军威。王邑到了洛阳，各州郡选派精锐的士兵，由州郡的长官亲自带领，定期会集起来的有四十三万人，号称百万；其余的正在路上走，旌旗、辎重千里不绝。夏季，五月，王寻、王邑离开颍川南下，同严尤、陈茂会合。

汉军的将领们看到王寻、王邑兵多势众，都往回跑，进入昆阳城，惊慌不安，担忧老婆孩子，想从这里分散而到其他城邑去。刘秀对他们说："现在城内兵、粮既少，而城外敌军又强大，合力抵抗敌军，也许可以立功；如果分散，势必不能一一保全。况且刘縯部队还没有攻下宛城，不能前来救援；假如昆阳被敌军占领，只要一天的功夫，我军各部也就都完了。现在怎么能不同心胆，共举大业，反而想要守着妻子财物呢？"将领们发怒说："刘将军怎么敢这样说！"刘秀笑而起身。正在此时，侦察的骑兵回来，报告说："敌人大军即将来到城的北面，军阵达几百里，看不到它的尾巴。"将领们一向轻视刘秀，到了这样紧急的时候，才互相议论道："再去请刘将军谋划这件事。"刘秀又给将领们描述成败因素，将领们都说："是的。"这时城中只有八九千人，刘秀让王凤和延尉大将军王常守卫昆阳，自己夜里同五威将军李轶等十三人骑马驰出昆阳城的南门，在外面收集士兵。

当时开到昆阳城下的王莽军将近十万，刘秀等人几乎不能出去。王寻、王邑纵兵包围昆阳，严尤向王邑献策说："昆阳城小而坚固，现在假冒皇帝名号的刘玄在宛城，我们大军迅速向那里进兵，他必定奔逃；宛城方面的汉军一旦失败，昆阳城里的汉军自然向我军降服。"王邑说："我以前围攻翟义，因没有活捉住他而受到责备，如今带领百万之众，遇城而不能攻下，这就不能显示军威了。应当先攻陷屠杀此城，踏着血泊前进，前歌后舞，难道不痛快吗？"于是把昆阳包围了几十重，列营上百个，钲鼓之声响彻几十里，还挖掘地道，用战车撞城；用许多弓弩向城内乱射，矢下如雨，城内的人为了躲避飞矢，背着门板出外打水。王凤等乞求投降，不被理睬。王寻、王邑自以为片刻就可成功，不担心军事上会出其他事故。严尤建议说："《兵法》上写着：'围城要留下缺口'，应让被围之敌得以逃出，从而使围攻宛城的绿林军害怕。"王邑又不听取这个建议。

刘秀到了郾、定陵等地，调发各营的全部军队；将领们贪惜财物，想要分出一部分兵士留守。刘秀说："现在如果打垮敌人，有万倍的珍宝，大功可成；如果被敌人打败，头都被杀掉了，还有什么财物！"于是征发了全部军队。六月己卯朔（初一），刘秀和各营部队一同出发，亲自带领步兵和骑兵一千多人为先头部队，在距离王莽大军四五里远的地方摆开阵势。王寻、王邑也派几千人来交战，刘秀带兵冲了过去，斩了几十人首级。将领们高兴地说："刘将军平时看到弱小的敌军都胆怯，现在见到强敌反而英勇，太奇怪了！还是我们在前面吧，请让我们协助将军！"刘秀又向前进兵，王寻、王邑的部队退却；汉军各部一同冲杀过去，斩了数百上千个首级。汉军接连获胜，继续进兵，将领们胆气更壮，没有一个不是以一当百。刘秀就和敢于牺牲的三千人从城西水岸边攻击王莽军的主将营垒。王寻、王邑轻视汉军，亲自带领一万余人巡行军阵，戒令各营都按兵不动，单独迎上来同汉军交战，不利，大部队又不敢擅自相救；王寻、王邑所部阵乱，汉军乘机击溃敌军，终于杀了王寻。昆阳城中的汉军也击鼓大喊而冲杀出来，里应外合，呼声震天动地；王莽军大溃，逃跑者互相践踏，倒在地上的尸体遍布一百多里。适值迅雷、大风，屋瓦全都被风刮得乱飞，大雨好似从天上倒灌下来，滍水暴涨，虎豹都吓得发抖，掉入水中溺死的士兵上万，河水因此不能流动。王邑、严尤、陈茂等以轻骑踏着死人渡过滍水逃走。汉军获得王莽军抛下的全部军用物资，不可胜计，接连几个月却运不完，有些余下的就被烧掉。王莽军的士兵奔跑，各还故乡，只有王邑和他带领的长安勇士几千人回到洛阳，关中听到这个消息十分惊惧。于是海内豪杰一致响应，都杀掉当地的州郡长官，自称将军，用更始年号，等待更始皇帝的诏命；一个月之内，这种形势遍于天下。

新市兵、平林兵的将领们因为刘縯兄弟威名日盛，秘密建议更始帝刘玄除掉他俩。刘秀对刘縯说:"看情况,更始帝打算跟我们过不去。"刘縯笑着说:"一向就是如此。"不久,刘玄集合全体将领,教刘縯拿出他的宝剑,接过来仔细观察。这时,绣衣御史申徒建跟着呈上玉玦,暗示更始帝早下决断,但更始不敢发动。刘縯的舅舅樊宏对刘縯说:"申徒建莫非有范增的意图?"刘縯不作回答。李轶最初跟刘縯兄弟感情很好,可是后来转而谄媚拥有权柄的新贵,刘秀告诫刘縯:"对这个人不能再信任了!"刘縯不听从。刘縯的部将刘稷,勇冠三军,听说刘玄即位的消息,大怒说:"当初起兵图谋大事的,是刘縯兄弟。而今更始是干什么的呢!"刘玄任命刘稷当抗威将军,刘稷不肯拜受这一任命。刘玄于是与将领们部署数千军队,先逮捕刘稷,准备诛杀。刘縯坚持反对。李轶、朱鲔趁机建议刘玄同时逮捕刘縯,并于当天跟刘稷一齐斩首。刘玄任命堂兄光禄勋刘赐当大司徒。刘秀听到这个消息,从父城奔回宛城,向刘玄请罪。司徒所属官员迎接刘秀,表示哀悼,刘秀不与他们谈一句私话,唯有深自责备而已,不曾自己夸耀保卫昆阳的战功,又不敢为刘縯服丧;饮食言谈欢笑跟平常一样。刘玄因此惭愧,任命刘秀当破虏大将军,封武信侯。

　　成纪人隗崔和隗义、上邽人杨广、冀人周宗同时聚众起兵,响应刘玄的汉军。他们进攻平襄,击杀王莽镇戎大尹李育。隗崔哥哥的儿子隗嚣一向有很好名声,喜爱儒家经典,隗崔等共同推举隗嚣当上将军,隗崔当白虎将军,隗义当左将军。隗嚣派遣使者聘请平陵人方望担任军师。方望建议隗嚣,在平襄东郊兴建汉高祖刘邦祭庙。已巳(七月二十二日),祭祀汉高祖、太宗、世宗,隗嚣等都称臣执事,杀马盟誓,同心合力辅佐刘姓皇族。向各郡、各封国传递文告,声讨王莽罪行。统率军队十万,击杀雍州牧陈庆、安定大尹王向。然后,分别派出将领、攻打陇西、武都、金城、武威、张掖、酒泉、敦煌,全部攻克。

　　最初,茂陵公孙述当清水县长,以才能干练闻名于世。后调升导江郡卒正,郡府设于临邛。汉兵崛起时,南阳人宗成、商县人王岑也起兵响应,夺取汉中,杀死王莽庸部牧宋遵,集结数万人。公孙述派人迎接宗成等。宗成等到成都,劫夺抢掠,残暴蛮横。公孙述召集郡中豪杰,对他们说:"天下人不堪新朝的迫害,怀念汉朝很久了,所以听说汉朝的将军来到,奔走相告,到道路上迎接。而今人民无罪,妻子儿女却受到凌辱,这些人是强盗,而不是义军。"于是,派人假冒更始政权的使者，授予公孙述辅汉将军、蜀郡太守兼益州牧的印信。公孙述选派精兵西击宗成等，把他们杀死，兼并了他们的部队。

王莽更加忧虑，不知所措。崔发说："古时候国家有了大灾难，就用哭向上天告哀来战胜它。应该祷告上天祈求救助。"王莽于是率领群臣到南郊，陈述他承受符命的首尾经过，仰天大哭，声嘶气绝，伏地叩头。众儒生和老百姓每天早晚会集起来哭，给他们准备了稀饭。哭得非常悲哀的人，被任命作郎官，郎官达到五千多人。

王莽任命将军九人，都用"虎"作为将军的名号，率领禁卫军精锐士兵几万人向东方开去，把他们的妻子儿女收容到皇宫里作为人质。这时宫中储存的黄金还有六十万多万斤，其他的贵重珍宝差不多也是这个数目，王莽更加爱不释手，对九虎将军部属，每人仅赏赐四千钱。大家很怨恨，没有斗志。

邓晔打开武关关门，迎接汉兵。李松率三千人抵达湖县，与邓晔等会合，共同进攻京师仓，没有攻下。邓晔任命弘农掾王宪当校尉，率领数百人北渡渭河，进入左冯翊境内。李松派遣偏将军韩臣等，一直向西推进到新丰，攻击王莽波水将军窦融。窦融败退，韩臣追击，直抵长门宫。王宪部队推进到频阳，沿途地方官府都迎而降服。各县大族分别起兵，自称是汉朝将军，率领部众追随王宪。李松、邓晔率军抵达华阴时，长安附近的部队已从四方汇集到城下。大家听说天水隗家军也将抵达，都争着要第一个入城，贪图建立大功和抢劫财宝。王莽赦免城里监狱的犯人，都发给武器，杀猪饮血，跟他们立誓说："如有不为新朝效力的人，社鬼记住他！"让更始将军史谌率领着他们。这些人渡过渭桥，都四散逃跑了，只剩史谌一个人回来。各路士兵挖掘王莽的妻子、儿子、父亲、祖父的坟墓，焚烧他们的棺材以及九庙、明堂和辟雍，火光映照城中。

大火蔓延到掖庭、承明殿，这里是黄皇室主居住的地方。黄皇室主说："我还有什么脸面来见汉朝人？"自己纵身投入火中而死。

王莽避火到了未央宫宣室前殿，火总是跟着他。王莽穿着全套天青色的衣服，拿着虞帝匕首。天文郎在前面按着占测时日的栻，王莽转动座席随着斗柄所指的方向坐着，说道："上天把这样的品德赋予我，汉军能把我怎么样？"庚戌（九月初三），天快亮了，群臣搀扶着王莽，从前殿去渐台，公卿等随从官吏还有一千多人跟着他。王邑白天黑夜都在战斗，疲倦极了，士兵死伤快完了，他飞马进入宫中，辗转来到了渐台，看见他的儿子侍中王睦脱下衣帽想要逃走，王邑喝住他，让他转回，父子俩一同守卫着王莽。兵士进入殿中，听说王莽在渐台，众人将其包围了数百重。台上仍用弓箭与包围的士兵对射，箭用尽了，便短兵相接。王邑父子、䕫恽、王巡战斗而死，王莽躲进内室。下午五时三刻，大批士兵上了渐台，苗䜣、唐尊、王盛等人都死在台上。商县人杜吴杀死了王莽，校尉东海人公宾就砍下了王莽的脑袋。兵士们分裂了王莽的身躯，四肢关节、肌肉被切割成许多块，争着去砍杀的有几十人。

传送王莽的脑袋前往宛城，挂在街市示众，百姓都去掷击它，还有人切下他的舌头来吃。

刘玄将要建都洛阳，任命刘秀代理司隶校尉，派他先到洛阳修建宫殿官府。刘秀于是设置下属官吏，用正式公文通知地方官府，处理政事完全按照西汉旧制。当时三辅的官员们派代表到洛阳迎接更始刘玄，看见将领们经过，都用布包头，穿着女人的衣裳，没有不耻笑的。等到看见司隶校尉的下属官员，都高兴得不能自制，有些年纪大的官员流泪说："想不到今天重新看到了汉朝官员威武的仪表！"从此，有见识的人都归心刘秀。

更始皇帝刘玄派人说降赤眉。樊崇等听说汉朝复兴，便留下部众，率将领二十余人，随同使节来到洛阳。刘玄把他们都封为列侯。可是，樊崇等既没有采邑，而留在原地的部众又逐渐有背叛离去的，于是又逃回他的营地。

刘玄打算派亲信大将巡行河北，大司徒刘赐说："南阳刘姓宗族子弟中，只有刘秀可以胜任。"朱鲔等认为不可以，刘玄疑惑不决。刘赐恳切规劝他，刘玄才任命刘秀代理大司马，持节北渡黄河，镇抚慰问各州郡。

大司马刘秀到达黄河以北在所经的郡县，考察官吏政绩，根据能力的大小任用或罢免，公平审理诉讼刑狱，废除王莽残酷的政令，恢复汉朝官名制度。官民喜悦，争先恐后地拿着牛肉与美酒迎接慰劳。刘秀一律不接受。

刘秀自从哥哥刘縯被杀，每逢单独居住，总是不吃酒肉，枕席上有他悲泣的泪痕。主簿冯异单独叩头进言宽慰。刘秀阻止他说："你可别乱讲！"冯异趁机建议说："更始帝政治混乱，百姓无所依服拥戴。一个人饥渴得太久，容易使他吃饱。

而今阁下得以不待命令而独行事于自己控制的一大块土地，应该分别派遣官属巡行郡县，传播善政恩德。"刘秀采纳了他的建议。

汉朝已故赵缪王刘元的儿子刘林，建议刘秀在列人县境内决开黄河，以淹没赤眉军。刘秀没有听从，前往真定。刘林在赵、魏之间，一向讲义气，好打抱不平。王莽时，有人自称是汉成帝的儿子刘子舆，王莽把他处死了。邯郸一位占卜先生王郎因此谎称他是真正的刘子舆。他说："母亲原是成帝的歌女，曾经看见一股黄气罩到身上，就怀了孕。赵后打算谋害我们，用别人家的婴儿伪装顶替，所以得以保全生命。"刘林等相信他，与赵国有影响力的豪杰李育、张参等谋划共同拥戴王郎当皇帝。

王莽被诛

【原文】

二年（甲申，24 年）

更始纳赵萌女为夫人，故委政于萌，日夜饮宴后庭；群臣欲言事，辄醉不能见，时不得已，乃令侍中坐帷中与语。韩夫人尤嗜酒，每侍饮，见常侍奏事，辄怒曰："帝方对我饮，正用此时持事来邪！"起，抵破书案。赵萌专权，生杀自恣。郎吏有说萌放纵者，更始怒，拔剑斩之，自是无敢复言。以至群小、膳夫皆滥授官爵，长安为之语曰："灶下养，中郎将。烂羊胃，骑都尉。烂羊头，关内侯。"

会故广阳王子接起兵蓟中以应郎，城内扰乱，言邯郸使者方到，二千石以下皆出迎。于是秀趣驾而出，至南城门，门已闭；攻之，得出，遂晨夜南驰，不敢入城邑，舍食道傍。至芜萎亭，时天寒烈，冯异上豆粥。至饶阳，官属皆乏食。秀乃自称邯郸使者，入传舍，传吏方进食，从者饥，争夺之。传使疑其伪，乃椎鼓数十通，绐言"邯郸将军至"；官属皆失色。秀升车欲驰，既而惧不免，徐还坐，曰：

"请邯郸将军入。"久,乃驾去。晨夜兼行,蒙犯霜雪,面皆破裂。

至下曲阳,传闻王郎兵在后,从者皆恐。至滹沱河,候吏还白"河水流澌,无船,不可济。"秀使王霸往视之。霸恐惊众,欲且前,阻水还,即诡曰:"冰坚可度。"官属皆喜。秀笑曰:"候吏果妄语也!"遂前。比至河,河冰亦合,乃令王霸护渡,未毕数骑而冰解。至南宫,遇大风雨,秀引车入道傍空舍,冯异抱薪,邓禹爇火,秀对灶燎衣,冯异复进麦饭。

进至下博城西,惶惑不知所之。有白衣老父在道旁,指曰:"努力!信都郡为长安城守,去此八十里。"秀即驰赴之。是时郡国皆已降王郎,独信都太守南阳任光、和戎太守信都邳肜不肯从。光自以为孤城独守,恐不能全,闻秀至,大喜;吏民皆称万岁。

耿纯言于秀曰:"久守钜鹿,士众疲弊;不如及大兵精锐,进攻邯郸,若王郎已诛,钜鹿不战自服矣。"秀从之。夏,四月,留将军邓满守钜鹿;进军邯郸,连战,破之,郎乃使其谏大夫杜威请降。威雅称郎实成帝遗体,秀曰:"设使成帝复生,天下不可得,况诈子舆者乎!"威请求万户侯,秀曰:"顾得全身可矣!"威怒而去。秀急攻之,二十余日;五月,甲辰,郎少傅李立开门内汉兵,遂拔邯郸。郎夜亡走,王霸追斩之。秀收郎文书,得吏民与郎交关谤毁者数千章;秀不省,会诸将军烧之,曰:"令反侧子自安!"

秀部分吏卒各隶诸军,士皆言愿属大树将军。大树将军者,偏将军冯异也,为人谦退不伐,敕吏士非交战受敌,常行诸营之后。每所止舍,诸将并坐论功,异常独屏树下,故军中号曰"大树将军"。

更始遣使立秀为萧王,悉令罢兵,与诸将有功者诣行在所。

萧王居邯郸宫,昼卧温明殿,耿弇入,造床下请间,因说曰:"吏士死伤者多,请归上谷益兵。"萧王曰:"王郎已破,河北略平,复用兵何为?"弇曰:"王郎虽破,天下兵革乃始耳。今使者从西方来,欲罢兵,不可听也。铜马、赤眉之属数十辈,辈数十百万人,所向无前,圣公不能办也,败必不久。"萧王起坐曰:"卿失言,我斩卿!"弇曰:"大王哀厚弇如父子,故敢披赤心。"萧王曰:"我戏卿耳,何以言之?"弇曰:"百姓患苦王莽,复思刘氏,闻汉兵起,莫不欢喜,如去虎口得归慈母。今更始为天子,而诸将擅命于山东,贵戚纵横于都内,虏掠自恣,元元叩心，更思莽朝，是以知其必败也。公功名已著，以义征伐，天下可传檄而定也。天下至重，公可自取，毋令他姓得之！"萧王乃辞以河北未平，不就征，始贰于更始。

赤眉樊崇等将兵入颍川，分其众为二部，崇与逢安为一部，徐宣、谢禄、杨音为一部。赤眉虽数战胜，而疲弊厌兵，皆日夜愁泣，思欲东归；崇等计议，虑众东向必散，不如西攻长安。于是崇、安自武关，宣等从陆浑关，两道俱入。更始使王匡、成丹与抗威将军刘均等分据河东、弘农以拒之。

【译文】

二年（甲申，公元24年）

刘玄娶赵萌女儿当夫人，所以把政事都给赵萌去管，日夜在后宫饮宴。臣属们想向君主上奏或议论政事，刘玄总是因醉酒而不能相见，有时不得已，就命侍中坐帐幕之中与群臣说话。韩夫人尤其爱好喝酒，每当侍奉刘玄喝酒，见中常侍向天子奏事，总是发怒说："皇上正和我喝酒，你偏利用这时奏事来吗？"于是起身，击破书案。赵萌专擅大权，自己随意杀人。郎官中有人说赵萌放纵，刘玄大怒，拔剑斩杀了那个人，从此没有人敢再说赵萌的不是。以至众小人、厨子，都被滥授官爵。长安人把这件事编成歌谣："灶下炊烹忙，升为中郎将。烧煮烂羊胃，当了骑都尉。烧煮烂羊头，当了关内侯。"

正巧原广阳王的儿子刘接在蓟中起兵，以响应王郎，城内搅扰，混乱不堪，传说王郎的使节刚到，二千石及以下的官吏都出来迎接。于是刘秀急催车辆而出，到南城门，城门已经关闭。攻击南城门，才得出城。于是昼夜向南奔驰，不敢进入城市，食宿都在路旁。到芜蒌亭，当时天气酷寒，冯异呈上豆粥。到饶阳，属官都缺乏食品。刘秀于是自称邯郸的使节，进入释站。驿站的官吏正在吃饭，刘秀的随从饥饿难忍，争抢食物。官吏怀疑刘秀是假使节，于是用棒槌敲打鼓数十遍，欺哄说："邯郸将军到。"刘秀的属官都吓得变了脸色。刘秀登车打算逃走，随后又怕逃不掉，慢慢回到座位上，说："请邯郸将军进来。"过了很久，才乘车辆离开。日夜兼程，顶霜冒雪，满面裂痕。

刘秀等到了下曲阳，传言王郎追兵在后，随从的官员都很害怕。到滹沱河，探听消息的官员回来说:"河水解冻,冰随水流,没有船,不可以渡。"刘秀派王霸往前观看。王霸恐怕惊吓众人,打算暂且向前,受到水的阻挡再回来,就狡诈地说:"河水结冰,坚实可渡。"属官都很高兴。刘秀笑着说:"去探听的官吏果然瞎说!"于是向前。等到了河畔,河水却也结冰了。刘秀命令王霸监护渡河,只剩下几个骑马的人还没有到达河对岸时,冻就融解了。到了南宫,遇到大风雨,刘秀引车进入路旁的空房,冯异抱来柴草,邓禹点燃火,刘秀对灶烤衣,冯异又呈上麦饭。

刘秀等人前进到下博城西,惊惶迷惑,不知道往哪里去。有身着白衣的老人在路旁,指着前面说:"努力干吧!信都郡是长安的门户,离这里还有八十里。"刘秀立即奔赴那里。当时各郡国都已投降王郎,只有信都太守南阳人任光、和戎太守信都人邳彤不肯归附。任光自己认为独守孤城,恐怕不能保全,听说刘秀到来,非常高兴,官民齐呼万岁。

耿纯向刘秀建议:"我们长期围守钜鹿,官兵将会疲惫。不如趁大军士气旺盛进攻邯郸,如果王郎被诛,钜鹿用不着战斗自会服从。"刘秀采纳。夏季,四月,刘秀留下将军邓满继续围困钜鹿。自率大军向邯郸挺进,连续战斗,打败敌人。王郎于是派谏大夫杜威请求投降。杜威强调王郎确实是汉成帝的嫡亲后代,刘秀说:"假使成帝复活,也不能得到天下,何况他的冒牌儿子呢!"杜威请求封王郎万户侯,刘秀说:"只得到活命是可以的!"杜威大怒离去。刘秀发动猛烈攻击,历时二十余日。五日甲辰(初一),王郎少傅李立打开城门让汉兵入内,于是邯郸陷落。王郎乘夜逃走,王霸追捕擒获,就地斩首。刘秀检查王郎的文书,发现有自己的官吏与平民的奏章数千,奏章上除了向王郎表示效忠外,还有谤毁刘秀的内容。刘秀并不察看,他集合全体将领,用火烧毁奏章,说:"使背叛的人安心!"

刘秀把新官兵分配给各将领,大家都说愿属大树将军。所谓大树将军是指偏将军冯异。冯异为人谦逊退让,不夸耀自己的才能、功劳,他命令他的部队,除非跟敌人交战或遭受敌人的攻击,通常要排在别的部队的后面。每到一个地方停留,当将领们坐在一起谈论功劳时,冯异常常独自躲到树下。所以军中称他"大树将军。"

刘玄派遣使节封刘秀当萧王,下令所有部队一律复员。命刘秀与有功将领,一同到长安。

刘秀住在邯郸赵王宫,白天在温明殿睡觉。耿弇闯入,来到床前请求单独谈话。乘机说:"官兵死伤太多,请准许我回上谷补充兵员。"刘秀说:"王郎已经消灭,黄河以北略微平定,还用兵干什么?"耿弇说:"王郎虽被打败,天下争战却刚刚开始。现在,朝廷的使节从西方来,要让我们的士兵复员,不可听从。铜马、赤眉一类的部队有数十支,而每一支都有数十万人,甚至一百万人,所向无敌。刘玄没有能力应付,不久就会溃败。"刘秀从床上起来坐下说:"你说了不该说的话,我杀了你!"耿弇说:"大王怜爱厚待我如同父子,所以我敢赤诚相待。"刘秀说:"我和你开玩笑罢了,你为什么这样说?"耿弇说:"全国百姓被王莽害得很苦,因而再次思念刘氏,听说汉兵崛起,无不高兴,如同逃脱虎口,回到慈母那里一样。现在刘玄当皇帝,将领们在崤山以东不受节制,皇亲国戚在长安胡作非为,随意抢劫掠夺,百姓捶打胸口,转而思念王莽新朝。因此,我知道刘玄必定失败。您的丰功英名传播海内,为了正义进行征伐,天下可以靠传递文告而安定。天下最重要的是政权您应该自己取得,莫让非刘姓皇族的人占有!"刘秀于是以河北还没有平定为推辞的理由,没有接受征召,开始与刘玄离异。

　　赤眉首领樊崇等率军进入颍川,把他的部众分为两部分;樊崇、逢安率领一部分,徐宣、谢禄、杨音率领另一部分。赤眉军虽然不断打胜仗,但已筋疲力尽,对战争感到厌倦,都日夜哭泣,想要回到东方。樊崇等商议,担心部众回到东方必然一哄而散,不如向西攻击长安。于是樊崇、逢安从武关,徐宣等从陆浑关,分两路一同向长安进军。刘玄命王匡、成丹和抗威将军刘均等人,分别驻防河东、弘农,堵截赤眉军。

资治通鉴第四十卷

汉纪三十二

【原文】

世祖光武皇帝上之上建武元年（乙酉，25年）

夏，四月，述即帝位，号成家，改元龙兴。

异，恂移檄上状，诸将入贺，因上尊号。将军南阳马武先进曰："大王虽执谦退，奈宗庙社稷何！宜先即尊位，乃议征伐。今此谁贼而驰骛击之乎？"王惊曰："何将军出此言？可斩也！"乃引军还蓟。复遣吴汉率耿弇、景丹等十三将军追尤来等，斩首万三千余级，遂穷追至浚靡而还。贼散入辽西、辽东，为乌桓、貊人所钞击略尽。

还至中山，诸将复上尊号；王又不听。行到南平棘，诸将复固请之；王不许。诸将且出，耿纯进曰："天下士大夫，捐亲戚，弃土壤，从大王于矢石之间者，其计固望攀龙鳞，附凤翼，以成其所志耳。今大王留时逆众，不正号位，纯恐士大夫望绝计穷，则有去归之思，无为久自苦也。大众一散，难可复合。"纯言甚诚切，王深感曰："吾将思之。"

行至鄗，召冯异，问四方动静。异曰："更始必败，宗庙之忧在于大王，宜从众议！"会儒生强华自关中奉《赤伏符》来诣王曰："刘秀发兵捕不道，四夷云集龙斗野，四七之际火为主。"群臣因复奏请。六月，己未，王即皇帝位于鄗南；改元，大赦。

赤眉进至华阴，军中有齐巫，常鼓舞祠城阳景王，巫狂言："景王大怒曰：'当为县官，何故为贼！'"有笑巫者辄病，军中惊动。方望弟阳说樊崇等曰："今将军拥百万之众，西向帝城，而无称号，名为群贼，不可以久；不如立宗室，挟义诛伐，以此号令，谁敢不从！"

先是，赤眉过式，掠故式侯萌之子恭、茂、盆子三人自随。恭少习《尚书》，随樊崇等降更始于洛阳，复封式侯，为侍中，在长安。茂与盆子留军中，属右校卒史刘侠卿，主牧牛。及崇等欲立帝，求军中景王后，得七十余人，唯茂、盆子及前西安侯孝最为近属。崇等曰："闻古者天子将兵称上将军"，乃书札为符曰："上将军"。又以两空札置笥中，于郑北设坛场，祠城阳景王，诸三老、从事皆大会；列盆子等三人居中立，以年次探札，盆子最幼，后探，得符；诸将皆称臣，拜。盆子时年十五，被发徒跣，敝衣赭汗，见众拜，恐畏欲啼。茂谓曰："善臧符！"盆子即啮折，弃之。以徐宣为丞相，樊崇为御史大夫，逢安为左大司马，谢禄为右大司马，其余皆列卿、将军。盆子虽立，犹朝夕拜刘侠卿，时欲出从牧儿戏；侠卿怒止之，崇等亦不复候视也。

九月，赤眉入长安；更始单骑走。从厨城门出。式侯恭以赤眉立其弟，自系诏狱；闻更始败走，乃出，见定陶王祉，祉为之除械，相与从更始于渭滨。右辅都尉严本，恐失更始为赤眉所诛，即将更始至高陵，本将兵宿卫，其实围之。更始将相皆降赤眉，独丞相曹竟不降，手剑格死。

辛未，诏封更始为淮阳王，吏民敢有贼害者，罪同大逆；其送诣吏者封列侯。

冬，十月，癸丑，车驾入洛阳，幸南宫，遂定都焉。

赤眉下书曰："圣公降者，封为长沙王；过二十日，勿受。"更始遣刘恭请降，赤眉使其将谢禄往受之。更始随禄，肉袒，上玺绶于盆子。赤眉坐更始，置庭中，将杀之；刘恭、谢禄为请，不能得，遂引更始出。刘恭追呼曰："臣诚力极，请得先死！"拔剑欲自刎；樊崇等遽共救止之。乃赦更始，封为畏威侯。刘恭复为固请，竟得封长沙王。更始常依谢禄居，刘恭亦拥护之。

三辅苦赤眉暴虐，皆怜更始，欲盗出之；张卬等深以为虑，使谢禄溢杀之。刘恭夜往，收藏其尸；帝诏邓禹葬之于霸陵。

隗嚣归天水，复招聚其众，兴修故业，自称西州上将军。三辅士大夫避乱者多归嚣。嚣倾身引接，为布衣交；以平陵范逡为师友，前凉州刺史河内郑兴为祭酒，茂陵申屠刚、杜林为治书，马援为绥德将军，杨广、王遵、周宗及平襄行巡、阿阳王捷、长陵王元为大将军，安陵班彪之属为宾客，由此名震西州，闻于山东。马援少时，以家用不足辞其兄况，欲就边郡田牧。况曰："汝大才，当晚成；良工不示人以朴，且从所好。"遂之北地田牧。常谓宾客曰："丈夫为志，穷当益坚，老当益壮。"后有畜数千斗，谷数万斛，既而叹曰："凡殖财产，贵其能赈施也，否则守钱虏耳！"乃尽散于亲旧。闻隗嚣好士，往从之。嚣甚敬重，与决筹策。

初，平陵窦融累世仕宦河西，如其土俗，与更始右大司马赵萌善，私谓兄弟曰："天下安危未可知；河西殷富，带河为固，张掖属国精兵万骑，一旦缓急，杜绝河津，足以自守，此遗种处也！"乃因萌求往河西。萌荐融于更始，以为张掖属国都尉。融既到，抚结雄杰，怀辑羌虏，甚得其欢心。是时，酒泉太守安定梁统、金城太守库钧、张掖都尉茂陵史苞、酒泉都尉竺曾、敦煌都尉辛肜，并州郡英俊，融皆与厚善。及更始败，融与梁统等计议

汉光武帝刘秀

曰："今天下扰乱，未知所归。河西斗绝在羌、胡中，不同心戮力，则不能自守，权钧力齐，复无以相率，当推一人为大将军，共全五郡，观时变动。"议既定，而各谦让。以位次，咸共推梁统；统固辞，乃推融行河西五郡大将军事。

【译文】

汉光武帝建武元年（乙酉，公元25年）

夏季，四月，公孙述在成都即帝位，号称"成家"，改年号为"龙兴"。

冯异、寇恂发送文书呈报战果，将领们进账祝贺，乘机请刘秀称帝。将军南阳人马武首先说："大王您虽然谦恭退让，但国家宗庙社稷托付给谁？您应先即帝位，然后再讨论征讨的事。像现在名号未正，东闯西杀，到底谁是贼呢？"刘秀很吃惊，说："将军怎么说出这种话？够杀头的罪了！"于是率军返回蓟县，又派吴汉率领耿

弇、景丹等十三位将军追击尤来等贼军，斩首一万三千余人，紧接着穷追到浚靡县才返回。贼军散入辽西、辽东，被乌桓、貊人抢掠击杀，几乎死尽。

刘秀回到中山县，将领们再次请求他称帝，他再次拒绝。大军走到南平棘，将领们再次坚决恳请，他仍然不答应。将领们将要退出，耿纯进谏说："天下的士大夫舍弃亲属，背井离乡，在弹雨之中跟随大王，他们一心向往的，本是攀龙附凤，以成就志向。现在您拖延时间，违背众意，不确定尊号，我恐怕士大夫会失去希望，无计可施，从而产生退归故里的想法，不会长期忍耐下去。众人一散，就很难再聚合到一处了。"耿纯的话非常诚恳殷切，刘秀十分感谢，说："我将予以考虑。"

刘秀的军队走到鄗县，刘秀召见冯异打听各方军情。冯异说："更始必败，忧虑宗庙的大任在您身上，您应当听从大家的建议。"这时，恰好儒生强华从关中拿着《赤伏符》来晋见刘秀，符上说："刘秀发兵捕奸贼，四方云集龙斗野，四七二八汉当立。"群臣因此再次奏请。六月，己未（二十二日），刘秀在鄗县之南即皇帝位，改年号，大赦天下。

赤眉军进抵华阴，随军有一位齐地的巫师，常常击鼓舞蹈，祭祀城阳景王刘章。巫师口出狂言："景王大怒说：'应当做天子，为什么当盗贼！'"凡是嘲笑巫师的人，都患了病，为此全军震惊。方望的弟弟方阳劝说樊崇等人："现在将军拥有百万大军，向西面对帝王都城，却没有称号，被人称作盗贼，不可能长期维持下去。不如拥立一位刘氏宗室，挟天子的名义诛杀讨伐，以此号令天下，谁敢不服从！"

早先，赤眉军经过式县，劫持故式侯刘萌的儿子刘恭、刘茂、刘盆子，让三人随军。刘恭幼时学习《尚书》，后来跟从樊崇等在洛阳投降更始皇帝刘玄，重新封为式侯，担任侍中，后到长安。刘茂和刘盆子留在军中，归右校卒史刘侠卿管辖，负责放牛。等到樊崇等想要拥立皇帝时，在军中寻找景王刘章的后代，找到七十余人，其中只有刘茂、刘盆子以及前西安侯刘孝血统最为亲近。樊崇等人说："听说古时候，天子亲自领兵，称为上将军。"于是用一片木简作符，上写"上将军"三个字，又把两片未写字的木简也放在竹筒中。在郑县北面修筑坛场，祭祀城阳景王刘章，各位三老、从事全都聚会于此。请刘盆子等三人居台中排列站立，按照长幼顺序抽签。刘盆子年纪最小，最后抽，抽中了符。将领们全都向刘盆子称臣叩拜。刘盆子当时十五岁，披散着头发，光着双脚，穿着破衣服，紫涨着脸，浑身冒汗。他看见众将跪拜，惊恐得要哭出来。刘茂对他说："把你的符藏好！"刘盆子却立即把木简放到口中咬断，扔掉。以他名义任命徐宣为丞相，樊崇为御史大夫，逢安为左大司马，谢禄为右大司马，其余的全被任命为卿、将军。刘盆子虽被立为皇帝，但每天早晚还要叩拜刘侠卿。他时常想到外面去和牧童们嬉戏，刘侠卿愤怒地制止他。樊崇等人也不再来问候探视。

九月，赤眉军进入长安，刘玄一个人骑马从厨城门逃出长安。刘玄所封的式侯刘恭因为赤眉军拥立他的弟弟刘盆子做皇帝，就自己绑缚起来，囚禁诏狱。听说刘玄兵败逃跑，才出狱，去见定陶王刘祉。刘祉替他除去身上的刑具，一起到渭水河畔跟随刘玄。右辅都尉严本害怕刘玄被赤眉军所杀，就挟持刘玄到高陵，严本亲自率兵守卫，实际是把刘玄包围起来。刘玄的文武官员全都投降了赤眉军，只有丞相曹竟不降，手持剑格斗而死。

辛未（九月初六），刘秀下诏封刘玄为淮阳王。诏书说，无论官吏或百姓敢有杀害刘玄的，罪与大逆相同；有把刘玄送到官府的，封为侯爵。

冬季，十月癸丑（十八日），刘秀进入洛阳，临幸南宫，于是定都。

赤眉拥立的刘盆子颁布诏书说："刘玄如果投降，封为长沙王。超过二十天就不再接受。"刘玄派遣刘恭去请降。赤眉命右大司马谢禄前往接受刘玄投降。刘玄跟着谢禄，光着臂膀，向刘盆子呈上玉玺、绶带。赤眉将领们让刘玄坐在大庭中央，准备杀他。刘恭、谢禄替他求情，不被采纳。然后赤眉将领们把刘玄拉出去行刑。刘恭一面追一面大声喊："陛下！我已经尽了最大的努力，请让我先死！"拔剑就要自刎，樊崇等急忙一同上前救助，制止了他。这才赦免了刘玄，封为畏威侯。刘恭又坚持替刘玄请求，刘玄终于得以被封为长沙王。刘玄常常依靠谢禄，和他在一起居住，刘恭也支持保护他。

三辅人民苦于赤眉军的暴虐，全都怜悯刘玄，想把他从赤眉军中救出来。张印等深感忧虑，于是让谢禄勒死刘玄。刘恭连夜前往，收藏刘玄的尸体。刘秀听说，命邓禹把他安葬在霸陵。

隗嚣回到天水，又招集部众，重整旧时功业，自称西州上将军。三辅的士大夫为了避乱，大都归附院嚣。隗嚣热诚接待，像平民一样交为朋友。他任命平陵人范逡为师友，以前凉州刺史河内人郑兴为祭酒，以茂陵人申屠刚、杜林为治书，以马援为绥德将军，以杨广、王遵、周宗以及平襄人行巡、阿阳人王捷、长陵人王元为大将军，以安陵人班彪等为宾客，由此威名震动西方州郡，闻名于崤山以东。马援年轻时，因家庭贫困，辞别哥哥马况，准备到边郡一带种田放牧。马况说："你是大器晚成的人，能工巧匠不把未雕琢的玉石拿给人看。权且按照你自己的意愿，想干什么就干什么吧。"于是马援到北地种田放牧。他常对宾客们说："大丈夫立志，穷困的时候应当更坚定，年老的时候应当更雄壮。"后来，他拥有数千斗牲畜，数万斛粮食。不久又叹息说："增长财富，可贵之处在于能够赈济施舍，否则的话，不过是守财奴罢了！"于是把全部家产分送给亲友故旧。得知隗嚣礼贤下士，就去投奔他。隗嚣十分敬重马援，让他参与筹划决策。

当初，平陵人窦融一家几代人曾在河西地区做官，了解当地的风土民情。窦融和刘玄的右大司马赵萌关系很好。窦融私下跟他的弟弟说："天下是安定还是混乱，不可预测。河西一带殷实富足，有黄河作为牢固的屏障。张掖属国有一万精锐骑兵，一旦有什么变化，切断黄河渡口，完全可以自守。这是保全我们子孙免于灭绝的地方！"于是，窦融凭借赵萌的关系请求前往河西。赵萌向刘玄举荐窦融，窦融被任命为张掖属国都尉。他到任后，抚慰结交豪杰，笼络西羌各部族，深得他们的欢心。当时，酒泉太守安定人梁统、金城太守库均、张掖都尉茂陵人史苞、酒泉都尉竺曾、敦煌都尉辛肜都是州郡的英雄俊杰，窦融全都和他们交往甚厚。等到更始朝覆亡，窦融跟梁统筹计议说："现在天下大乱，我们不知应归往何处。河西一带偏处在羌人和胡人之间，如果不同心协力，就不能自守。大家的权力和力量都相等，又谁也不能统率谁。我们应当推举一人做大将军，共同保全五郡，观察时局的变化。"商定之后，大家各自谦让。按照地位的高低，一致推举梁统当大将军。梁统坚决推辞，于是推举窦融代理河西五郡大将军职务。

【原文】

二年（丙戌，26年）

刘恭知赤眉必败，密教弟盆子归玺绶，习为辞让之言。及正旦大会，恭先曰：

"诸君共立恭弟为帝,德诚深厚!立且一年,淆乱日甚,诚不足以相成,恐死而无益,愿得退为庶人,更求贤知,唯诸君省察!"樊崇等谢曰:"此皆崇等罪也。"恭复固请,或曰:"此宁式侯事邪!"恭惶恐起去。盆子乃下床解玺绶,叩头曰:"今设置县官而为贼如故,四方怨恨,不复信向,此皆立非其人所致。愿乞骸骨,避贤圣路!必欲杀盆子以塞责者,无所离死!"因涕泣歔欷。崇等及会者数百人,莫不哀怜之,乃皆避席顿首曰:"臣无状,负陛下,请自今已后,不敢复放纵!"因共抱持盆子,带以玺绶;盆子号呼,不得已。既罢出,各闭营自守。三辅翕然,称天子聪明,百姓争还长安,市里且满。后二十余日,复出,大掠如故。

庚辰,悉封诸功臣为列侯;梁侯邓禹、广平侯吴汉皆食四县。博士丁恭议曰:"古者封诸侯不过百里,强干弱枝,所以为治也。今封四县,不合法制。"帝曰:"古之亡国皆以无道,未尝闻功臣地多而灭亡者也。"

长安城中粮尽,赤眉收载珍宝,大纵火烧宫室、市里,恣行杀掠,长安城中无复人行;乃引兵而西,众号百万,自南山转掠城邑,遂人安定、北地。邓禹引兵南至长安,军昆明池,谒祠高庙,收十一帝神主,送诣洛阳;因巡行园陵,为置吏士奉守焉。

壬子,以太中大夫京兆宋弘为大司空。弘荐沛国桓谭,为议郎、给事中。帝令谭鼓琴,爱其繁声。弘闻之,不悦;伺谭内出,正朝服坐府上,遣吏召之。谭至,不与席而让之,且曰:"能自改邪,将令相举以法乎?"谭顿首辞谢;良久,乃遣之。后大会群臣,帝使谭鼓琴;谭见弘,失其常度。帝怪而问之,弘乃离席免冠谢曰:"臣所以荐桓谭者,望能以忠正导主;而令朝廷耽悦郑声,臣之罪也。"帝改容谢之。

湖阳公主新寡,帝与共论朝臣,微观其意。主曰:"宋公威容德器,群臣莫及。"帝曰:"方且图之。"后弘被引见,帝令主坐屏风后,因谓弘曰:"谚言'贵易交,富易妻',人情乎?"弘曰:"臣闻贫贱之知不可忘,糟糠之妻不下堂。"帝顾谓主曰:"事不谐矣!"

帝以阴贵人雅性宽仁,欲立以为后。贵人以郭贵人有子,终不肯当。六月,戊戌,立贵人郭氏为皇后,以其子彊为皇太子;大赦。

赤眉、延岑暴乱三辅,郡县大姓各拥兵众,禹不能定。帝乃遣偏将军冯异代禹讨之，车驾送至河南，敕异曰："三辅遭王莽、更始之乱，重以赤眉、延岑之丑，元元涂炭，无所依诉。将军今奏辞讨诸不轨，营保降者，遣其渠帅诣京师；散其小民，令就农桑；坏其营壁，无使复聚。征伐非必略地、屠城，要在平定安集之耳。诸将非不健斗，然好虏掠。卿本能御吏士，念自修敕，无为郡县所苦！"异顿首受命，引而西；所至布威信，群盗多降。

臣光曰：昔周人颂武王之德曰："铺时绎思，我徂唯求定。"言王者之兵志在布陈威德安民而已。现光武之所以取关中，用是道也。岂不美哉！

【译文】

二年（丙戌，公元 26 年）

刘恭已知赤眉政权必定会瓦解，秘密嘱咐弟弟刘盆子交出玉玺绶带，并教他练习推辞谦让的话。及至元旦大会群臣，刘恭首先说："各位共同拥立我的弟弟做皇帝，恩德深厚。但即位将近一年，天下混乱，一天比一天厉害。我的弟弟实在不能胜任大家的重托，恐怕就是死了也不会对国家有好处。希望能够让我的弟弟退位做一个老百姓，再另求贤达智慧的人选。谨请各位将军仔细考虑！"樊崇等道歉说："这都是我们的过失。"刘恭再次坚持请求退位。有人说："这难道是式侯你的事嘛？"刘恭害怕，起身离去。于是刘盆子下了宝座解下玉玺绶带，叩头说："现在虽然立了皇帝，可是大家像过去一样做强盗，四方怨恨，不再信服向往我们，这全都是因为立皇帝立错了人的缘故。恳请各位将军让我退下，为圣贤让路！如果一定要杀我来抵塞罪责，我也没有什么地方可以逃离一死！"说完，痛哭流涕。樊崇等及朝会的数百人，听到刘盆子的话，没有不哀怜的，于是全都离开座位叩头说："我们不好，对不起陛下。从今往后，不敢再有放纵的行为！"于是一起把刘盆子抱上宝座，给他挂上玉玺绶带。刘盆子又号又呼，但身不由己。朝会完毕，将领们出宫，各自紧闭营门自守。三辅地区的人一致称颂皇帝聪明，老百姓争着返回长安，街市里人群拥挤。可是，过了二十多天，官兵们又跑出营门，照旧大肆抢劫。

正月庚辰（十七日），刘秀把所有的功臣都封为侯爵。梁侯邓禹、广平侯吴汉都享有四个县的封地。博士丁恭发表意见，说："古时候，分封诸侯不过方圆百里。

树干强壮,树枝弱小,以此来把国家治理好。现在封四个县,不合法制。"刘秀说:"古时候的亡国全是因为无道,从来没有听说过因功臣封地多而亡国的。"

长安城中粮食耗尽,赤眉将领们把搜来的金银财宝装上车,大举纵火焚烧宫室、街巷民宅,恣意烧杀掳掠,长安城中再也看不见行人。赤眉于是领兵向西,号称百万大军。从南山起,对所经过的城邑进行抢掠。随后进入安定、北地。邓禹率领军队向南到达长安,驻屯昆明,拜谒祭祀高庙,收集西汉十一位皇帝的神位,送往洛阳。同时巡行陵园,安排官兵事奉守护。

壬子(二月十九日),刘秀任命太中大夫京兆人宋弘当大司空。宋弘举荐沛国人桓谭当了议郎、给事中。刘秀让桓谭弹琴,喜爱那种复杂的音调。宋弘听说后,感到不高兴。打听到桓谭从宫中出来,宋弘穿戴好公服坐在大司空府中,官吏去召桓谭。桓谭到来之后,宋弘不给他座位就责备他,并且说:"能自己改正过失吗?还是让我根据法律检举你呢?"桓谭磕头谢罪。过了很久,宋弘才打发他走。后来,刘秀大会群臣,让桓谭弹琴。桓谭看见宋弘,失却常态。刘秀感到奇怪,问宋弘是怎么回事。宋弘于是离开座席,摘下帽子,谢罪说:"我所以举荐桓谭,是盼望他能用忠心和正义辅导君主;而他却让朝廷上下沉湎于靡靡之音,这是我的罪过。"刘秀一听,表情由奇怪变为惭愧,向宋弘表示歉意。

刘秀的姐姐湖阳公主新近守寡,刘秀和她一块儿评论朝臣,暗中察看她的心意。公主说:"宋弘的威仪容貌,道德气度,群臣没有人能赶得上他。"刘秀说:"我正计划这件事。"不久宋弘被刘秀召见,刘秀事先让公主坐在屏风后,然后对宋弘说:"谚语说'地位高了换朋友,财富多了换妻子'这符合人情吧?"宋弘说:"我听说,贫贱之交不可忘,糟糠之妻不下堂。"刘秀回头对公主说:"事情办不成了!"

刘秀因为贵人阴丽华性情温柔宽厚,想立她为皇后。阴贵人因为郭贵人已有儿子,始终不肯承受这一封号。六月戊戌(初七),刘秀封贵人郭氏为皇后,以她生的儿子刘疆为皇太子;实行大赦。

赤眉军和延岑军同时在三辅地区横暴作乱,郡县的大家族各自集结兵众自保,邓禹无能为力。刘秀于是派遣偏将军冯异接替邓禹讨伐赤眉等贼军。刘秀送冯异到河南,告诫冯异说:"三辅地区遭受王莽、更始的灾难,又加上赤眉、延岑的暴行,生灵涂炭，没有地方哀告倾诉。将军现在奉命讨伐叛逆，对那些投降的营寨，将其首领送到京城洛阳，遣散小民，让他们回家耕田种桑；摧毁营寨堡垒，使他们不能再聚集起来。出征讨伐并不是一定要夺取土地、屠杀城池，主要在于平息叛乱、安抚百姓而已。将领们不是不善于战斗，但喜好掳掠。你本能够驾驭部众，要想着告诫自己，不要给郡县的百姓造成痛苦！"冯异叩头，接受命令，率军向西进发。他在所经过的地方传播威望和信誉，很多盗贼投降。

　　臣司马光曰：从前，西周时代的人称颂周武王的恩德说："宣扬令人怀念的美德，我的追求只是天下安定。"这是说君王的军事行动，目的仅在于传布威望美德，使人民安乐而已。我看光武帝所以能夺取关中，用的就是这个原则。这难道不是美好的事吗！

汉纪三十三

【原文】

世祖光武皇帝上之下建武三年（丁亥，27年）

冯异与赤眉约期会战，使壮士变服与赤眉同，伏于道侧。旦日，赤眉使万人攻异前部，异少出兵以救之；贼见势弱，遂悉众攻异，异乃纵兵大战。日昃，贼气衰，伏兵卒起，衣服相乱，赤眉不复识别，众遂惊溃；追击，大破之于崤底，降男女八万人。帝降玺书劳异曰："始虽垂翅回谿，终能奋翼渑池，可谓失之东隅，收之桑榆。方论功赏，以答大勋。"

赤眉余众东向宜阳。甲辰，帝亲勒六军，严阵以待之。赤眉忽遇大军，惊震不知所谓，乃遣刘恭乞降曰："盆子将百万众降陛下，何以待之？"帝曰："待汝以不死耳！"丙午，盆子及丞相徐宣以下三十余人肉袒降，上所得传国玺绶。积兵甲宜阳城西，与熊耳山齐。赤眉众尚十余万人，帝令县厨皆赐食。明旦，大陈兵马临洛水，令盆子君臣列而观之。帝谓樊崇等曰："得无悔降乎？朕今遣卿归营，勒兵鸣鼓相攻，决其胜负，不欲强相服也。"徐宣等叩头曰："臣等出长安东都门，君臣计议，归命圣德。百姓可与乐成，难与图始，故不告众耳。今日得降，犹去虎口归慈母，诚欢诚喜，无所恨也！"帝曰："卿所谓铁中铮铮，佣中佼佼者也！"戊申，还自宜阳。帝令樊崇等各与妻子居洛阳，赐之田宅。其后樊崇、逢安反，诛；杨音、徐宣卒于乡里。帝怜盆子，以为赵王郎中；后病失明，赐荥阳均输官地，使食其税终身。刘恭为更始报仇，杀谢禄，自系狱；帝赦不诛。

【译文】

汉光武帝建武三年（丁亥，公元27年）

冯异同赤眉军定好日期会战。他挑选精壮的士兵，让他们改换服装，穿戴和赤眉军一样，在路边埋伏下来。第二天，赤眉派出一万人攻击冯异军的前部，冯异出动少数军队救援。赤眉见冯异军势弱，于是全军进攻冯异。冯异这才发兵同赤眉军大战。到太阳偏西，赤眉军士气衰落，路边的伏兵突然杀出来，因衣服混杂，赤眉军不能再辨别谁是自己人，于是惊恐溃散。冯异军追击，在崤底大败赤眉军，收降赤眉军男女八万人。刘秀下诏书慰劳冯异说："你虽然开始时在回谿阪垂下翅膀，但最终能在渑池奋起双翼。可以说早上在东方丢了东西，晚上在西方找回来。正在为你论功行赏，以表彰你卓越的功勋。"

赤眉军残部向东方的宜阳移动。甲辰（闰正月十七日），刘秀亲率大军，严阵以待。赤眉突然遇到大军，震惊得不知所措。于是，刘盆子派刘恭向刘秀乞降，说："我率领百万部众投降陛下，陛下怎样对待呢？"刘秀说："饶恕你不死罢了！"丙午（闰正月十九日），刘盆子和丞相徐宣及以下三十余人袒露出臂膀投降，献出所得的传国玉玺和绶带。赤眉的兵器堆积在宜阳城西，和熊耳山一样高。赤眉部众还有十余万人，刘秀命令宜阳县厨房赐给所有的人食物。第二天，刘秀在洛水边陈列大军，命刘盆子君臣排队观看。刘秀对樊崇等人说："该不会后悔投降吧？我今天送你们回营，统率军队鸣起战鼓再战，一决胜负。不想强迫你们服输。"徐宣等叩头说："我们走出长安东都门，君臣商议，要把自己的生命交给陛下。可以和百姓同享受成果，难以和他们同谋开端，所以没有告诉众人。今天能够投降，就像离开虎口，回到慈母的怀抱，确实欢乐欣喜，没有什么可遗憾的！"刘秀说："你就是所谓铁中的刚利部分，凡人中的出类拔萃者！"戊申（闰正月二十日），刘秀从宜阳返回洛阳。他让樊崇等人各自偕妻子儿女住在洛阳，赐给他们田地和住宅。后来樊崇、逄安谋反，被诛杀。杨音、徐宣在他们的故乡去世。刘秀可怜刘盆子，任命他当赵王刘良的郎中。后来刘盆子患病，双目失明，刘秀把荥阳均输官掌握的国有土地赏赐给他，使他终身以收取地租为生。刘恭替刘玄报仇，杀了谢禄，自己投入监狱。刘秀赦免了他,不予诛杀。

【原文】

四年(戊子,28年)

隗嚣使马援往观公孙述。援素与述同里闬,相善,以为既至,当握手欢如平生;而述盛陈陛卫以延援入,交拜礼毕,使出就馆。更为援制都布单衣、交让冠,会百官于宗庙中,立旧交之位,述鸾旗、旄骑,警跸就车,磬折而入,礼飨官属甚盛,欲授援以封侯大将军位。宾客皆乐留。援晓之曰:"天下雌雄未定,公孙不吐哺走迎国士,与国成败,反修饰边幅,如偶人形,此子何足久稽天下士乎!"因辞归,谓嚣曰:"子阳,井底蛙耳,而妄自尊大!不如专意东方。"

嚣乃使援奉书雒阳。援初到,良久,中黄门引入。帝在宣德殿南庑下,但帻坐,迎笑,谓援曰:"卿遨游二帝间;今见卿,使人大惭。"援顿首辞谢,因曰:"当今之世,非但君择臣,臣亦择君矣!臣与公孙述同县,少相善;臣前至蜀,述陛戟而后进臣。臣今远来,陛下何知非刺客奸人,而简易若是!"帝复笑曰:"卿非刺客,顾说客耳。"援曰:"天下反复,盗名字者不可胜数;今见陛下恢廓大度,同符高祖,乃知帝王自有真也。"

【译文】

四年(戊子,公元28年)

隗嚣派马援前往成都观察公孙述的情况。马援和公孙述是同乡,关系很好,他以为到达之后,公孙述一定像平时那样和他握手言欢。但公孙述让许多卫士排列在殿阶下,戒备森严,然后请马援进入。行过交拜礼之后,公孙述让马援出去,到宾馆休息。又替马援制作布衣服和交让冠。在宗庙中召集百官,设立了旧交老友的座位。公孙述用绣着鸾鸟的旗帜、披头散发的骑士作前导,开路清道,实行警戒,登车出发。他向左右迎候的官员屈身作答后,进入宗庙。礼仪祭品及百官的阵容十分盛大。公孙述准备封马援侯爵,任命当大将军。马援带领的宾客们都乐意留下来。马援向他们解释说:"天下胜负未定,公孙述不懂得吐出口中的饭,奔走迎接有才干的人，与他们共同图谋成败的大事，反而注重繁琐的小节，就像一个木偶人，这种人怎么能够长久留住天下有志之士呢！"因此告辞返回，对隗嚣说："公孙述不过是井底之蛙罢了，却妄自尊大！我们不如一心与东方的刘秀往来。"

于是隗嚣派马援带着给刘秀的信到洛阳去。马援初到，等了很久，中黄门引进。刘秀在宣德殿南面的廊屋里，只戴着头巾，坐在那里，笑迎马援。刘秀对马援说："您在两个皇帝之间从容往来，今天见到您，令人非常惭愧。"马援叩头辞谢，于是说："当今在天下，不但君主选择臣子，臣子也选择君主。我和公孙述同是一县的人，自幼关系很好。我前些时候到成都，公孙述让武士持戟立在殿阶下，然后才接见我。我今天远道而来，您怎么知道我不是刺客或奸恶的人，而这样平易地接见我！"刘秀又笑着说："您不是刺客，不过是说客罢了。"马援说："天下大局，反复未定，盗用帝王称号的人不计其数。今天我看见您恢宏大度，和高祖一样，才知道自有真正的天子。"

【原文】

五年（己丑，29年）

帝使来歙持节送马援归陇右。隗嚣与援共卧起，问以东方事，曰："前到朝廷，上引见数十，每接燕语，自夕至旦，才明勇略，非人敌也。且开心见诚，无所隐伏，阔达多大节，略与高帝同；经学博览，政事文辨，前世无比。"嚣曰："卿谓何如高帝？"援曰："不如也。高帝无可无不可；今上好吏事，动如节度，又不喜饮酒。"嚣意不怿，曰："如卿言，反复胜邪！"

隗嚣问于班彪曰："往者周亡，战国并争，数世然后定。意者从横之事将复起于今乎，将承运迭兴，在于一人也？"彪曰："周之废兴，与汉殊异。昔周爵五等，诸侯从政，本根既微，枝叶强大，故其末流有从横之事，势数然也。汉承秦制，改立郡县，主有专己之威，臣无百年之柄。至于成帝，假借外家，哀、平短祚，国嗣三绝，故王氏擅朝，能窃号位，危自上起，伤不及下，是以即真之后，天下莫不引领而叹。十余年间，中外骚扰，远近俱发，假号云合，咸称刘氏，不谋同辞。方今雄杰带州域者，皆无六国世业之资，而百姓讴吟思仰，汉必复兴，已可知矣。"

初，窦融等闻帝威德，心欲东向，以河西隔远，未能自通，乃从隗嚣受建武王朔；嚣皆假其将军印绶。嚣外顺人望，内怀异心，使辩士张玄说融等曰："更始事已成，寻复亡灭，此一姓不再兴之效也！今即所有主，便相系属，一旦拘制，自令失柄，后有危败，虽悔无及。方今豪杰竞逐，雌雄未决。当各据土宇，与陇、蜀合从，高可为六国，下不失尉佗。"融等召豪杰议之，其中识者皆曰："今皇帝姓名见于图书，自前世博物道术之士谷子云、夏贺良等皆言汉有再受命之符，故刘子骏改易名字，冀应其占。及莽末，西门君惠谋立子骏，事觉被杀，出谓观者曰：'谶文不误，刘秀真汝主也！'此皆近事暴著，众所共见者也。况今称帝者数人，而雒阳土地最广，甲兵最强，号令最明，观符命而察人事，他姓殆未能当也！"众议或同或异。

融遂决策东向，遣长史刘钧等奉书诣雒阳。先是，帝亦发使遗融书以招之，遇钧于道，即与俱还。帝见钧欢甚，礼飨毕，乃遣令还，赐融玺书曰："今益州有公孙子阳，天水有隗将军。方蜀、汉相攻，权在将军，举足左右，便有轻重。以此言之，欲相厚岂有量哉！欲遂立桓、文，辅微国，当勉卒功业；欲三分鼎足，连衡合从，亦宜以时定。天下未并，吾与尔绝域，非相吞之国。今之议者，必有任嚣教尉佗制七郡之计。王者有分土，无分民，自适己事而已。"因授融为凉州牧。玺书至河西，河西皆惊，以为天子明见万里之外。"

时张步都剧，使其弟蓝将精兵二万守西安，诸郡太守合万余人守临菑，相去四十里。弇进军画中，居二城之间。弇视西安城小而坚，且蓝兵又精，临菑名虽大而实易攻，乃敕诸校后五日会攻西安。蓝闻之，晨夜警守。至期，夜半，弇敕诸将皆蓐食，会明，至临菑城。护军荀梁等争之，以为"攻临菑，西安必救之，攻西安，临菑不能救，不如攻西安。"弇曰："不然，西安闻吾欲攻之，日夜为备，方自忧，何暇救人！临菑出不意而至，必惊扰，吾攻之一日，必拔。拔临菑，即西安孤，与剧隔绝，必复亡去，所谓'击一而得二'者也。若先攻西安，不能卒下，顿兵坚城，死伤必多。纵能拔之，蓝引军还奔临菑，并兵合势，观人虚实；吾深入敌地，后无转输，旬月之间，不战而困矣。"遂攻临菑；半日，拔之，入据其城。张蓝闻之，惧，遂将其众亡归剧。

弇乃令军中无得虏掠，须张步至乃取之，以激怒步。步闻，大笑曰："以尤来、大肜十余万众，吾皆即其营而破之；今大耿兵少于彼，又皆疲劳，何足惧乎！"乃与三弟蓝、弘、寿及故大肜渠帅重异等兵号二十万，至临菑大城东，将攻弇。于是弇先出菑水上，与重异遇；突骑欲纵，弇恐挫其锋，令步不敢进，故示弱以盛其气，乃引归小城，陈兵于内，使都尉刘歆、泰山太守陈俊分陈于城下。步气盛，直攻弇营，与刘歆等合战。弇升王宫坏台望之，视歆等锋交，乃自引精兵以横突步陈于东城下，大破之。飞矢中弇股，以佩刀截之，左右无知者。至暮，罢；弇明旦复勒兵出。

是时帝在鲁，闻弇为步所攻，自往救之。未至，陈俊谓弇曰："剧虏兵盛，可且闭营休士，以须上来。"弇曰："乘舆且到，臣子当击牛、醑酒以待百官，反欲以贼虏遗君父邪！"乃出兵大战。自旦及昏，复大破之；杀伤无数，沟堑皆满。弇知步困将退，豫置左右翼为伏以待之；人定时，步果引去，伏兵起纵击，追至钜昧水上，八九十里，僵尸相属，收得辎重二千余两。步还剧，兄弟各分兵散去。

后数日，车驾至临菑，自劳军，群臣大会。帝谓弇曰："昔韩信破历下以开基，今将军攻祝阿以发迹，此皆齐之西界，功足相方。而韩信袭击已降，将军独拔勍敌，其功又难于信也。又，田横亨郦生，及田横降，高帝诏卫尉不听为仇；张步前亦杀伏隆，若步来归命，吾当诏大司徒释其怨，又事尤相类也。将军前在南阳，建此大策，常以为落落难合，有志者事竟成也！"

是岁，诏征处士太原周党、会稽严光等至京师。党入见，伏而不谒，自陈愿守所

诏曰："自古明王、圣主，必有不宾之士，伯夷、叔齐不食周粟，太原周党不受朕禄，亦各有志焉。其赐帛四十匹，罢之。"

帝少与严光同游学，及即位，以物色访之，得于齐国，累征及至；拜谏议大夫，不肯受，去，耕钓于富春山中。以寿终于家。

【译文】

五年（己丑，公元29年）

刘秀派遣来歙持符节送马援回到陇右。隗嚣和马援一同睡觉、起床，询问东方的

情况。马援说:"先前到朝廷,皇上接见我有数十次。每次接见,都在一起闲谈,从晚上一直到天亮。他的聪明才智,勇气谋略,不是他人所能匹敌的。并且心胸开阔,坦率真诚,无所隐藏,豁达而注重大节,和汉高祖相像。他博读经书,政事处理得条理清楚,前世的帝王没人能够和他相比。"隗嚣说:"你认为他和汉高祖相比怎样?"马援说:"不如。高祖没有什么可以,没有什么不可以;而当今皇上喜好处理政务,行动符合规矩,又不喜欢喝酒。"隗嚣感到不高兴,说:"像你说的那样,皇上反而比高祖更高明吗!"

隗嚣问班彪说:"从前,周朝灭亡,战国时期群雄争战,几代以后天下才统一。大概合纵连横的旧事将会在今天重演吧?将由一个人承受天命,再度兴起吗?"班彪说:"周期的兴亡,同汉朝完全不同。过去周朝把爵位分成五等,诸侯各自为政。衰微以后,枝叶强大,所以到了末期出现合纵连横的事,是形势发展的必然结果。汉朝继承秦朝的政治制度,改置郡县,君主有专制独裁的威严,臣下没有百年不变的权力。到了汉成帝时,把皇帝的威严让给外戚。以后汉哀帝、汉平帝在位时间都很短,皇位的合法继承人三次断绝。所以王莽专擅朝政,得以篡夺皇位。国家的危机来自最上层,没有伤害到百姓。所以王莽篡夺皇位成为事实以后,天人无不伸长脖子叹息。在十余年时间里,内扰外乱,远近一齐爆发。各路人马风起云涌,全都假借刘姓宗室的名号,大家不谋而合。当今拥有州郡的英雄豪杰,都没有六国那种世代积累的资本,而老百姓讴歌、吟咏、思念、仰慕的是汉朝,汉朝必然复兴,已经可以知道了。"

当初,窦融等听说刘秀的威望恩德,一心向往东方,因为河西的洛阳相隔遥远,自己不能直接联系,于是自隗嚣那里接受东汉"建武"的年号。隗嚣一并授给他将军印信和绶带。隗嚣表面上顺应众望,实际上怀有二心,他派善辩之士张玄劝说窦融等人道:"更始的大事已经成功,但很快又灭亡,这是刘氏一姓不能再起的证明。如果马上就认定君主,隶属于他,一旦受到束缚和制约,自己就会失掉权力。以后跟着他败亡,后悔莫及。当今英雄豪杰相互竞争,胜败未定。我们应当各守地盘,和陇西隗嚣、西蜀公孙述结成合纵联盟。搞得好可以成为战国时代的六国之一,搞不好也可成为南海尉佗。"窦融等召集豪杰们商议,其中有见识的人都说:"当今皇帝的名字,在预言书中可以看到,前辈的法术大师谷子云、夏贺良等都认为，汉朝有再度兴起的祥瑞征兆，所以刘歆改名为刘秀，希望应和预言书上的话。等到王莽末年，西门君惠谋划拥立刘歆做皇帝，事情败露被杀。西门在被绑缚刑场的途中，对围观的人说：'预言书上的话不错，刘秀确实是你们的君主！'这是近年发生的事，人人皆知，大家亲眼所见。何况当今号称皇帝的几个人中，刘秀拥有的土地最多，兵力最为强盛，军令最为严明。观察预言书上的话，考察世间的事情。其他姓氏的人恐怕不能担当君主。"大家的议论，有的赞同，有的反对。

窦融于是决定归顺东方的刘秀，派长史刘钧等人带着给刘秀的信到洛阳去。在这之前，刘秀也派使者给窦融送信招致他。刘秀的使者在路上遇到刘钧，就和刘均一起返回洛阳。刘秀见到刘钧十分高兴，和他以礼相见，设宴款待，然后，让他回去汇报，赐给窦融诏书说："现在益州有公孙述，天水有隗嚣。公孙述的蜀军和我方汉军正相互攻打，胜败的命运掌握在将军手中，有着举足轻重的作用。由此来说，您打算帮助某一方时，力量岂能计量！如果要创立齐桓公、晋文公的霸业，辅佐我这个弱小的政权，就应当努力完成这一功业；如果想实现三个鼎立的局面，连横合纵，也应该抓住时机决定。天下还没有统一，我和您土地不接壤，不会互相吞并。现在谈论这件事的人，一定有像任嚣让尉佗控制七个郡那样的计策。君王可以分封土地，但不分割百姓。自己做适合自己的事情罢了。"于是任命窦融当凉州牧。诏书传到河西，整个地区震惊，认为天子明察，远到万里之外。

当时张步以剧县作为都城，派弟弟张蓝率领精兵二万人驻守西安县，派各郡太守集合一万余人守卫临菑县，相距四十里。耿弇率军进军画中，画中位于西安和临菑之间。耿弇看到西安城垣小，但很坚固，而且张蓝的军队又很精锐，临菑虽有盛名，但实际上却容易攻取。于是，耿弇命令各指挥官，五天以后联合攻打西安。张蓝听说以后，日夜警戒守卫。到了预定日期，夜半时分，耿弇命将领们全都在住宿地吃饭。到天亮时，抵达临菑城。护军荀梁等表示反对，认为："攻打临菑，西安必定救援；攻打西安，临菑不能救援，不如攻打西安。"耿弇说："不是这样。西安方面知道我们要攻打他们，日夜戒备，正担心自己的安全，哪有功夫援救别人！临菑方面想不到我们会去攻打他们，一定会惊慌失措。我用一天的时间，必能攻破。攻陷了临菑，西安立即变得孤立，和剧县的交通被我们切断，西安守军必然再弃城逃跑。这正是所谓'击一而得二'。如果先攻打西安，不能很快攻下，军队被困在坚城之下，伤亡一定很多。纵使能够攻破，张蓝将率军逃回临菑，和那里的守军合并，观察我们的虚实。我们深入敌地，后面没有补给运送，一个月之内，不打仗就已困窘不堪了。"于是进攻临菑，半天时间后攻陷，进占该城。张蓝听到消息，十分恐惧，于是率领军队逃回到剧县。

耿弇于是下令军队不能掳掠，等到张步到来时才取财物，以激怒张步。张步听后，大笑说："以尤来、大肜的十余万人之多，我都到他们的营垒摧毁他们。现在耿弇的军队比他们少，又全疲劳不堪，有什么可怕的？"于是联合三个弟弟张蓝、张弘、张寿以及前大肜军首领重异等的军队，号称二十万人，抵达临菑大城东，准备进攻耿弇。"于是耿弇率军先出营到菑水边，与重异遭遇。骑兵突击队想要进攻，耿弇恐怕挫败敌军锐气，使张步不敢前进，就有意显示自己懦弱而助长对方的骄气，率军回到临菑小城，陈兵城内，派都尉刘歆、泰山太守陈俊分别在城下布阵。张步气盛，径直攻打耿弇军营，同刘歆等交战。耿弇登上原齐国宫殿残破的高台观望，察看刘歆等同张步作战的情况，于是亲自率领精锐部队，在东城下横冲进张步的军队，大败敌军。流箭射中耿弇大腿。耿弇用佩刀截断箭杆，左右没人知道主帅受伤。战到天黑，收兵。耿弇第二天早晨，又率军出营。

这时刘秀在鲁城，听说耿弇被张步攻击的消息，亲自率军前去援救。还未抵达，陈俊对耿弇说："剧县敌兵士气正盛，我们可以暂且关闭营门，休养军士，等皇上前来。"耿弇说："皇上将到，臣子应当杀牛备酒等待百官，反而要把盗贼匪徒送给君王吗！"于是出兵大战，从早晨到黄昏，再次大败敌军。杀伤敌人无数，尸体填满了水沟战壕。耿弇料到张步受到重创以后将会撤军，预先在左右两翼设下伏兵等候。深夜，张步果然率军离去。伏兵奋起攻击，一直追到巨昧水畔。前后八九十里，死尸相连。耿弇缴获张步的辎重车两千余辆。张步逃回剧县，兄弟各自带兵离开。

又过了几天，刘秀抵达临菑，亲自慰劳军队，大会文武百官。刘秀对耿弇说："过去韩信攻破历下，开创了大业的基础；今天将军攻破祝阿，建立了功绩，这些地方全是故齐国的西方边界，你们二人的功劳足可以相比。而韩信攻击的是已经投降的军队，将军单独打败强大的敌人，建功又比韩信艰难了。再有，田横曾经烹杀郦食其，等到田横投降刘邦，刘邦下诏卫尉郦商不要报仇。张步先前也杀了伏隆，今天如果他来归顺，我将下诏让大司徒优湛解除怨恨，这两件事情又尤其相似。将军以前在南阳时，曾提出建树这项功业的重大策略。我总感到计划庞大，难以实现。但对于有志的人，事情终究可以成功！"

这一年，刘秀下诏征召隐居的士人。太原人周党、会稽人严光等到洛阳。周党晋见时，伏下身子，不叩头拜谒，也不通报姓名，对刘秀说愿意恪守自己的志向。

刘秀下诏说："自古以来，英明的君王，圣贤的天子，都必定会遇到不服从的士人。伯夷、叔齐不吃周王朝的粮食，太原人周党不接受我的俸禄，也是各有志向。赐给周党帛四十匹，放他回乡。"

刘秀幼时和严光同窗读书，等到刘秀即帝位，派人按照形貌察访，在齐地找到了严光。刘秀多次征召后，严光才到洛阳。任命他当谏议大夫，严光不肯接受。他离开了洛阳，在富春山种田钓鱼，最后在家里寿终。

汉纪三十四

资治通鉴第四十二卷

【原文】

世祖光武皇帝中之上建武六年（庚寅，30年）

帝乃诏隗嚣，欲从天水伐蜀。嚣上言："白水险阻，栈阁败绝。述性严酷，上下相患，须其罪恶孰著而攻之，此大呼响应之势也。"帝知其终不为用，乃谋讨之。

隗嚣遂发兵反，使王元据陇坻，伐木塞道。诸将因与嚣战，大败，各引兵下陇；嚣追之急，马武选粗骑为后拒，杀数千人，诸军乃得还。

六月辛卯，诏曰："夫张官置吏，所以为民也。今百姓遭难，户口耗少，而县官吏职，所置尚繁；其令司隶、州牧各实所部，省减吏员，县国不足置长吏者并之。"于是并省四百余县，吏职减损，十置其一。

癸巳，诏曰："顷者师旅未解，用度不足，故行十一之税。今粮储差积，其令郡国收见田租，三十税一，如旧制。"

【译文】

汉光武帝建武六年（庚寅，公元30年）

刘秀于是给隗嚣下诏，打算让他从天水出兵攻打公孙述。隗嚣上书说："白水关险恶，难以通过，栈道残破断绝，无法利用。公孙述性情严厉残暴，上下相互不信任，等到他的罪恶显露出来再攻打他，就能造成一呼而内外响应的形势。"刘秀知道隗嚣终不能被己所用，于是策划出兵讨伐他。

隗嚣于是起兵叛变。命王元防守陇坻，砍伐树木，堵塞道路。东汉将领们因此和隗嚣交战，被打得大败，各自率兵逃下陇山。隗嚣急速追赶，东汉将军马武挑选精锐骑兵断后，杀敌数千人，各路军队才得以返回。

六月辛卯（二十四日），刘秀下诏说："设置官吏，是替老百姓服务。而今百姓遭难，户口减少，而国家官吏的设置还很繁多。现令司隶、州牧各自在所辖范围核实实际需要，裁减官员。无论是县还是封国，不足以设置长吏的，予以合并。"于是合并减少四百余个县，官吏的职位也减少了，十个官员，留任一个。

癸巳（二十八日），刘秀下诏："前些时战事不息，国家经费不足，所以按十分之一收税。如今粮食储备增多，从现在起，各郡、各封国收取现有田地的田租，按三十分之一征税，恢复原来的制度。"

【原文】

七年（辛卯，31年）

春，三月，罢郡国轻车、骑车、材官，令还复民伍。

【译文】

七年（辛卯，公元31年）

春季，三月，免去郡县、封国的轻车、骑士、材官，命他们回归为民。

【原文】

八年（壬辰，32年）

夏，闰四月，帝自将征隗嚣，光禄勋汝南郭宪谏曰："东方初定，车驾未可远征。"乃当车拔佩刀以断车靷。帝不从，西至漆。诸将多以王师之重，不宜远人险阻，计尤豫未决；帝召马援问之。援因说隗嚣将帅有土崩之势，兵进有必破之状；又于帝前聚米为山谷，指画形势，开示众军所从道径，往来分析，昭然可晓。帝曰："虏在吾目中矣！"明旦，遂进军，至高平第一。

窦融率五郡太守及羌虏小月氏等步骑数万,辎重五千余两,与大军会。是时军旅草创,诸将朝会礼容多不肃,融先遣从事问会见仪适。帝闻而善之,以宣告百僚,乃置酒高会,待融等以殊礼。

遂共进军,数道上陇。使王遵以书招牛邯,下之,拜邯太中大夫。于是嚣大将十三人、属县十六、众十余万皆降。嚣将妻子奔西城,从杨广。

颍川盗贼群起,寇没属县,河东守兵亦叛,京师骚动。帝闻之曰:"吾悔不用郭子横之言。"秋,八月,帝自上邽晨夜东驰,赐岑彭等书曰:"两城若下,便可将兵南击蜀虏。人苦不知足,既平陇,复望蜀,每一发,头须为白!"

【译文】

八年(壬辰,公元32年)

夏季,闰四月,刘秀亲自率军征伐隗嚣。光禄勋汝南人郭宪劝阻说:"东方刚刚平定,陛下不能远征。"于是挡住车,拔出佩刀,砍断引车前行的皮带。刘秀不听,西行至漆县。将领们多数都认为,皇上率领的军队重要,不宜远行深入到险恶、阻塞的地方。刘秀拿不定主意,召见马援询问意见。马援于是说,隗嚣的将领们已有土崩瓦解之势,如果进军,就会有必破之状。他又在刘秀面前,用米聚成山谷,指出敌我双方的形势,展示大军进攻的路线,来回分析,十分清晰明白。刘秀说:"敌人的情况都在我的眼里了!"第二天一早,大军出发,抵达高平县第一城。

窦融率领五郡太守以及羌族、小月氏等步骑兵数万人、辎重车五千余辆,和刘秀的大军会合。当时窦融的军队还处于草创时期,将领们朝拜皇帝的礼仪多不整肃。窦融先派从事请示朝见的恰当礼仪。刘秀听后认为很好,宣告百官让他们效法。于是设置盛大的酒宴,用特别的尊贵礼仪招待窦融等。

于是,联军共同进军,分成几路上陇山。刘秀命王遵写信招降牛邯。牛邯投降,刘秀任命他当太中大夫。于是隗嚣的十三位大将、所属的十六个县、部众十余万人全部归降。隗嚣带着妻子儿女逃往西城,跟从杨广。

颍川郡盗贼蜂起,攻陷本郡所属县城,河东郡的守军也叛变了,京都洛阳震动。刘秀听到消息说:"我后悔没有听从郭宪的话!"秋季,八月,刘秀从上邽县日夜向东奔驰。他写信给岑彭等，说："如果攻陷两城，就可率领军队向南攻打公孙述。人苦于不知足，已经平定了陇，又想得到蜀。每一次出兵，头发胡须都因此变白！"

【原文】

九年（癸巳，33年）

隗嚣病且饿，餐糗糒，恚愤而卒。王元、周宗立嚣少子纯为王，总兵据冀。公孙述遣将赵匡、田弇助纯。帝使冯异击之。

公孙述遣其翼江王田戎、大司徒任满、南郡太守程泛将数万人下江关，击破冯骏等军，遂拔巫及夷道、夷陵，因据荆门、虎牙，横江水起浮桥、关楼，立欑柱以绝水道，结营跨山以塞陆路，拒汉兵。

盗杀阴贵人母邓氏及弟䜣。帝甚伤之，封贵人弟就为宣恩侯。复召就兄侍中兴，欲封之，置印绶于前。兴固让曰："臣未有先登陷陈之功，而一家数人，并蒙爵士，令天下觖望，诚所不愿！"帝嘉之，不夺其志。贵人问其故，兴曰："夫外戚家苦不知谦退，嫁女欲配侯王，取妇眄睐公主，愚心实不安也。富贵有极，人当知足，夸奢益为观听所讥。"贵人感其言，深自降挹，卒不为宗亲求位。

【译文】

九年（癸巳，公元33年）

隗嚣患病，又赶上饥荒，只能吃到黄豆干饭，愤恨而死。王元、周宗拥立隗嚣的幼子隗纯为王，统兵据守冀县。公孙述遣将领赵匡、田弇协助隗纯。刘秀派遣冯异攻击。

公孙述派遣翼江王田戎、大司徒任满、南郡太守程汜率领数万人下江关，击败东汉将领冯骏等的军队，于是攻陷巫县和夷道、夷陵，随后占据荆门山、虎牙山。在长江上架起浮桥，建筑关楼。把木柱集中在一起，竖立在江中阻断水道，跨山连接营垒堵塞陆路，以抗拒汉军。

强盗杀害阴贵人的母亲邓氏和弟弟阴䜣。刘秀非常悲伤，封阴贵人的弟弟阴就为宣恩侯。又召见阴就的哥哥侍中阴兴，也要封侯，把印信绶带放到他面前。阴兴坚持推辞，说："我没有冲锋陷阵的功劳，而一家人中，已有好几个人承蒙封爵赐土，使天下人不满，这确实是我不愿意的！"刘秀赞美他的举动，不强迫他改变想法。阴贵人问阴兴为什么要这样做，阴兴说："皇帝的外戚家往往被不知谦让退避所害。嫁女儿要配侯王，娶媳妇要打公主的主意，我心里实在不安。富贵有极限，人应当知足，夸耀奢侈会增加世人的指责。"阴贵人为他的话所感动，深深地自我贬抑，始终不替本族的亲属要求官爵。

【原文】

十年（甲午，34年）

初，隗嚣将安定高峻拥兵据高平第一，建威大将军耿弇等围之，一岁不拔。帝自将征之，寇恂谏曰："长安道里居中，应接近便，安定、陇西必怀震惧；此从容一处，可以制四方也。今士马疲倦，方履险阻，非万乘之固也。前年颍川，可为至戒。"帝不从，进幸汧。峻犹不下，帝遣寇恂往降之。恂奉玺书至第一，峻遣军师皇甫文出谒，辞礼不屈；恂怒，将诛之。诸将谏曰："高峻精兵万人，率多强弩，西遮陇道，连年不下，今欲降之而反戮其使，无乃不可乎？"恂不应，遂斩之，遣其副归告峻曰："军师无礼，已戮之矣！欲降，急降；不欲，固守！"峻惶恐，即日开城门降。诸将皆贺，因曰："敢问杀其使而降其城，何也？"恂曰："皇甫文，峻之腹心，其所取计者也。今来，辞意不屈，必无降心。全之则文得其计，杀之亡其胆，是以降耳。"诸将皆曰："非所及也！"

耿弇

【译文】

十年（甲午，公元34年）

最初，隗嚣的将领安定人高峻带领军队据守高平县第一城。建威大将军耿弇等包围该城，一年未能攻陷。刘秀准备亲自征伐，寇恂劝告说："长安的位置在洛阳和高平的中间，接应近便。陛下坐镇长安，安定、陇西之人必定心中震恐。这样，从容地呆在一处，就可以控制四方。现在人困马乏，要到险阻的地方，对陛下是不安全的。去年颍川郡盗贼蜂起的往事，应当引以为大戒。"刘秀不听。进军到汧县。高峻依然不降，刘秀派遣寇恂前往劝降。寇恂带着刘秀的诏书到达第一城，高峻派遣军师皇甫文出城拜见。皇甫文的言辞礼节毫不卑屈。寇恂大怒，准备诛杀。将领们劝阻说："高峻有精兵一万人，多半都是强弩射手，在西面堵塞陇道，连年不能攻下。现在准备招降高峻，却反而屠戮他的来使，恐怕不行吧？"寇恂不答应，于是诛杀皇甫文。放他的副使回去。转告高峻说："军师无礼，已经杀死了！要投降，赶快投降；不想投降，继续坚守！"高峻惊慌恐惧，当天打开城门投降。将领们全都向寇恂祝贺，顺便问他："请教您，杀了他的使节而又能使他献城投降，为什么呢？"寇恂说："皇甫文是高峻的心腹，是为高峻谋划的智囊。这次前来，言辞态度强硬，肯定没有归降的意思。如果保全他则皇甫文的计策得逞，杀掉他则使高峻丧胆，所以高峻投降。"将领们全都叹服说："您的智慧不是我们所能赶得上的！"

【原文】

十一年（乙未，35年）

公孙述以王元为将军，使与领军环安拒河池。六月，来歙与盖延等进攻元、安，大破之，遂克下辨，乘胜遂进。蜀人大惧，使刺客刺歙，未殊，驰召盖延。延见歙，因伏悲哀，不能仰视。歙叱延曰："虎牙何敢然！今使者中刺客，无以报国，故呼臣卿，欲相属以军事，而反效儿女子涕泣乎！刃虽在身，不能勒兵斩公邪！"延收泪强起，受所诫。歙自书表曰："臣夜人定后，为何人所贼伤，中臣要害。臣不敢自惜，诚恨奉职不称，以为朝廷羞。夫理国以得贤为本,太中大夫段襄,骨鲠可任,愿陛下裁察。又臣兄弟不肖,终恐被罪,陛下哀怜,数赐教督。"投笔抽刃而绝。帝闻,大惊,省书揽涕;以扬武将军马成守中郎将代之。歙丧还洛阳,乘舆缟素临吊,送葬。

【译文】

十一年(乙未,公元35年)

公孙述任命王元为将军,命他和领军环安在河池御敌。六月,来歙和盖延等进攻王元、环安,大败敌军。于是攻克下辨,乘胜前进。蜀人十分恐慌,派刺客行刺来歙,来歙未死,命人紧急召来盖延。盖延看到来歙,伏地哀痛,不能抬头仰视。来歙斥责盖延说:"你怎么敢这个样子!现在我被刺客刺中,不能报效国家,所以叫你来,要把军事托付给你,你反而学小儿女那样骂吗!刀虽然在我身上,我就不能用兵杀了你吗?"盖延收住眼泪,勉强起身接受嘱托。来歙亲手书写奏章,说:"我在深夜时,不知被什么人刺伤,中了要害。我不敢痛惜自己,深恨没有尽到职责,给朝廷带来羞辱。治理国家以能够任用贤才为根本,太中大夫段襄,正直刚强,可以重用,望陛下裁决明察。此外我的兄弟不贤,最终恐会获罪,请陛下可怜他们,时常教诲监督。"写罢,扔掉笔,拔出凶器,气绝身亡。刘秀听到消息,极为震惊,一面看奏章,一面流泪。任命扬武将军马成代理中郎将,接替来歙。来歙的灵车运回洛阳,刘秀乘车,身穿丧服,亲自吊丧、送葬。

资治通鉴第四十三卷

汉纪三十五

【原文】

世祖光武皇帝中之下建武十二年（丙申，6年）

帝戒吴汉曰："成都十余万众，不可轻也。但坚据广都，待其来攻，勿与争锋。若不敢来，公转营迫之，须其力疲，乃可击也。"汉乘利，遂自将步骑二万进逼成都；去城十余里，阻江北营，作浮桥，使副将武威将军刘尚将万余人屯于江南，为营相去二十余里。帝闻之大惊，让汉曰："比敕公千条万端，何意临事勃乱！既轻敌深入，又与尚别营，事有缓急，不复相及。贼若出兵缀公，以大众攻尚，尚破，公即败矣。幸无他者，急引兵还广都。"诏书未到，九月，述果使其大司徒谢丰、执金吾袁吉将众十许万，分为二十余营，出攻汉，使别将将万余人劫刘尚，令不得相救。汉与大战一日，兵败，走入壁，丰因围之。汉乃召诸将厉之曰："吾与诸君逾越险阻，转战千里，遂深入敌地，至其城下。而今与刘尚二处受围，势既不接，其祸难量；欲潜师就尚于江南，并兵御之。若能同心一力，人自为战，大功可立；如其不然，败必无余。成败之机，在此一举。"诸将皆曰："诺。"于是飨士秣马，闭营三日不出，乃多树幡旗，使烟火不绝，夜，衔枚引兵与刘尚合军。丰等不觉，明日，乃分兵拒水北，自将攻江南。汉悉兵迎战，自旦至晡，遂大破之，斩丰、吉。于是引还广都，留刘尚拒述，具以状上，而深自谴责。帝报曰："公还广都，甚得其宜，述必不敢略尚而击公也。若先攻尚，公从广都五十里悉步骑赴之，适当值其危困，破之必矣！"自是汉与述战于广都、成都之间，八战八克，遂军于其郭中。

冬，十一月，臧宫军咸阳门；戊寅，述自将数万人攻汉，使延岑拒宫。大战，岑三合三胜，自旦及日中，军士不得食，并疲。汉因使护军高午、唐邯将锐卒数万击之，述兵大乱；高午奔陈刺述，洞胸堕马，左右舆入城。述以兵属延岑，其夜，死；明旦，延岑以城降。辛巳，吴汉夷述妻子，尽灭公孙氏，并族延岑，遂放兵大掠，焚述宫室。帝闻之怒，以谴汉。又让刘尚曰："城降三日，吏民从服，孩儿、老母，口以万数，一旦放兵纵火，闻之可为酸鼻。尚宗室子孙，更尝吏职，何忍行此！仰视天，俯视地，观放麑、啜羹，二者孰仁？良失斩将吊民之义也！"

初，述征广汉李业为博士，业固称疾不起。述羞不能致，使大鸿胪尹融奉诏命以劫业，"若起则受公侯之位，不起赐以毒酒。"融譬旨曰："方今天下分崩，孰知是非，而以区区之身试于不测之渊乎！朝廷贪慕名德，旷官缺位，于今七年，四时珍御，不以忘君；宜上奉知己，下为子孙，身名俱全，不亦优乎！"业乃叹曰："古人危邦不入，乱邦不居，为此故也。君子见危授命，何乃诱以高位重饵哉！"融曰："宜呼室家计之。"业曰："丈夫断之于心久矣，何妻子之为！"遂饮毒而死。述耻有杀贤之名，遣使吊祠，赙赠百匹，业子翚逃，辞不受。述又聘巴郡谯玄，玄不诣；亦遣使者以毒药劫之，太守自诣玄庐，劝之行，玄曰："保志全高，死亦奚恨！"遂受毒药。玄子瑛泣血叩头于太守，愿奉家钱千万以赎父死，太守为请，述许之。述又征蜀郡王皓、王嘉，恐其不至，先系其妻子，使者谓嘉曰："速装，妻子可全。"对曰："犬马犹识主，况于人乎！"王皓先自刎，以首付使者。述怒，遂诛皓家属。王嘉闻而叹曰："后之哉！"乃对使者伏剑而死。犍为费贻不肯仕述，漆身为癞，阳狂以避之。同郡任永、冯信皆托青盲以辞征命。帝既平蜀，诏赠常少为太常，张隆为光禄勋。谯玄已卒，祠以中牢，敕所在还其家钱，而表李业之闾。征费贻、任永、冯信，会永、信病卒，独贻仕至合浦太守。上以述将程乌、李育有才干，皆擢用之。于是西土咸悦，莫不归心焉。

是岁，参狼羌与诸种寇武都，陇西太守马援击破之，降者万余人，于是陇右清静。援务开恩信，宽以待下，任吏以职，但总大体，而宾客故人日满其门。诸曹时白外事，援辄曰："此丞、掾之任，何足相烦！颇哀老子，使得遨游，若大姓侵小民，黠吏不从令，此乃太守事耳。"傍县尝有报仇者，吏民惊言羌反，百姓奔入城，狄道长诣门，请闭城发兵。援时与宾客饮，大笑曰："虏何敢复犯我！晓狄道长，归守寺舍。良怖急者，可床下伏！"后稍定，郡中服之。

帝以睢阳令任延为武威太守，帝亲见，戒之曰："善事上官，无失名誉。"延对曰："臣闻忠臣不和，和臣不忠。履正奉公，臣子之节；上下雷同，非陛下之福。善事上官，臣不敢奉诏。"帝叹息曰："卿言是也！"

【译文】

汉光武帝建武十二年（丙申，公元36年）

刘秀告诫吴汉说："成都有十余万大军，不能轻视。只可坚守广都，等待敌人来攻，千万不要和敌人一争高下。如果敌人不敢来攻，你就移动军营逼迫他们，等到敌人筋疲力尽，才可发起攻击。"而吴汉却乘着胜利，自己率领步、骑兵二万人进逼成都，离城十余里，隔江在北岸扎营，架浮桥，命副将武威将军刘尚率领一万余人在江南屯兵，军营相隔二十余里。刘秀听说以后十分震惊，责备吴汉说："我不久前告诫你千言万语，怎料想事到临头就乱来！你既然轻敌深入，又和刘尚分别扎营，一旦发生危急，就不再能互相顾及。敌人如果出兵牵制你，用主力攻击刘尚，刘尚失败，你也就失败了。幸而还没有其他变故，你要火速率军返回广都。"诏书还未到达，已进入九月。公孙述果然派大司徒谢丰、执金吾袁吉率领军队大约十万人，分成二十余营，攻打吴汉；另派其他将领率领一万余人牵制刘尚，使他不能救援。吴汉大战了一整天，兵败，退回到营垒。谢丰趁机包围。于是吴汉召集将领们，勉励他们说："我和你们各位越过险阻，转战千里，才深入敌境，进逼城下。可是现在和刘尚分别困在两地，既然不能互相援救，大祸不可估量。我准备悄悄率军到南岸和刘尚会师，合力抵抗敌人。如果能够同心协力，人人全力奋战，可以建立大功业；否则的话，定会一败涂地。成败的关键，在此一举。"将领们都说："听您的吩咐！"于是犒劳士兵，喂饱战马，关闭营门，三天不出。并多多竖立旌旗，使烟火不断。入夜，吴汉悄悄率领军队与刘尚会合。谢丰等没有发觉。第二天，兵分两路，一路在江北据守，谢丰自己率军进攻江南。吴汉投入所有兵力迎战，从早晨打到下午，大败敌军，斩杀谢丰、袁吉。于是率军返回广都，留下刘尚抗拒公孙述。吴汉把情况一一向刘秀报告，深刻地谴责自己。刘秀回答说："你回到广都，最恰当不过。公孙述必定不敢绕过刘尚而攻打你。他如果先攻打刘尚，你从广都救援，五十里的路程，出动全部步兵骑兵赶赴，这时正是敌军危险困顿的时候，打败他们是必定的！"自此，吴汉和公孙述在广都和成都之间交战，八战八胜，东汉大军于是驻扎在成都的外城。

冬季，十一月，臧宫进驻成都咸阳门。戊寅（十八日），公孙述亲自率领数万人攻打吴汉，派延岑抗击臧宫。双方展开大战，延岑三战三胜，从早晨打到中午，官兵得不到饭食，全都感到疲劳。吴汉于是派遣护军高午、唐邯率领精锐部队数万人攻打公孙述，公孙述的军队大乱。高午直奔阵前，猛刺公孙述，公孙述胸被刺穿，掉下战马，左右将他抬入城中。公孙述把军队交给延岑，当夜去世。第二天，延岑献城投降。辛巳（二十一日），吴汉诛杀公孙述的妻子儿女，屠杀公孙氏家族，长幼不留。并将延岑灭族。然后纵兵大肆掳掠，焚烧公孙述宫室。刘秀听说以后大怒，因此谴责吴汉。又谴责刘尚说："成都城投降已经三天，官民都服从归顺。连同孩子和母亲，人口数以万计，一旦纵兵放火，听到的人都会酸鼻掉泪。你是汉宗室子弟，又曾经当过官吏，怎么忍心做出这种事！仰视苍天，俯视大地，比较秦西巴释放小鹿、乐羊吃他儿子的肉羹，这两个人谁仁义？你们真是失掉了斩杀敌将、拯救百姓的道义！"

当初，公孙述征召广汉人李业当博士，李业坚持说有病而不肯接受。公孙述因不能把李业召来而感到羞耻，派大鸿胪尹融拿着诏书胁迫李业："你如果接受职位就封公侯，如果不接受职位就赐予毒酒。"尹融解释说："当今天下分崩离析，谁知道什么是是非非，而敢用区区身体去试探不可测的深渊？朝廷仰慕您的名望品德，给您留下官位，到现在已七年了。四季进贡的山珍美味，不会忘记送给您。您应该上奉知已，下为子孙，性命和名誉都可保全，这样做不是上策吗？"李业于是叹息说："古人说，危险之邦不进入，混乱之邦不居住，我正是为了这个缘故。君子遇到危险而肯献出生命，为什么竟用高官厚禄引诱呢？"尹融说："应该叫家人来商量。"李业说："大丈夫决心断绝仕途已经很久了，为什么要和妻子儿女商量？"于是饮毒酒而死。公孙述耻于背上杀死贤才的名声，派使者吊丧祭祀，赠送一百匹绢帛助丧。李业的儿子李翚逃跑，推辞不接受。公孙述又聘请巴郡人谯玄，谯玄不接受任命。公孙述也派使者用毒药相威胁。太守亲自到谯玄家拜访，劝他动身，谯玄说："坚持我的志向，保全我的气节，死又有何遗憾！"于是接受毒药。谯玄的儿子谯瑛痛哭，向太守磕头，情愿捐献家产一千万钱，以赎父亲的死罪。太守为此请示公孙述，公孙述应允。公孙述又征召蜀郡人王皓、王嘉，怕他们不来，先拘捕他们的妻子儿女。使节对王嘉说："赶快整理行装，妻子儿女可以保全。"王嘉回答说："狗、马还认识主人，何况人呢？"王皓先自刎而死，使者用首级上报。公孙述大怒，于是诛杀王皓的家属。王嘉听说后叹息说："我走在后面了！"于是面对使节用剑自杀而死。犍为郡人费贻，不肯做公孙述的官，身涂油漆成为癞疮，假装疯狂以逃避做官。同郡人任永、冯信全都假托患青光眼而辞谢征召。刘秀平定蜀地后，下诏追赠常少为太常，追赠张隆为光禄勋。谯玄已经去世，用羊、猪各一头祭祀，命令当地官府还给他家赎死的钱。在李业家所居地的里门刻石，表彰他的节操。征召费贻、任永、冯信，正巧任永、冯信病逝，只有费贻官至合浦太守。刘秀因公孙述的将领程乌、李育有才干，一齐提拔任用。于是蜀地上下喜悦，百姓无不归顺。

这一年，参狼羌部落和其他羌人部落侵犯武都。陇西太守马援，击败羌军，一万余人投降，于是陇右一带平安无事。马援的宗旨是要对人有恩德，讲求信誉，对下宽厚，任用官吏职责分明，自己只总揽大局。因此，宾客故1日每天都挤满大门。各部门主管有时向他报告外面的公事，马援就说："这是丞、掾分内的事，哪值得麻烦我！可怜可怜我这老头子，让我能够游乐玩耍。如果豪强大姓侵犯小民，或者狡猾的官吏枉法，这才是太守的事。"邻县曾有人报私仇，官民震惊，传言羌人反叛，百姓跑到城内。狄道县长上门，请求关闭城门征调军队。当时马援正和宾客喝酒，大笑说："羌人怎么敢再来侵犯我？告诉狄道县长，回去守在官舍，害怕得太厉害的话，可以伏在床底下！"后来，情况逐渐安定，全郡人都佩服马援。

刘秀任命睢阳县令任廷当武威太守。刘秀亲自召见，告诫他说："好好侍奉长官，不要丢掉名誉。"任延回答说："我听说忠诚的臣子与人不和睦，与人和睦的臣子不忠诚。履行正道，奉公守法，是臣子的节操。如果下级对上级随声附和，那不是陛下的福分。陛下说要好好侍奉长官，我不敢接受。"刘秀叹息说："你的话对呀！"

【原文】

十三年（丁酉，37年）

戊子，诏曰："郡国献异味，其令太官勿复受！远方口实所以荐宗庙，自如旧制。"时异国有献名马者，日行千里，又进宝剑，价直百金。诏以剑赐骑士，马驾鼓车。上雅不喜听音乐，手不持珠玉。尝出猎，车驾夜还，上东门候汝南郅恽拒关不开。上令从者见面于门间，恽曰："火明辽远。"遂不受诏。上乃回，从东中门入，明日，恽上书谏曰："昔文王不敢槃于游田，以万民惟正之供。而陛下远猎山林，夜以继昼，其如社稷宗庙何！"书奏，赐恽布百匹，贬东中门候为参封尉。

帝在兵间久，厌武事，且知天下疲耗，思乐息肩，自陇、蜀平后，非警急，未尝复言军旅。皇太子尝问攻战之事，帝曰："昔卫灵公问陈，孔子不对。此非尔所及。"邓禹、贾复知帝偃干戈，修文德，不欲功臣拥众京师，乃去甲兵，敦儒学。帝亦思念，欲完功臣爵士，不令以吏职为过，遂罢左、右将军官。耿弇等亦上大将军、将军印绶，皆以列侯就第，加位特进，奉朝请。

邓禹内行淳备，有子十三人，各使守一艺，修整闺门，教养子孙，皆可以为后世法，资用国邑，不修产利。

贾复为人刚毅方直，多大节，既还私第，阖门养威重。朱祜等荐复宜为宰相，帝方以吏事责三公，故功臣并不用，是时，列侯唯高密、固始、胶东三侯与公卿参议国家大事，恩遇甚厚。帝虽制御功臣，而每能回容，有其小失。远方贡珍甘，必先遍赐诸侯，而太官无余，故皆保其福禄，无诛谴者。

益州传送公孙述瞽师、郊庙乐器、葆车、舆辇，于是法物始备。时兵革既息，天下少事，文书调役，务从简寡，至乃十存一焉。

【译文】

十三年（丁酉，公元37年）

戊子（正月二十九日），刘秀下诏："各郡、封国进贡山珍海味，太官不能再接受。远方进献祭祀宗庙食物，则依照旧例。"当时外国有进献良马的，可日行千里；又有人进献宝剑，价值一百两黄金。刘秀下诏，把宝剑赏赐给骑士，让良马去驾皇家的鼓车。刘秀平素不喜欢听音乐，手不持珍珠宝玉。有一次外出打猎，车驾夜里返回，上东门候汝南人郅恽拒绝开门。刘秀命随从在门缝间和郅恽见面，郅恽说："灯火太远，看不清是谁。"于是不接受诏命。刘秀只好返回，从东中门进城。第二天，郅恽上书规劝说："从前，周文王不敢沉溺于狩猎，全身心地为万民服务。可是陛下远到山林中打猎，夜以继日，这对社稷和宗庙有什么好处呢？"奏章呈上后，刘秀赏赐郅恽一百匹布，贬逐东中门候当参封县尉。

刘秀在军旅中时间很长，厌倦战争，而且知道天下百姓疲惫贫困，渴望休息。自从陇、蜀平定之后，除非有危险紧急的情况，未曾再谈论军事。皇太子曾向他请教打仗的事，刘秀说："从前卫灵公请教战争的事，孔子不肯答复。这不是你应该问的。"邓禹、贾复知道刘秀决定放下武器，用礼乐教化进行统治，不愿功臣们身在洛阳而拥有重兵，于是二人交出军权，潜心研究儒家经典。刘秀也考虑到功臣们今后的去向，想保全他们的爵位和封地，不让他们因为职务而有过失，于是撤销左将军、右将军的官职。耿弇等也交出大将军、将军的印信绶带，全都以侯爵的身份离开朝廷，回到自己的宅第。他们被加以特进之衔，定期参加朝会。

邓禹性格敦厚，有十三个儿子，让他们各自研习一种技能。他治家的严谨，对子孙的教育，都可以作为后世效法的榜样。家里的开支取自封地的收入，不从其他产业营利。

贾复刚毅正直，有大节。回到宅第以后，关起门来修身养性。朱祐等举荐贾复，认为他适宜做宰相，而刘秀正责成三公整顿官吏制度，所以一律不任用功臣。这时，侯爵中只有高密侯邓禹、固始侯李通、胶东侯贾复三人和三公九卿一起议论国家大事，恩宠特别深厚。刘秀虽然控制功臣，但往往能维护包容他们，原谅他们的小过失。远方进贡珍味美食，一定先赏赐所有诸侯，而太官都没有多余的。因此功臣全都保持他们的爵位财产，没有被诛杀或谴退的。

益州把公孙述的盲人乐师、祭祀用的乐器、用五彩羽毛编成篷盖的车，以及帝王后妃专用的各种车辆等，送到洛阳，于是帝王仪仗所用的器物才开始完备。当时战事已经平息，天下少事，各种公文的往来和差役的调遣，力求从简从少，只有从前的十分之一。

【原文】

十五年（己亥，39年）

帝以天下垦田多不以实自占，又户口、年纪互有增减，乃诏下州郡检核。于是刺史、太守多为诈巧，苟以度田为名，聚民田中，并度庐屋、里落，民遮道啼呼；或优饶豪右，侵刻赢弱。

时诸郡各遣使奏事，帝见陈留吏牍上有书，视之云："颍川、弘农可问，河南、南阳不可问。"帝诘吏由趣，吏不肯服，抵言"于长寿街上得之"。帝怒。时东海公阳年十二，在幄后言曰："吏受郡敕，当欲以垦田相方耳。"帝曰："即如此，何故言河南、南阳不可问？"对曰："河南帝城，多近臣；南阳帝乡，多近亲；田宅逾制，不可为准。"帝令虎贲将诘问吏，吏乃实首服，如东海公对。上由是益奇爱阳。

【译文】

十五年（己亥，公元39元）

刘秀因为全国的耕地面积自行申报，多不据实，并且户口、年龄都有增减，于是下诏，令各州郡进行检查核实。当时州刺史、郡太守多行诡诈，投机取巧，他们胡乱地以丈量土地为名，把农民聚集到田中，连房屋、乡里村落也一并丈量，百姓挡在道路上啼哭呼喊；有的官吏优待豪强，侵害苛待贫弱的百姓。

当时各郡各自派使者呈递奏章，刘秀发现陈留郡官吏的简牍上面有字，看到上面写的是："颍川、弘农可以问，河南、南阳不可问。"刘秀责问陈留的官吏是怎么回事，官吏不肯承认，抵赖说"是在长寿街上捡到的。"刘秀大怒。当时东海公刘阳只有十二岁，在帐子后面说："那是官吏接受郡守下的指令，将要同其他郡丈量土地的情况做比较。"刘秀说："既然这样，为什么说河南、南阳不可问？"刘阳回答说："河南是京都，有很多陛下亲近的臣僚；南阳是陛下的故乡，有很多皇亲国戚。他们的田地住宅都超过规定，不能做标准。"刘秀命虎贲中郎将责问陈留官吏，那个官吏才据实承认，正像东海公刘阳所回答的一样。刘秀于是更加喜爱刘阳。认为他不同寻常。

【原文】

十六年（庚子，40年）

春，二月，征侧与其妹征贰反，九真、日南、合浦蛮俚皆应之，凡略六十五城，自立为王，都麓泠。交趾刺史及诸太守仅得自守。

郡国群盗处处并起，郡县追讨，到则解散，去复屯结，青、徐、幽、冀四州尤甚。冬十月，遣使者下郡国，听群盗自相纠摘，五人共斩一人者，除其罪；吏虽逗留回避故纵者，皆勿问，听以禽讨为效。其牧守令长坐界内有盗贼而不收捕者，又以畏懦捐城委守者，皆不以为负，但取获贼多少为殿最，唯蔽匿者乃罪之。于是更相追捕，贼并解散，徙其魁帅于他郡，赋田受禀，使安生业。自是牛马放牧不收，邑门不闭。

【译文】

十六年（庚子，公元40年）

春季，二月，征侧和她的妹妹征贰反叛。九真、日南，合浦的蛮人全都起来响应，共攻占六十五个城。征侧自立为王，建都麓泠。交趾刺史和各郡太守仅能自守。

各郡、封国的盗贼处处并起，郡县追击征剿，军队到时盗贼就散开，军队离开后又重新屯聚集结，青州、徐州、幽州、冀州四个州尤其厉害。冬季，十月，朝廷派使节到各郡、封国，听凭盗贼们自相检举攻击。五个人共同斩杀一个人，免除五个人的罪。即使官吏畏怯逗留、逃避、故意放纵盗贼，也一律不追究，允许以擒贼讨贼立功。州、郡太守、县令县长在所辖界内有盗贼而不拘捕，或因畏惧懦弱弃城放弃职责的，全都不予处罚，只看捕获盗贼的多少来排列先后名次。仅对窝藏盗贼的人才加罪。于是，大捕盗贼，盗贼全部解散。把他们的头领迁徙到其他郡，给他们土地，供应粮食，使他们安心生产。从此以后，放牧的牛马晚上不用牵回，城门夜间不用关闭，一片升平景象。

【原文】

十七年（辛丑，41年）

郭后宠衰，数怀怨怼，上怒之。冬，十月，辛巳，废皇后郭氏，立贵人阴氏为皇后。诏曰："异常之事，非国休福，不得上寿称庆。"郅恽言于帝曰："臣闻夫妇之好，父不能得之于子，况臣能得之于君乎！是臣所不敢言。虽然，愿陛下念其可否之计，无令天下有议社稷而已。"帝曰："恽善恕己量主，知我必不有所左右而轻天下也！"帝进郭后子右翊公辅为中山王，以常山郡益中山国，郭后为中山太后；其余九国公皆为王。

甲申，帝幸章陵，修园庙，祠旧宅，观田庐，置酒作乐，赏赐。时宗室诸母因酣悦相与语曰："文叔少时谨信，与人不款曲，唯直柔耳，今乃能如此！"帝闻之，大笑曰："吾治天下，亦欲以柔道行之。"

征侧等寇乱连年，沼长沙、合浦、交趾具车船，修道桥，通障溪，储粮谷。拜马援为伏波将军，以扶乐侯刘隆为副，南击交趾。

【译文】

十七年（辛丑，公元41年）

郭皇后失宠，常怀有怨恨，刘秀对她很生气。冬季，十月辛巳（十九日），废黜皇后郭氏，立贵人阴氏为皇后。下诏说："这是一件异常的事，不是国家之福，不准祝福庆贺。"郅恽对刘秀说："我听说夫妇之间的私情，做父亲的尚且不能干涉儿子，何况我们做臣子的，能够干涉君王吗？所以，我不敢说什么。尽管如此，希望陛下考虑是否可行，不要让天下人议论社稷而已。"刘秀说："你善于用自己的心揣度君王，知道我一定不会有偏差而轻视天下人的反应！"刘秀封郭后的儿子右翊公刘辅为中山王，把常山郡并入中山国。封郭后为中山太后。其余九位皇子，全从公爵晋封为王。

十月甲申（二十二日），刘秀前往章陵。修葺先人墓园祭庙，祭祀旧宅，巡视田地农舍，摆设酒宴，演奏乐曲，进行赏赐。当时刘氏宗室的伯母、姑母、婶娘们因喝酒喝得酣畅高兴，在一起说："刘秀小时候恭谨守信，和人交往不殷勤应酬，仅仅是柔和而已，今天竟能如此！"刘秀听说了，大笑说："我治理天下，也要推行柔和之道。"

征侧等连年为寇作乱，朝廷命长沙、合浦、交趾等郡准备车辆船只，修筑道路、桥梁，打通山间溪谷的道路，储备粮食。任命马援当伏波将军、扶乐侯刘隆当副统帅，南征交趾。

【原文】

十九年（癸卯，43年）

郭后既废，太子强意不自安。郅恽说太子曰："久处疑位，上违孝道，下近危殆，不如辞位以奉养母氏。"太子从之，数因左右及诸王陈其恳诚，愿备藩国。上不忍，迟回者数岁。六月，戊申，诏曰："《春秋》之义，立子以贵。东海王阳，皇后之子，宜承大统。皇太子强，崇执谦退，愿备藩国，父子之情，重久违之。其以强为东海王，立阳为皇太子，改名庄。"

陈留董宣为雒阳令。湖阳公主苍头白日杀人，因匿主家，吏不能得。及主出行，以奴骖乘，宣于夏门亭候之，驻车叩马，以刀画地，大言数主之失；叱奴下车，因格杀之。主即还宫诉帝，帝大怒，召宣，欲棰杀之。宣叩头曰："愿乞一言而死。"帝曰："欲何言？"宣曰："陛下圣德中兴，而纵奴杀人，将何以治天下乎？臣不须棰，请得自杀！"即以头击楹，流血被面。帝令小黄门持之。使宣叩头谢主，宣不从；强使顿之，宣两手据地，终不肯俯。主曰："文叔为白衣时，藏亡匿死，吏不敢至门；今为天子，威不能行一令乎？"帝笑曰："天子不与白衣同！"因敕："强项令出！"赐钱三十万；宣悉以班诸吏。由是能搏击豪强，京师莫不震慄。

九月，壬申，上行幸南阳；进幸汝南南顿县舍，置酒会，赐吏民，复南顿田租一岁。父老前叩头言："皇考居此日久，陛下识知寺舍，每来辄加厚恩，愿赐复十年。"帝曰："天下重器，常恐不任，日复一日，安敢远期十岁乎！"吏民又言："陛下实惜之，何言谦也！"帝大笑，复增一岁。

【译文】

十九年（癸卯，公元43年）

郭皇后被废，皇太子刘强心不自安。郅恽劝告太子说："长久地处在不稳定的位置上，上违背孝道，下靠近危险。不如辞去太子之位，以奉养母亲。"刘强听从劝告。多次托刘秀左右亲信和诸王表达他的诚意，希望退居藩国。刘秀不忍心这样做，迟疑徘徊了几年。本年六月戊申（二十六日），刘秀下诏："《春秋》大义，选立继承人，以身份高贵为标准。东海王刘阳是皇后之子，应该继承皇位。皇太子刘强，坚决谦让，愿退居藩国。出于父子之情，难以长久违背他的愿望。今封刘强为东海王；立刘阳为皇太子，改名刘庄。"

陈留人董宣担任洛阳令。刘秀的姐姐湖阳公主的奴仆白天杀人，就藏在公主家里，官吏不能逮捕他。后来公主出门，让这奴仆陪同乘车。董宣在夏门亭等候，叫车停下，上前扣住了马缰绳，用刀划着地，大声数落公主的过失，怒喝那奴仆下车，接着就杀死了他。公主立即回宫告诉了刘秀。刘秀大怒，召董宣前来，要用刑杖把他打死。董宣叩头说："我请求说句话再死。"刘秀说："打算说什么？"董宣说："陛下圣德，复兴汉室，却放纵奴仆杀人，将怎么治理天下呢？我不等着被打死，请让我自杀吧！"就头撞大柱，流了一脸血。刘秀命太监拽住他。后来让董宣叩头向公主道歉，董宣不服从，就叫人使劲按他的脑袋。董宣两手撑着地面，到底不肯低头。公主对刘秀说："你当平民百姓的时候，窝藏逃犯，官吏不敢上门来找；现在当了皇帝，威权就不能行使在一个县令的身上吗？"刘秀笑着说："天子跟平民不同！"接着命令："硬脖子县令出去！"刘秀赏钱三十万，董宣都分给了手下官吏。从此他能够打击豪强，京城的人无不震惊害怕。

九月壬申（二十一日），刘秀前往南阳。又前往汝南郡南顿县，设置盛大酒宴，赏赐官民，下令免除南顿县田租一年。父老们上前叩头，说："陛下的父亲住在本县时间很长，陛下对本县的官吏衙门也很熟悉，每次圣驾来临都赐予厚恩。愿陛下免除本县田租十年。"刘秀说："帝王之位是天下大器，常常担心不能胜任，过一天是一天，怎么敢远推到十年呢？"大家又说："陛下实际是吝惜，为什么要说谦恭的话!"刘秀大笑,于是又增加一年。

【原文】

二十年(甲辰,44年)

广平忠侯吴汉病笃,车驾亲临,问所欲言,对曰:"臣愚,无所知识,唯愿陛下慎无赦而已。"五月,辛亥,汉薨;诏送葬如大将军霍光故事。

汉性强力,每从征伐,帝未安,常侧足而立。诸将见战陈不利,或多惶惧,失其常度,汉意气自若,方整厉器械,激扬吏士。帝时遣人观大司马何为,还言方修战攻之具,乃叹曰:"吴公差强人意,隐若一敌国矣!"每当出师,朝受诏,夕则引道,初无辨严之日。及在朝廷,斤斤谨质,形于体貌。汉尝出征,妻子在后买田业,汉还,让之曰:"军师在外,吏士不足,何多买田宅乎!"遂尽以分与昆弟、外家。故能任职以功名终。

秋,九月,马援自交趾还,平陵孟冀迎劳之。援曰:"方今匈奴、乌桓尚扰北边,欲自请击之,男儿要当死于边野,以马革裹尸还葬耳,何能卧床上在儿女子手中邪!"冀曰:"谅!为烈士当如是矣!"

【译文】

二十年(甲辰,公元44年)

广平忠侯吴汉病重,刘秀亲往探望,问他有什么话要说。吴汉回答说:"我愚昧没有知识,只希望陛下特别谨慎,不要赦免罪犯而已。"五月辛亥(初四),吴汉去世。刘秀下诏,命隆重安葬,礼仪如同安葬大将军霍光的旧例。

吴汉性格刚强有力。每当跟随刘秀出征,刘秀没有安顿好,他就总是小心地侍立。将领们看到战斗形势不利,多数人惊慌失措,失去常度,而吴汉却神态自若,同时加紧准备兵器,激励官兵的士气。刘秀有时派人去看吴汉在干什么,回报就说正在准备作战进攻的装备。刘秀于是叹息说:"吴汉比较令人满意,他的威重使人感到就像一个势均力敌的国家了!"吴汉每次出征,早上接到命令,晚上就踏上征途,从来不花费准备行装的时间。及至在朝廷,他处处谨慎,表现在举止和态度

上。有一次吴汉率军出征，妻子儿女在后方购置田产。吴汉回来，责备她说："军队在外，官兵供给不足，为什么要大量购置田地房舍呢！"于是全都分给兄弟和舅父家。吴汉因此能够终身任职，享有功名。

秋季，九月，马援从交趾返回，平陵人孟冀迎接、慰劳他。马援说："现在匈奴、乌桓还在侵扰北部边疆，我想请求出兵讨伐。男子汉应当战死在疆场，用马革裹尸送回家乡安葬罢了，怎么能躺在床上，死在小儿和女人手中呢！"孟冀说："确实如此！做忠烈之士应当是这样的！"

【原文】

二十二年（丙午，46年）

初，陈留刘昆为江陵令，县有火灾，昆向火叩头，火寻灭；后为弘农太守，虎皆负子渡河。帝闻而异之，徵昆代林为光禄勋。帝问昆曰："前在江陵，反风灭火，后守弘农，虎北渡河，行何德政而致是事？"对曰："偶然耳。"左右皆笑，帝叹曰："此乃长者之事言也！"顾命书诸策。

【译文】

二十二年（丙午，公元46年）

起初，陈留人刘昆当江陵令，县里发生火灾，刘昆对着烈火磕头，大火随即熄灭。后来刘昆当弘农太守，郡中老虎都背着幼虎渡过黄河远去。刘秀听说以后感到惊奇，征召刘昆代替杜林当光禄勋。刘秀问刘昆："以前你在江陵，转变风向，扑灭烈火；后在弘农任太守，老虎向北渡过黄河。你推行的什么德政，竟至发生这样的事？"刘昆回答："不过是偶然碰上罢了。"左右侍从都笑起来。刘秀叹息说："这才是长者说的话！"回头下令把这件事记载在史书上。

资治通鉴第四十四卷

汉纪三十六

【原文】

世祖光武皇帝下建武二十五年（己酉，49年）

初，援尝有疾，虎贲中郎将梁松来候之，独拜床下，援不答。松去后，诸子问曰："梁伯孙，帝婿，贵重朝廷，公卿已下莫不惮之，大人奈何独不为礼？"援曰："我乃松父友也，虽贵，何得失其序乎！"

援兄子严、敦并喜讥议，通轻侠，援前在交趾，还书诫之曰："吾欲汝曹闻人过失，如闻父母之名，耳可得闻，口不可得言也。好论议人长短，妄是非政法，此吾所大恶也；宁死，不愿闻子孙有此行也。龙伯高敦厚周慎，口无择言，谦约节俭，廉公有威，吾爱之重之，愿汝曹效之。杜季良豪侠好义，忧人之忧，乐人之乐，父丧致客，数郡毕至，吾爱之重之，不愿汝曹效也。效伯高不得，犹为谨敕之士，所谓'刻鹄不成尚类鹜'者也；效季良不得，陷为天下轻薄子，所谓'画虎不成反类狗'者也。"伯高者，山都长龙述也；季良者，越骑司马杜保也；皆京兆人，会保仇人上书，讼"保为行浮薄，乱群惑众，伏波将军万里还书以诫兄子，而梁松、窦固与之交结，将扇其轻伪，败乱诸夏。"书奏，帝召责松、固，以讼书及援诫书示之，松、固叩头流血，而得不罪。诏免保官，擢拜龙述为零陵太守。松由是恨援。

及援讨武陵蛮，军次下隽，有两道可入，从壶头则路近而水峻，从充则涂夷而运远。耿舒欲从充道；援以为弃日费粮，不如进壶头，扼其喉咽，充贼自破；以事上之，帝从援策。进营壶头，贼乘高守隘，水疾，船不得上；会暑甚，士卒多疫死，援亦中病，乃穿岸为室以避炎气。贼每升险鼓噪，援辄曳足以观之，左右哀其壮意，莫不为之流涕。耿舒与兄好畤侯弇书曰："前舒上书当先击充，粮虽难运而兵马得用，军人数万，争欲先奋。今壶头竟不得进，大众怫郁行死，诚可痛惜！前到临乡，贼无故自致，若夜击之，即可殄灭，伏波类西域贾胡，到一处辄止，以是失利。今果疾疫，皆如舒言。"弇得书奏之，帝乃使梁松乘驿责问援，因代监军。

会援卒，松因是构陷援。帝大怒，追收援新息侯印绶。初，援在交趾，常饵薏苡实，能轻身，胜障气，军还，载之一车。及卒后，有上书谮之者，以为前所载还皆明珠文犀。帝益怒。

援妻孥惶惧，不敢以丧还旧茔，稿葬城西，宾客故人，莫敢吊会。严与援妻子草索相连，诣阙请罪。帝乃出松书以示之，方知所坐，上书诉冤，前后六上，辞甚哀切。

前云阳令扶风朱勃，诣阙上书曰："窃见故伏波将军马援，拔自西州，钦慕圣义，间关险难，触冒万死，经营陇、冀，谋如涌泉，势如转规，兵动有功，师进辄克。诛锄先零，飞矢贯胫；出征交趾，与妻子生诀。间复南讨，立陷临乡，师已有业，未竟而死；吏士虽疫，援不独存。夫战或以久而立功，或以速而致败，深入未必为得，不进未必为非，人情岂乐久屯绝地不生归哉！惟援得事朝廷二十二年，北出塞漠，南渡江海，触冒害气，僵死军事，名灭爵绝，国土不传，海内不知其过，众庶未闻其毁，家属杜门，葬不归墓，怨隙并兴，宗帝怖栗，死者不能自列，生者莫为之讼，臣窃伤之！夫明主酾于用赏，约于用刑，高祖尝与陈平金四万斤以间楚军，不问出入所为，岂复疑以钱谷间哉！愿下公卿，平援功罪，宜绝宜续，以厌海内之望。"帝意稍解。

初，勃年十二，能诵《诗》《书》，常候援兄况，辞言娴雅，援裁知书，见之自失。况知其意，乃自酌酒慰援曰："朱勃小器速成，智尽此耳，卒当从汝禀学，勿畏也。"勃未二十，右扶风请试守渭城宰。及援为将军封侯，而勃位不过县令。援后虽贵，常待以旧恩而卑侮之，勃愈身自亲。及援遇谗，唯勃能终焉。

【译文】

汉光武帝建武二十五年（己酉，公元49年）

起初，马援曾经患病，虎贲中郎将梁松前往探望。梁松独自在床下拜见，而马援没有还礼。梁松走后，马援的儿子们问道："梁伯孙是皇上的女婿，朝廷显贵，公卿以下的官员没有不惧怕他的，为何唯独您对他不礼敬？"马援答道："我是他父亲的朋友，他身份虽贵，可怎能不讲辈分呢？"

马援的侄子马严、马敦都爱发议论，结交游侠。马援先前在交趾时，曾写信回家告诫他们："我希望你们在听到他人过失的时候，就像听到自己父母的名字一样，耳可以听，而口却不能讲。好议论他人是非，随意褒贬时政和法令，这是我最厌恶的事情。我宁可死，也不愿听到子孙有此类行为。龙伯高为人宽厚谨慎，言谈合乎礼法，谦恭而俭朴，廉正而威严，我对他既敬爱，又尊重，希望你们效法他。杜季良为人豪侠仗义，将别人的忧虑当作自己的忧虑，将别人的快乐当作自己的快乐。他父亲去世开吊，几郡的客人全来了。我对他又敬爱又尊重，却不希望你们效法他。效法龙伯高不成，还可以做恭谨之士，正如人们所说的'刻鸿鹄不成还像鸭'；若是效法杜季良不成，就会堕落成天下的轻浮子弟，正如人们所说的'画虎不成反似狗'了。"龙伯高，即山都县长龙述；杜季良，即越骑司马杜保，两人都是京兆人。适逢杜保的仇人上书，指控杜保："行为浮躁，蛊惑人心，伏波将军马援远从万里之外写信回家告诫侄儿不要与他来往，而梁松、窦固却同他结交，对他的轻薄伪诈行为煽风点火，败坏扰乱国家。"奏书呈上，光武帝召梁松、窦固责问，出示指控的奏书和马援告诫侄儿的书信。梁松、窦固叩头流血，才未获罪。诏命免去杜保官职，将龙述擢升为零陵太守。梁松由此憎恨马援。

到后来，马援征讨武陵蛮人，大军到达下㒞。有两条道路可入蛮界：一从壶头，这条路近而水势深险；一从充县，这条路是坦途，但运输线太长。耿舒主张走充县，马援却认为那样会消耗时日和军粮，不如进军壶头，扼住蛮人咽喉，则充县之敌将不攻自破。两种意见上报朝廷，光武帝批准了马援的战略。于是汉军进兵壶头。蛮贼登高，把守险要，水流湍急，汉军舰船不能上行。适逢酷暑，很多士兵患

瘟疫而死，马援也被传染，于是在河岸凿窟栖身以避暑热。每当蛮贼爬到高处擂鼓呐喊，马援便蹒跚跛行着察看敌情，左右随从无不为他的壮志所感而哀痛流泪。耿舒在给他哥哥好畤侯耿弇的信中写道："当初我曾上书建议先打充县，尽管粮草运输困难，但兵马前进无阻，大军数万，人人奋勇争先。而如今竟在壶头滞留，官兵忧愁抑郁，行将病死，实在令人痛惜！前在临乡，敌兵无故自来，如果乘夜出击，就可以将他们全歼。但马援就像个做生意的西域商人，所到之处，处处停留，这就是失利的原因。现在果然遇到了瘟疫，完全同我预言的一样。"耿弇收到信后上奏朝廷，于是光武帝派梁松乘驿车前去责问马援，并就此代理监军事务。

正当此时，马援去世，梁松乘此机会陷害马援。光武帝大怒，下令收回马援的新息侯印信。当初，马援在交趾时经常服食薏苡仁，因此此物可使身体轻健，抵御瘴气。班师时，曾载回了一车。等到马援死后，却有人上书诬告，认为他当初用车载回的全是上好的珍珠和犀角。光武帝益发愤怒。

马援的妻子儿女又慌又怕，不敢将马援的棺柩运回祖坟，便草草葬在城西。他门下的宾客旧友，没有人敢来祭吊。马严和马援的妻子儿女把自己用草绳捆绑起来，连在一起，到皇宫门口请罪。于是光武帝拿出梁松的奏书给他们看，他们方才得知马援的罪名，便上书鸣冤，前后共六次，情辞十分哀伤悲切。

前任云阳县令、扶风人朱勃前往皇宫门阙上书说："我看见原伏波将军马援，从凉州崛起，钦敬仰慕皇上圣明仁义，历经艰险，万死一生，在陇、冀两地征战。他的智谋如泉水一样喷涌不绝，行动如转动圆规一样灵活迅速。他用兵战无不胜，出师攻无不克。剿伐先零时，飞箭曾射穿他的小腿；出征交趾时，以为此行必死，曾与妻儿诀别。过了不久又再度南征，很快攻陷临乡，大军已经建立功业，但未完成而马援先死。军官士兵虽然遭受瘟疫，而马援也没有独自生还。战争有以持久而立功的，也有因速战而导致败亡的；深入敌境未必就正确，不深入也未必为不对。人之常情，难道有乐意久驻危险之地不生还的吗？马援得以为朝廷效力二十二年，在北方出塞到大漠，在南方渡江漂海。他触冒瘟疫，死在军中，名声被毁，失去爵位，封国失传。天下不知他所犯的过错，百姓不知对他的指控。他的家属紧闭门户，遗体不能归葬祖坟。对马援的怨恨和嫌隙一时并起，马氏家族震恐战栗。已死的人，不能自己剖白；活着的人，不能为他分辨，我私下为此感到痛心！圣明的君王重于奖赏，轻于刑罚。高祖曾经交给陈平四万斤金用以离间楚军，并不问账目与用途，岂能又疑心那些钱谷的开销呢？请将马援一案交付公卿议论，评判他的功罪，他的爵位应当断绝还是应当延续，以满足天下人的愿意。"光武帝的怒气稍有消解。

起初，朱勃十二岁时就能背诵《诗经》《书经》，经常拜望马援之兄马况，言辞温文尔雅。当时马援才开始读书，看到朱勃，他自况不如，若有所失。马况了解马援的心情，就亲自斟酒安慰他说："朱勃是小器，早成，聪明才智仅此而已，他最终将从学于你，不要怕他。"朱勃还不到二十岁，右扶风便试用他代理渭城县宰。而等到马援做了将军并封侯的时候，朱勃的官位不过是个县令。马援后来虽然身居显贵，仍然常常以旧恩照顾朱勃，但又鄙视和怠慢他，而朱勃本人的态度却愈发亲近。乃至马援受到诬陷，唯有朱勃能够最终保持忠诚不渝。

【原文】

二十六年（庚戌，50年）

初作寿陵。帝曰："古者帝王之葬，皆陶人、瓦器、木车、茅马，使后世之人不知其处。太宗识终始之义，景帝能述遵孝道，遭天下反覆，而霸陵独完受其福，岂不美哉！今所制地不过二三顷，无山陵陂池，裁令流水而已。使迭兴之后，与丘陇同体。"

【译文】

二十六年（庚戌，公元50年）

开始兴建皇陵。光武帝说："古代帝王的随葬之物，全都是陶人、瓦器、木制之车、茅编之马，使后世的人不知道陵墓所在。文帝明了生死的真义，景帝能够遵从孝道，所以经历了天下大乱的变故之后，霸陵唯独保全，享受它的福分，这岂不是美事吗！现在设计的陵墓，占地不过二三顷，不起山陵，不修池，只令不积水而已。使陵墓在改朝换代之后，能与丘陇泥土成为一体。"

【原文】

二十七年（辛亥，51年）

朗陵侯臧宫、扬虚侯马武上书曰："匈奴贪利，无有礼信，穷则稽首，安则侵盗。缘今人畜疫死，旱蝗赤地，疲困乏力，不当中国一郡，万里死命，县在陛下；福不再来，时或易失，岂宜固守文德而堕武事乎！今命将临塞，厚县购赏，喻告高句骊、乌桓、鲜卑攻其左，发河西四郡、天水、陇西羌·胡击其右，如此，北虏之灭，不过数年。臣恐陛下仁恩不忍，谋臣狐疑，令万世刻石之功不立于圣世！"诏报曰："《黄石公记》曰：'柔能制刚，弱能制强。舍近谋远者，劳而无功；舍远谋近者，逸而有终。故曰：务广地者荒，务广德者强，有其有者安，贪人有者残。残灭之政，虽成必败。'今国无善政，灾变不息，百姓惊惶，人不自保，而复欲远事边外乎！孔子曰：'吾恐季孙之忧不在颛臾。'且北狄尚强，而屯田警备，传闻之事，恒多失实。诚能举天下之半以灭大寇，岂非至愿！苟非其时，不如息民。"自是诸将莫敢复言兵事者。

【译文】

二十七年（辛亥，公元51年）

朗陵侯臧宫、扬虚侯马武上书说："匈奴贪图利益，没有礼仪和信义，困难时向汉朝叩头，太平时便侵边掳掠。如今北匈奴遇到瘟疫，人马、牲畜病死，又遭旱灾、蝗灾，赤地千里，疲惫困顿不堪，实力抵不过汉朝的一个郡。万里之外的垂死性命，悬在陛下之手。福运不会再来，时机容易丧失，难道应当死守斯文道德而放弃武力吗？现在应当命令将领进驻边塞，悬以重赏，命高句丽、乌桓、鲜卑进攻北匈奴左翼，征发河西四郡、天水、陇西的羌人胡人进攻北匈奴右翼。如果这样，北匈奴的灭亡，不过数年之事。我们担心陛下仁慈恩厚，不忍开战，而参谋之臣又犹豫不决，使刻石铭记流传万代的功业不能在圣明的今世建立！"光武帝用诏书回报道："《黄石公记》说：'柔能克刚，弱能胜强。舍弃近处而经营远方，劳碌而无功效；舍弃远方而经营近处，轻松而有成果。所以说：'一心扩充地盘就会筋疲力尽，一心推广恩德就会壮大强盛。拥有自己所有的人，得到安宁；贪图别人所有的人，变得凶恶。残暴的政令，即便一时成功，也终将失败。'如今国家没有为民造福的政策，灾祸变异不断，百姓惊慌不安，不能保全自己，难道还要再去经营遥远的塞外吗？孔子说：'我恐怕季孙家的祸患不是外部之敌颛臾，而在内部。'况且北匈奴的实力仍然强盛，而我们屯兵边境，开垦田地，戒备敌侵，传闻的事，总是多有失实。果真能以一半国力消灭大敌，岂不是我最高的愿望！若是时机未到，不如让人民休息。"从此，将领们不敢再建议用兵。

【原文】

二十八年（壬子，52年）

上大会群臣，问"谁可傅太子者！"群臣承望上意，皆言"太子舅执金吾原鹿侯阴识可。"博士张佚正色曰："今陛下立太子，为阴氏乎，为天下乎？即为阴氏，则阴侯可；为天下，则固宜用天下之贤才！"帝称善，曰："欲置傅者，以辅太子也；今博士不难正朕，况太子乎！"即拜佚为太子太傅，以博士桓荣为少傅，赐以辎车、乘马。

【译文】

二十八年（壬子，公元52年）

光武帝召集百官，询问："谁人可任太子的师傅？"百官迎合光武帝的意思，一致说："太子的舅父、执金吾原鹿侯阴识可以担当此任。"博士张佚神情严肃地说："如今陛下立太子，是为阴家呢，还是为天下呢？若是为阴家，那么阴识可用；若是为天下，那么就定当用天下的贤才！"光武帝表示赞许，说道："我之所以要设太子太傅，是为了辅佐太子，今天博士不难匡正朕的偏误，何况对于太子呢！"随即任命张佚神情为太子太傅，任命博士桓荣为太子少傅，赐予帷车、马匹。

【原文】

三十年（甲寅，54年）

春，二月，车驾东巡。群臣上言："即位三十年，宜封禅泰山。"诏曰："即位三十年，百姓怨气满腹，'吾谁欺，欺天乎！''曾谓泰山不如林放乎！'何事污七十二代之编录！若郡县远遣吏上寿，盛称虚美，必髡，令屯田。"于是群臣不敢复言。

【译文】

三十年（甲寅，公元54年）

春季，二月，光武帝乘车去东方巡视。大臣们向光武帝建议："陛下即位已三十年，应当到泰山封禅，祭祀天地。"光武帝下诏答复道："朕即位三十年来，百姓怨恨满腹，《论语》说：'我欺骗谁？难道欺骗上天吗？''居然以为泰山的神灵不如林放吗？'为什么要玷污记载七十二位封禅贤君的史册！若是各郡县远道派官吏前来上寿，用虚浮溢美之词歌功颂德，朕一定剃去他们的头发，处以髡刑，命他们去边疆屯田。"于是大臣们不敢再建议封禅。

【原文】

三十一年（乙卯，55年）

京兆掾第五伦领长安市，公平廉价，市无奸枉。每读诏书，常叹息曰："此圣主也，一见决矣。"等辈笑之曰："尔说将尚不能下，安能动万乘乎！"伦曰："未遇知己，道不同故耳。"后举孝廉，补淮阳王医工长。

【译文】

三十一年（乙卯，公元55年）

京兆掾第五伦负责管理长安的市，他公平正直，清廉耿介，市中奸邪冤枉之事绝迹。第五伦每次阅读诏书，总叹息道："这是一位圣明的君主，见一次面便可以决定大事。"同辈们嘲笑他道："你连地方长官都不能说动，怎能说动皇上呢！"第五伦道："只因没有遇到知己，道不同的缘故罢了。"后来，他被推举为孝廉，任淮阳王医工长。

【原文】

中元元年（丙辰，56年）

春，正月，淮阳王入朝，伦随官属得会见。帝问以政事，伦因此酬对，帝大悦；明日，复特召人，与语至夕。帝谓伦曰："闻卿为吏，篣妇公，不过从兄饭，宁有之邪？"对曰："臣三娶妻，皆无父。少遭饥乱，实不敢妄过人食。众人以臣愚蔽，故生是语耳。"帝大笑。以伦为扶夷长，未到官，追拜会稽太守；为政清而有惠，百姓爱之。

初，上以《赤伏符》即帝位，由是信用谶文，多以决定嫌疑。给事中桓谭上疏谏曰："凡人情忽于见事而贵于异闻。观先王之所记述，咸以仁义正道为本，非有奇怪虚诞之事。盖天道性命，圣人所难言也，自子贡以下，不得而闻，况后世浅儒，能通之乎！今诸巧慧小才、伎数之人，增益图书，矫称谶记，以欺惑贪邪，诖误人主，焉可不抑远之哉！臣谭伏闻陛下穷折方士黄白之术，甚为明矣；而乃欲听纳谶记，又何误也！其事虽有时合，譬犹卜数只偶之类。陛下宜垂明听，发圣意，屏群小之曲说，述《五经》之正义。"疏奏，帝不悦。会议灵台所处，帝谓谭曰："吾欲以谶决之，何如？"谭默然，良久曰："臣不读谶。"帝问其故，谭复极言谶之非经。帝大怒曰："桓谭非圣无法，将下，斩之！"谭叩头流血，良久，乃得解。出为六安群丞，道病卒。

范晔论曰：桓谭以不善谶流亡，郑兴以逊辞仅免；贾逵能傅会文致，最差贵显；世主以此论学，悲哉！

【译文】

中元元年（丙辰，公元56年）

春季，正月，淮阳王入京朝觐，第五伦随同其他官属得以会见光武帝。光武帝垂问政事，第五伦乘机应对，光武帝十分高兴。第二天，又特地召第五伦入宫，交谈直至黄昏。光武帝对第五伦说："听说你做了官，曾拷打过你的岳父；又听说你拜访堂兄家而不肯留下吃饭，难道有这等事吗？"第五伦回答说："我先后娶过三次妻，但她们都没有父亲。我小时候遭受过饥荒动乱，实在不敢随便到别人家吃饭。人们认为我愚笨不开窍，因此制造了这些谣言。"光武帝大笑，任命第五伦为扶夷县长。第五伦还没到任，又被任命为会稽郡太守。他主持地方政务，清明廉正，施惠于民，受到百姓的爱戴。

当初，光武帝认为自己是应验了《赤伏符》的预言而登上帝位的，因此相信符谶，多用来解决疑难困惑。给事中桓谭上书劝谏道："但凡人之常情，总是忽略眼前的常见事物而看重奇异的传闻。察看圣明先王的史迹，都以仁义正道作为根本，并无奇异怪诞的事情。天道与命运，是圣人也难以阐说的高深莫测的问题，自子贡以后，已听不到孔子讲述。何况后世学识浅陋的儒生，能通晓吗？如今一些有聪明、小技能的人，编造图书，伪称这就是符谶，用来欺骗迷惑贪心大、不正派的人，连累了君主，对他们怎能不拒而远之呢！我听说陛下对方士烧炼丹药点化金银之术穷根究底，百般质疑，甚是英明，但却愿意听从符谶之言，这又是何等的失误！符谶的预言虽然有时与事实相符，但这不过如同占卜单双之类，总有巧合。陛下应当听取正确意见，发扬圣明思想，摒弃那些小人的邪说，遵循儒学五经——《诗经》《书经》《礼记》《易经》《春秋》所讲述的正道。"奏书呈上，光武帝感到不快。适逢朝廷为灵台选址进行讨论，光武帝便对桓谭说："我打算用符谶来决定此事，怎么样？"桓谭沉默不语，过了很久才说："我不读符谶之书。"光武帝问原因，桓谭再次极力论说符谶之书不是经典。光武帝大怒道："桓谭诽谤神圣，目无国法，把他带下去，斩首！"桓谭叩头请罪，直至头部流血。过了很久，光武帝之怒才告平息。桓谭调走担任六安郡丞，在赴任途中病死。

范晔论曰：桓谭因反对符谶而流亡，郑兴也反对符谶，但由于言辞恭顺，仅免一死；而贾逵却以能对符谶附会演绎，最为显贵。世上的君主用这种标准评价学术，可悲啊！

【原文】

二年（丁巳，57年）

二月，戊戌，帝崩于南宫前殿，年六十二。帝每旦视朝，日昃乃罢，数引公卿、郎将讲论经理，夜分乃寐。皇太子见帝勤劳不怠，承间谏曰："陛下有禹、汤之明，而失黄、老养性之福，愿颐爱精神，优游自宁。"帝曰："我自乐此，不为疲也！"虽以征伐济大业，及天下既定，乃退功臣而进文吏，明慎政体，总揽权纲，量时度力，举无过事，故能恢复前烈，身致太平。

【译文】

二年（丁巳，公元57年）

二月戊戌（初五），光武帝在南宫前殿驾崩，享年六十二岁。光武帝生前，每日早晨主持朝会，午后才散，屡屡召见公卿、郎将讲说经书义理，到半夜才睡。皇太子见光武帝辛勤劳苦而不知疲倦，找机会劝谏道："陛下有夏禹、商汤的圣明，却没有黄帝、老子涵养本性的福分。希望您爱惜身体而颐养精神，悠游岁月而自求宁静。"光武帝说："我自己乐于做这些事，不为此感到劳累！"光武帝虽以武力建立帝业，但到了天下安定之后，却并不重用有功的武将，反而提拔文官。他清醒谨慎地制定国策，大权总揽，审时度势，量力而为，措施得当，所以能恢复前代的功业，在有生之年实现了天下太平。

【原文】

显宗孝明皇帝上永平三年（庚申，60年）

甲子，立贵人马氏为皇后，皇子炟为太子。

后，援之女也，光武时，以选入太子宫，能奉承阴后，傍接同列，礼则修备，

上下安之，遂见宠异；及帝即位，为贵人。时后前母姊女贾氏亦以选入，生皇子炟；帝以后无子，命养之，谓曰："人未必当自生子，但患爱养不至耳！"后于是尽心抚育，劳悴过于所生。太子亦孝性淳笃，母子慈爱，始终无纤介之间。后常以皇嗣未广，荐达左右，若恐不及。后宫有进见者，每加慰纳；若数所宠引，辄加隆遇。

及有司奏立长秋宫，帝未有所言，皇太后曰："马贵人德冠后宫，即其人也。"后既正位宫闱，愈自谦肃，好读书。常衣大练，裙不加缘；朔望诸姬主朝请，望见后袍衣疏粗，以为绮縠，就视，乃笑。后曰："此缯特宜染色，故用之耳。"群臣奏事有难平者，帝数以试后，后辄分解趣理，各得其情，然未尝以家私干政事。帝由是宠敬，始终无衰焉。

帝性褊察，好以耳目隐发为明，公卿大臣数被诋毁，近臣尚书以下至见提曳。尝以事怒郎药崧，以杖撞之，崧走入床下，帝怒甚，疾言曰："郎出！"崧乃曰："天子穆穆，诸侯皇皇，未闻人君，自起撞郎。"帝乃赦之。

【译文】

汉明帝永平三年（庚申，公元60年）

二月甲子（十九日），将贵人马氏立为皇后，皇子刘炟立为太子。

马皇后是马援的女儿，光武帝时被选入太子宫。她能够侍奉顺承阴皇后，和同辈友好相处，礼数周全，上下和睦，于是特别受到宠幸。及至明帝即位，便将她立为贵人。当初，她的异母姐姐的女儿贾氏也被选入太子宫，生下儿子刘炟。明帝因马氏没有儿子，便命她抱养刘炟，对她说："人不一定非得亲自生儿子，就只怕爱心不够、养护不周。"于是马氏全心全意地抚育刘炟，操劳辛苦胜过亲母对待亲子。刘炟也天性孝顺，于是母慈子爱，两人始终亲密无间。马氏常因明帝子嗣不多，向明帝推荐左右的美

马援

女，唯恐做的不周全。每当后宫有人陪伴了明帝，她总是加以慰存和接见；若是有人被多次召幸，便给予崇厚的待遇。

及至有关官员上书建议选立皇后，明帝还没有开口，阴太后便说："马贵人在后宫中品德最佳，就选这个人吧。"马氏登上皇后之位以后，越发自谦庄重，爱好读书。她常穿粗丝之服，裙脚不加边缘。每月初一、十五，嫔妃和公主们入宫请安，远远看见皇后衣着简单粗糙，还以为是特制的丝绸，走近一看，才笑了起来。皇后道："这种绸料特别适于染色，所以用它。"百官上书中有难以决定的事项，明帝曾多次用来试验皇后的才识。皇后便分析推理，一一得到了真实情况。然而她从不为家人私情干预政事。明帝因此对她既宠爱，又敬重，始终不衰。

明帝性情偏狭而苛察，好用耳目窥探群臣的隐私，认为这就是英明。公卿等高级官员多次被辱骂，陪伴近侧的尚书以下官员甚至遭到殴打。明帝曾因事对郎官药崧发火，用手杖责打药崧。药崧逃跑，躲进了床下。明帝十分愤怒，厉声喊道："郎官出来！"药崧便说："天子庄重肃穆，诸侯尊贵堂皇'，从未听说天子他自己动手打郎！"明帝这才放过了他。

资治通鉴第四十五卷

汉纪三十七

【原文】

显宗孝明皇帝下永平四年（辛酉，61年）

陵乡侯梁松坐怨望、县飞书诽谤，下狱死。

初，上为太子，太中大夫郑兴子众以通经知名，太子及山阳王荆因梁松以缣帛请之，众曰："太子储君，无外交之义；汉有旧防，蕃王不宜私通宾客。"松曰："长者意，不可逆。"众曰："犯禁触罪，不如守正而死。"遂不往，及松败，宾客多坐之，唯众不染于辞。

【译文】

汉明帝永平四年（辛酉，公元61年）

陵乡侯梁松因怨恨朝廷、悬挂匿名书进行诽谤而被捕入狱，处以死刑。

当初，皇上做太子的时候，太中大夫郑兴之子郑众以精通儒家经典而闻名于世。太子和山阳王刘荆曾让梁松用绸缎作礼物聘请郑众做门客，郑众说："太子是王储，没有同外界随便交往的道理。汉朝有旧时禁令，亲王也不应私自招徕宾客。"梁松说："这是上面的意思，不可忤逆。"郑众说："与其违禁犯罪，不如坚守正道而死。"便拒绝梁松之请，没有应聘前往。及至梁松获罪，宾客们多被指控有罪，唯独郑众不受案中供词的牵连。

【原文】

八月（乙丑，65年）

丙子，募死罪系囚诣度辽营；有罪亡命者，令赎罪各有差。楚王英奉黄缣、白纨诣国相曰："托在藩辅，过恶累积，欢喜大恩，奉送缣帛，以赎愆罪。"国相以闻，诏报曰："楚王诵黄、老之微言，尚浮屠之仁慈，洁齐三月，与神为誓，何嫌何疑，当有悔吝！其还赎，以助伊蒲塞、桑门之盛馔。"

初，帝闻西域有神，其名曰佛，因遣使之天竺求其道，得其书及沙门以来。其书大抵以虚无为宗，贵慈悲不杀；以为人死，精神不灭，随复受形；生时所行善恶，皆有报应，故所贵修炼精神，以至为佛。善为宏阔胜大之言，以劝诱愚俗。精于其道者，号曰沙门。于是中国始传其术，图其形像，而王公贵人，独楚王英最先好之。

【译文】

八年（乙丑，公元65年）

十月丙子（初四），募集犯有死罪的囚徒前往度辽营。命令逃亡的罪犯赎罪，依据不同的情况，各分等级。楚王刘英带着黄色细绢和素色薄绸去见国相，说道："我虽身为藩王，辅助朝廷，但有很多罪过，且喜蒙受大恩。献上细绢薄绸，以赎我罪。"国相将此事上报朝廷，明帝下诏答复说："楚王口念黄帝、老子的精微之言，崇尚佛家的仁爱慈悲，曾戒斋三个月，对佛立誓。有什么猜嫌和疑问，应当悔恨？把那些赎罪之物退还，赞助他以美食款待佛门弟子。"

起初，明帝听说西域有一神祇，名字叫作"佛"，于是派使者前往天竺国寻求佛教道义。使者在西域找到了佛经，并带着沙门回到中原。佛经大抵以一切虚无为本，崇尚慈悲不杀生。认为人死之后，精神不灭，可以再次投胎转世，而人生前所做的善事恶事，全都会有报应。因此，提倡修炼精神，直至成"佛"。佛家善于使用恢宏博大的言辞，以劝化诱导愚昧的凡夫俗子。精通佛家道义的人，称为"沙门"。于是佛教便开始在中原传播，图画佛门形象。在诸王和显贵当中，唯独楚王刘英最先喜好佛教。

【原文】

九年（丙寅，66年）

广陵王荆复呼相工谓曰："我貌类先帝，先帝三十得天下，我今亦三十，可起兵未？"相者诣吏告之，荆惶恐，自系狱，帝加恩，不考极其事，诏不得臣属吏民，唯食租如故，使相、中尉谨宿卫之。荆又使巫祭祀、祝诅。诏长水校尉樊鯈等杂治其狱，事竟，奏请诛荆。帝怒曰："诸卿以我弟故，欲诛之；即我子，卿等敢尔邪？"鯈对曰："天下者高帝天下，非陛下之天下也。《春秋》之义，君亲无将，将而必诛。臣等以荆属托母亲，陛下留圣心，加恻隐，故敢请耳；如令陛下子，臣等专诛而已。"帝叹息善之。鯈，宏之子也。

【译文】

九年（丙寅，公元66年）

广陵王刘荆又召来相面的术士，说道："我的容貌和先帝相像。先帝三十岁时即位称帝，我如今也三十岁了，可以起兵了吗？"相面的术士向有关官员告发了此事。刘荆惊慌恐惧，到狱中将自己囚禁起来。明帝特别加恩，不对事情进行追究。下诏不许他统治封国的官员和百姓，只可继续享用租税收入。并命令封国国相和中尉对他严密监护。刘荆又让巫师进行祭祷和诅咒。明帝下诏，命令长水校尉樊鯈等人联合审判此案。审判结束后，樊鯈等人上书，请将刘荆处死。明帝生气地说道："你们因广陵王是我弟弟的缘故，所以要杀他，如果是我的儿子，你们敢这样吗？"樊鯈回答道："天下是太祖高皇帝创建的天下，不是陛下的天下。根据《春秋》大义，君王至亲不得有弑逆图谋，有则必杀。我们因为刘荆是陛下同母之弟，陛下特别留意，恻隐有加，所以才敢请示。如果是陛下的儿子，我们只专断诛杀就是了。"明帝叹息着表示赞许。樊鯈是樊宏之子。

【原文】

十三年（庚午，70年）

楚王英与方士作金龟、玉鹤，刻文字为符瑞。男子燕广告英与渔阳王平、颜忠等造作图书，有逆谋；事下案验。有司奏"英不逆不道，请诛之。"帝以亲亲不忍。十一月，废英，徙丹阳泾县，赐汤沐邑五百户；男女为侯、主者，食邑如故；许太后勿上玺绶，留住楚宫。先是有私以英谋告司徒虞延者，延以英藩戚至亲，不然其言。及英事觉，诏书切让延。

【译文】

十三年（庚午，公元70年）

楚王刘英和方士制作金龟、玉鹤，刻上文字，用作将为皇帝的天赐凭证。有个叫燕广的男子，告发刘英与渔阳人王平、颜忠等编造符谶之书，蓄谋造反。朝廷将此事下交有关部门追查核实。主管官员上奏道："刘英大逆不道，请将他处死。"明帝因手足之亲而不忍批准。十一月，废掉刘英王位，将他迁往丹阳郡泾县，赏赐五百户赋税。刘英的儿子女儿当侯、当公主的，依旧享用原有食邑。命刘英的母亲许太后不必上交她的玺印绶带，留在楚王宫中居住。先前，曾有人暗中将刘英的逆谋告诉司徒虞延，但虞延认为刘英是明帝手足至亲，不相信密报。及至刘英逆谋暴露，明帝下诏严厉责备虞延。

【原文】

十六年（癸酉，73年）

固使假司马班超与从事郭恂俱使西域。超行到鄯善，鄯善王广奉超礼敬甚备，后忽更疏懈。超谓其官属曰："宁觉广礼意薄乎？"官属曰："胡人不能常久，无他故也。"超曰："此必有北虏使来，狐疑未知所从故也。明者睹未萌，况已著邪！"乃召侍胡，诈之曰："匈奴使来数日，今安在乎？"侍胡惶恐曰："到已三日，去此三十里。"超乃闭侍胡,悉会其吏士三十六人,与共饮,酒酣,因激怒之曰:"卿曹与我俱在绝域,今虏使到裁数日,而王广礼敬即废。如令鄯善收吾属送匈奴,骸骨长为豺狼食矣,为之奈何?"官属皆曰:"今在危亡之地,死生从司马!"超曰:"不入虎穴,不得虎子。当今之计,独有因夜以火攻虏,使彼不知我多少,必大震怖,可殄尽也。灭此虏,则鄯善破胆,功成事立矣。"众曰:"当与从事议之。"超怒曰:"吉凶决于今

班超出使西域

日;从事文俗吏,闻此必恐而谋泄,死无所名,非壮士也。"众曰:"善!"初夜,超遂将吏士往奔虏营。会天大风,超令十人持鼓藏虏舍后,约曰:"见火然,皆当鸣鼓大呼。"余人悉持兵弩,夹门而伏。超乃顺风纵火;前后鼓噪,虏众惊乱,超手格杀三人,吏兵斩其使及从士三十余级,余众百许人悉烧死。明日乃还,告郭恂,恂大惊;既而色动,超知其意,举手曰:"掾虽不行,班超何心独擅之乎!"恂乃悦。超于是召鄯善王广,以虏使首示之,一国震怖。超告以汉威德,"自今以后,勿复与北虏通。"广叩头,"愿属汉,无二心",遂纳子为质。还白窦固,固大喜,具上超功效,并求更选使使西域。帝曰:"吏如班超,何故不遣,而更选乎!今以超为军司马,令遂前功。"

　　固复使超使于阗,欲益其兵;超愿但将本所从三十六人,曰:"于阗国大而远,今将数百人,无益于强;如有不虞,多益为累耳。"是时于阗王广德雄张南道,而匈奴遣使监护其国。超既至于阗,广德礼意甚疏。且其俗信巫,巫言:"神怒,何故欲向汉?汉使有𩨂马,急求取以祠我!"广德遣国相私来比就超请马。超密知其状,报许之,而令巫自来取马。有顷,巫至,超即斩其首;收私来比,鞭笞数百。以巫首送广德,因责让之。广德素闻超在鄯善诛灭虏使,大惶恐,即杀匈奴使者而降。超重赐其王以下,因镇抚焉。于是诸国皆遣子入侍,西域与汉绝六十五载,至是乃复通焉。超,彪之子也。

【译文】

十六年（癸酉，公元 73 年）

窦固派副职假司马班超和从事郭恂一同出使西域。班超到达鄯善国时，鄯善王广用十分尊敬周到的礼节接待他，但后来忽然变得疏远懈怠了。班超对他的部下说："你们可曾觉出广的态度冷淡了吗？"部下说："胡人行事无常性，并没有别的原因。"班超说："这一定是因为有北匈奴的使者前来，而鄯善王心里犹豫，不知所从的缘故。明眼人能够在事情未发生前看出端倪，何况事情已显著暴露！"于是他召来胡人侍者，假装已知实情，说："匈奴使者来了几天，如今在什么地方呢？"胡人侍者慌忙答道："已经来了三天，离此地三十里。"于是班超就把胡人侍者关起来，召集全体属员，共三十六人，和他们一同饮酒。饮到酣畅之时，班超借酒激怒众人说："你们和我同在绝远荒域，如今北匈奴使者来了才几天，而鄯善王就已不讲礼节了，若是使者命令鄯善把我们抓起来送给匈奴，那么我们的骨头就要永远喂给豺狼了。我们应该怎么办？"部下一致回答："如今处在危亡之地，我们跟随司马同生共死！"班超说："不入虎穴，不得虎子。如今可行的办法，只有乘夜用火进攻匈奴人，使对方不知我们到底有多少人马，必定大为震恐，这样便可将他们一网打尽。除掉了北匈奴使者，那么鄯善人就会胆战心惊，我们便成功了。"众人说："应当和从事商议此事。"班超生气地说："命运的吉凶就在今天决定，而从事不过是平庸的文吏，听到我们的打算定要害怕，计谋便会泄露，到那时候，我们死得没有名堂，就不是英雄了。"众人说："好！"一入夜，班超便带领部下奔向北匈奴使者的营地。当时正刮着大风，班超命令十人拿鼓，躲到匈奴人的账房后面，相约道："看见火起，就要一齐擂鼓呐喊。"其余的人全都手持刀剑弓弩，埋伏在帐门两侧。于是班超顺风放火，大火一起，账房前后鼓声齐鸣，杀声震耳。匈奴人惊慌失措，一时大乱。班超亲手格杀三人，下属官兵斩杀北匈奴使者及其随从共三十余人，其余约一百人全部被火烧死。班超等人次日返回，将事情的经过告诉了郭恂。郭恂大为震惊，接着神色一变。班超明白了他的意思，举手声称："从事虽然没有前去参与行动，可班超怎有心一人居功！"郭恂这才大喜。于是班超叫来鄯善王广，给他看匈奴使者的首级，鄯善全国震恐。班超将汉朝的国威和恩德告诉鄯善王,并说:"从今以后,不要再同北匈奴来往。"广叩头声称:"我愿臣属汉朝,没有二心。"于是将王子送到汉朝充当人质。班超归来后,向窦固讲述了出使经过,窦固十分高兴,将班超的功劳一一上报,并请求重新选派使者出使西域。明帝说:"有班超这样的官员,为什么不派遣,而要另选他人呢?现任命班超为军司马,让他完成先前的功业。"

窦固又让班超出使于寘国,想为他增加随行兵马,但班超只愿带领原来跟从的三十六人。他说:"于寘是个大国,道路遥远,如今率领几百人前往,无益于显示强大。而如有不测之事发生,人多反而成为累赘。"当时,于寘王广德称雄于西域南道,但该国仍受匈奴使者的监护。班超到达于寘后,广德待他礼仪态度十分疏淡。于寘又有信巫之俗,而巫师声称:"神已发怒,问我们为何要倾向汉朝?汉朝的使者有一匹黑唇黄马,快去找来给我做祭品!"于是广德派宰相私来比向班超索求赠马。班超暗中获知底细,便答应此事,但要巫师亲自前来取马。不久,巫师来了,班超便立刻将他斩首,并逮捕了私来比,痛打数百皮鞭。班超将巫师的首级送给广德,借机对他进行谴责。广德早已听说过班超在鄯善斩杀北匈奴使者的事迹,大为惊恐,便随即杀死匈奴使者投降。班超重赏于寘王及其大臣,就此镇服安抚于寘。于是西域各国全都派出王子到汉朝做人质。西域与汉朝的关系曾中断了六十五年,至此才恢复交往。班超是班彪之子。

【原文】

十八年(乙亥,75年)

八月,壬子,帝崩于东宫前殿,年四十八。遗诏:"无起寝庙,藏主于光烈皇后更衣别室。"

帝遵奉建武制度,无所变更,后妃之家不得封侯与政。馆陶公主为子求郎,不许,而赐钱千万,谓群臣曰:"郎官上应列宿,出宰百里,苟非其人,则民受其殃,是以难之。"公车以反支日不受章奏,帝闻而怪曰:"民废农桑,远来诣阙,而复拘以禁忌,岂为政之意乎!"于是遂蠲其制。尚书阎章二妹为贵人,章精力晓旧典,久次当迁重职,帝为后宫亲属,竟不用。是以吏得其人,民乐其业,远近畏服,户口滋殖焉。

焉耆、龟兹攻没都护陈睦，北匈奴围关宠于柳中城。会中国有大丧，救兵不至，车师复叛，与匈奴共攻耿恭。恭率厉士众御之，数月，食尽穷困，乃煮铠弩，食其筋革。恭与士卒推诚同死生，故皆无二心，而稍稍死亡，余数十人。单于知恭已困，欲必降之，遣使招恭曰："若降者，当封为白屋王，妻以女子。"恭诱其使上城，手击杀之，炙诸城上。单于大怒，更益兵围恭，不能下。

【译文】

十八年（乙亥，公元75年）

八月壬子（初六），明帝在东宫前殿驾崩，年四十八岁。遗诏说："不要为我兴建寝殿祭庙，可将牌位放在阴太后陵寝的便殿中。"

明帝遵守奉行光武帝创建的制度，无所改变更动。皇后妃子之家都不得封侯参政。馆陶公主曾为儿子请求郎官之职，明帝不许，只赏了一千万钱。他对群臣说："郎官与天上的星宿相应，派到地方是一县之长，如果任人不当，那么人民将受其害，所以我拒绝这一请求。"掌管皇宫大门的官署公车，每逢"反支日"都不接受奏章。明帝听到这一情况后责怪道："人民丢掉自己的农耕桑蚕之业，远行到宫门拜谒投诉，却又受到这种禁忌的限制，这难道是为政的本意吗！"于是取消了这项制度。尚书阎章有两个妹妹是贵人，他本人研究并且精通过去的典章制度，早就应当提升要职，但明帝因他是后宫妃子的亲属，竟不擢用。由于明帝施政得当，所以官吏称职胜任，人民安居乐业，远近蛮夷敬畏臣服，国家户口繁衍增殖。

焉耆和龟兹两国进攻西域都护陈睦，陈睦全军覆没。北匈奴的军队则在柳中城包围了己校尉关宠。当时明帝驾崩，汉朝出了大丧事，没有派出救兵。于是车师再度反叛，同匈奴一道进攻耿恭。耿恭率领勉励官兵进行抵抗。几个月后，汉军粮食耗尽，便用水煮铠甲弓弩，吃上面的兽筋皮革。耿恭和士卒推诚相见，同生共死，所以众人全无二心。但死者日渐增多，只剩下了数十人。北匈奴单于知道耿恭已身陷绝境，定要让他投降，便派使者去招抚道："你如果投降，单于就封你做白屋王，给你女子为妻。"耿恭引诱使者登城，亲手将他杀死，在城头用火炙烤。单于大为愤怒，更增派援兵围困耿恭，但仍不能破城。

汉纪三十八

【原文】

肃宗孝章皇帝上建初元年（丙子，76年）

酒泉太守段彭等兵会柳中，击车师，攻交河城，斩首三千八百级，获生口三千余人。北匈奴惊走，车师复降。会关宠已殁，谒者王蒙等欲引兵还；耿恭军吏范羌，时在军中，固请迎恭。诸将不敢前，乃分兵二千人与羌，从山北迎恭，遇大雪丈余，军仅能至。城中夜闻兵马声，以为虏来，大惊。羌遥呼曰："我范羌也，汉遣军迎校尉耳。"城中皆称万岁。开门，共相持涕泣。明日，遂相随俱归。虏兵追之，且战且行。吏士素饥困，发疏勒时，尚有二十六人，随路死没，三月至玉门，唯余十三人，衣屦穿决，形容枯槁。中郎将郑众为恭以下洗沐，易衣冠，上疏奏："恭以单兵守孤城，当匈奴数万之众，连月逾年，心力困尽，凿山

班超

为井，煮弩为粮，前后杀伤丑虏数百千计，卒全忠勇，不为大汉耻，宜蒙显爵，以厉将帅。"恭至雒阳，拜骑都尉。诏悉罢戊、己校尉及都护官，徵还班超。

超将发还，疏勒举国忧恐；其都尉黎弇曰："汉使弃我，我必复为龟兹所灭耳，诚不忍见汉使去。"因以刀自刭。超还至于寘，王侯以下皆号泣曰："依汉使如父母，诚不可去！"互抱超马脚不得行。超亦欲遂其本志，乃更还疏勒。疏勒两城已降龟兹，而与尉头连兵。超捕斩反者，击破尉头，杀六百余人，疏勒复安。

【译文】

汉章帝建初元年（丙子，公元76年）

　　酒泉郡太守段彭等人率军在柳中集结，进击车师，攻打交河城，斩杀三千八百人，俘虏三千余人。北匈奴惊慌而逃，车师再度投降。这时，关宠已经去世，谒者王蒙等人打算引兵东归。耿恭的一位军吏范羌当时正在王蒙军中，他坚持要求去救耿恭。将领们不敢前往，便分出两千救兵交给范羌。范羌经由山北之路去接耿恭，途中曾遇到一丈多深的积雪。援军筋疲力尽，仅能勉强到达。耿恭等人夜间在城中听到兵马之声，以为匈奴来了援军，大为震惊。范羌从远处喊道："我是范羌，汉朝派部队迎接校尉来了！"城中的人齐呼万岁。于是打开城门，大家互相拥抱，痛哭流涕。次日，他们便同救兵一道返回。北匈奴派兵追击，汉军边战边走。官兵饥饿已久，从疏勒城出发时，还有二十六人，沿途不断死亡，到三月抵达玉门时，只剩下了十三人。这十三人衣衫褴褛，鞋履洞穿，面容憔悴，形销骨立。中郎将郑众为耿恭及其部下安排洗浴，更换衣帽，并上书说："耿恭以微弱的兵力固守孤城，抵抗匈奴数万大军，经年累月，耗尽了全部心力，凿山打井，煮食弓弩，先后杀伤敌人数以千计，忠勇俱全，没有使汉朝蒙羞。应当赐给他荣耀的官爵，以激励将帅。"耿恭到达洛阳后，被任命为骑都尉。章帝下诏，将戊校尉、己校尉和西域都护一并撤销，召班超回国。

　　班超将要动身返回，疏勒全国一片忧虑恐慌。疏勒都尉黎弇说："汉朝使者抛弃我们，疏勒必定再次被龟兹毁灭，我真不忍见汉朝使者离去！"于是拔刀刎颈自杀。班超在归途中经过于阗，于阗王和贵族群臣全都号啕痛哭，说道："我们依赖汉朝使者，犹如依赖父母，您确实不能走啊！"他们抱住班超的马腿，使他不能前进。班超也想实现自己本来的志愿，于是重新返回疏勒。这时疏勒已有两城投降了龟兹，并与尉头国结盟。班超逮捕斩杀了叛变者，打败尉头国，杀死六百余人，疏勒再度恢复安定。

【原文】

二年（丁丑，77年）

上欲封爵诸舅，太后不听。会大旱，言事者以为不封外戚之故，有司请依旧典。太后诏曰："凡言事者，皆欲媚朕以要福耳。昔王氏五侯同日俱封，黄雾四塞，不闻澍雨之应。夫外戚贵盛，鲜不倾覆；故先帝防慎舅氏，不令在枢机之位，又言'我子不当与先帝子等'，今有司奈何欲以马氏比阴氏乎！且阴卫尉，天下称之，省中御者至门，出不及履，此蘧伯玉之敬也；新阳侯虽刚强，微失理，然有方略，据地谈论，一朝无双；原鹿贞侯，勇猛诚信；此三人者，天下选臣，岂可及哉！马氏不及阴氏远矣。吾不才，夙夜累息，常恐亏先后之法，有毛发之罪吾不释，言之不舍昼夜，而亲属犯之不止，治丧起坟，又不时觉，是吾言之不立而耳目之塞也。吾为天下母，而身服大练，食不求甘，左右但著帛布，无香薰之饰者，欲身率下也。以为外亲见之，当伤心自敕；但笑言'太后素好俭'。前过濯龙门上，见外家问起居者，车如流水，马如游龙，仓头衣绿褠，领袖正白，顾视御者，不及远矣。故不加谴怒，但绝岁用而已，冀以默愧其心；犹懈怠无忧国忘家之虑。知臣莫若君，况亲属乎！吾岂可上负先帝之旨，下亏先人之德，重袭西京败亡之祸哉！"固不许。

太后尝诏三辅：诸马婚亲有属托郡县、干乱吏治者，以法闻。太夫人葬起坟微高，太后以为言，兄卫尉廖等即时减削。其外亲有谦素义行者，辄假借温言，赏以财位；如有纤介，则先见严恪之色，然后加谴。其美车服、不遵法度者，便绝属籍，遣归田里。广平、钜鹿、乐成王，车骑朴素，无金银之饰，帝以白太后，即赐钱各五百万。于是内外从化，被服如一；诸家惶恐，倍于永平时。置织室，蚕于濯龙中，数往观视，以为娱乐。常与帝旦夕言道政事及教授小王《论语》经书，述叙平生，雍和终日。

【译文】

二年（丁丑，公元77年）

章帝打算赐封各位舅父，但马太后不同意。适逢天旱，有人上书说是因为未封外戚的缘故，于是有关部门奏请依照旧制赐封。马太后下诏说："那些上书建议封外戚的人，都是要向朕献媚，以谋求好处罢了。"从前，王氏家族一日之内有五人一起封侯，而当时黄雾弥漫，并未听说有天降好雨的反应。外戚富贵过盛，很少不倾覆的。所以先帝对他的舅父慎重安排，不放在朝廷要位，还说：'我的儿子不应与先帝的儿子等同。'如今有关部门为什么要将马家同阴家相比呢！况且卫尉阴兴，受到天下人的称赞，宫中的使者来到门前，他连鞋都来不及穿，便急忙出迎，如同蘧伯玉一样恭敬有礼；新阳侯阴就，虽然性格刚强，略失规矩，然而胸有谋略，以手撑地，坐着发表议论，朝中无人能与他相比；原鹿贞侯阴识，勇敢忠诚而有信义。这三个人都是天下群臣中的出类拔萃者，难道能比得上吗！马家比阴家差远了。我没有才干，日夜因恐惧而喘息不安，总怕有损先后订立的法则。即便是细小的过失，我也不肯放过，日夜不停地告诫。然而我的亲属们仍然不断犯法，丧葬时兴筑高坟，又不能及时察觉错误，这表明我的话没有人听，我的耳目已被蒙蔽。

"我身为天下之母，然而身穿粗丝之服，饮食不求香甜，左右随从之人只穿普通帛布，不使用熏香饰物，目的就是要亲身做下面的表率。本以为娘家人看到我的行为当会痛心自责，但他们只是笑着说'太后一向喜爱节俭'。前些时候，我经过濯龙门，看见那些到我娘家问候拜访的人们，车辆如流水不断，马队如游龙蜿蜒，奴仆身穿绿色单衣，衣领衣袖雪白。回视我的车夫，差得远了。我所以对娘家人并不发怒谴责，而只是裁减每年的费用，是希望能使他们内心暗愧。然而他们仍然懈怠放任，没有忧国忘家的觉悟。了解臣子的，莫过于君王，更何况他们是我的亲属呢！我难道可以上负先帝的旨意，下损先人的德行，重蹈前朝外戚败亡的灾祸吗！"她坚持不同意赐封。

太后曾对三辅下诏："马氏家族及其亲戚，如有因请托郡县官府，干预扰乱地方行政的，应依法处置、上报。"马太后的母亲下葬时堆坟稍高，马太后对此提出反对意见，她的哥哥卫尉马廖等人就立即将坟减低。在马家亲属和亲戚中，有行为谦恭正直的，马太后便以温言好语相待，赏赐财物和官位。如果有人犯了微小的错误，马太后便首先显出严肃的神色，然后加以谴责。对于那些车马衣服华美、不遵守法律制度的家属和亲戚，马太后就将他们从皇亲名册中取消，遣送回乡。广平王刘羡、钜鹿王刘恭和乐成王刘党，车马朴素无华，没有金银饰物。章帝将此情况报告了太后，太后便立即赏赐他们每人五百万钱。于是内外亲属全都接受太后的教导和影响，一致崇尚谦逊朴素。外戚家族惶恐不安，超过了明帝时期。马太后曾设立织室，在濯龙园中种桑养蚕，并频频前往查看，把这当成一项娱乐。她经常与章帝早晚在一起谈论国家大事，教授年幼的皇子读《论语》等儒家经书，讲述平生经历，终日和睦欢洽。

【原文】

四年（己卯，9年）

校书郎杨终建言："宣帝博征群儒，论定《五经》于石渠阁。方今天下少事，学者得成其业，而章句之徒，破坏大体。宜如石渠故事，永为后世则。"帝从之。冬，十一月，壬戌，诏太常："将、大夫、博士、郎官及诸儒会白虎观，议《五经》同异。"使五官中郎将魏应承制问，待中淳于恭奏，帝亲称制临决，作《白虎议奏》，名儒丁鸿、楼望、成封、桓郁、班固、贾逵及广平王羡皆与焉。固，超之兄也。

【译文】

四年（己卯，公元79年）

校书郎杨终建议："宣帝曾广召儒生，在石渠阁讨论儒家《五经》——《诗经》《书经》《仪礼》《易经》和《春秋》。如今天下太平，学者们得以完成事业，但那些只知分析注释文章词句的人，却破坏了《五经》的主旨。应当依照石渠阁的先例，重新研究弘扬经书大义，作为后世永久的法则。"章帝采纳了他的建议。冬季，十一月壬戌（十一日），章帝对太常下诏说："命诸将、大夫、博士、郎官及儒生们在白虎观集会，就众人对《五经》的相同与不同的见解进行讨论。"章帝命五官中郎将魏应承命发问，侍中淳于恭向上奏报，由章帝亲自出席，做出裁决，将结果记录下来，撰成《白虎议奏》。著名儒家学者丁鸿、楼望、成封、桓郁、班固、贾逵及广平王刘羡都曾参与此会。班固是班超之兄。

【原文】

七年（壬午，82年）

初，明德太后为帝纳扶风宋杨二女为贵人，大贵人生太子庆；梁松弟竦有二女，亦为贵人，小贵人生皇子肇。窦皇后无子，养肇为子。

【译文】

七年（壬午，公元82年）

当初，马太后为章帝选纳扶风人宋杨的两个女儿为贵人，其中大贵人生下了太子刘庆。梁松的弟弟梁竦有两个女儿，也是章帝的贵人，其中小贵人生下了皇子刘肇。窦皇后没有儿子，便抚养刘肇，作为自己的儿子。

【原文】

八年（癸未，83年）

太子肇之立也，梁氏私相庆；诸窦闻而恶之。皇后欲专名外家，忌梁贵人姊妹，数谮之于帝，渐致疏嫌。是岁，窦氏作飞书，陷梁竦以恶逆，竦遂死狱中，家属徙九真，贵人姊妹以忧死。

宪恃宫掖声势，自王、主及阴、马诸家，莫不畏惮。宪以贱直请夺沁水公主园田，主逼畏不敢计。后帝出过园，指以问宪，宪阴喝不得对。后发觉，帝大怒，召宪切责曰："深思前过夺主田园时，何用愈赵高指鹿为马！久念使人惊怖。昔永平中，常令阴党、阴博、邓叠三人更相纠察，故诸豪戚莫敢犯法者。今贵主尚见枉夺，何况小民哉！国家弃宪，如孤雏、腐鼠耳！"宪大惧，皇后为毁服深谢，良久乃得解，使以田还主。虽不绳其罪，然亦不授以重任。

臣光曰：大臣之罪，莫大于期罔，是以明君疾之。孝章谓窦宪何异指鹿为马，善矣；然卒不能罪宪，则奸臣安所惩哉！夫人主之于臣下，患在不知其奸，苟或知之而复赦之，则不若不知之为愈也。何以言之？彼或为奸而上不之知，犹有所畏；既知而不能讨，彼知其不足畏也，则放纵而无所顾矣！是故知善而不能用，知恶而不能去，人主之深戒也。

帝拜班超为将兵长史，以徐干为军司马，别遣卫候李邑护送乌孙使者。邑到于寘，值龟兹攻疏勒，恐惧不敢前，因上书陈西域之功不可成，又盛毁超："拥爱妻，抱爱子，安乐外国，无内顾心。"超闻之叹曰："身非曾参而有三至之谗，恐见疑于当时矣！"遂去其妻。帝知超忠，乃切责邑曰："纵超拥爱妻，抱爱子，思归之士千余人，何能尽与超同心乎！"令邑诣超受节度，诏："若邑任在外者，便留与从事。"超即遣邑将乌孙侍子还京师。徐干谓超曰："邑前亲毁君，欲败西域，今何不缘诏书留之，更遣他吏送侍子乎？"超曰："是何言之陋也！以邑毁超，故今遣之。内省不疚，何恤人言！快意留之，非忠臣也。"

【译文】

八年（癸未，公元83年）

皇子刘肇被立为太子以后，梁家私下互相庆贺。窦家听到这个消息，感到厌恶。窦皇后想使窦家成为刘肇唯一的舅家，因而嫉恨梁贵人姐妹，不断地在章帝面前进行诋毁，逐渐使章帝与她们日益疏远而产生嫌弃之心。本年，窦家用匿名书诬告梁㧾，使他陷入谋反大罪。梁㧾死在狱中，家属被流放到九真，梁贵人姊妹因忧愁而死。

窦皇后的哥哥窦宪倚仗皇后的影响和势力，从诸侯王、公主，到阴家、马家等外戚，没有人不怕他。窦宪曾以低价强买沁水公主的庄园，公主害怕他的权势而不敢计较。后来章帝出行时经过那里，指着庄园向窦宪询问，窦宪暗中喝阻左右的人不得照实回答。后来，章帝发现了真相，大为愤怒，把窦宪叫来严厉责备道："深思以前经过你强夺的公主庄园时，你为什么要采取甚于赵高指鹿为马的欺骗手段！

此事多想令人震惊。从前，在永平年间，先帝经常命令阴党、阴博、邓叠三人互相监察，所以诸贵戚中没有人敢触犯法律。如今尊贵的公主尚且横遭掠夺，何况小民呢！国家抛弃你窦宪，就像丢掉一只小鸟和腐臭的死鼠！"窦宪大为恐惧，窦皇后也因此脱去皇后的衣饰深切地表示谢罪。过了很久，章帝的愤怒才得以缓解，命窦宪将庄园还给公主。章帝虽对窦宪没有依法治罪，但也不再委以重任。

臣司马光曰："臣子的罪恶，莫过于欺骗君主，所以圣明的君主痛恨这种行为。"孝章皇帝称窦宪的行为无异于指鹿为马，这是对的；然而他最终不能降罪于窦宪，那么奸臣在哪里受惩戒呢！君主对待臣子，困难在于不知道谁是邪恶之辈，假如已经知道而又将他赦免，那还不如不知道更好。为什么这样讲？奸臣为非作歹而君主不知，奸臣心中还有所畏惧；君主已知而又不能予以处罚，奸臣便明白君主不值得畏惧，就会放纵大胆而无所顾忌了！因此，已知良臣而不能任用，已知恶人而不能铲除，乃是君主的大戒。章帝任命班超为将兵长史，徐干为军司马。又另派卫候李邑护送乌孙使者回国。李邑到达于阗时，正值龟兹进攻疏勒，他因恐惧而不敢前进，便上书声称西域的功业不可能成功，还大肆诋毁班超，说班超："拥爱妻，抱爱子，在外国享安乐，没有思念中原之心。"班超听到消息后叹息道："我虽不是曾参，却碰到曾参所遇的三次谗言，恐所要受到朝廷的猜疑了！"于是将妻子送走。章帝知道班超的忠心，便严厉斥责李邑说："纵然班超拥爱妻，抱爱了，而思念家乡的汉军还有一千余人，为什么能都与班超同心呢！"章帝命令李邑到班超那里听候指挥，并下诏给班超说："如果李邑在西域能够胜任，就留他随从办事。"但班超却随即派李邑带领乌孙送往汉朝做人质的王子返回京城。徐干对班超说："先前李邑亲口诋毁阁下，想要破坏我们在西域的事业，如今为何不以诏书为理由将他留下，另派其他官员送人质呢？"班超说："这话是多么的浅陋！正是因为李邑诋毁我，所以如今派他回去。我自问内心无愧，为什么怕别人的议论！为求自己称心快意而留下李邑，不是忠臣所为。"

资治通鉴第四十七卷

汉纪三十九

【原文】

肃宗孝章皇帝下元和二年（乙酉，85年）

乙丑，帝耕于定陶。辛未，幸泰山，柴告岱宗；进幸奉高。壬申，宗祀五帝于汶上明堂；丙子，赦天下。进幸济南。三月，己丑，幸鲁；庚寅，祠孔子于阙里，及七十二弟子，作六代之乐，大会孔氏男子二十以上者六十二人。帝谓孔僖曰："今日之会，宁于卿宗有光荣乎？"对曰："臣闻明王圣主，莫不尊师贵道。今陛下亲屈万乘，辱临敝里，此乃崇礼先师，增辉圣德；至于光荣，非所敢承！"帝大笑曰："非圣者子孙焉有斯言乎！"拜僖郎中。

冬，南单于遣兵与北虏温禺犊王战于涿邪山，斩获而还。武威太守孟云上言："北虏以前既和亲，而南部复往抄掠，北单于谓汉欺之，谋欲犯塞，谓宜还南所掠生口以慰安其意。"诏百官议于朝堂。太尉郑弘、司空第五伦以为不可许，司徒桓虞及太仆袁安以为当与之。弘因大言激厉虞曰："诸言当还生口者，皆为不忠！"虞廷叱之，伦及大鸿胪韦彪皆作色变容。司隶校尉举奏弘等，弘等皆上印绶谢。诏报曰："久议沈滞，各有所志，盖事以议从，策由众定，襄襄衍衍，得礼之容，寝嘿抑心，更非朝廷之福。君何尤而深谢！其各冠履！"帝乃下诏曰："江海所以长百川者，以其下之也。少加屈下，尚何足病！况今与匈奴君臣分定，辞顺约明，贡献累至，岂宜违信，自受其曲！其敕度辽及领中郎将庞奋倍雇南部所得生口以还北虏；其南部斩首获生，计功受赏，如常科。"

【译文】

汉章帝元和二年（乙酉，公元85年）

二月乙丑（十五日），章帝在定陶举行耕藉之礼。二月辛未（二十一日），临幸泰山，燃柴祭告岱宗。继而前往奉高。二月壬申（二十二日），在汶上明堂祭祀五帝。二月丙子（二十六日），大赦天下。继而临幸济南。三月己丑（初十），临幸鲁。三月庚寅（十一日），在阙里祭祀孔子以及孔子的七十二位弟子，奏黄帝、尧、舜、禹、汤、周等六代古乐，并举行大会，召见孔家二十岁以上的男子共六十二人。章帝对孔僖说："今天的大会，对你们家族是不是很荣耀？"孔僖回答道："我听说，圣明的君王无不尊重师道。如今陛下以天子的身份亲自屈驾，光临我们卑微的乡里，这是崇敬先师，发扬君王的圣德。至于说劳耀，我们可不敢当！"章帝大笑，说道："不是圣人的子孙，怎能说出这样的话！"于是将孔僖任命为郎中。

冬季，南匈奴单于发兵，同北匈奴温禺犊王在涿邪山交战。南匈奴得胜，斩杀并俘虏北匈奴的人民和牲畜后返回。武威太守孟云上书说："北匈奴先前已同汉朝和解，而南匈奴又去进行抢掠，北匈奴单于会说汉朝是在欺弄他，因而打算进犯边塞。我建议，应当让南匈奴归还抢来的俘虏和牲畜，以安抚北匈奴。"章帝下诏，命群臣在朝堂会商。太尉郑弘、司空第五伦认为不应归还，司徒桓虞和太仆袁安则认为应当归还。双方意见争执不下，郑弘因而大声激怒桓虞说："凡是声称应当归还俘虏和牲畜的，都是不忠之人！"桓虞也在朝堂呵斥郑弘，第五伦和大鸿胪韦彪全都愤怒得变了脸色。于是司隶校尉上书弹劾郑弘等人，郑弘等人全都交上印信绶带谢罪。章帝下诏答复道："问题反复讨论，迟迟不决，群臣们的意见，各不相同。大事需要集思广益，政策需由众人商定。忠诚、正直而和睦，这才符合朝廷之礼，而缄默不语压抑情志，更不是朝廷之福。你们有什么过失要谢罪？请各自戴上官帽，穿上鞋！"于是章帝便下诏决定："江海所以成为百川的首领，是由于其地势低下。汉朝略受委屈，又有什么危害！何况如今在汉朝与北匈奴之间，君臣的名分已经确定。北匈奴言辞恭顺而守约，不断进贡，难道我们应当违背信义，自陷于理亏的境地？现命令度辽将军兼中郎将庞奋，用加倍的价格赎买南匈奴所抢得的俘虏和牲畜，归还给北匈奴。而南匈奴曾杀敌擒虏，应当论功行赏，一如惯例。"

【原文】

三年（丙戌，86年）

司空第五伦以老病乞身；五月，丙子，赐策罢，以二千石俸终其身。伦奉公尽节，言事无所依违。性质悫，少文采，在位以贞白称。或问伦曰："公有私乎？"对曰："昔人有与吾千里马者，吾虽不受，每三公有所选举，心不能忘，亦终不用也。若是者，岂可谓无私乎！"

【译文】

三年（丙戌，公元86年）

司空第五伦因年老患病请求退休。五月丙子（初三），章帝赐策书，将第五伦免官，赏给他二千石的终身俸禄。第五伦奉公尽节，发表政见时观点鲜明，从不模棱两可。他天性质朴诚实，少有文采，为官以清白著称。有人问第五伦说："阁下有私心吗？"他回答道："从前曾有人送我千里马，我虽未接受，但每当要三公举荐人才的时候，心中总不忘此事，只是最终也没有举荐这个人。像这样，难道能说没有私心吗？"

【原文】

孝和皇帝上　永元元年（己丑，89年）

窦宪将征匈奴，三公、九卿诣朝堂上书谏，以为："匈奴不犯边塞，而无故劳师远涉，损费国用，徼功万里，非社稷之计。"书连上，辄寝，宋由惧，遂不敢复署议，而诸卿稍自引止；唯袁安、任隗守正不移，至免冠朝堂固争，前后且十上，众皆为之危惧，安、隗正色自若。侍御史鲁恭上疏曰："国家新遭大忧，陛下方在谅闇，百姓阙然，三时不闻警跸之音，莫不怀思皇皇，若有求而不得。今乃以盛春之月兴发军役，扰动天下以事戎夷，诚非所以垂恩中国，改元正时，由内及外也。

万民者，天之所生；天爱其所生，犹父母爱其子，一物有不得其所，则天气为之舛错，况于人乎！故爱民者必有天报。夫戎狄者，四方之异气，与鸟兽无别；若杂居中国，则错乱天气，污辱善人，是以圣王之制，羁縻不绝而已。今匈奴为鲜卑所破，远藏于史侯河西，去塞数千里，而欲乘其虚耗，利其微弱，是非义之所出也。今始征发，而大司农调度不足，上下相迫，民间之急，亦已甚矣。群僚百姓咸曰不可，陛下奈何以一人之计，弃万人之命，不恤其言乎！上观天心，下察人志，足以知事之得失。臣恐中国不为中国，岂徒匈奴而已哉！"尚书令韩棱、骑都尉朱晖、议郎京兆乐恢，皆上疏谏，太后不听。

【译文】

汉和帝永元元年（己丑，公元89年）

窦宪将要出征讨伐匈奴。三公及九卿到朝堂上书劝阻，认为："匈奴并未侵犯边塞，而我们却要无缘无故地劳师远行，消耗国家资财，求取万里以外的功勋，这不是为国家着想的策略。"奏书接连呈上，却都被搁置下来。太尉宋由感到恐惧，便不敢再在奏章上署名，九卿也逐渐自动停止劝谏。唯独司徒袁安、司空任隗严守正道，坚定不移，甚至脱去官帽在朝堂力争，先后上书约达十次。众人都为他们感到危险和恐惧，但袁、任二人却神情镇定，举止如常。侍御史鲁恭上书说："我国新近有大忧，陛下正在守丧，百姓失去了先帝的庇护，夏、秋、冬三季听不到圣上出巡时禁卫军警戒喝道的声音，人们无不因思念而惶惶不安，如同有求而不能得。如今却在盛春之月征发兵役，为了远征匈奴而搅扰全国，这实在不符合恩待自己国家、改年号而变更朝代、由内及外地处理政务的原则。万民百姓，乃是上天所生。上天爱所生，犹如父母爱子女。天下万物中，只要有一物不能安适，那么天象就会为此发生错乱，何况对于人呢？因此，爱民的，上天必有回报。戎狄异族，如同四方的异气，与鸟兽没有分别，如果让他们混居在中原内地，就会扰乱天象，玷污良善之人。所以，圣明君王的做法，只是对他们采取不断笼络和约束的政策而已。如今北匈奴已被鲜卑打败，远远地躲藏到史侯河以西，距离汉朝边塞数千里，而我们打算乘他们空虚之机，利用他们的疲弱，这不是仁义的举动。现在刚刚开始征发，而物资已不能满足大司农的调度,上官下官互相逼迫,人民的困苦也已到了极点。群臣和百姓都说此事不可行,而陛下为什么只为窦宪一人打算,因而毁弃万人的性命,不体恤他们忧患的呼声呢!上观天心,下察民意,便足以明白事情的得失了。我担心中国将不再是真正的中国,岂止匈奴不把中国当中国看待而已!"尚书令韩棱、骑都尉朱晖、京兆人议郎乐恢,也都上书劝谏,但太后不听。

【原文】

三年(辛卯,91年)

诏窦宪与车驾会长安。宪至,尚书以下议欲拜之,伏称万岁,尚书韩棱正色曰:"夫上交不谄,下交不渎;礼无人臣称万岁之制!"议者皆惭而止。尚书左丞王龙私奏记、上牛酒于宪,棱举奏龙,论为城旦。

【译文】

三年(辛卯,公元91年)

和帝下诏,命令窦宪到长安会面。窦宪到达时,尚书下面的官员中有人提出要向窦宪叩拜,伏身口称"万岁"。尚书韩棱正色说道:"同上面的人交往,不可谄媚;同下面的人交往,不可轻慢。在礼仪上,没有对人臣称'万岁'的制度!"倡议者都感到惭愧,因而作罢。尚书左丞王龙私自向窦宪上书,并奉献牛、酒,受到韩棱的弹劾。王龙被判处服苦役四年。

汉纪四十

资治通鉴第四十八卷

【原文】

孝和皇帝下永元四年（壬辰，92年）

初，庐江周荣辟袁安府，安举奏窦景及争立北单于事，皆荣所具草，窦氏客太尉掾徐齮深恶之，胁荣曰："子为袁公腹心之谋，排奏窦氏，窦氏悍士、刺客满城中，谨备之矣！"荣曰："荣，江淮孤生，得备宰士，纵为窦氏所害，诚所甘心！"因敕妻子："若卒遇飞祸，无得殡敛，冀以区区腐身觉悟朝廷。"

窦氏父子兄弟并为卿、校，充满朝廷，穰候邓叠、叠弟步兵校尉磊及母元、宪女婿射声校尉郭举、举父长乐少府璜共相交结。元、举并出入禁中，举得幸太后，遂共图为杀害，帝阴知其谋。是时，宪兄弟专权，帝与内外臣僚莫由亲接，所与居者阉宦而已。帝以朝臣上下莫不附宪，独中常侍钩盾令郑众，谨敏有心几，不事豪党，遂与众定议诛宪，以宪在外，虑其为乱，忍而未发；会宪与邓叠皆还京师。时清河王庆，恩遇尤渥，常入省宿止；帝将发其谋，欲得《外戚传》，惧左右，不敢使，令庆私从千乘王求，夜，独内之；又令庆传语郑众，求索故事。庚申，帝幸北宫，诏执金吾、五校尉勒兵屯卫南、北宫，闭城门，收捕郭璜、郭举、邓叠、邓磊，皆下狱死。遣谒者仆射收宪大将军印绶，更封为冠军候，与笃、景、瓌皆就国。帝以太后故，不欲名诛宪，为选严能相督察之。宪、笃、景到国，皆迫令自杀。

【译文】

汉和帝永元四年（壬辰，公元92年）

当初，庐江人周荣在司徒袁安府中供职。袁安弹劾窦景和反对封立北匈奴单于等事所上的奏章，都由周荣起草。窦家的门客、太尉掾徐龁深为痛恨，他威胁周荣说："您做袁公的心腹谋士，排斥弹劾窦家，窦家的壮士、刺客遍布京城，请好生防备吧！"周荣说："我周荣是长江、淮河地区的一介孤单书生，有幸能在司徒府中任职，纵然被窦家所害，也确实心甘情愿！"于是他告诫妻子："如果我突然遭遇飞来横祸，不要收殓安葬，我希望借此区区遗躯使朝廷省悟。"

窦氏父子兄弟同为九卿、校尉，遍布朝廷。穰侯邓叠，他的弟弟、步兵校尉邓磊，母亲元，窦宪的女婿、射声校尉郭举，郭举的父亲、长乐少府郭璜等人，相互勾结在一起。其中元、郭举都出入宫廷，而郭举又得到窦太后的宠幸，他们便共同策划杀害和帝。和帝暗中了解到他们的阴谋。当时，窦宪兄弟掌握大权，和帝与内外臣僚无法亲身接近，一同相处的只有宦官而已。和帝认为朝中大小官员无不依附窦宪，唯独中常侍、钩盾令郑众谨慎机敏而有心计，不谄事窦氏集团，便同他密谋，决定杀掉窦宪。由于窦宪出征在外，怕他兴兵作乱，所以暂且忍耐而未敢发动。恰在此刻，窦宪和邓叠全都回到了京城。当时清河王刘庆特别受到和帝的恩遇，经常进入宫廷，留下住宿。和帝即将采取行动，想得《汉书·外戚传》一阅。但他惧怕左右随从之人，不敢让他们去找，便命刘庆私下向千乘王刘伉借阅。夜里，和帝将刘庆单独接入内室。又命刘庆向郑众传话，让他搜集皇帝诛杀舅父的先例。六月庚申（二十三日），和帝临幸北宫，下诏命令执金吾和北军五校尉领兵备战，驻守南宫和北宫；关闭城门，逮捕郭璜、郭举、邓叠、邓

班固

磊，将他们全部送往监狱处死。并派谒者仆射收回窦宪的大将军印信绶带，将他改封为冠军侯，同窦笃、窦景、窦瑰一并前往各自的封国。和帝因窦太后的缘故，不愿正式处决窦宪，而为他选派严苛干练的国相进行监督。窦宪、窦笃、窦景到达封国以后，全都被强迫命令自杀。

【原文】

九年（丁酉，97年）

闰月，辛巳，皇太后窦氏崩。初，梁贵人既死，宫省事秘，莫有知帝为梁氏出者。舞阴公主子梁扈遣从兄檀奏记三府，以为"汉家旧典，崇贵母氏，而梁贵人亲育圣躬，不蒙尊号，求得申议。"太尉张酺言状，帝感恸良久，曰："于君意若何？"酺请追上尊号，存录诸舅。帝从之。会贵人姊南阳樊调妻嫕上书自讼曰："妾父竦冤死牢狱，骸骨不掩；母氏年逾七十，及弟棠等远在绝域，不知死生。愿乞收竦朽骨，使母、弟得归本郡。"帝引见嫕，乃知贵人枉殁之状。三公上奏，"请依光武黜吕太后故事，贬窦太后尊号，不宜合葬先帝"，百官亦多上言者。帝手诏曰："窦氏虽不遵法度，而太后常自减损。朕奉事十年，深惟大义：礼，臣子无贬尊上之文，恩不忍离，义不忍亏。按前世，上官太后亦无降黜，其勿复议！"丙申，葬章德皇后。

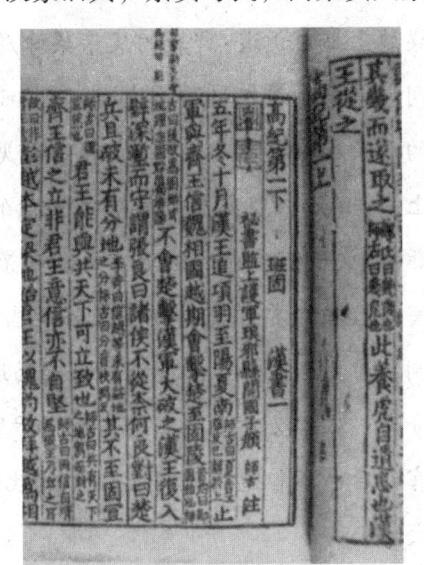

《汉书》书影

西域都护定远侯班超遣掾甘英使大秦、条支，穷西海，皆前世所不至，莫不备其风土，传其珍怪焉。及安息西界，临大海，欲渡，船人谓英曰："海水广大，往来者逢善风，三月乃得渡，若遇迟风，亦有二岁者；故入海，人皆赍三岁粮，海中善使人思土恋慕，数有死亡者。"英乃止。

【译文】

九年（丁酉，公元97年）

闰八月辛巳（十四日），皇太后窦氏驾崩。当初，梁贵人死后，宫廷保守秘密，没有人知道和帝是梁贵人所生。至此，舞阴公主之梁扈派堂兄梁檀向太尉、司徒、司空三府上书，提出："汉朝旧制，一向尊崇皇帝生母。然而梁贵人亲自诞育皇上，却没有尊号，请求得到申理讨论。"太尉张酺向和帝报告了实情。和帝伤感哀痛良久，说道："您认为应当怎样？"张酺建议为梁贵人追加尊号，并查找各位舅父，给予他们应有的名分。和帝听从了他的建议。适逢梁贵人的姐姐、南阳人樊调的妻子梁嫕上书自诉道："我的父亲梁竦屈死在牢狱之中，尸骨不得掩埋；母亲年过七十，同弟弟梁棠等在极远的边域，不知道是死是活。我请求准许安葬父亲的朽骨，让我的母亲和弟弟返回故郡。"和帝召见梁嫕，这才知道生母梁贵人枉死的惨状。三公上书："请依照光武帝罢黜吕太后的先例，贬去窦太后的尊号，不应让她与先帝合葬。"文武百官也纷纷上言。和帝亲手写诏作答："窦氏家族虽不遵守法律制度，但窦太后却常常自我减损。朕将她当作母亲，侍奉了十年。深思母子大义：依据礼制，为臣、为子者没有贬斥尊长的道理。从亲情出发，不忍将太后之墓与先帝之墓分离；从仁义考虑，不忍作有损于窦太后的事情。考察前代，上官桀被诛杀，而上官太后也不曾遭到贬降罢黜。对此事不要再作议论！"丙申（二十九日），安葬窦太后。

西域都护、定远侯班超派遣属官甘英出使大秦帝国和条支王国。甘英走遍西海一带，沿途所经，都是前代之人所未到过的地方，他在各处都全面了解风土人情，收集带走珍奇的物产。当他到达安息国西部边界的时候，遇到了大海。他打算渡过大海，船夫告诉他说："海水广阔，航海者遇到顺风，要用三个月才能到达彼岸；如果遇到逆风，也有用两年的。所以，渡海的人都带上三年的口粮。海上容易使人怀恋乡土，经常有人死亡。"甘英这才作罢。

【原文】

十四年（壬寅，102年）

　　班超久在绝域，年老思土，上书乞归曰："臣不敢望到酒泉郡，但愿生入玉门关。谨遣子勇随安息献物人塞，及臣生在，令勇目见中土。"朝廷久之未报，超妹曹大家上书曰："蛮夷之性，悖逆侮老；而超旦暮入地，久不见代，恐开奸宄之原，生逆乱之心。而卿大夫咸怀一切，莫肯远虑，如有卒暴，超之气力不能从心，便为上损国家累世之功，下弃忠臣竭力之用，诚可痛也！故超万里归诚，自陈苦急，延颈逾望，三年于今，未蒙省录。妾窃闻古者十五受兵，六十还之，亦有休息，不任职也。故妾敢触死为超求哀，丐超余年，一得生还，复见阙庭，使国家无劳远之虑，西域无仓卒之忧，超得长蒙文王葬骨之恩，子方哀老之惠。"帝感其言，乃征超还。八月，超至雒阳，拜为射声校尉；九月，卒。

　　初，太傅邓禹尝谓人曰："吾将百万之众，未尝妄杀一人，后世必有兴者。"其子护羌校尉训，有女曰绥，性孝友，好书传，常昼修妇业，暮诵经典，家人号曰"诸生"。叔父陔曰："尝闻活千人者子孙有封。兄训为谒者，使修百曰河，岁活数千人，天道可信，家必蒙福。"绥后选入宫为贵人，恭肃小心，动有法度，承事阴后，接抚同列，常克己以下之，虽宫人隶役，皆加恩借，帝深嘉焉。尝有疾，帝特令其母、兄弟入亲医药，不限以日数，贵人辞曰："宫禁至重，而使外舍久在内省，上令陛下有私幸之讥，下使贱妾获不知足之谤，上下交损，诚不愿也！"帝曰："人皆以数人为荣，贵人反以为忧邪！"每有宴会，诸姬竞自修饰，贵人独尚质素，其衣有与阴后同色者，即时解易，若并时进见，则不敢正坐离立，行则偻身自卑，帝每有所问，常逡巡后对，不敢先后言。阴后短小，举指时失仪，左右掩口而笑，贵人独怆然不乐，为之隐讳，若己之失。帝知贵人劳心曲体，叹曰："修德之劳，乃如是乎！"后阴后宠衰，贵人每当御见，辄辞以疾。时帝数失皇子，贵人忧继嗣不广，数选进才人以博帝意。阴后见贵人德称日盛，深疾之；帝尝寝病，危甚，阴后密言："我得意，不令邓氏复有遗类！"贵人闻之，流涕言曰："我竭诚尽心以事皇后，竟不为所祐。今我当从死，上以报帝之恩，中以解宗族之祸，下不令阴氏有人豕之讥。"即欲饮药。宫人赵玉者固禁止之,因诈言"属有使来,上疾已愈",贵人乃止。明日,上果瘳。及阴后之废,贵人请救,不能得;帝欲以贵人为皇后,贵人愈称疾笃,深自闭绝。冬,十月,辛卯,诏立贵人邓氏为皇后;后辞让,不得已,然后即位。郡国贡献,悉令禁绝,岁时但供纸墨而已。帝每欲官爵邓氏,后辄哀请谦让,故兄骘终帝世不过虎贲中郎将。

【译文】

十四年(壬寅,公元102年)

班超久在遥远的边域,因年老而思念故乡,上书请求回国。奏书说:"我不敢企望能到酒泉郡,但愿能活着进入玉门前。现在派遣我的儿子班勇随同安息国的进贡使者入塞,趁我尚在人世,让班勇亲眼看到中原的风土。"奏书呈上,朝廷久不答复。班超的妹妹曹大家上书说:"蛮夷生性欺老,而班超已经年迈,随时可能故世,却久不被人替代。我担心这将打开奸恶的源泉,使蛮夷萌生叛逆之心。但大臣们都只顾眼前,不肯作长远考虑。如果猝然有变,班超力不从心,将对上损害国家累世建立的功业,对下毁弃忠臣竭力经营的成果,实在是令人痛惜!因此,班超万里之外表示忠诚,陈述困苦急迫之情,伸长脖颈遥望,至今已经三年,但朝廷却没有考虑批准他的请求。我曾听说,在古代,十五岁当兵,六十岁复员,也有休息之日,年老便不再任职。因此我胆敢冒死代班超哀求,请在班超的余年,让他能够活着回来,再次看到京都城阙和皇家宫廷,使国家没有远方的忧虑,西域没有猝然的变故,而班超也能蒙受周文王埋葬骸骨的厚恩和田子方哀怜老马的仁慈。"和帝被班昭的奏书所感动,于是召班超回国。本年八月,班超抵达洛阳,被任命为射身校尉。九月,班超去世。

当初,太傅邓禹曾对人说:"我率领百万兵众,却不曾错杀一人,后世必有子孙兴起。"他的儿子、护羌校尉邓训,有个女儿名叫邓绥,性情孝顺友爱,喜好读书,经常白天学习妇女的活计,晚上诵读儒家经典,家人称她为"女学生"。她的叔父邓陔说:"我曾听说,救活一千人的,子孙将会受封。我的兄长邓训当谒者时,奉命修石臼河,每年救活数千人。天道可以信赖,我家必定蒙福。"后来,邓绥被选入后宫,当了贵人。她谦恭小心,举止合乎法度,侍奉阴皇后和同其他嫔妃相处时,总是克制自己,居人之下。即使是对宫人和作杂役的奴仆,也都施以恩惠和帮助。和帝对她深为赞赏。邓绥曾患病,和帝特命她的母亲和兄弟入宫照料医药,不限定天数。邓绥辞让说:"皇宫是最重要的禁地,而让外戚久住在内,上会给陛下召来宠幸私亲的讥讽,下将使我遭到不知足的非议,上下都要受损,我实在不愿如此!"和帝说:"人们都以亲属多次进宫为荣耀,你反而以此为忧虑吗!"每逢宴会,嫔妃们都争着修饰自己,唯独邓贵人喜欢朴素无华。她的衣服如有和阴皇后一样颜色的,便立即脱下换掉。若是和阴皇后同时进见,则不敢正坐或并立,行走时微躬上身,表示自己身份卑微。每当和帝有所询问,她总是退让在后,不敢先于阴皇后开口。阴皇后身材矮小,举止时有不合礼仪之处,左右随从之人掩口窃笑,唯独邓贵人忧而不乐,为阴皇后隐瞒遮掩,仿佛是自己的过失一样。和帝知道邓贵人的苦心和委屈,叹息道:"修养德性的辛劳,竟达到这种样子!"后来,阴皇后失宠,邓贵人每当遇到和帝召见,就借病推辞。当时和帝接连失去皇子,邓贵人担心后嗣不多,屡次挑选才人进献,以博取和帝的欢心。阴皇后见邓贵人的德望一天比一天高,十分嫉妒。和帝曾经卧病,情况非常危险,阴皇后暗中说:"我若是能够得意,就不让邓家再留下活口!"邓贵人听到这番话,流泪说道:"我全心全意地侍奉皇后,竟然得不到她的护佑。我今天应当跟随皇上去死,上报皇上的大恩,中解家族的灾祸,下不使阴氏如吕太后那样有'人彘'的讥讽。"说完,就要喝毒药自杀。有个叫赵玉的宫人坚决阻止她,于是谎称:"适才有差人来,皇上的病已经好了。"邓贵人这才作罢。次日,和帝果然病愈。及至阴皇后被罢黜,邓贵人求情挽救,没有成功。和帝打算将邓贵人立为皇后,而邓贵人却愈发谦恭,她声称病重,闭门深居,把自己隔绝起来。本年冬季,十月辛卯(二十四日),和帝下诏,将邓贵人立为皇后。邓贵人表示辞让,不得已,然后才即位为皇后。她下令:各郡、各封国一律不再进贡物品,每年四季只供应纸墨而已。每当和帝想封邓氏家族官爵时,邓皇后总是苦苦哀求,表示谦让。因此,在和帝生前,她的哥哥邓骘的官职没有超过虎贲中郎将。

【原文】

十五年（癸卯，103年）

岭南旧贡生龙眼、荔枝，十里一置，五里一候，昼夜传送。临武长汝南唐羌上书曰："臣闻上不以滋味为德，下不以贡膳为功。伏见交趾七郡献生龙眼等，鸟惊风发；南州土地炎热，恶虫猛兽，不绝于路，至于触犯死亡之害。死者不可复生，来者犹可救也。此二物升殿，未必延年益寿。"帝下诏曰："远国珍馐，本以荐奉宗庙，苟有伤害，岂爱民之本。其敕太官勿复受献！"

冬，十二月，辛未，帝崩于章德前殿。初，帝失皇子，前后十数，后生者辄隐秘养于民间，群臣无知者。及帝崩，邓皇后乃收皇子于民间。长子胜，有痼疾；少子隆，生始百余日，迎立以为皇太子，是夜，即皇帝位。尊皇后曰皇太后，太后临朝。是时新遭大忧，法禁未设，宫中亡大珠一箧；太后念欲考问，必有不辜，乃亲阅宫人，观察颜色，即时首服。又，和帝幸人吉成，御者共枉吉成以巫蛊事，下掖庭考讯，辞证明白。太后以吉成先帝左右，待之有恩，平日尚无恶言，今反若此，不合人情；更自呼见实核，果御者所为，莫不叹服以为圣明。

【译文】

十五年（癸卯，公元103年）

以往，岭南地区进贡鲜龙眼和荔枝，十里设一个驿站，五里设一个岗亭，日夜不停地传送。临武县长汝南人唐羌上书说："我听说，在上位的人不因享受美味而为有德，在下位的人不因进贡美味而为有功。我看到交趾州的七郡进贡鲜龙眼等物，一路疾驰，鸟惊风动。南方州郡土地炎热，毒虫猛兽在路上到处可见，传送贡物的人甚至会遭到死亡的危害。已死的人不能复活，后来的人仍可挽救。而将这两种水果献上殿堂，也不一定能使人延年益寿。"和帝下诏说："边远地区进贡珍奇的美味，本是用来供奉宗庙。如果因此造成伤害，岂是爱护人民的本意！现在下令：太官不再接受此类贡品！"

冬季，十二月辛未（二十二日），和帝在章德前殿驾崩。当初，和帝的儿子接连天亡,前后达十余人。后出生的皇子就被秘密地送到民间养育,群臣无人知晓。及至和帝驾崩,邓皇后才将皇子从民间收回。长子刘胜,身患久治不愈的顽疾;幼子刘隆,出生才一百多天。于是邓皇后将刘隆接回宫中,立为皇太子。当夜,刘隆即位为皇帝。邓皇后被尊称为皇太后,临朝摄政。当时刚刚遭受大丧,法律、禁令还完备,宫中丢失大珠一箱。邓太后想到,如果要审问,必会牵累无罪受冤的人。于是她亲自查看宫人,审视涉嫌者的面容神色。盗珠人当即自首认罪。再有,和帝的一个宠幸者叫吉成,侍从们一同诬陷他施用巫蛊害人。吉成被交付掖庭进行审讯,供词、证据都很清楚。但邓太后认为吉成是和帝身边的人,对他有恩,平时尚且不讲自己的坏话,如今反而采取这种手段,不合人情。于是她亲自下令传见吉成,重新核实,查出果然是出自侍人们的陷害。众人无不赞叹佩服,认为太后圣明。

汉纪四十一

【原文】

孝殇皇帝延平元年（丙午，106年）

八月，辛卯，帝崩。癸丑，殡于崇德前殿。太后与兄车骑将军骘、虎贲中郎将悝等定策禁中，其夜，使骘持节以王青盖车迎清河王子祜，斋于殿中。皇太后御崇德殿，百官皆吉服陪位，引拜祜为长安侯。乃下诏，以祜为孝和皇帝嗣，又作策命。有司读策毕，太尉奉上玺绶，即皇帝位，太后犹临朝。

尚书郎南阳樊准以儒风寖衰，上疏曰："臣闻人君不可以不学。光武皇帝受命中兴，东西诛战，不遑启处，然犹投戈讲艺，息马论道。孝明皇帝庶政万机，无不简心，而垂情古典，游意经艺，每飨射礼毕，正坐自讲，诸儒并听，四方欣欣。又多徵名儒，布在廊庙，每宴会则论难衎衎，共求政化，期门、羽林介胄之士，悉通《孝经》，化自圣躬，流及蛮荒，是以议者每称盛时，咸言永平。今学者益少，远方尤甚，博士倚席不讲，儒者竞论浮丽，忘寋蹇之忠，习裕裕之辞。臣愚以为宜下明诏，博求幽隐，宠进儒雅，以俟圣上讲习之期。"太后深纳其言，诏："公、卿、中二千石各举隐士、大儒，务取高行，以劝后进，妙简博士，必得其人。"

【译文】

汉殇帝延平元年（丙午，公元106年）

八月辛卯（疑误），皇帝驾崩。癸丑（初八），将皇帝入殓后，灵柩停放在崇德前殿。邓太后与她的哥哥车骑将军邓骘、虎贲中郎将邓悝等在宫中商议大计，决定了继位人选。当夜，派邓骘持符节，用已封王的皇子才能乘坐的青盖车将清河王的儿子刘祜接来，在殿中斋戒。皇太后登上崇德殿，文武百官都穿上吉服陪同出席。刘祜被引导上殿，皇太后将他封为长安侯。随即下诏，将刘祜立为和帝的后嗣。接着又撰写了册立皇帝的诏命。有关官员宣读完诏令，太尉献上皇帝的御玺，刘祜便正式即位。邓太后仍旧临朝摄政。

尚书郎、南阳人樊准因儒家学风日渐衰颓，上书说："我听说，君主不可以不学习。光武皇帝承受天命，使汉朝中兴，东征西伐，顾不上安居休息。但他仍然放下武器，讲说儒家学问；停鞍歇马，讨论圣人之道。孝明皇帝日理万机，事事经心，但却爱好古籍，留意儒家经典，每当行过飨射礼——在学校举办宴会和射箭比赛之后，都坐在正位上，亲自讲解经书，儒生们则一同聆听，四方都欢欣喜悦。他还广召著名的儒家学者，将他们安置在朝廷，每逢宴会，便亲切地和他们讨论疑难，共同研究治国和教化之道。即便是期门、羽林的武士军官，也都人人通晓《孝经》。儒学的影响从圣明的君王身上开始，扩展到野蛮荒凉之地。因此，每当人们称颂盛世的时候，都谈到明帝永平年代。如今学者日益减少，京城以外的远方尤其严重。博士把座席放在一旁，不再讲学，儒生则竞相追求华而不实的理论，忘掉了正直忠诚的原则，只熟悉谄媚阿谈的言辞。我认为应当颁布诏书，明告天下，广泛寻访隐居的学者，提拔渊博的儒士，等到将来圣上上学的时候，为他讲解经书。"邓太后认为樊准的意见很对，予以采纳，下诏说："三公、九卿和中二千石官员，要各自举荐隐士、大儒；被举荐者务必具有高尚的德行，以劝导晚生后进。从中精选博士，一定可以得到适当的人选。"

【原文】

孝安皇帝上永初元年（丁未，107 年）

秋，九月，庚午，太尉徐防以灾异、冠贼策免。三公以灾异免，自防始。辛未，司空尹勤以水雨漂流策免。

仲长统《昌言》曰：光武皇帝愠数世之失权，忿强臣之窃命，矫枉过直，政不任下，虽置三公，事归台阁。自此以来，三公之职，备员而已；然政有不治，犹加谴责。而权移外戚之家，宠被近习之竖，亲其党类，用其私人，内充京师，外布州郡，颠倒贤愚，贸易选举，疲驽守境，食残牧民，挠扰百姓，忿怒四夷，招致乖叛，乱离斯瘼，怨气并作，阴阳失和，三光亏缺，怪异数至，虫螟食稼，水旱为灾。此皆戚宦之臣所致然也，反以策让三公，至于死、免，乃足为叫呼苍天，号咷泣血者矣！又，中世之选三公也，务于清悫谨慎，循常习故者，是乃妇女之检柙，乡曲之常人耳，恶足以居斯位邪！势既如彼，选又如此，而欲望三公勋立于国家，绩加于生民，不亦远乎！昔文帝之于邓通，可谓至爱，而犹展申徒嘉之志。夫见任如此，则何患于左右小臣哉！至如近世，外戚、宦竖，请托不行，意气不满，立能陷人于不测之祸，恶可得弹正者哉！曩者任之重而责之轻，今者任之轻而责之重。光武夺三公之重，至今而加甚；不假后党以权，数世而不行；盖亲疏之势异也！今人主诚专委三公，分任责成，而在位病民，举用失贤，百姓不安，争讼不息，天地多变，人物多妖，然后可以分此罪矣！

【译文】

汉安帝永初元年（丁未，公元107年）

秋季，九月庚午（初一），太尉徐防因天灾、天象异常和叛匪作乱而被颁策罢免。太尉、司徒、司空三公由于天灾或天象异常而遭罢免，徐防乃是首例。辛未（初二），司空尹勤因大雨水灾被颁策罢免。

仲长统《昌言》曰：光武皇帝因西汉数世失去权柄而愤慨，对强悍之臣窃取帝位深为痛恨。因此他矫枉过正，权力不交给臣下，虽然设立了三公，政事却归尚书台总理。从此以后，三公的作用，只是充数而已，但当国家治理不善的时候，仍对三公加以谴责。而实权却转移到皇后家族，宠信则施加到皇帝身边的宦官。这些人亲近自己的同类同党，任用私己，在内充斥京城，在外遍布州郡。他们颠倒贤能与愚劣，利用举荐人才的机会，进行私人交易。使无能不才者守卫疆土，贪婪凶残者统治人民。黎民百姓受到搅扰，四方外族又被激怒，终于导致反叛，带来战乱流亡和忧患疾苦。怨愤之气一时并发，阴阳失和，日、月、星三光出现亏缺，怪异不断降临，害虫吃掉庄稼，水旱带来灾难。这样的局面都是外戚、宦官所造成的，而朝廷反而颁策责备三公，甚至将三公处死、免官，足以使人为此呼叫苍天，号啕泣血！再者，从中期开始，选任三公，都务必从清廉忠厚而又谨慎小心、循规蹈矩而又熟悉旧典的人中擢拔。这乃是妇女的楷模，乡间的平常之人罢了，怎么足以身居三公高位呢！三公的势力既然已是那样低落，人选又是如此平庸，却希望三公为国家建立功勋，为人民取得政绩，这岂不是遥远的事情吗！

从前，汉文帝对待邓通，可以说是宠爱之至，但仍使申徒嘉得以实现自己的意图，惩罚了邓通。受到这般信任，那么对皇帝左右的小臣又有什么顾忌呢！可是到了近代，对待外戚、宦官，官员如果不执行他们的请托，馈献不够丰足，立刻便会陷入意外的灾祸，哪里还能够弹劾纠正他们呢！从前，对三公信任多而责罚轻，如今，对三公信任少而责罚重。光武帝夺去三公的大权，如今则剥夺得更加厉害；光武帝制定不让皇后家族掌权的政策，几代之后却已不再遵行，其原因就在于皇帝与三公和外戚的亲疏关系不同。如今，若是君王真能信赖三公，将权力交给他们，责令完成重任，而三公身居高位却为害人民，不能举荐任用贤才，致使百姓不安，纠纷不断，天地变化无常，人间妖物大量出现，然后才可以让三公分担此罪！

【原文】

二年（戊申，108年）

夏，旱。五月，丙寅，皇太后幸雒阳寺及若卢狱录囚徒。雒阳有囚，实不杀人而被考自诬，羸困舆见，畏吏不敢言，将去，举头若欲自诉。太后察视觉之，即呼还问状，具得枉实。即时收雒阳令下狱抵罪。行未还宫，澍雨大降。

【译文】

二年（戊申，公元108年）

夏季，发生旱灾。五月丙寅（初一），邓太后亲临洛阳地方官府及若卢监狱，审查囚犯的罪状。有个洛阳的囚犯，实际上并没有杀过人，但被屈打成招，自认有罪。他十分瘦弱，身有伤残，被人抬上来进见，却因惧怕官吏而不敢开口。将要离去的时候，他抬起头来，像要为自己申诉。邓太后看到后，有所察觉，便马上把他叫回来询问情况，查清了全部冤屈事实。于是立即将洛阳令逮捕入狱，抵偿罪过。太后起驾，还没有回到皇宫，一场丰沛的及时雨便从天而降。

【原文】

三年（己酉，109年）

壬寅，司徒鲁恭罢。恭再在公位，选辟高第至列卿、郡守者数十人，而门上耆生或不蒙荐举，至有怨望者。恭闻之，曰："学之不讲，是吾忧也，诸生不有乡举者乎！"终无所言，亦不借之议论。学者受业，必穷核问难，道成，然后谢遣之。学者曰："鲁公谢与议论，不可虚得。"

【译文】

三年（己酉，公元109年）

三月壬寅（十二日），将司徒鲁恭罢免。鲁恭曾两次出任三公，由他遴选征召的成绩优秀的官吏，升任九卿和郡太守的有几十人。而那些长期跟随他的学生门徒，却往往得不到举荐，有人甚至产生了怨恨。鲁恭听到这个情况后，说："学问讲解得不明白，才是我所操心的事。诸位儒生不是可以由故乡郡县来举荐吗！"他到底没有开口举荐，也不借此发表议论。学生向他学习，他必定对难点穷根究底地不断提问。学业完成以后，才同学生辞别，让他们离去。学者们说："鲁公的辞别和议论，都不可凭空得到。"

【原文】

四年（庚戌，110年）

邓骘在位，颇能推进贤士，荐何熙、李郃等列于朝廷，又辟弘农杨震、巴郡陈禅等置之幕府，天下称之。震孤贫好学，明欧阳《尚书》，通达博览，诸儒为之语曰："关西孔子杨伯起。"教授二十余年，不答州郡礼命，众人谓之晚暮，而震志愈笃。骘闻而辟之，时震年已五十余，累迁荆州刺史、东莱太守。当之郡，道经昌邑，故所举荆州茂才王密为昌邑令，夜怀金十斤以遗震。震曰："故人知君，君不知故人，何也？"密曰："暮夜无知者。"震曰："天知，地知，我知，子知，何谓无知者！"密愧而出。后转涿郡太守。性公廉，子孙常蔬食、步行；故旧或欲令为开产业，震不肯，曰："使后世称为清白吏子孙，以此遗之，不亦厚乎！"

皇太后母新野君病，太后幸其第，连日宿止；三公上表固争，乃还宫。冬，十月，甲戌，新野君薨，使司空护丧事，仪比东海恭王。邓骘等乞身行服，太后欲不许，以问曹大家，大家上疏曰："妾闻谦让之风，德莫大焉。今四舅深执忠孝，引身自退，而以方垂未静，拒而不许，如后有毫毛加于今日，诚恐推让之名不可再得。"太后乃许之。及服除，诏骘复还辅朝政，更授前封，骘等叩头固让，乃止。于是并奉朝请，位次三公下，特进、侯上，其有大议，乃诣朝堂，与公卿参谋。

【译文】

四年（庚戌，公元110年）

邓骘身居大将军之位，颇能推举贤能人才。他保荐何熙、李郃等进入朝廷任职，还延聘弘农人杨震、巴郡人陈禅等做自己的幕僚，受到天下人的称赞。杨震自幼孤弱贫困而好学，通晓欧阳氏解释的《尚书》，而且知识丰富，博览群书，儒家学者们称他为"关西孔子杨伯起"。他教生授徒二十多年，不接受州郡官府的延聘征召。人们认为杨震年岁已大，步入仕途已晚，但他的志向却愈发坚定。邓骘听到杨震的名声以后，将他聘为幕僚。当时，杨震已经五十多岁，接连出任荆州刺史和东莱太守。在前往东莱郡的路上，途经昌邑，他先前所举荐的荆州茂才王密正担任昌邑县令。夜里，王密揣着十斤金来送给杨震。杨震说："故人了解你，你却不了解故人，这是为什么？"王密说："黑夜之中，没有人知道。"杨震说："天知，地知，我知，你知，怎能说没有人知道！"于是王密惭愧地出门走了。杨震后转任涿郡太守。他公正清廉，子孙经常以蔬菜为食，徒步出行。有的故人旧友劝杨震为子孙置办产业，但杨震不肯，他说："使后代人说他们是清官的子孙，把这当作遗产留下，不也很丰厚吗！"

邓太后的母亲新野君患病。邓太后前往新野君府省亲，连续留居数日。三公上表坚决反对这种举动，邓太后这才回宫。冬季，十月甲戌（二十三日），新野君去世。邓太后命令司空负责治丧，礼仪比照东海恭王刘强。邓骘兄弟请求辞官服丧，邓太后打算拒绝，询问曹大家的意见。曹大家上书说："我听说，谦让的风格，是最大的美德。如今四位舅父坚持忠孝，引身自动退下高位，而陛下却因边境战乱不宁，不肯应允。然而，如果将来有人对今日的做法提出毫毛般的指摘，我担心那谦让的美名便不可再得。"邓太后这才答应了邓骘等人的请求。及至服丧期满，邓太后下诏命令邓骘重新回来辅佐朝政，并再次授予以前曾欲加封的爵位。邓骘等一再叩头，坚决地辞让，邓太后这才罢休。于是邓氏兄弟全都被赐予"奉朝请"的名义，他们的地位在三公之下，在特进及侯之上，遇到国家大事，便前往朝堂，与三公九卿一同参议。

【原文】

六年（壬子，112年）

春，正月，甲寅，诏曰："凡供荐新味，多非其节，或郁养强孰，或穿掘萌芽，味无所至而夭折生长，岂所以顺时育物乎！《传》曰：'非其时不食。'自今当奉祠陵庙及给御者，皆须时乃上。"凡所省二十三种。

【译文】

六年（壬子，公元112年）

春季，正月甲寅（十一日），诏书说："各地进贡的新鲜食物，多数违反时令。或者在温室中培植，强使成熟；或者萌芽时便从土中掘出，还未生出滋味，便已夭折。这难道是顺应天时化育万物吗！《论语》说：'不合乎时令的东西不吃。'从今以后，供奉皇家陵园宗庙及御用的食物，一律等到成熟时再进献。"省减的食物共有二十三种。

汉纪四十二

【原文】

孝安皇帝中元初三（丙辰，116年）

旧制：公卿、二千石、刺史不得行三年丧，司徒刘恺以为"非所以师表百姓，宜美风俗。"丙戌，初听大臣行三年丧。

【译文】

汉安帝元初三年（丙辰，公元116年）

以往制度规定：三公、九卿、二千石官员、刺史，不得守丧三年。司徒刘恺认为："这种做法不能成为百姓的表率和倡导优良风俗。"十一月丙戌（十一日），首次允许大臣守丧三年。

【原文】

永宁元年（庚申，120年）

北匈奴率车师后王军就共杀后部司马及敦煌长史索班等，遂击走其前王，略有北道。鄯善逼急，求救于曹宗，宗因此请出兵五千人击匈奴，以报索班之耻，因复取西域；公卿多以为宜闭玉门关，绝西域。太后闻军司马班勇有父风，召诣朝堂问之。勇上议曰："昔孝武皇帝患匈奴强盛，于是开通西域，论者以为夺匈奴府藏，

断其右臂。光武中兴，未遑外事，故匈奴负强，驱率诸国；及至永平，再攻敦煌，河西诸郡，城门昼闭。孝明皇帝深惟庙策，乃命虎臣出征西域，故匈奴远遁，边境得安；及至永元，莫不内属。会间者羌乱，西域复绝，北虏遂遣责诸国，备其逋租，高其价直，严以期会，鄯善、车师皆怀愤怨，思乐事汉，其路无从；前所以时有叛者，皆由牧养失宜，还为其害故也。今曹宗徒耻于前负，欲报雪匈奴，而不寻出兵故事，未度当时之宜也。夫要功荒外，万无一成，若兵连祸结，悔无所及。况今府藏未充，师无后继，是示弱于远夷，暴短于海内，臣愚以为不可许也。旧敦煌郡有营兵三百人，今宜复之，复置护西域副校尉，居于敦煌，如永元故事，又宜遣西域长史将五百人屯楼兰，西当焉耆、龟兹径路，南强鄯善、于阗心胆，北捍匈奴，东近敦煌，如此诚便。"

于是从勇议，复敦煌郡营兵三百人，置西域副校尉居敦煌，虽复羁縻西域，然亦未能出屯。其后匈奴果数与车师共入寇钞，河西大被其害。

初，当煎种饥五同种大豪卢忽、忍良等千余户别留允街，而首施两端。

【译文】

永宁元年（庚申，公元 120 年）

北匈奴率领车师后王军就，一同杀死后部司马及敦煌长史索班等人，乘胜赶走车师前王，控制了西域北道。鄯善国形势危急，向曹宗求救。于是曹宗上书朝廷，请求出兵五千人进攻匈奴，为索班雪耻，就此重新收回西域。朝中公卿多数认为应当关闭玉门关，和西域断绝关系。邓太后听说军司马班勇有其父班超之风，便召他到朝堂进见，询问他的意见。班勇建议道："从前孝武皇帝因匈奴强盛而感到忧虑，于是开通了西域。评论者认为，这一举动是夺取了匈奴的宝藏，切断了匈奴的右臂。光武帝使大业中兴，未能顾及外部事务，因此匈奴得以仗恃强力，驱使各国服从。到了永平年间，匈奴再次进攻敦煌，致使河西地区各郡的城门白天关闭。孝明皇帝深思熟虑，制定国策，命虎将出征西域，匈奴因此向远方逃遁，边境才得到了安宁。及至永元年间，异族无不归附汉朝。但不久之前又发生了羌乱，汉朝与西域的关系再度中断。于是北匈奴派遣使者，督责各国缴纳拖欠的贡物，并提高价值，严格规定缴纳期限。鄯善、车师两国全都心怀怨愤，愿意臣属于汉朝，但却找不到途径。从前西域所以时常发生叛乱，都是由于汉朝官员对他们管理不当，并加以迫害的缘故。如今曹宗只是为先前的失败感到羞耻，要向匈奴报仇雪恨，并不研究从前的战史，也未衡量当前战略的利弊。在遥远的蛮荒建立功业，可能性极其微小，如果导致战争连年，祸事不断，则将后悔不及。况且如今国库并不充足，大军没有后继力量。这是向远方的异族显示我们的弱点，向天下暴露我们的短处，我认为不可批准曹宗的请求。从前敦煌郡有营兵三百人，现在应当恢复，并重新设置护西域副校尉，驻扎敦煌，如同永元年间的旧例。还应派遣西域长史率领五百人驻扎楼兰，在西方控制焉耆、龟兹的通道，在南方增强鄯善、于阗的信心和胆量，在北方抵抗匈奴，在东方捍卫敦煌。我确信这是上策。"

于是朝廷采纳了班勇的建议，向敦煌郡重新派遣营兵三百人，并设置西域副校尉驻守敦煌。朝廷虽然再次控制西域，却未能越出边境，到西域驻兵。后来，匈奴果然屡次同车师一道侵犯内地，河西地区受到严重伤害。

当初，与饥五同族的当煎部落首领卢怱、忍良等一千余户单独居住在允街，而摇摆不定。

【原文】

建光元年（辛酉，121 年）

二月，皇太后寝疾，癸亥，赦天下。三月，癸巳，皇太后邓氏崩。未及大敛，帝复申前命，封邓骘为上蔡侯，位特进。

丙午，葬和熹皇后。

太后自临朝以来，水旱十载，四夷外侵，盗贼内起，每闻民饥，或达旦不寐，躬自减彻以救灾厄，故天下复平，岁还丰稔。

上始亲政事，尚书陈忠荐隐逸及直道之士颍川杜根、平原成翊世之徒，上皆纳用之。忠，宠之子也。初，邓太后临朝，根为郎中，与同时郎上书言："帝年长，宜亲政事。"太后大怒，皆令盛以缣囊，于殿上扑杀之，既而载出城外，根得苏；太后使人检视，根遂诈死，三日，目中生蛆，因得逃窜，为宜城山中酒家保，积十五年。成诩世以郡吏亦坐谏太后不归政抵罪。帝皆征诣公车,拜根侍御史,诩世尚书郎。或问根曰:"往者遇祸,天下同义,知故不少,何至自苦如此?"根曰:"周旋民间,非绝迹之处,邂逅发露,祸及亲知,故不为也。"

  帝少号聪明,故邓太后立之。及长,多不德,稍不可太后意;帝乳母王圣知之。太后征济北、河间王子诣京师;河间王子翼,美容仪,太后奇之,以为平原怀王后,留京师。王圣见太后久不归政,虑有废置,常与中黄门李闰、江京候伺左右,共毁短太后于帝,帝每怀忿惧。及太后崩,宫人先有受罚者怀怨恚,因诬告太后兄弟悝、弘、闾先从尚书邓访取废帝故事,谋立平原王。帝闻,追怒,令有司奏悝等大逆无道,遂废西平候广宗、叶候广德、西华候忠、阳安候珍、都乡候甫德皆为庶人,邓骘以不与谋,但免特进,遣就国;宗族免官归故郡,没入骘等赀财田宅。徙邓访及家属于远郡。郡县迫逼,广宗及忠皆自杀。又徙封骘为罗候;五月,庚辰,骘与子凤并不食而死。骘从弟河南尹豹、度辽将军舞阳候遵、将作大匠畅皆自杀;唯广德兄弟以母与阎后同产,得留京师。复以耿夔为度辽将军,征乐安候邓康为太仆。丙申,贬平原王翼为都乡候,遣归河间。翼谢绝宾客,闭门自守,由是得免。

  帝以耿贵人兄牟平候宝监羽林左军车骑;封宋杨四子皆为列候,宋氏为卿、校、侍中、大夫、谒者、郎吏十余人;阎皇后兄弟显、景、耀,并为卿、校、典禁兵。于是内宠始盛。

  帝以江京尝迎帝于邸,以为京功,封都乡候,封李闰为雍乡候,闰、京并迁中常侍。京兼大长秋,与中常侍樊丰、黄门令刘安、钩盾令陈达及王圣、圣女伯荣扇动内外,竞为侈虐;伯荣出入宫掖,传通奸赂。司徒杨震上疏曰:"臣闻政以得贤为本,治以去秽为务;是以唐、虞俊义在官,四凶流放,天下咸服,以致雍熙。方今九德未事,嬖幸充庭。阿母王圣,出自贱微,得遭千载,奉养圣躬,虽有推燥居湿之勤,前后赏惠,过报劳苦,而无厌之心不知纪极,外交属托,扰乱天下,损辱清朝,尘点日月。夫女子、小人,近之喜,远之怨,实为难养。宜速出阿母,令居外舍,断绝伯荣,莫使往来;令恩德两隆,上下俱美。"奏御,帝以示阿母等,内幸皆怀忿恚。

  尚书令祋讽等奏,以为"孝文定约礼之制,光武皇帝绝告宁之典,贻则万世,诚不可改，宜复断大臣行三年丧。"尚书陈忠上疏曰："高祖受命，萧何创制，大臣有宁告之科，合于致忧之义。建武之初，新承大乱，凡诸国政，多趣简易，大臣既不得告宁而群司营禄念私，鲜循三年之丧以报顾复之恩者，礼义之方，实为雕损。陛下听大臣终丧，圣功美业，靡以尚兹。《孟子》曰：'老吾老以及人之老，幼吾幼以及人之幼，天下可运于掌。'臣愿陛下登高北望，以甘陵之思揆度臣子之心，则海内咸得其所。"时宦官不便之，竟寝忠奏。庚子，复断二千石以上行三年丧。

袁宏论曰：古之帝王所以笃化美俗，率民为善，因其自然而不夺其情，民犹有不及者，而况毁礼止哀，灭其天性乎！

【译文】

建光元年（辛酉，公元 121 年）

二月，邓太后卧病。癸亥（十二日），大赦天下。三月登巳（十三日），邓太后驾崩。还未等到大敛，安帝便重申先前发布的命令，将邓骘封为上蔡侯，位居特进。

丙午（三月二十六日），安葬邓太后。

自从邓太后临朝摄政以来，水旱灾害达十年，四方异族从外入侵，盗贼叛匪在内纷起。每当听说民间饥馑，邓太后往往通宵不眠，亲自裁膳撤乐，削减个人享受，以拯救灾难。因此天下重新安定，恢复了丰收年景。

安帝开始亲自接管政事。尚书陈忠举荐"隐逸"及"直道"之士颍川人杜根、平原人成翊世等人，安帝全部接纳而予以任用。陈忠是陈宠之子。当初，邓太后主持朝政，杜根任郎中，他与当时的一位郎官共同上书说："皇上已经长大，应当亲自主持政事。"邓太后大怒，命人将他们全都装入白绢制的袋中，在殿上当场打死，然后用车运出城外。杜根苏醒过来，邓太后派人查看尸体时，他便装死。三天之后，他的眼中长出了蛆虫，才得以逃走，成为宜城山中一家酒铺的佣工，长达十五年。成翊世原是郡府的官吏，也因劝谏邓太后归还大权而被判罪。安帝征召二人全都前往主管征召事务的官署公车报到，将杜根任命为侍御史，将成翊世任命为尚书郎。有人问杜根说："从前您遇到灾祸时，天下人都认为您是义士，您的知交故人不少，何至于让自己这样受苦？"杜根说："奔走躲藏于民间，那不是隐匿踪迹的处所，一旦被人碰见而暴露身份，就会给亲友带来灾祸，所以我不肯那样做。"

安帝在幼年时，人们都说他聪明，所以邓太后将他立为皇帝。但等到长大以后，却有很多不好的品质，渐渐不合太后的心意。安帝的奶娘王圣了解这个情况。邓太后曾征召济北王和河间王的儿子们前来京城，其中，河间王的儿子刘翼相貌堂堂，邓太后认为他不同寻常，便让他做平原怀王刘隆的继承人，留在京城。王圣见邓太后久不归还政权，担心安帝会被废黜，经常同中黄门李闰和江京围在安帝身边，一同诋毁太后，安帝每每感到怨愤和恐惧。及至邓太后驾崩，先前因受处罚而怀恨的宫人便诬告邓太后的兄弟邓悝、邓弘、邓阊曾向尚书邓访索取废黜皇帝的历史档案，策划改立平原王刘翼。安帝听到后，回想往事而大怒，命令有关部门弹劾邓悝等大逆不道。于是废掉西平侯邓广宗、叶侯邓广德、西华侯邓忠、阳安侯邓珍、都乡侯邓甫德的爵位，将他们全部贬为平民；邓骘因不曾参与密谋，只免去特进之衔，遣回封国；邓氏宗亲一律免去官职，返回原郡；没收邓骘等人的资财、田地和房产；将邓访及其家属，放逐到边远的郡县。在郡县官员的迫害下，邓广宗、邓忠二人自杀。后又将邓骘改封为罗侯。五月庚辰（初一），邓骘和他的儿子邓凤一同绝食而死。邓骘的堂弟、河南尹邓豹，度辽将军、舞阳侯邓遵，以及将作大匠邓畅，全部自杀。唯独邓广德兄弟因母亲与阎皇后是亲姐妹，得以留在京城。安帝重新任命耿夔为度辽将军。征召乐安侯邓康，任命为太仆。五月丙申（十七日），将平原王刘翼贬为都乡侯，遣回河间。刘翼不再会见宾客，紧闭大门而深居自守，因此得以免罪。安帝将嫡母耿贵人的哥哥牟平侯耿宝任命为羽林左军车骑总监，将祖母宋贵人之父宋杨的四个儿子全都封为列侯，宋氏家族中担任卿、校、侍中、大夫、谒者、郎官的有十余人。阎皇后的兄弟阎显、阎景、阎耀，全都担任卿、校，统御皇家禁军。从此，安帝内宠的权势开始兴盛。

安帝因江京当年曾前往清河国驻京官邸迎接自己入宫即位，认为江京有功，将他封为都乡侯，将李闰封为雍乡侯，二人全都提升为中常侍。江京兼任大长秋，与中常侍樊丰、黄门令刘安、钩盾令陈达，以及王圣和王圣的女儿伯荣在内外活动，竞相显示奢侈和暴虐。伯荣能够出入皇宫，便从事串通奸恶和传送贿赂的勾当。司徒杨震上书说："我听说，执掌政权，以得到贤才为基本条件；治理国家，以铲除奸恶为主要任务。因此唐尧虞舜时代，俊杰之士当权，'四凶'之类的恶人遭到流放，天下全都敬服，因此达到人心和睦。如今具备《尚书》所提出的'九德'的人未在朝中任职，而嬖幸奸佞之辈却充斥宫廷。奶娘王圣，出身微贱，遇到千载难逢的机会，奉养皇上，虽然有精心侍候的辛勤，但先后对她的赏赐予恩德，已经超过对功劳的报答。然而她贪得无厌，不知法纪的限度，勾结宫外之人，接受请托贿赂，扰乱大局，损害朝廷，玷污了陛下日月般的圣明。女子和小人，接近他们便高兴，疏远他们便怨恨，委实难以豢养。陛下应当尽早让奶娘出宫，命她在外面居住，切断伯荣和宫廷的联系，不许她往来奔走。这样可以同时发扬皇恩与圣德，对上对下两全其美。"奏书呈上，安帝让奶娘等人传阅，他们全都心怀愤慨和怨恨。

尚书祋讽等人上书指出："孝文皇帝制订简单的礼仪，光武皇帝革除官吏告假奔丧的制度，这是给万世留下的法则，实在不应更改。应当重新取消大臣守丧三年的规定。"尚书陈忠上书说："高祖承受天命，萧何创立制度，大臣有守丧三年的规定，合乎孝子哀悼父母的原则。光武帝建武初年，刚刚经受了大乱，国家的各项规章制度，多趋于简单易行。既然大臣不得告假奔丧，而下面的官员们追求私利，便很少有人守丧三年，以报答父母的养育之恩，这就使礼义方面确实受到了损害。陛下准许大臣守丧三年，在神圣美好的功业中，没有哪一项比这更为崇高。《孟子》说：'尊敬我的长辈，推及至别人的长辈；爱护我的幼儿，推及至别人的幼儿，天下便可把握运转在手掌上。'我愿陛下登高遥望北方，用陛下对甘陵的思念推想臣子的心情，那么天下之人就可以各得其所。"当时，宦官认为守丧三年的制度对自己不便，竟将陈忠的奏章搁置下来。庚子（十一月二十三日），安帝重新取消二千石以上官员守丧三年的规定。

袁宏论曰：古代的帝王所以能使美好的风俗更为淳厚，率领百姓向善，是由于顺其自然而不强行剥夺人的感情，然而有些百姓仍然不能受到教化，更何况破坏礼制而不让为父母尽哀，毁灭了天性呢！

【原文】

延光元年（壬戌，122 年）

汝南太守山阳王龚，政崇宽和，好才爱士。以袁阆为功曹，引进郡人黄宪、陈蕃等；宪虽不屈，蕃遂就吏。阆不修异操而致名当时，蕃性气高明，龚皆礼之，由是群士莫不归心。

宪世贫贱，父为牛医。颍川荀淑至慎阳，遇宪于逆旅，时年十四；淑辣然异之，揖与语，移日不能去，谓宪曰："子，吾之师表也。"既而前至袁阆所，未及劳问，逆曰："子国有颜子，宁识之乎？"阆曰："见吾叔度耶？"是时同郡戴良，才高倨傲，而见宪未尝不正容，及归，罔然若有失也。其母问曰："汝复从牛医儿来邪？"对曰："良不见叔度，自以为无不及；既睹其人，则瞻之在前，忽然在后，固难得而测矣。"陈蕃及同郡周举尝相谓曰："时月之间，不见黄生，则鄙吝之萌复存乎心矣。"太原郭泰，少游汝南，先过袁阆，不宿而退；进，往从宪，累日方还。或以问泰，曰："奉高之器，譬诸氿滥，虽清而易挹。叔度汪汪若千顷陂，澄之不清，淆之不浊，不可量也。"宪初举孝廉，又辟公府。友人劝其仕，宪亦不拒之，暂到京师，即还，竟无所就，年四十八终。

【译文】

延光元年（壬戌，公元122年）

汝南太守山阳人王龚，为官崇尚宽厚平和，喜爱人才贤士。他任命袁阆为功曹，本郡人黄宪、陈蕃等受到举荐。尽管黄宪不肯服从征召，陈蕃却因此就任官职。袁阆并不标新立异，当时却很有名望，陈蕃则性格气质清高爽朗。王龚对他们全都以礼相待，因此士人们无不对王龚十分向往。

黄宪家世贫贱，父亲是一名牛医。颍川人荀淑来到慎阳，在旅店遇到黄宪，黄宪当时十四岁，荀淑对他大感惊异，拱手为礼而交谈，很久都不肯离去。他对黄宪说："您就是我的老师。"接着他前往袁阆处，没来得及讲寒暄的话，迎面便说："贵郡有个像孔子学生颜回那样的人，你可认识他？"袁阆说："是遇到了我们的黄叔度吗？"当时，同郡人戴良富有才华而心气高傲，而见了黄宪，却总是十分恭敬，等到回家后，则感到惘然若有所失。他的母亲问道："你又是从牛医儿子那里来吗？"戴良回答说："我没看到黄叔度时，自以为没有地方不如他，相见以后，却好像看他就在前面，而忽然又在后面出现，实在高深莫测。"陈蕃与同郡人周举曾交谈，一致认为："如果三个月不见黄宪，那么卑鄙可耻的念头就会重新在内心萌芽了。"太原人郭泰，少年时曾在汝南郡游历。他先去拜访袁闳，没有留下过夜便告辞了。又去拜访黄宪，却一连住了几天才返回。有人问郭泰是什么原因，郭泰说："袁奉高的才具，好比泉水，虽清但容易舀取。而黄叔度却像千顷汪洋，无法使它澄清，也无法使它混浊，不可估量。"黄宪最初曾被本郡推举为孝廉，后来又受到三公府的征召。黄宪的友人劝他去做官，他也并不拒绝，但只是暂时到京城，随即返回，竟什么官也没做。黄宪四十八岁时去世。

【原文】

三年（甲子，124年）

初，樊丰、周广、谢恽等见杨震连谏不从，无所顾忌，遂诈作诏书，调发司农钱谷、大匠见徒材木，各起冢舍、园池、庐观，役费无数。震复上疏曰："臣备台辅，不能调和阴阳，去年十二月四日，京师地动，其日戊辰；三者皆土，位在中宫，此中臣、近官持权用事之象也。臣伏唯陛下以边境未宁，躬自菲薄，宫殿垣屋倾倚，枝柱而已。而亲近幸臣，未崇断金，骄溢逾法，多请徒士，盛修第舍，卖弄威福，道路欢哗，地动之变，殆为此发。又，冬无宿雪，春节未雨，百僚焦心，而缮修不止，诚致旱之征也。唯陛下奋乾刚之德，弃骄奢之臣，以承皇天之戒！"震前后所言转切，帝既不平之，而樊丰等皆侧目愤怨，以其名儒，未敢加害。会河间男子赵腾上书指陈得失，帝发怒，遂收考诏狱，结以罔上不道。震上疏救之曰："臣闻殷、周哲王，小人怨詈，则还自敬德。今赵腾所坐，激讦谤语，为罪与手刃犯法有差，乞为亏除，全腾之命，以诱刍荛舆人之言。"帝不听，腾竟伏尸都市。及帝东巡，樊丰等因乘舆在外，竞修第宅，太尉部掾高舒召大匠令史考校之，得丰等所诈下诏书，具奏，须行还上之，丰等惶怖。会太史言星变逆行，遂共谮震云："自赵腾死后，深用怨怼；且邓氏故吏，有恚恨之心。"壬戌，车驾还京师，便时太学，夜，遣使者策收震太尉印绶；震于是柴门绝宾客。丰等复恶之，令大鸿胪耿宝奏："震大臣，不服罪，怀恚望。"有诏，遣归本郡。震行至城西夕阳亭，乃慷慨谓其诸子、门人曰："死者，士之常分。吾蒙恩居上司，疾奸臣狡猾而不能诛，恶嬖女倾乱而不能禁，何面目复见日月！身死之日，以杂木为棺，布单被，裁足盖形，勿归冢次，勿设祭祀！"因饮鸩而卒。弘农太守移良承樊丰等旨，遣吏于陕县留停震丧，露棺道侧，谪震诸子代邮行书；道路皆为陨涕。

【译文】

三年（甲子，公元124年）

起初，樊丰、周广、谢恽等人见杨震接连进谏却未被采纳，因而无所顾忌，后来便伪造诏书，征调大司农的钱粮、大匠的现有徒夫、木材，各自兴建巨宅、林园池塘和亭台楼阁，劳役及费用无法统计。杨震再次上书说："我身在三公之位，未能调和阴阳。去年十二月四日，京城发生地震，那一天是'戊辰'日，地与戊、辰三者都属'土'，而地震的位置在中宫，这是宦官幸臣掌权用事的征象。我想到，陛下由于边境平静，自己十分俭省，皇宫的墙垣殿堂倾斜，只用支柱撑起而已。然而那些亲近的宠臣，却不能尊崇与陛下同心的原则，他们骄傲奢侈超过法律的限制，大量征调役夫，大修宅第，作威作福，致使行人在路上喧哗，地震的灾变，恐怕就是为此而发。还有，去冬无积雪，春天未下雨，百官感到心焦，但修缮未停止，这诚然是导致干旱的征兆。愿陛下振奋帝王的阳刚之德，抛弃那些骄傲奢侈之臣，以回报上天的警告！"杨震前后的言论由温和转为激烈，安帝已感到不满，而樊丰等人全都对杨震侧目而视，十分愤恨。但由于杨震是知名的儒者，他们未敢加害于他。恰在此时，河间男子赵腾上书分析批评朝廷得失，安帝发怒，于是将赵腾逮捕，送到诏狱审问，以欺骗主上、大逆不道定罪。杨震上书营救赵腾，说："我听说殷代、周代的圣明君王，受到小人的抱怨和诟骂后，反而自我警戒，进一步修养品德。如今赵腾受到指控的原因，是用激烈的言辞进行诽谤，罪行与持刀杀人犯法有所不同。我请求为赵腾减刑，保全他的性命，以劝诱草野民众为国进言。"安帝不听。赵腾终于被处死，横尸于都市街头。及至安帝去东方巡视，樊丰等因皇上在外而竟相大修宅第。太尉部掾高舒叫来大匠令史询问核查，得到了樊丰等人伪造发下的诏书。杨震将全部情况写成奏书，准备等安帝回京后呈上，樊丰等人大为惶恐。这时，恰好太史报告说星象发生变化，出现了逆行现象。于是樊丰等人便一同诋毁杨震说："自从赵腾死后，杨震深为不满，而且他是邓氏家族的旧人，有怨恨之心。"三月壬戌（二十九日），安帝回到京城洛阳，临时在太学休息。当夜，派使者颁策，收回杨震的太尉印信。于是杨震紧闭门户，不再会见宾客。樊丰等人又感到厌恶，指使大鸿胪耿宝上奏说："杨震本是大臣，竟不服罪而心怀怨恨。"安帝下诏，将杨震遣回原郡。杨震来到洛阳城西的夕阳亭，便满怀慷慨地对他的儿子、门徒们说："死亡，乃是士的平常遭遇。我蒙受皇恩而身居高位，痛恨奸臣狡诈，却不能进行惩罚；痕恨淫妇作乱，却不能予以禁止，还有什么面目再见日月！我死以后，要以杂木作棺材，用单被包裹，仅够盖住身体即可，不要归葬祖坟，不要祭祀！"于是服毒而死。弘农郡太守移良遵照樊丰等人的意思，派官吏在陕县留住杨震的丧车，使棺木暴露在大道之旁，并谪罚杨震的儿子们为驿站传递文书。路上的行人都为他们洒泪。

资治通鉴第五十一卷

汉纪四十三

【原文】

孝安皇帝下延光四年（乙丑，125年）

庚申，帝至宛，不豫。乙丑，帝发自宛；丁卯，至叶，崩于乘舆。年三十二。

皇后与阎显兄弟、江京、樊丰等谋曰："今晏驾道次，济阴王在内，邂逅公卿立之，还为大害。"乃伪云"帝疾甚"，徙御卧车。所在上食、问起居如故。驱驰行四日，庚午，还宫。辛未，遣司徒刘熹诣郊庙、社稷，告天请命；其夕，发丧。尊皇后曰皇太后。太后临朝。以显为车骑将军、仪同三司。太后欲久专国政，贪立幼年，与显等定策禁中，迎济北惠王子北乡侯懿为嗣。济阴王以废黜，不得上殿亲临梓宫，悲号不食；内外群僚莫不哀之。

阎显忌大将军耿宝位尊权重，威行前朝，乃风有司奏"宝及其党与中常侍樊丰、虎贲中郎将谢恽、侍中周广、野王君王圣、圣女永等更相阿党，互作威福，皆大不道。"辛卯，丰、恽、广皆下狱，死；家属徙比景。贬宝及弟子林虑侯承皆为亭侯，遣就国；宝于道自杀。王圣母、子徙雁门。于是以阎景为卫尉，耀为城门校尉，晏为执金吾，兄弟并处权要，威福自由。

北乡侯疾笃，中常侍孙程谓济阴王谒者长兴渠曰："王以嫡统，本无失德；先帝用谗，遂至废黜。若北乡侯不起，相与共断江京、阎显，事无不成者。"渠然之。又中黄门南阳王康，先为太子府史，及长乐太官丞京兆王国等并附同于程。江京谓阎显曰："北乡侯病不解，国嗣宜以时定，何不早征诸王子，简所置乎！"显以为然。辛亥，北乡侯薨；显白太后，秘不发丧，更征诸王子，闭宫门，屯兵自守。

十一月，乙卯，孙程、王康、王国与中黄门黄龙、彭恺、孟叔、李建、王成、张贤、史泛、马国、王道、李元、杨佗、陈予、赵封、李刚、魏猛、苗光等聚谋于西钟下，皆截单衣为誓。丁巳，京师及郡国十六地震。是夜，程等共会崇德殿上，因入章台门。时江京、刘安及李闰、陈达等俱坐省门下，程与王康共就斩京、安、达。以李闰权势积为省内所服，欲引为主，因举刃胁闰曰："今当立济阴王，毋得摇动！"闰曰："诺。"于是扶闰起，俱于西钟下迎济阴王即皇帝位，时年十一。召尚书令、仆射以下从辇幸南宫，程等留守省门，遮捍内外。帝登云台，召公卿、百僚，使虎贲、羽林士屯南、北宫诸门。

阎显时在禁中，忧迫不知所为，小黄门樊登劝显以太后诏召越骑校尉冯诗、虎贲中郎将阎崇将兵屯平朔门以御程等。显诱诗入省，谓曰："济阴王立，非皇太后意，玺绶在此。苟尽力效功，封侯可得。"太后使授之印曰："能得济阴王者，封万户侯；得李闰者，五千户侯。"诗等皆许诺，辞以"卒被召，所将众少"。显使与登迎吏士于左掖门外，诗因格杀登，归营屯守。

显弟卫尉景遽从省中还外府，收兵至盛德门。孙程传召诸尚书使收景。尚书郭镇时卧病，闻之，即率直宿羽林出南止车门，逢景从吏士拔白刃呼曰："无干兵！"镇即下车持节诏之，景曰："何等诏！"因斫镇，不中。镇引剑击景堕车，左右以戟叉其胸，遂禽之，送廷尉狱，即夜死。

戊午，遣使者入省，夺得玺绶，帝乃幸嘉德殿，遣侍御史持节收阎显及其弟城门校尉耀、执金吾晏，并下狱，诛；家属皆徙比景。迁太后于离宫。己未，开门，罢屯兵。壬戌，诏司隶校尉："惟阎显、江京近亲，当伏辜诛，其余务崇宽贷。"封孙程等皆为列侯：程食邑万户，王康、王国食九千户，黄龙食五千户，彭恺、孟叔、李建食四千二百户，王成、张贤、史泛、马国、王道、李元、杨佗、陈予、赵封、李刚食四千户，魏猛食二千户，苗光食千户：是为十九侯，加赐车马、金银、钱帛各有差。

【译文】

汉安帝延光四年（乙丑，公元125年）

庚申（三月初三），安帝抵宛，身体觉不适。乙丑（初八），从宛出发。丁卯

（初十），抵达叶县，就死在车上。年仅三十二岁。

　　皇后和她的兄弟阎显等，以及宦官江京、樊丰等密谋说："如今皇帝死在道上，他的亲生儿子济阴王却留在京都洛阳。消息一旦传出，如果公卿大臣集会，拥立济阴王继承帝位，将给我们带来大祸。"于是谎称皇帝病重，将尸首抬上卧车，所过之处，贡献饮食、问候起居，和往常一样。车队急行四天，于庚午（三月十三日）返抵皇宫。辛未（十四日），派司徒刘熹前往郊庙、社稷，祷告天地。当晚，发丧，尊皇后为皇太后。太后临朝主政，任命其兄阎显为车骑将军、仪同三司。太后为了长期把持朝廷大权，想选立一个年幼的皇帝。于是和阎显等在禁宫中定策，决定迎立济北惠王的儿子、北乡侯刘懿继位。而济阴王因在此前已遭废黜，反而不得上殿在棺木前哀悼父亲，他悲痛号哭，饮食不进。宫廷内外文武百官，无不为之哀伤。

　　阎显顾忌大将军耿宝位尊权重，威望又高，于是指使有关官吏弹劾："耿宝和他的同党中常侍樊丰、虎贲中郎将谢恽、侍中周广、野王君王圣、王圣的女儿永等人，互相结党营私，作威作福，都大逆不道。"辛卯（初五），樊丰、谢恽、周广都被捕下狱处死，家属流放比景。耿宝和侄儿林虑侯耿承都贬为亭侯，遣归封国。耿宝在途中自杀。王圣母子，流放雁门。于是，阎显又任命其弟阎景为卫尉，阎耀为城门校尉，阎晏为执金吾，兄弟同居权力中枢，任意作威作福。

　　北乡侯刘懿病重，中常侍孙程对济阴王谒者长兴渠说："济阴王是皇帝嫡子，原本没有过失，先帝听信奸臣谗言，竟被废黜。如果北乡侯的病不能痊愈，我与你联合除掉江京、阎显，没有不成功之理。"长兴渠同意。此外，中黄门、南阳郡人王康，先前曾担任太子府史，以及长乐太官丞、京兆王国等人，也都赞成孙程的意见。江京对阎显说："北乡侯的病不愈，继位人应该按时确定，何不及早征召诸王之子，从中选择可以继位的人？"阎显认为有理。辛亥（十月二十七日），北乡侯去世。阎显急忙禀告太后，暂时秘不发丧，再征召诸王之子进宫，关闭宫门，驻兵把守。

　　十一月乙卯（初二），孙程、王康、王国和中黄门黄龙、彭恺、孟叔、李建、王成、张贤、史泛、马国、王道、李元、杨佗、陈予、赵封、李刚、魏猛、苗光等，在西钟楼下秘密聚会，每人撕下一幅衣襟进行盟誓。丁巳（初四），京都洛阳和十六个郡和封国发生地震。当晚，孙程等先在崇德殿上集合，然后进入章台门。当时，江京、刘安和李闰、陈达等正好都坐在禁门下，孙程和王康一齐动手，斩杀江京、刘安和陈达。因李闰长久亭有权势，为宫内人所信服，想让他来领头。所以举刀胁迫李闰说："你必须答应拥戴济阴王为帝，不得动摇！"李闰回答："是。"于是，大家将李闰扶起来，都到西钟楼下迎济阴王即皇帝位，当时济阴王十一岁。接着召集尚书令、仆射以下官吏跟随御车，进入南宫。孙程等留守禁门，断绝内外交通。皇帝登上云台，召集公卿百官，派遣虎贲和羽林卫士分别驻守南宫和北宫的所有宫门。

阎显这时正在宫中，闻讯后惊慌失措，不知如何应变。小黄门樊登劝阎显用太后诏命征召越骑校尉冯诗、虎贲中郎将阎崇，率军驻守平朔门，以抵御孙程等人。于是，阎显引诱冯诗入宫，并对他说："济阴王即位，不是皇太后的旨意，皇帝玺印还在这里。如果你能尽力效劳，可以得到封侯。"太后派人送来印信说："能拿获济阴王的，封万户侯。拿获李闰的，封五千户侯。"冯诗等人虽都承诺，但推辞说："因仓促被召，带兵太少。"阎显派冯诗等和樊登去左掖门外迎接增援的将士，冯诗等趁机斩杀樊登，归营固守。

阎显的弟弟卫尉阎景仓促从宫中返回外府，集合军队抵达盛德门。孙程传诏书命令尚书们逮捕阎景。当时，尚书郭镇正卧病在床，一听到命令，立即率领值班的羽林卫士，从南止车门出来，正遇上阎景的部属拔刀大叫："不要挡道！"郭镇立即下车持节宣读诏书，阎景说："什么诏书！"于是举刀砍郭镇，没有砍中。郭镇拔剑将阎景击落车下，羽林卫士用戟叉住他的胸脯，将其活捉，送至廷尉狱囚禁，当夜死去。

戊午（十一月初五），派使者入北宫，夺到皇帝玺印。于是，皇帝亲临嘉德殿，派遣侍御史持符节，将阎显及其弟城门校尉阎耀、执金吾阎晏一并逮捕，下狱处死，家属全都流放比景。将太后迁往离宫。已未（初六），打开宫门，撤走驻兵。壬戌（初九），下诏给司隶校尉："只有阎显、江京近亲应当被诛杀，其他的人，均须从宽处理。"孙程等都被封为列侯：孙程食邑万户，王康、王国食邑九千户，黄龙食邑五千户，彭恺、孟叔、李建各食邑四千二百户，王成、张贤、史泛、马国、王道、李元、杨佗、陈予、赵封、李刚，各食邑四千户，魏猛食邑二千户，苗光食邑千户，号为十九侯。同时，分别等级，赏赐车马、金银和钱帛。

【原文】

孝顺皇帝上永建元年（丙寅，126年）

中常侍张防卖弄权势，请托受取；诩案之，屡寝不报。诩不胜其愤，乃自系廷尉，奏言："昔孝安皇帝任用樊丰，交乱嫡统，几亡社稷。今者张防复弄威柄，国家之祸将重至矣。臣不忍与防同朝，谨自系以闻，无令臣袭杨震之迹！"书奏，防流涕诉帝，诩坐论输左校；防必欲害之，二日之中，传考四狱。狱吏劝诩自引，诩曰："宁伏欧刀以示远近！暗鸣自杀，是非孰辨邪！"浮阳侯孙程、祝阿侯张贤相率乞见，程曰："陛下始与臣等造事之时，常疾奸臣，知其倾国。今者即位而复自为，何以非先帝乎！司隶校尉虞诩为陛下尽忠，而更被拘系；常侍张防臧罪明正，反构忠良。今客星守羽林，其占宫中有奸臣；宜急收防送狱，以塞天变。"时防立在帝后，程叱防曰："奸臣张防，何不下殿！"防不得已，趋就东箱。程曰："陛下急收防，无令从阿母求请！"帝问诸尚书，尚书贾朗素与防善，证诩之罪；帝疑焉，谓程曰："且出，吾方思之！"于是诩子𫖳与门生百余人，举幡候中常侍高梵车，叩头流血，诉言枉状。梵入言之，防坐徙边，贾郎等六人或死或黜；即日赦出诩。程复上书陈诩有大功，语甚切激。帝感悟，复徵拜议郎；数日，迁尚书仆射。

【译文】

汉顺帝永建元年（丙寅，公元126年）

因中常侍张防利用权势，接受贿赂和请托，司隶校尉虞诩曾多次请求将他法办，都被搁置，没有回音。虞诩不胜愤慨，于是自投廷尉监狱，上书顺帝说："过去，安帝任用樊丰，废黜皇室正统，几乎使社稷灭亡。现在，张防又玩弄权势，亡国之祸，将再降临。我不忍心和张防同列朝廷，谨自囚廷尉狱以报，免得让我重蹈杨震的覆辙！"奏章呈上后，张防在顺帝面前流泪哭诉，于是，虞诩坐罪，被遣送到左校罚作苦役。而张防仍然不肯放过虞诩，必欲置之死地。两天之内，虞诩被传讯拷打四次。狱吏劝虞诩自杀，虞诩回答说："我宁愿服刑刀死于市，让远近的人都知道！如果不声不响地自杀，谁能分辨是非呢？"浮阳侯孙程和祝阿侯张贤相继请求面见顺帝，孙程说："陛下当初和我们起事的时候，常痛恨奸臣，深知他们会使国家倾覆。而今即位以后，却又自己纵容和包庇奸佞，又怎么能责备先帝不对？司隶校尉虞诩为陛下尽忠，却被逮捕囚禁。中常侍张防贪赃枉法，证据确凿，反而陷害忠良。今观天象，客星守羽林，是宫中有奸臣的征兆。应该急捕张防下狱，以堵塞上天所降的灾难。"当时，张防站在顺帝背后，孙程大声呵斥张防说："奸臣张防，为何不下殿去！"张防迫不得已，小步疾走退入东厢。孙程又对顺帝说："陛下，请立即下令逮捕张防，不要让他去向您的奶母求情！"顺帝征求尚书们的意见，尚书贾朗跟张防素来交情很好，争辩说虞诩有罪。顺帝疑惑，对孙程说："你们先出去，朕正在考虑！"于是，虞诩的儿子虞顗和门生一百余人，举着旗帜，等候中常侍高梵的车子，向高梵叩头流血，申诉虞诩被冤枉的情况。高梵入宫后，将情况报告给顺帝。结果，张防因罪被流放到边疆，尚书贾朗等六人，有的处死，有的免官，并于当天释放虞诩。孙程又上书陈述虞诩有大功，措辞甚为直率激烈。顺帝感动醒悟，又任命虞诩为议郎。几天后，擢升为尚书仆射。

【原文】

二年（丁卯，127 年）

初，南阳樊英，少有学行，名著海内，隐于壶山之阳，州郡前后礼请，不应；公卿举贤良、方正、有道，皆不行；安帝赐策书征之，不赴。是岁，帝复以策书、玄纁，备礼征英，英固辞疾笃。诏切责郡县，驾载上道。英不得已，到京，称疾不肯起；强舆入殿，犹不能屈。帝使出就太医养疾，月致羊酒。其后帝乃为英设坛，令公车令导，尚书奉引，赐几、杖，待以师傅之礼，延问得失，拜五官中郎将。数月，英称疾笃；诏以为光禄大夫，赐告归，令在所送谷，以岁时致牛酒。英辞位不受，有诏譬旨，勿听。

英初被诏命，众皆以为必不降志。南郡王逸素与英善，因与其书，多引古譬谕，劝使就聘。英顺逸议而至；及后应对无奇谋深策，谈者以为失望。河南张楷与英俱征，谓英曰："天下有二道，出与处也。吾前以子之出，能辅是君也，济斯民也。而子始以不訾之身怒万乘之主，及其享受爵禄，又不闻匡救之术，进退无所据矣。"

【译文】

二年（丁卯，公元127年）

当初，南阳郡人樊英，从小学问、品行兼优，闻名天下，隐居在壶山南麓，州郡官府曾先后多次征聘他出来当官，他不应命。朝廷公卿大臣荐举他为贤良、方正、有道，他都不肯动身。安帝赐策书征召，他还是不去。同年，安帝又用策书和黑色的缯帛，非常礼敬地征召樊英，而他以病重为理由坚决推辞。诏书严厉谴责州郡官府办事不得力，于是州郡官府把樊英抬到车上上路。樊英不得已，来到京都洛阳。到洛阳后，樊英又称病不肯起床，于是，用轿子强行将他抬进宫殿，但他还是不肯屈从。安帝让他出去，到太医处养病，每月送给羊和酒。其后，安帝又特地为樊英设立讲坛，命公车令在前面引路，尚书陪同，赏赐小桌和手杖，用尊敬老师的礼节来对待他，询问朝廷大政的得失，将他任命为五官中郎将。数月之后，樊英又声称病重，安帝下诏，将他任命为光禄大夫，准许回家养病，令当地官府送谷米，每年四季送给牛和酒。樊英请求辞去职位，有诏书晓告皇帝旨意，不予批准。

樊英刚接到诏书时，大家都认为他一定不会贬抑自己的志气而去应命。南郡人王逸平素和樊英很要好，因而特地写信给他，引用了许多古人的事进行比喻，劝他接受朝廷的征召。于是，樊英听从了王逸的建议，而前往洛阳。可是，后来他在应对皇帝的提问时，没有什么奇谋远策，大家都很失望。河南人张楷和樊英同时接受征聘，他对樊英说："天下只有两条路，即出仕和隐退。我先前认为，如果你应召出仕，一定会辅佐君王，拯救百姓。而你开始时以贵重之极的生命，去激怒君王，等到享受爵禄之后，即又听不到你有扶正补救的方法，这是进退没有依据。"

资治通鉴第五十二卷

汉纪四十四

【原文】

孝顺皇帝下阳嘉三年（甲戌，134年）

五月，戊戌，诏以春夏连旱，赦天下。上亲自露坐德阳殿东厢请雨。以尚书周举才学优深，特加策问。举对曰："臣闻阴阳闭隔，则二气否塞。陛下废文帝、光武之法，而循亡秦奢侈之欲，内积怨女，外有旷夫。自枯旱以来，弥历年岁，未闻陛下改过之效，徒劳至尊暴露风尘，诚无益也，陛下但务其华，不寻其实，犹缘木希鱼，却行求前。诚宜推信革政，崇道变惑，出后宫不御之女，除太官重膳之费。《易传》曰：'阳感天不旋日。'唯陛下留神裁察！"

太史令张衡亦上疏言："前年京师地震土裂，裂者，威分；震者，民扰也。窃惧圣思厌倦，制不专己，恩不忍割，与众共威。威不可分；德不可共。愿陛下思惟所以稽古率旧，勿使刑德八柄不由天子，然后神望允塞，灾消不至矣！"

衡又以中兴之后，儒者争学《图纬》，上疏言："《春秋元命包》有公输班与墨翟，事见战国；又言别有益州，益州之置在于汉世。又刘向父子领校秘书，阅定九流，亦无《谶录》。则知《图谶》成于哀、平之际，皆虚伪之徒以要世取资，欺罔较然，莫之纠禁。且律历、卦候、九宫、风角，数有征效，世莫肯学，而竞称不占之书，譬犹画工恶图犬马而好作鬼魅，诚以实事难形而虚伪不穷也！宜收藏《图谶》，一禁绝之，则朱紫无所眩，典籍无瑕玷矣！"

【译文】

汉顺帝阳嘉三年（甲戌，公元 134 年）

五月戊戌（初四），顺帝下诏，因春季和夏季连续大旱，大赦天下。顺帝亲到德阳殿东厢庭院中，露天而坐，祈求上天降雨。因尚书周举才学兼优，顺帝特地就此征询他的意裁。周举回答说："我曾经听说，阴阳闭隔，则二气一定闭塞不通。陛下废弃文帝、光武帝所建立的朴素节俭传统，而因袭促使秦朝灭亡的奢侈欲望，使宫廷内增加了许多怨恨的美女，而宫廷外却增加了许多已到婚龄而不得配婚的男子。自从发生大旱以来，整整过去一年了，而没有听说陛下有改过的表现，徒劳至尊之体露坐风尘，实在无益。陛下只是在问题的表面上下功夫，不去寻找它的实质所在，犹如缘木求鱼，也好比向后倒退，却想前进一样，于事无补。应该诚心诚意地革除弊政，遵守先王制订的规章制度，改变目前奢侈腐化的混乱局面，放走后宫中未曾召幸过的美女，省去御膳房制作奢侈菜肴的费用。《易传》上说：'天子为善一日，上天立刻以善来回报。'请陛下留意裁夺！"

太史令张衡也上书说："去年，京都洛阳发生地震，大地崩裂。土地崩裂象征着权威分割；地震象征着人民受到惊扰。我深恐陛下厌倦处理政务，政令不专由自己决定，或者不忍心割断私恩，导致与众人共享威权。然而，威权是不可分割的，恩德也是不可共有的。但愿陛下考虑古代君主所制定的规章，千万不要使刑、德八种权柄，脱离帝王之手。然后，神圣的威严就获得充实，灾异就消失而不再来了。"

张衡又因为东汉王朝建立以来，儒家学派的学者争相学习《图》《纬》这种神秘的预言书，于是上书说："《春秋元命包》一书中，载有公输般和墨翟，他俩的事都发生在战国时期；又提到别有益州，而益州的设置，是在汉代。并且，刘向、刘歆父子主管皇家图书馆，校订群书，查阅审定九家学说时，也没有发现《谶录》这部书。由此可以推断，《图谶》成书于哀帝、平帝之际，都是虚妄之徒用来欺世盗名和骗取钱财的，欺骗的意图非常明显，但朝廷却没有加以查禁。而且，律历、卦候、九宫、风角所做的预测，曾不断应验，世人不肯学习，却争相称赞谶纬之书，正犹如画工厌恶画狗画马，却喜好画鬼怪，确实是因为实在的事物很难画好，而虚无缥缈的东西可以信笔乱画。因此，对《图谶》这些神秘的预言书，朝廷应该加以收缴，一律禁绝，这样，朱色和紫色才不会混淆，圣人典籍也不致受到玷污！"

【原文】

永和元年（丙子，136年）

武陵太守上书，以蛮夷率服，可比汉人，增其租赋。议者皆以为可。尚书令虞诩曰："自古圣王，不臣异俗。先帝旧典，贡赋多少，所由来久矣；今猥增之，必有怨叛。计其所得，不偿所费，必有后悔。"帝不从。澧中、溇中蛮各争贡布非旧约，遂杀乡吏，举种反。

【译文】

永和元年（丙子，公元136年）

武陵郡太守向朝廷上书，认为武陵郡内的蛮夷已归服了汉朝，可以比照汉人，增加他们的赋税。参加集议论的人都认为可行，但尚书令虞诩却说："自古以来，圣明的君王对风俗习惯跟我们不同的民族，不当作自己的臣民。先帝已制定了规章，明确规定武陵蛮夷应缴纳的赋税额，时间已经很久了。而今滥行增加，必然引起他们的怨恨和反叛，计算所能得到的，抵偿不了所耗费的，定会后悔。"顺帝没有采纳。其后，澧中和溇中蛮人各因所征收的贡布不是原来规定的数量而起来抗争，于是杀掉征收赋税的乡吏，全族反叛。

【原文】

三年（戊寅，138年）

初，尚书令左雄荐冀州刺史周举为尚书；既而雄为司隶校尉，举故冀州刺史冯直任将帅。直尝坐臧受罪，举以此刻奏雄。雄曰："诏书使我选武猛，不使我选清高。"举曰："诏书使君选武猛，不使君选贪污也！"雄曰："进君，适所以自伐也。"举曰："昔赵宣子任韩厥为司马，厥以军法戮宣子仆，宣子谓诸大夫曰：'可贺我矣！吾选厥也任其事。'今君不以举之不才误升诸朝，不敢阿君以为君羞；不寤君之意与宣子殊也。"雄悦，谢曰："吾尝事冯直之父，又与直善；今宣光以此奏吾，是吾之过也！"天下益以此贤之。

是时，宦官竞卖恩势，唯大长秋良贺清俭退厚。及诏举武猛，贺独无所荐。帝问其故，对曰："臣生自草茅，长于宫掖，既无知人之明，又未尝交加士类。昔卫鞅因景监以见，有识知其不终。今得臣举者，匪荣伊辱，是以不敢！"帝由是赏之。

【译文】

三年（戊寅，公元138年）

最初，尚书令左雄，推荐冀州刺史周举为尚书。接着，左雄任司隶校尉，又推荐前任冀州刺史冯直有将帅之才。因冯直曾经犯过贪污罪，周举便就此弹劾左雄。左雄说："圣旨让我推荐武猛的人才，不是让我推荐品行清白高洁的人才。"周举回答说："圣旨是让你推荐武猛的人才，但也没有教你推荐犯有贪污罪的人。"左雄又说："我推荐了您，反受您的打击，恰恰是自作自受。"周举回答说："过去，赵宣子任用韩厥为司马，韩厥却用军法将赵宣子的奴仆杀掉，赵宣子对各位大夫说：'你们应该向我祝贺，我推荐韩厥，他果然尽忠职守。'而今，承蒙您不嫌弃我没有才能，而误将我推荐到朝廷，所以，我不敢迎合您，让您蒙羞。可是，想不到您的看法和赵宣子完全不一样。"左雄大为高兴，向周举道歉说："我曾经做过冯直父亲的部属，又和冯直是好朋友。如今你因此而弹劾我，这是我的过错！"从此，天下的人对左雄更为尊敬。

这时，宦官倚仗皇帝的宠信，争相卖弄权势，唯有大长秋良贺清廉淡泊，谦让敦厚。等到皇帝下诏，命各人推荐武力勇猛的人才时，唯独良贺没有举荐。顺帝问他什么原因，良贺回答说："我出生于荒野民间，在宫廷中长大，既没有识别人才的聪明，又未曾和有才能的人士交往。过去，卫鞅由宦官景监推荐，有识之士就预见到他没有好结果。现在，能得到我推荐的人，他不仅不会引以为荣，反而觉得是一种耻辱。因此我不敢举荐。"顺帝从此赏识良贺。

【原文】

六年（辛巳，141年）

秋，八月，乘氏忠侯梁商病笃，敕子冀等曰："吾生无以辅益朝廷，死何可耗费帑藏！衣衾、饭含、玉匣、珠贝之属，何益朽骨！百僚劳扰，纷华道路，祇增尘垢耳。宜皆辞之。"丙辰，薨；帝亲临丧。诸子欲从其诲，朝廷不听，赐以东园秘器、银镂、黄肠、玉匣。及葬，赐轮车、介士，中宫亲送。帝至宣阳亭，瞻望车骑。壬戌，以河南尹、乘氏侯梁冀为大将军，冀弟侍中不疑为河南尹。

臣光曰：成帝不能选任贤俊，委政舅家，可谓暗矣；犹知王立之不材，弃而不用。顺帝援大柄，授之后族，梁冀顽嚚凶暴，著于平昔，而使之继父之位，终于悖逆，荡覆汉室；校于成帝，暗又甚焉！

【译文】

六年（辛巳，公元141年）

秋季，八月，乘氏侯梁商病重，告诫他的儿子梁冀等人说："我活着的时候，没能辅佐朝廷，死后怎可耗费国家库藏？装殓的衣服单被，放在口中的含饭含玉，用作葬服的金缕玉衣，以及珠宝贝壳之类东西，对死人又有什么益处？劳累和骚扰文武百官，一路上弄得繁华盛丽，只是增加尘土和污垢罢了，应该都加以谢绝。"丙辰（初四），梁商去世，顺帝亲来吊丧。他的儿子们准备遵照遗嘱来办理丧事，朝廷不许，赏赐东园制作的葬具一副，棺用白银雕花，椁用黄心柏木，以及玉衣一件。等到安葬时，又派武装士兵驾兵车护送。皇后梁妠亲自送灵。顺帝到宣阳亭，遥望丧葬车队。壬戌（初十），擢升河南尹、乘氏侯梁冀为大将军；梁冀的弟弟梁不疑为河南尹。

臣司马光曰：汉成帝不能选任贤能，把政权交给舅父家族，可谓昏庸。但他总还知道王立没有才能，摒弃不用。顺帝把朝廷大权交给皇后家族，而梁冀顽钝嚚张，凶狠暴虐，平时已很明显，却使他继承其父官位，终于导致狂悖叛逆，颠覆东汉王朝。跟成帝比较，昏庸更甚！

【原文】

汉安元年（壬午，142年）

丁卯，遣侍中河内杜乔、周举、守光禄大夫周栩、冯羡、魏郡栾巴、张纲、郭遵、刘班分行州郡，表贤良，显忠勤；其贪污有罪者，刺史、二千石驿马上之，墨绶以下便辄收举。乔等受命之部，张纲独埋其车轮于雒阳都亭，曰："豺狼当路，安问狐狸！"遂劾奏"大将军冀、河南尹不疑，以外戚蒙恩，居阿衡之任，而专肆贪叨，纵恣无极，谨条其无君之心十五事，斯皆臣子所切齿者也。"书御，京师震竦。时皇后宠方盛，诸梁姻戚满朝，帝虽知纲言直，不能用也。杜乔至兖州，表奏泰山太守李固政为天下第一，上征固为将作大匠。八使所劾奏，多梁冀及宦者亲党；互为请救，事皆寝遏。侍御史河南种暠疾之，复行案举。廷尉吴雄、将作大匠李固亦上言："八使所纠，宜急诛罚。"帝乃更下八使奏章，令考正其罪。

章为冀州刺史；有故人为清河太守，章行部，欲案其奸赃，乃请太守为设酒肴，陈平生之好甚欢。太守喜曰："人皆有一天，我独有二天！"章曰："今夕苏孺文与故人饮者，私恩也；明日冀州刺史案事者，公法也。"遂举正其罪；州境肃然。后以摧折权豪忤旨，坐免。时天下日敝，民多愁苦，论者日夜称章，朝廷遂不能复用也。祐为胶东相，政崇仁简，民不忍欺。啬夫孙性，私赋民钱，市衣以进其父，父得而怒曰："有君如是，何忍欺之！"促归伏罪。性惭惧诣阁，持衣自首。祐屏左右问其故，性具谈父言。祐曰："掾以亲故受污秽之名，所谓'观过斯知仁矣'。"使归谢其父，还以衣遗之。

【译文】

汉安元年（壬午，公元142年）

丁卯（八月二十一日），东汉朝廷派遣侍中河内人杜乔、周举，代理光禄大夫周栩、冯羡，魏郡人栾巴、张纲、郭遵、刘班，分别到各州郡进行视察，表扬有德行和忠于职守的地方官吏。对于贪赃枉法的人，属于刺史、郡太守等二千石以上的官吏，将他们的罪行用驿马迅速上奏朝廷；属于县令、县长及以下的官吏，便就地直接逮捕法办。杜乔等接受使命后出发到各州郡，唯独张纲把车轮埋在洛阳城的都亭，他说："豺狼当道，怎么去追究狐狸？"于是上书弹劾："大将军梁冀、河南尹梁不疑，因身为外戚而蒙受皇恩，肩负辅佐皇帝的重任，却大肆贪污，任情纵欲。谨列举出他目无君王、贪赃枉法的十五件大事，这都是做臣子的人所切齿痛恨的。"奏章呈上去后，京都洛阳为之震惊。当时，皇后梁妠正大受宠幸，梁氏家族亲戚布满朝廷，顺帝虽知道张纲说得对，但不能采纳。杜乔到兖州视察以后，向朝廷上表，称泰山郡太守李固的政绩为天下第一。于是，顺帝将李固征召到京都洛阳，任命他为将作大匠。八位使者向朝廷所弹劾的地方官吏，多数是梁冀和宦官的亲友和同党。由于皇亲和宦官互相请托和庇护，所有的弹劾案都被搁置。侍御史、河南人种暠对此感到痛恨，再次进行举报。廷尉吴雄、将作大匠李固也上书说："八位使者所指控的地方官吏，应迅速惩处。"顺帝这才把八位使者的弹劾奏章，重新交付给有关官吏，命令审查定罪。

苏章任冀州刺史，他的一位故人是清河郡太守，苏章在辖区巡视，准备查问他的贪赃枉法罪行。于是他请这位太守备下酒和菜肴，畅叙平生友情，甚为欢洽。太守高兴地说："别人都只有一个天，我唯独有两个天！"以为老朋友苏章定能为他遮盖罪恶。苏章说："今天晚上，我苏孺文跟故人喝酒，这是私情；明天，冀州刺史调查案情，则是国法。"于是举发并判定了他的罪名，全州肃然。苏章后因打击权贵而违背皇帝圣旨，获罪免官。当时，朝政日趋凋敝，人民更加忧愁困苦，议论时事的人日夜称赞苏章，但朝廷却不能再任用他。吴祐出任胶东国相，为政崇尚仁爱简约，百姓都不忍心欺骗他。有一位乡啬夫，名叫孙性，私自赋敛百姓钱财，买衣服送给自己的父亲。父亲得到衣服，大怒说："你有这样的长官，怎么忍心欺骗他？"催促他回去认罪。孙性怀着惭愧和畏惧的心情，拿着衣服，到官府自首。吴祐教左右退出，询问缘故，孙性就把父亲所说的话，全都告诉了吴祐。吴祐安慰他说："你为父亲的缘故而蒙受了贪污的恶名，真是所谓：看他的过失，知道他有仁爱的品德。"他命孙性回家向父亲谢罪，又把衣服赠给了孙性的父亲。

【原文】

建康元年（甲申，144年）

辛巳，立皇子炳为太子，改元，赦天下。太子居承光宫，帝使侍御史种暠监太子家。中常侍高梵从中单驾出迎太子，时太傅杜乔等疑不欲从而未决，暠乃手剑当车曰："太子，国之储副，人命所系。今常侍来，无诏信，何以知非奸邪？今日有死而已！"梵辞屈，不敢对，驰还奏之。诏报，太子乃得去。乔退而叹息，愧暠临事不惑；帝亦嘉其持重，称善者良久。

庚午，帝崩于玉堂前殿。太子即皇帝位，年二岁。尊皇后曰皇太后。太后临朝。丁丑，以太尉赵峻为太傅，大司农李固为太尉，参录尚书事

【译文】

建康元年（甲申，公元144年）

辛巳（四月十五日），立皇子刘炳为太子，改年号。大赦天下。太子住在承光宫，顺帝派侍御史种暠做太子宫中的总管。中常侍高梵从内宫乘一辆车子出来迎接太子。当时，太傅杜乔等感到怀疑，不想让高梵把太子接走，但又决定不下。于是，种暠手提宝剑，挡住车说："太子是国家的王位继承人，关系着人民的生命。如今常侍前来，没有诏书和符信，怎么知道不是奸谋呢？今天，只有一死而已。"高梵说不过种暠，不敢回答，急忙驱车回宫奏报。拿来顺帝诏书后，太子才得以离开。杜乔退下后叹息，自愧不如种暠遇事不乱。顺帝也夸奖种暠持重谨慎，称赞了很久。

刘炳

庚午（八月初六），顺帝在玉堂前殿驾崩。太子刘炳即皇帝位，年仅二岁。尊皇后梁妠为皇太后。皇太后临朝主管朝政。丁丑（十三日），任命太尉赵峻为太傅，

大司农李固为太尉，参与主持尚书事务。

【原文】

孝冲皇帝永嘉元年（乙酉，145年）

春，正月，戊戌，帝崩于玉堂前殿。梁太后以扬、徐盗贼方盛，欲须所征诸王侯到乃发丧。太尉李固曰："帝虽幼少，犹天下之父。今日崩亡，人神感动，岂有人子反共掩匿乎！昔秦皇沙丘之谋及近日北乡之事，皆秘不发丧，此天下大忌，不可之甚者也！"太后从之，即暮发丧。

清河王蒜及渤海孝王鸿之子缵皆至京师。蒜父曰清河恭王延平；延平及鸿皆乐安夷王宠之子，千乘贞王伉之孙也。清河王为人严重，动止有法度，公卿皆归心焉。李固谓大将军冀曰："今当立帝，宜择长年，高明有德，任亲政事者，愿将军审详大计，察周、霍之立文、宣，戒邓、阎之利幼弱！"冀不从，与太后定策禁中。丙辰，冀持节以王青盖车迎缵入南宫。丁巳，封为建平侯。其日，即皇帝位，年八岁。蒜罢归国。

【译文】

汉冲帝永嘉元年（乙酉，公元145年）

春季，正月戊戌（初六），冲帝在玉堂前殿驾崩。梁太后因扬州、徐州的盗贼正在兴盛之时，打算等受征召的诸侯王、王子们抵达京都洛阳以后再发布冲帝去世的消息。太尉李固说："冲帝虽然年龄幼小，但他仍然是全国的君父，今天已经去世，人民和神明，无不为之悲痛，哪里有做子民的反而共同隐瞒君父去世消息的做法？从前，秦始皇死后的沙丘之谋，以及最近的迎立北乡侯之事，都是秘不发丧，这是天下最大的禁忌，绝对不可以这样做。"梁太后听从，便于当天晚上发丧。

受到征召的清河王刘蒜及渤海孝王刘鸿的儿子刘缵，都来到京都洛阳。刘蒜的父亲是清河恭王刘延平。刘延平和刘鸿，都是乐安王刘宠的儿子，千乘王刘伉的孙子。清河王刘蒜为人严肃庄重，行动举止遵循法令制度，三公九卿都从心里归服。李固对大将军梁冀说："现在确定继位皇帝，应当选择年长，高超明智而有道德，

能够亲自处理朝廷政事的人,请将军仔细考虑国家大计,体察当初周勃所以选立文帝、霍光之所以选立宣帝的道理,以邓氏家族和阎氏家族选立幼弱的前事为戒。"梁冀不听,与梁太后在宫中决策。丙辰(正月二十四日),由梁冀持节,用封王的皇子乘用的青盖车迎接刘缵进入南宫。丁巳(二十五日),刘缵被封为建平侯,并于当天即皇帝位,年仅八岁。清河王刘蒜则被遣回封国。

资治通鉴第五十三卷

汉纪四十五

【原文】

孝质皇帝本初元年（丙戌，146年）

帝少而聪慧，尝因朝会，目梁冀曰："此跋扈将军也！"冀闻，深恶之。闰月，甲申，冀使左右置毒于煮饼而进之；帝苦烦盛，使促召太尉李固。固入前，问帝得患所由；帝尚能言，曰："食煮饼。今腹中闷，得水尚可活。"时冀亦在侧，曰："恐吐，不可饮水。"语未绝而崩。固伏尸号哭，推举侍医；冀虑其事泄，大恶之。

跋扈将军梁冀

丁亥，冀说太后，先策免固。戊子，以司徒胡广为太尉；司空赵戒为司徒，与大将军冀参录尚书事；太仆袁汤为司空。汤，安之孙也。庚寅，使大将军冀持节以王青盖车迎蠡吾侯志入南宫；其日，即皇帝位，时年十五。太后犹临朝政。

【译文】

汉武帝本初元年（丙戌，公元146年）

质帝年幼，但聪明智慧，曾在一次早朝时，看着梁冀说："这是跋扈将军！"梁冀听说，对质帝深恶痛绝。闰六月甲申（初一），梁冀让质帝身边的侍从把毒药放在汤饼里，给质帝进上。药性发作，质帝非常难受，派人急速传召太尉李固。李固进宫，走到质帝榻前，询问质帝得病的来由。质帝还能讲话，说："我吃过汤饼，现在觉得腹中堵闷，给我水喝，我还能活。"梁冀这时也站在旁边，阻止说："恐怕呕吐，不能喝水。"话还没有说完，质帝已经驾崩。李固伏到质帝的尸体上号哭并弹劾侍候质帝的御医。梁冀担心会泄露下毒的真相，对李固非常痛恨。

丁亥（闰六月初四），梁冀劝说梁太后，先颁策将太尉李固免职。戊子（初五），任命司徒胡广为太尉，司空赵戒为司徒，和大将军梁冀共同主管尚书事务。又擢升太仆袁汤为司空。袁汤是袁安的孙子。庚寅（初七），梁太后派大将军梁冀持符节，用封王的皇子乘用的青盖车迎接蠡吾侯刘志进入南宫。当天，刘志即皇帝位。当时，他年十五岁。梁太后仍然临朝听政。

【原文】

孝桓皇帝上之上建和元年（丁亥，147年）

十一月，清河刘文与南郡妖贼刘鲔交通，妄言"清河王当统天下"，欲共立蒜。事觉，文等遂劫清河相谢暠曰："当立王为天子，以暠为公。"暠骂之，文刺杀暠。于是捕文、鲔，诛之。有司劾奏蒜；坐贬爵为尉氏侯，徙桂阳，自杀。

梁冀因诬李固、杜乔，云与文、鲔等交通，请逮按罪；太后素知乔忠，不许。冀遂收固下狱；门生渤海王调贯械上书，证固之枉，河内赵承等数十人亦要鈇锧诣阙通诉；太后诏赦之。及出狱，京师市里皆称万岁。冀闻之，大惊，畏固名德终为己害，乃更据奏前事。大将军长史吴祐伤固之枉，与冀争之；冀怒，不从。从事中郎马融主为冀作章表，融时在坐，祐谓融曰："李公之罪，成于卿手。李公若诛，卿何面目视天下人！"冀怒，起，入室；祐亦径去。固遂死于狱中。

冀使人胁杜乔曰："早从宜，妻子可得全。"乔不肯。明日，冀遣骑至其门，不闻哭者，遂白太后收系之；亦死狱中。

冀暴固、乔尸于城北四衢，令："有敢临者加其罪。"固弟子汝南郭亮尚未冠，左提章、钺，右秉鈇锧，诣阙上书，乞收固尸，不报；与南阳董班俱往临哭，守丧不去。夏门亭长呵之曰："卿曹何等腐生！公犯诏书，欲干试有司乎！"亮曰："义之所动，岂知性命！何为以死相惧邪！"太后闻之，皆赦不诛。杜乔故掾陈留杨匡，号泣星行，到雒阳，著故赤帻，托为夏门亭吏，守护尸丧，积十二日；都官从事执之以闻，太后赦之。匡因诣阙上书，并乞李、杜二公骸骨，使得归葬，太后许之。匡送乔丧还家，葬讫，行服，遂与郭亮、董班皆隐匿，终身不仕。

【译文】

汉桓帝建和元年（丁亥，公元147年）

十一月，清河人刘文和南郡的妖贼刘鲔相勾结，胡妄宣称："清河王刘蒜应当统御天下。"打算共同拥立刘蒜为皇帝。此事被发觉，刘文等人便劫持清河国相谢暠，对他说："应当拥立清河王刘蒜当皇帝，由您当三公。"谢暠诟骂他们，刘文将他刺杀。于是，朝廷逮捕刘文和刘鲔，将其诛杀。有关官吏上奏弹劾刘蒜，刘蒜因罪被贬爵为尉氏侯，并被放逐到桂阳，刘蒜自杀。

梁冀借机诬陷李固、杜乔，指控他们和刘文、刘鲔等人互相勾结，请求将其逮捕治罪。梁太后一向了解杜乔忠直，不肯答应。梁冀便将李固一个人逮捕下狱。李固的门生、渤海人王调，身戴刑具向朝廷上书谏争，说李固冤枉。河内人赵承等数十人，也带着执行腰斩时用的刑具到宫门上诉。于是，梁太后下诏释放李固。等到李固出狱之时，京都洛阳的大街小巷都齐呼万岁。梁冀听到消息后，大为惊骇，害怕李固的声名和品德终将伤害自己，于是重新向朝廷弹劾李固和刘文、刘鲔相勾结的旧案。大将军长史吴祐对李固的冤狱深为伤感，向梁冀据理力争。梁冀大怒，不肯听从。从事中郎马融负责为梁冀起草奏章，当时他正好在座，吴祐便责问马融说："李固的罪状，是你一手罗织出来的，李固如果被诛杀，你还有什么脸面去见天下人！"梁冀一怒而起，进入内室，吴祐也径直离去。李固于是死在狱中。

其后，梁冀又派人威胁杜乔说："你应该快点自杀，妻子和儿女可以得到保全。"杜乔不肯接受。第二天，梁冀派人骑马到杜乔家门，没有听到里面有人啼哭，于是报告梁太后，将杜乔逮捕下狱。杜乔也死在狱中。

梁冀把李固、杜乔的尸首，放在洛阳城北十字路口示众，下令："有敢来哭泣吊丧的，予以惩治。"李固的学生、汝南人郭亮，还不到二十岁，左手拿着奏章和斧子，右手抱着铁砧，到宫门上书，乞求为李固收尸，没有得到答复。郭亮又和南阳人董班一同去吊丧哭泣，守着尸体不走。夏门亭长呵斥说："你们是何等迂腐的书生！公然冒犯皇帝的圣旨，想试试官府的厉害吗！"郭亮回答说："我们为他们的大义所感动，岂知顾及自己的性命？为什么要用死来威胁呢？"梁太后听到后，将郭亮、董班二人全都赦免。杜乔从前的属吏、陈留杨匡，悲号哭泣，星夜赶到京都洛阳，穿上旧官服，头戴束发的赤巾，假称是夏门亭吏，在杜乔的尸体旁护丧，达十二天之久。都官从事将他逮捕，奏报朝廷，梁太后将他赦免。于是杨匡到宫门上书，向朝廷请求使李固和杜乔的尸体得以归葬家乡。梁太后批准。于是，杨匡将杜乔的灵柩送回家乡，安葬完毕，又为他服丧，于是和郭亮、董班都藏匿起来，终身不出来做官。

【原文】

三年（己丑，149年）

前朗陵侯相荀淑卒。淑少博学有高行，当世名贤李固、李膺皆师宗之。在朗陵，莅事明治，称为神君。有子八人：俭、绲、靖、焘、汪、爽、肃、专，并有名称，时人谓之八龙。所居里旧名西豪，颍阴令渤海苑康以为昔高阳氏有才子八人，更命其里曰高阳里。

膺性简亢，无所交接，唯以淑为师，以同郡陈寔为友。荀爽尝就谒膺，因为其御；既还，喜曰："今日乃得御李君矣！"其见慕如此。

陈寔出于单微，为郡西门亭长。同郡钟皓以笃行称，前后九辟公府，年辈远在寔前，引与为友。皓为郡功曹，辟司徒府；临辞，太守问："谁可代卿者？"皓曰："明府欲必得其人，西门亭长陈寔可。"寔闻之曰："钟君似不察人，不知何独识我!"太守遂以寔为功曹。时中常侍侯览托太守高伦用吏，伦教署为文学掾，寔知非其人，怀檄请见，言曰："此人不宜用，而侯常侍不可违，寔乞从外署，不足以尘明德。"伦从之。于是乡论怪其非举，寔终无所言。伦后被徵为尚书，郡中士大夫送至纶氏，伦谓众人曰："吾前为侯常侍用吏，陈君密持教还而于外白署，此闻议者以此少之，此咎由故人畏惮强御，陈君可谓'善则称君，过则称己'者也。"寔固自引愆，闻者方叹息，由是天下服其德。后为太丘长，修德清静，百姓以安。邻县民归附者，寔辄训导譬解发遣，各令还本。司官行部，吏虑民有讼者，白欲禁之；寔曰："讼以求直，禁之，理将何申！其勿有所拘。"司官闻而叹息曰："陈君所言若是，岂有冤于人乎！"亦竟无讼者。以沛相赋敛违法，解印绶去；吏民追思之。

【译文】

三年（己丑，公元149年）

前任朗陵侯国相荀淑去世。荀淑年轻时，不仅学问渊博，而且德行高尚，当时最著名的贤人李固、李膺，都像对待老师一样地尊崇他。荀淑在朗陵侯国任职，治理政事明快果断，被人们奉若神明。荀淑共有八个儿子：荀俭、荀绲、荀靖、荀焘、荀汪、荀爽、荀肃、荀专，都享盛名，当时人称他们为"八龙"。荀淑所居住的里名，原来叫西豪里，颍阴县令渤海人苑康，因从前高阳氏有八个多才的儿子，就将西豪里改名为高阳里。

李膺性格简朴正直，跟人很少交往，只把荀淑当作老师，和同郡人陈寔结交。荀爽曾经去拜见李膺，就势给李膺驾车。回来后，他高兴地说："今天，我竟得以为李君驾车了！"李膺就是这样被人倾慕。

陈寔出身贫贱，担任颍川郡西门亭长。同郡人钟皓，以行为惇厚著称，前后九次被三公府征聘，年龄和辈分都远在陈寔之上，却跟陈寔成为好友。钟皓原任郡功曹，后被征聘到司徒府去任职，他向郡太守辞行时，郡太守问："谁可以接替你的职务？"钟皓回答说："如果您一定要想得到合适的人选，西门亭长陈寔可以胜任。"陈寔听到消息后说："钟君似乎不会推荐人，不知为什么单单举荐我？"于是，郡太守就任命陈寔为郡功曹。当时，中常侍侯览嘱托郡太守高伦任用自己所推荐的人为吏，高伦便签署命令，将这个人命为文学掾。陈寔知道这个人不能胜任，就拿着高伦签署的命令求见，对高伦说："这个人不可任用，然而侯常侍的意旨也不可违抗。不如由我来签署任命，这样的话，就不会玷污您完美的品德。"高伦听从。于是，乡里的舆论哗然，都奇怪陈寔怎么会举用这样不合适的人，而陈寔始终不做分辩。后来，高伦被征召到朝廷去担任尚书，郡太守府的官吏和士绅们都来为他送行，一直送到纶氏县。高伦对大家说："我前些时把侯常侍推荐的人任命为吏，陈寔却把我签署的任命书秘密送还，而改由他来任用。我接连听说议论此事的人因此轻视陈寔，而这件事的责任，是因为我畏惧侯览的势力太大，才这样做的，而陈君可以称得上把善行归于主君，把过错归于自己的人。"但陈寔仍然坚持是自己的过失，听到的人无不叹息。从此，天下的人都佩服他的品德。后来，陈寔担任太邱县的县长，修饬德教，无为而治，使百姓得以安居乐业。邻县的人民都来归附，陈寔总是对他们进行开导和解释，然后遣送他们回到原县。上级官员来县视察，本县的官吏恐怕人民上诉，请求陈寔加以禁止。陈寔说："上诉的目的，是为了求得公平，如果加以禁止，将怎样讲理！不要限制。"前来视察的主管官员听到后，叹息说："陈君说这样的话，难道会冤枉人吗？"到底也没有人来越级上诉。后来陈寔担任沛国相，被指控违法征收赋税，他便解下印信，离职而去。官吏和人民都很怀念他。

【原文】

和平元年（庚寅，150年）

葬顺烈皇后。增封大将军冀万户，并前合三万户；封冀妻孙寿为襄城君，兼食阳翟租，岁入五千万，如赐赤绂，比长公主。寿善为妖态以蛊惑冀，冀甚宠惮之。冀爱监奴秦宫，官至太仓令，得出入寿所，威权大震，刺史、二千石皆谒辞之。冀与寿对街为宅，殚极土木，互相夸竞，金玉珍怪，充积藏室；又广开园辅，采土筑山，十里九阪，深林绝涧，有若自然，奇禽驯兽飞走其间。冀、寿共乘辇车，游观第内，多从倡伎，酣讴竟路，或连日继夜以骋娱恣。客到门不得通，皆请谢门者；

门者累千金。又多柘林苑，周遍近县，起兔苑于河南城西，经亘数十里，移檄所在调发生兔，刻其毛以为识，人有犯者，罪至死刑。尝有西域贾胡不知禁忌，误杀一兔，转相告言，坐死者十余人。又起别第于城西，以纳奸亡；或取良人悉为奴婢，至数千口，名曰自卖人。冀用寿言，多斥夺诸梁在位者，外以示谦让，而实崇孙氏。孙氏宗亲冒名为侍中、卿、校、郡守、长吏者十余人，皆贪饕凶淫，各使私客籍属县富人，被以他罪，闭狱掠拷，使出钱自赎，货物少者至于死。又扶风人士孙奋，居富而性吝，冀以马乘遗之，从贷钱五千万，奋以三千万与之。冀大怒，乃告郡县，认奋母为其守藏婢，云盗白珠十斛、紫金千斤以叛，遂收考奋兄弟死于狱中，悉没其赀财亿七千余万。冀又遣客周游四方，远至塞外，广求异物，而使人复乘势横暴，妻略妇女，殴击吏卒；所在怨毒。

时皇子有疾，下郡县市珍药；而冀遣客赍书诣京兆，并货牛黄。京兆尹南阳延笃发书收客，曰："大将军椒房外家，而皇子有疾，必应陈进医方，岂当使客千里求利乎！"遂杀之。冀惭而不得言。有司承旨求其事，笃以病免。

【译文】

和平元年（庚寅，公元150年）

安葬梁太后，谥号为顺烈皇后。增封大将军梁冀食邑一万户，连同以前所封食邑，共三万户。封梁冀的妻子孙寿为襄城君，同时阳翟的租税，每年收入达五千万钱之多，加赐红色的绶带，与长公主相同。孙寿善于做出各种妖媚的姿态来迷惑梁冀，梁冀对她既很宠爱，又非常害怕。梁冀所宠爱的管家奴秦宫，做官做到太仓令，可以出入孙寿的住所，威势和权力都很大，州刺史和郡太守等二千石高级地方官吏，在赴任之前都要谒见秦宫，向他辞行。梁冀和孙寿分别在街道两旁相对兴建住宅，建筑工程穷极奢华，互相竞争夸耀，金银财宝，奇珍怪物，充满房舍。又大举开拓园林，从各处运来土石，堆砌假山，十里大道，有九里都紧傍池塘，林木深远，山涧流水，宛如天然生成。奇异的珍禽和驯养的走兽在园林中飞翔奔跑。梁冀和孙寿共同乘坐人力辇车，在家宅之内游玩观赏，后面还跟随着许多歌舞艺人，一路欢唱。有时，甚至夜以继日地纵情娱乐。客人登门拜访和求见，也不许通报。求见的人全都向看门的人行贿，以致看门人的家产达千金之多。梁冀在京都洛阳邻近各县都修筑了园林，在河南洛阳城西建立了一处兔苑，面积纵横数十里，发布文书，命令当地官府向人民征调活兔，每只兔都剃掉一撮兔毛，作为标志。若有人胆敢猎取苑兔，甚至要判处死刑。曾有一位西域的胡商，不知道这个兔苑的禁令，误杀了一只兔，结果人们互相控告，因罪至死的达十余人。梁冀又在洛阳城西兴建了一座别墅，用来收容奸民和藏匿逃亡犯。甚至抢夺良家子女，都用来充当奴婢，多达数千人，称他们为"自卖人"。梁冀采纳孙寿的建议，罢免了许多梁姓家族成员的官职，表面上显示梁冀的谦让，而实际上却抬高了孙氏家族的地位。在孙氏家族中假冒虚名担任侍中、卿、校、郡守、长史的，共有十余人，全都贪得无厌、穷凶极恶。他们派自己的私人宾客，分别到所管辖的各县，调查登记当地富人，然后加以罪名，将富人逮捕关押，严刑拷打，让富人出钱赎罪。家财不足的，因为出不起那么多钱，甚至活活被打死。扶风人士孙奋，富有而吝啬，梁冀曾送给他一匹乘马，要求借贷五千万钱，而士孙奋只借给他三千万钱。梁冀大怒，于是派人到士孙奋所在的郡县，诬告士孙奋的母亲是梁冀家里看守库房的婢女，曾经偷盗白珍珠十斛、紫金一千斤逃亡。于是将士孙奋兄弟逮捕下狱，严刑拷打至死，全部没收士孙奋的家产，共值一亿七千余万钱。梁冀还派遣门客周游四方，甚至远到塞外，四处征求各地的异物，而这些被派出的门客，又都仗着梁冀的势力横征暴敛，抢夺百姓的妻子和女儿，殴打地方官吏和士卒，他们所到之处，都激起怨恨。

这时，皇子有病，下令各郡县购买珍贵的药材。梁冀也趁此机会，派门客带着他写的书信去京兆，要求同时购买牛黄。京兆尹南阳人延笃打开梁冀所写的书信一看，便将梁冀派来的门客逮捕，说："大将军是皇亲国戚，而皇子有病，必应进献医方，怎么会派门客到千里之外谋利呢！"于是将其斩杀。梁冀虽然感到羞惭，但不能开口。其后，有关官吏奉承梁冀的意旨，追查这一杀人案件，以延笃有病为理由，将他免职。

【原文】

元嘉元年（辛卯，151年）

春，正月朔，群臣朝会，大将军冀带剑入省。尚书蜀郡张陵呵叱令出，敕虎贲、羽林夺剑。冀跪谢，陵不应，即劾奏冀，请廷尉论罪。有诏，以一岁俸赎；百僚肃然。河南尹不疑尝举陵孝廉，乃谓陵曰："昔举君，适所以自罚也！"陵曰："明府不以陵不肖，误见擢序，今申公宪以报私恩！"不疑有愧色。

十一月，辛巳，京师地震。诏百官举独行之士。涿郡举崔寔，诣公车，称病，不对策；退而论世事，名曰《政论》。其辞曰："凡天下所以不治者，常由人主承平日久，俗渐敝而不悟，政浸衰而不改，习乱安危，怢不自睹。或荒耽耆欲，不恤万机；或耳蔽箴诲，厌伪忽真；或犹豫歧路，莫适所从；或见信之佐，括囊守禄；或疏远之臣，言以贱废；是以王纲纵弛于上，智士郁伊于下。悲夫！

凡为天下者，自非上德，严之则治，宽之则乱。何以明其然也？近孝宣皇帝明于君人之道，审于为政之理，故严刑峻法，破奸轨之胆，海内清肃，天下密如，算计见效，优于孝文。及元帝即位，多行宽政，卒以堕损，威权始夺，遂为汉室基祸之主。政道得失，于斯可鉴。"山阳仲长统尝见其书，叹曰："凡为人主，宜写一通，置之坐侧。"

臣光曰：汉家之法已严矣，而崔寔犹病其宽，何哉？盖衰世之君，率多柔懦，凡愚之佐，唯知姑息，是以权幸之臣有罪不坐，豪猾之民犯法不诛；仁恩所施，止于目前；奸宄得志，纪纲不立。故崔寔之论，以矫一时之枉，非百世之通义也。孔子曰："政宽则民慢，慢则纠之以猛；猛则民残，残则施之以宽。宽以济猛，猛以济宽，政是以和。"斯不易之常道矣。

【译文】

元嘉元年（辛卯，公元 151 年）

春季，正月朔（初一），群臣朝见桓帝，大将军梁冀佩带宝剑，进入宫中。尚书蜀郡人张陵厉声斥责梁冀，让他退出，并命令虎贲和羽林卫士，夺下他所佩带的宝剑。于是，梁冀跪下向张陵认错，张陵没有答应，立即向桓帝上书弹劾梁冀，请求将他交给廷尉治罪。桓帝下诏，罚梁冀一年的俸禄赎罪。因此，文武百官都对张陵肃然起敬。河南尹梁不疑，曾经荐举张陵为孝廉，于是对张陵说："过去荐举你，今天正好来惩罚我们梁家自己！"张陵回答说："您不认为我没有才能，错误地将我提拔任用，我今天伸张朝廷法度，以报答您的私恩！"梁不疑面有愧色。

十一月辛巳（二十八日），京都洛阳发生地震。桓帝下诏，命朝廷的文武百官推荐志节高尚，不随俗浮沉的"独行"人才。涿郡太守推荐崔寔。崔寔到达京都洛阳皇宫负责接待的公车衙门时，声称有病，没有参加回答皇帝策问的考试。回乡后，撰写了一篇评论当代政事的文章，篇名叫作《政论》。文章说："凡天下所以不能治理，通常是由于人主继承太平盛世为时太久。风俗已经逐渐败坏，却仍不觉悟；政令已经逐渐衰败，却不知道改弦更张。以乱为治，以危为安，熟视无睹。有的沉溺于酒色，荒淫纵欲，不忧虑国事；有的听不进任何规劝，爱听假话而听不进真话；有的不能分辨人的忠和奸，事情的是和非，在歧路上犹豫不决，不知所从；于是，亲信的辅佐大臣，害怕得罪奸邪，闭口不言，只求保全自己的高官厚禄；而疏远的臣下，虽然敢说真话，但因为地位卑微，意见不能受到重视和采用。因此，朝廷的法度在上面遭到破坏，才智之士在下面感到无可奈何，真是可悲！

"凡治理天下的君主，如果不是具有最好的品德，则采用严厉的手段，就能够治理；采用宽纵的手段，国家就混乱。何以知道会是这样？近代孝宣皇帝，明白统治人民的道理，知道为政的真谛，所以，采用严刑峻法，使为非作歹的人心胆俱裂，海内清平，天下安静，总结他的政绩，高于文帝。等到元帝即位，在许多方面放宽了政令，终使朝政衰败，皇帝的威势和权力开始下降，汉王朝的大祸，在他手中奠下基础。为政之道的得失，从这里可以明鉴。"山阳郡人仲长统曾经看到了这篇文章，叹息说："凡是君主，都应抄写一篇，放在座位旁边作座右铭。"

臣司马光曰：汉朝的法令已经是严厉的了，然而崔寔还嫌它宽大，这是为什么呢？因为衰败之世的君王大多懦弱，平庸愚昧的辅佐之臣，只知道姑息。所以，有权势而得君王宠幸的臣下有罪也得不到应有的惩罚，豪强和不守法度的刁徒违法也不被诛杀；施加仁爱恩惠，只限于眼前；使为非作歹的人得逞，纲纪不能建立。所以，崔寔的评论是用来矫正一时的弊端，不是百代通用的法则。孔子说："为政太宽大，则人民不在乎，人民一旦不在乎，则用严刑峻法来纠正。施行严刑峻法，则人民感到暴虐，人民一旦感到暴虐，则改施宽大之政。用宽大和严厉两种手段互相补充，政局才能稳定。"这是永世不变的常轨。

汉纪四十六

【原文】

孝桓皇帝上之下延寿二年（戊戌，159年）

梁皇后恃姊、兄荫势，恣极奢靡，兼倍前世，专宠妒忌，六宫莫得进见。及太后崩，恩宠顿衰。后既无嗣，每宫人孕育，鲜得全者。帝虽迫畏梁冀，不敢谴怒，然进御转希，后益忧恚。秋，七月，丙午，皇后梁氏崩。乙丑，葬懿献皇后于懿陵。

梁冀一门，前后七侯，三皇后，六贵人，二大将军，夫人、女食邑称君者七人，尚公主者三人，其余卿、将、尹、校五十七人。冀专擅威柄，凶恣日积，宫卫近侍，并树所亲，禁省起居，纤微必知。其四方调发，岁时贡献，皆先输上第于冀，乘舆乃其次焉。吏民赍货求官、请罪者，道路相望。百官迁召，皆先到冀门笺檄谢恩，然后敢诣尚书。下邳吴树为宛令，之官辞冀，冀宾客布在县界，以情托树，树曰："小人奸蠹，比屋可诛。明将军处上将之位，宜崇贤善以补朝阙。自侍坐以来，未闻称一长者，而多托非人，诚非敢闻！"冀默然不悦。树到县，遂诛杀冀客为人害者数十人。树后为荆州刺史，辞冀，冀鸩之，出，死车上。辽东太守侯猛初拜，不谒冀，冀托以他事腰斩之。

冀秉政几二十年，威行内外，天子拱手，不得有所亲与，帝既不平之；及陈授死，帝愈怒。和熹皇后从兄子郎中邓香妻宣，生女猛，香卒，宣更适梁纪；纪，孙寿之舅也。寿以猛色美，引入掖庭，为贵人，冀欲认猛为其女，易猛姓为梁。冀恐猛姊婿议郎邴尊沮败宣意，遣客刺杀之。又欲杀宣，宣家与中常侍袁赦相比，冀客登赦屋，欲人宣家，赦觉之，鸣鼓会众以告宣。宣驰入白帝，帝大怒，因如厕，独呼小黄门史唐衡，问："左右与外舍不相得者，谁乎？"衡对："中常传单超、小黄门史左悺与梁不疑有隙；中常侍徐璜、黄门令具瑗常私忿疾外舍放横，口不敢道。"于是帝呼超、悺入室，谓曰："梁将军兄弟专朝，迫胁内外，公卿以下，从其风旨，今欲诛之，于常侍意如何？"超等对曰："诚国奸贼，当诛日久；臣等弱劣，未知圣意如何耳。"帝曰："审然者，常侍密图之。"对曰："图之不难，但恐陛下腹中狐疑。"帝曰："奸臣胁国，当伏其罪，何疑乎！"于是召璜、瑗五人共定其议，帝啮超臂出血为盟。超等曰："陛下今计已决，勿复更言，恐为人所疑。"

冀心疑超等，八月，丁丑，使中黄门张恽入省宿，以防其变。具瑗敕吏收恽。以"辄从外入，欲图不轨"。帝御前殿，召诸尚书入，发其事，使尚书令尹勋持节勒丞、郎以下皆操兵守省阁，敛诸符节送省中，使具瑗将左右厩驺、虎贲、羽林、都候剑戟士合千余人，与司隶校尉张彪共围冀第，使光禄勋袁盱持节收冀大将军印绶，徙封比景都乡侯。冀及妻寿即日皆自杀；不疑、蒙先卒。悉收梁氏、孙氏中外宗亲送诏狱，无少长皆弃市；他所连及公卿、列校、刺史、二千石，死者数十人。太尉胡广、司徒韩縯、司空孙朗皆坐阿附梁冀，不卫宫，止长寿亭，减死一等，免为庶人。故吏、宾客免黜者三百余人，朝廷为空。是时，事猝从中发，使者交驰，公卿失其度，官府市里鼎沸，数日乃定；百姓莫不称庆。收冀财货，县官斥卖，合三十余万万，以充王府用，减天下税租之半，散其苑囿，以业穷民。

壬午，立梁贵人为皇后，追废懿陵为贵人冢。帝恶梁氏，改皇后姓为薄氏，久之，知为邓香女，乃复姓邓氏。

诏赏诛梁冀之功，封单超、徐璜、具瑗、左悺、唐衡皆为县侯，超食二万户，璜等各万余户，世谓之五侯。

尚书令陈蕃上疏荐五处士，预章徐稚、彭城姜肱、汝南袁闳、京兆韦著、颍川李昙；帝悉以安车、玄纁备礼征之，皆不至。

稚家贫，常自耕稼，非其力不食，恭俭义让，所居服其德；屡辟公府，不起。陈蕃为豫章太守，以礼请署功曹；稚不之免，既谒而退。蕃性方峻，不接宾客，唯稚来，特设一榻，去则县之。后举有道，家拜太原太守，皆不就。稚虽不应诸公之辟，然闻其死丧，辄负笈赴吊。常于家豫炙鸡一只，以一两棉絮渍酒中暴干，以裹鸡，径到所赴冢隧外，以水渍绵，使有酒气，斗米饭，白茅为藉，以鸡置前，酹酒毕，留谒则去，不见丧主。

肱与二弟仲海、季江俱以孝友著闻，常同被而寝，不应征聘。肱尝与弟季江俱诣郡，夜于道为盗所劫，欲杀之，肱曰："弟年幼，父母所怜，又未聘娶，愿杀身济弟。"季江曰："兄年德在前，家之珍宝，国之英俊，乞自受戮，以代兄命。"盗遂两释焉，但掠夺衣资而已。既至，郡中见肱无衣服，怪问其故，肱托以他辞，终不言盗。盗闻而感悔，就精庐求见徵君，叩头谢罪，还所略物。肱不受，劳以酒食而遣之。帝既微肱不至，乃下彭城，使画工图其形状。肱卧于幽暗，以被韬面，言患眩疾，不欲出风，工竟不得见之。

闳，安之玄孙也，苦身修节，不应辟召。

著隐居讲授，不修世务。

县继母苦烈，昙奉之逾谨，得四时珍玩，未尝不先拜而后进，乡里以为法。

帝又征安阳魏桓，其乡人劝之行，桓曰："夫干禄求进，所以行其志也。今后宫千数，其可损乎？厩马万匹，其可减乎？左右权豪，其可去乎？"皆对曰："不可。"桓乃慨然叹曰："使桓生行死归，于诸子何有哉！"遂隐身不出。

【译文】

汉桓帝延熹二年（戊戌，公元159年）

梁皇后仗恃姐姐梁太后和哥哥大将军梁冀的庇护和势力，穷极奢华，比前世加倍，独占桓帝的宠爱，嫉妒成性，六宫的其他嫔妃都不得侍奉桓帝。等到梁太后去世，桓帝对她的恩宠顿时衰退。梁皇后自己没有儿子，每当其他嫔妃怀有身孕，很少能得到保全。桓帝虽然畏惧梁冀，不敢谴责和发怒，然而让梁皇后来陪侍的次数变得稀少，梁皇后越来越忧愁愤恨。秋季，七月丙午（初八），梁皇后去世。乙丑（二十七日），将她安葬在懿陵，谥号为懿献皇后。

梁冀家族一门，前后共有七个侯，三个皇后，六个贵人，两个大将军，夫人和女儿享有食邑而称君的七人，娶公主为妻的三人，其他担任卿、将、尹、校等官职的五十七人。梁冀把持朝廷威权，独断专行，凶暴放肆，日甚一日。宫廷禁军和皇

帝最亲近的侍卫和随从中，都有他的亲信，皇宫内部皇帝的起居，再细小的情况，他都必定了如指掌。向四方征调的物品，以及各地每年按时向皇帝贡献的礼品，都先将最好的呈送给梁冀，皇帝还得排在他的后面。官吏和百姓带着财物，到梁冀家里请求做官或者免罪的，在道路上前后相望。文武百官升迁或被征召，都要先到梁冀家门呈递谢恩书，然后才敢到尚书台去接受指示。下邳国人吴树被任命为宛县县令，上任之前向梁冀辞行，梁冀的宾客散布在宛县县境的很多，梁冀托吴树照顾他们。吴树说："邪恶的小人是残害百姓的蛀虫，即令是近邻，也应诛杀。将军高居上将之位，应该崇敬贤能，弥补朝廷的缺失。可是，自从我随同您坐下以后，没有听见您称赞一位长者，而嘱托我照顾很多不恰当的人，我实在不敢听！"梁冀沉默不语，心里很不高兴。吴树到县上任后，便将梁冀的宾客中为人民所痛恨的数十人诛杀。吴树后来升任荆州刺史，上任前向梁冀辞行，梁冀请他喝下了毒酒。吴树出来，死在车上。东郡太守侯猛，刚刚接受任命时，没有去谒见梁冀，梁冀就另外找了一个罪名将他腰斩。

梁冀把持朝政将近二十年，威势和权力震动内外，桓帝只好拱手，什么事都不能亲自参与。对于这种情况，桓帝早已愤愤不平，及至陈授死去，他愈发愤怒。和熹皇后邓绥的侄儿、郎中邓香的妻子宣，生下女儿邓猛。邓香死后，宣改嫁给梁纪为妻。梁纪，即梁冀之妻孙寿的舅父。孙寿因邓猛美貌，把她送进掖庭，被桓帝封为贵人。梁冀打算把邓猛认作自己的女儿，将邓猛改姓为梁猛，可是又害怕邓猛的姊夫、议郎邴尊从中破坏，说服岳母宣予以拒绝，于是派刺客将邴尊杀死。其后，梁冀又想杀害邓猛的母亲宣。宣家和中常侍袁赦的家相邻，当梁冀派遣的刺客爬上袁赦家的屋顶，准备进入宣家时，被袁赦发觉。于是袁赦擂鼓聚集众人，通知宣家。宣急忙奔入皇宫，向桓帝报告，桓帝勃然大怒。于是，他单独招呼小黄门史唐衡跟随他上厕所，问道："我的左右侍卫，和皇后娘家不投合的，有谁？"唐衡回答说："中常侍单超、小黄门史左悺和梁不疑有仇。中常侍徐璜、黄门令具瑗，经常私下对皇后娘家放纵骄横表示愤恨，只是不敢开口。"于是，桓帝将单超、左悺叫进内室，对他俩说："梁将军兄弟在朝廷专权，胁迫内外，三公、九卿以下，都得按着他们的旨意行事，现在，我想要诛杀他们，你们二位的意思如何？"单超等回答说："梁冀兄弟的确是国家的奸贼，早就应该诛杀；只是我们的力量太弱小，不知圣意如何罢了。"桓帝又说:"确实如你们所说,那么,请你们秘密谋划。"单超等回答说:"谋划并不困难,只恐怕陛下心中狐疑不决。"桓帝说:"奸臣威胁国家,应当定罪伏法,为什么狐疑不决呢!"于是,把徐璜、具瑗叫来,桓帝和五个宦官共同定计,桓帝将单超的手臂咬破出血,作为盟誓。单超等人对桓帝说:"陛下如今既然已下定决心,千万不要再提这件事,怕会引起猜疑。"

梁冀果然对单超等产生猜疑,八月丁丑(初十),派遣中黄门张恽入宫住宿,以防范意外变故。具瑗命令属吏逮捕张恽,罪名是:"擅自从外入宫,想要图谋不轨。"桓帝登上前殿,召集各位尚书前来,揭发了这件事,派遣尚书令尹勋持节统率丞、郎以下官吏,命全都手执兵器,守卫省阁,将所有代表皇帝和朝廷的符节收集起来,送进内宫。又派遣具瑗率领左右御厩的骑士、虎贲、羽林卫士、都候所属的剑戟士,共计一千余人,和司隶校尉张彪一同包围梁冀的府第。派光禄勋袁盱持节,向梁冀收缴了他的大将军印信,将他改封为比景都乡侯。梁冀和他的妻子孙寿,当天双双自杀。梁不疑、梁蒙在此以前已经去世。将梁氏和孙氏家族,包括他们在朝廷和地方的亲戚,全部逮入诏狱,不论男女老幼,全都押往闹市斩首,尸体暴露街头。受牵连的公卿、列校、州刺史、二千石官员,被诛杀的有数十人。太尉胡广、司徒韩縯、司空孙朗,都因阿附梁冀,没有去保卫宫廷而停留在长寿亭,被指控有罪,以减死罪一等论处,免去官职,贬为平民。此外,梁冀的旧时属吏和宾客,被免官的有三百余人,整个朝廷,为之一空。当时,事情突然从皇宫中发动,使者来往奔驰,三公九卿等朝廷大臣都失去常态,官府和大街小巷犹如鼎中的开水一片沸腾,数日之后,方才安定,百姓们无不称快,表示庆祝。桓帝下令没收梁冀的财产,由官府变卖,收入共计三十余亿,全都上缴国库,减收当年全国租税的一半。并将梁冀的园林分散给贫民耕种。

壬午(八月十五日),桓帝立梁贵人为皇后,并将梁冀的妹妹、梁皇后的坟墓懿陵贬称为贵人冢。桓帝厌恶梁氏,便将皇后梁猛的姓,改为薄氏。过了许久,才知道皇后是邓香的女儿,于是,又重新改姓邓氏。

桓帝下诏,赏赐诛杀梁冀的功臣,将单超、徐璜、具瑗、左悺、唐衡,都封为县侯,单超食邑二万户,徐璜等四人各一万余户,当世称他们为"五侯"。

尚书令陈蕃向桓帝上书,推荐五位隐居不肯出来做官的士人:豫章人徐稚、彭城人姜肱、汝南人袁闳、京兆人韦著、颍川人李昙。桓帝对所有的人都送给用一马牵拉的安车和黑色的币帛，礼仪周全地征聘他们，但他们都不肯应聘。

徐稚家境贫穷，经常亲自耕种，不吃不是自己劳动得来的食物，谦恭节俭，待人礼让，当地的人都很佩服他的品德。三公府多次前来征聘，他都没有答应。陈蕃担任豫章郡太守时，曾很礼敬地请他出来担任功曹。徐稚也不推辞，但在晋见陈蕃后，即行告退，不肯就职。陈蕃性格方正严峻，从不接见宾客，唯独徐稚来时，特地为他摆设一张坐榻，徐稚走后，他就把坐榻悬挂起来。后来，徐稚又被推举为"有道"之士，在家中被任命为太原郡太守，他仍不肯就任。徐稚虽然不肯接受诸公的征聘，但是听到他们的死讯，一定背着书箱前往吊丧。他通常是先在家里烤好一只鸡，另外将一两棉絮浸泡在酒中，再晒干，然后用棉絮包裹烤鸡，一直来到死者的坟墓隧道之处，用水将棉絮泡湿，使酒味溢出，准备一斗米饭，以白茅草为垫，把鸡放在坟墓前面，将酒洒在地上进行祭吊后，留下自己的名帖，立即离去，不去见主丧的人。

姜肱和两个弟弟姜仲海、姜季江，都以孝敬父母、友爱兄弟而著称，经常同盖一条被子睡觉。他们不肯答应官府的征聘。姜肱曾经和他的弟弟姜季江一道前往郡府，夜间在道路上遇到强盗抢劫。强盗要杀他俩，姜肱对强盗说："我的弟弟年龄还小，受到父母怜爱，又没有定亲娶妻，我希望你们把我杀死，保全我弟弟的性命。"然而，姜季江却对强盗说："我的哥哥年龄比我大，品德比我高，是我家的珍宝，国家的英才，请来杀我，我愿代哥哥一死。"强盗听后很受感动，便将他俩都释放了，只将衣服和财物抢光而已。兄弟二人到了郡府，人们看见姜肱没有穿衣服，觉得奇怪，问他是什么缘故。姜肱用其他原因进行推托，到底不肯指控强盗。强盗听到这个消息，感到惭愧和后悔，就到姜肱的学舍来拜见他，叩头请罪，奉还所抢走的衣物。姜肱不肯接受，用酒饭招待强盗，送走他们。桓帝既然不能将姜肱征聘到京都洛阳，于是下诏，命彭城地方官派画工画出姜肱的肖像。姜肱躺卧在一间幽暗的房屋里，用被子蒙住脸，声称患了昏眩病，不愿出来受风，画工竟然未能见到他的面目。

袁闳，即袁安的玄孙，刻苦修养自己的节操，不接受官府和朝廷的征召。

韦著隐居在家，讲授经书，不肯过问世事。

李昙的继母非常凶暴，可是李昙对她的奉养却愈发恭谨，得到四季的珍贵玩物，从来没有不先行礼，而后送上给继母的，乡里都将他作为榜样。

桓帝又征召安阳人魏桓，魏桓家乡的人都劝他前往应聘。魏桓对他们说："接受朝廷的俸禄，追求升迁高级官职，目的是为了实现自己的政治理想。如今后宫美女数以千计，能缩小数目吗？御厩骏马数以万匹，能减少吗？皇帝左右的权贵豪门，能排除吗？"大家都回答说："不能"。于是，魏桓慨然长叹说："让我活着前去就聘，死后再被送回，对你们有什么好处？"于是隐居不出。

【原文】

三年（庚子，160年）

春，正月，丙申，赦天下，诏求李固后嗣。初，固既策罢，知不免祸，乃遣三子基、兹、燮皆归乡里。时燮年十三，姊文姬为同郡赵伯英妻，见二兄归，具知事本，默然独悲曰："李氏灭矣！自太公已来，积德累仁，何以遇此！"密与二兄谋，豫藏匿燮，托言还京师，人咸信之。有顷，难作，州郡收基、兹，皆死狱中。文姬乃告父门生王成曰："君执义先公，有古人之节；今委君以六尺之孤，李氏存灭，其在君矣！"成乃将燮乘江东下，入徐州界，变姓名为酒家佣，而成卖卜于市，各为异人，阴相往来。积十余年，梁冀既诛，燮乃以本末告酒家，酒家具车重厚遣之，燮皆不受。遂还乡里，追行丧服，姊弟相见，悲感傍人。姊戒燮曰："吾家血食将绝，弟幸而得济，岂非天邪！宜杜绝众人，勿妄往来，慎无一言加于梁氏！加梁氏则连主上，祸重至矣，唯引咎而已。"燮谨从其诲。后王成卒，燮以礼葬之，每四节为设上宾之位而祠焉。

丙午，新丰侯单超卒，赐东园秘器，棺中玉具；及葬，发五营骑士、将作大匠起冢茔。其后四侯转横，天下为之语曰："左回天，具独坐，徐卧虎，唐雨堕。"皆竞起第宅，以华侈相尚，其仆从皆乘牛车而从列骑，兄弟姻戚，宰州临郡，辜较百姓，与盗无异，虐遍天下；民不堪命，故多为盗贼焉。

【译文】

三年（庚子，公元160年）

春季，正月丙申（初一），大赦天下。桓帝下诏寻找李固的后裔。当初，李固被颁策罢官以后，知道免不了要遭大祸，于是，就把他的三个儿子李基、李兹、李燮，都送回故乡。当时，李燮十三岁，他的姐姐李文姬嫁给同郡人赵伯英为妻，看到两位哥哥从京都洛阳回来，全部了解了事情的本末，暗暗独自悲叹："李家要灭亡了。自祖父李郃以来，积德积仁，怎么会落得如此下场！"她秘密地跟两位哥哥商议，事先把三弟李燮藏匿起来，然后传出消息说李燮已回京都洛阳，人们全都相信。不久，大祸发生，州郡官府逮捕李基、李兹，二人全都死在狱中。于是，李文姬亲自拜托父亲的学生王成说："您为我的先父坚持正义，有古人的气节。而今，我把六尺高的孤儿托付给您。李家是存还是灭，就在您的身上了！"王成便带着李燮乘船沿长江东下，进入徐州境内。李燮改名换姓，在一家酒店里做佣工，王成则在街市上给人占卦算命，二人假装不认识，暗地里互相来往。过了十余年之久，当梁冀被诛杀后，李燮才将自己身世告诉酒店老板。酒店老板大为震惊，准备了车马和丰厚的礼物，要送李燮回乡，李燮都不肯接受。李燮于是回到故乡为他的父亲追补服丧。姐弟相见，十分悲伤，旁边的人无不为之感动。姐姐李文姬告诫李燮说："我们李家的祭祀几乎灭绝，你幸而逃得活命，岂不是天意吗？应该闭门自守，不要随便和别人往来，千万不要对梁家有一言抨击，如果抨击梁家，势必牵连到主上，大祸就会重新降临了，我们只有引咎自责而已。"李燮遵从了姐姐的教诲。后来，王成去世，李燮按照礼节将他安葬，每年的春夏秋冬等四季，都将王成的牌位，摆放在上宾之位，进行祭祀。

丙午（十一日），新丰侯单超去世。桓帝赏赐给他御用棺木和玉衣。等到埋葬时，又调发五营的骑士，由将作大匠督率，为他兴筑坟墓。其后，剩下的"四侯"，更加骄横跋扈，天下的人民流传着一句刻画他们形象的歌谣说："左悺有回天之力，具瑗是唯我独尊，徐璜的威风如卧虎，唐衡的势力像大雨。"他们竞相修建宅第，追求豪华奢侈，连仆从都乘坐牛车，有骑马卫士跟随。他们的兄弟和有婚姻关系的亲戚中，担任州刺史和郡太守的，搜刮和掠夺百姓的财富，和盗贼没有区别，暴虐遍及全国各地。民不聊生，所以很多人去做盗贼。

汉纪四十七

资治通鉴第五十五卷

【原文】

孝桓皇帝中延熹七年（甲辰，164年）

春，二月，丙戌，邟乡忠侯黄琼薨。将葬，四方远近名士会者六七千人。

初，琼之教授于家，徐稚从之咨访大义，及琼贵，稚绝不复交。至是，稚往吊之，进酹，哀哭而去，人莫知者。诸名士推问丧宰，宰曰："先时有一书生来，衣粗薄而哭之哀，不记姓字。"众曰："必徐孺子也。"于是选能言者陈留茅容轻骑追之，及于涂。容为沽酒市肉，稚为饮食。容问国家之事，稚不答。更问稼穑之事，稚乃答之。容还，以语诸人，或曰："孔子云：'可与言而不与言，失人。'然则孺子其失人乎？"太原郭泰曰："不然。孺子之为人，清洁高廉，饥不可得食，寒不可得衣，而为季伟饮酒食肉，此为已知季伟之贤故也！所以不答国事者，是其智可及，其愚不可及也！"

泰博学，善谈论。初游雒阳，时人莫识，陈留符融，一见嗟异，因以介于河南尹李膺。膺与相见，曰："吾见士多矣，未有如郭林宗者也。其聪识通朗，高雅密博，今之华夏，鲜见其俦。"遂与为友，于是名震京师。后归乡里，衣冠诸儒送至河上，车数千两，膺唯与泰同舟而济，众宾望之，以为神仙焉。

泰性明知人，好奖训士类，周游郡国。茅容，年四十余，耕于野，与等辈避雨树下，众皆夷踞相对，容独危坐愈恭；泰见而异之，因请寓宿。旦日，容杀鸡为馔，泰谓为己设；容分半食母，余半庋置，自以草蔬与客同饭。泰曰："卿贤哉远矣！郭林宗犹减三牲之具以供宾旅，而卿如此，乃我友也。"起，对之揖，劝令从学，卒为盛德。钜鹿孟敏，客居太原，荷甑堕地，不顾而去。泰见而问其意，对曰："甑已破矣，视之何益！"泰以为有分决，与之言，知其德性，因劝令游学，遂知名当世。陈留申屠蟠，家贫，佣为漆工；鄢陵庾乘，少给事县廷为门士；泰见而奇之，其后皆为名士。自余或出于屠沽、卒伍，因泰奖进成名者甚众。

陈国童子魏昭请于泰曰："经师易遇，人师难遭，愿在左右，供给洒扫。"泰许之。泰尝不佳，命昭作粥，粥成，进泰，泰呵之曰："为长者作粥，不加意敬，使不可食！"以杯掷地。昭更为粥重进，泰复呵之。如此者三，昭姿容无变。泰乃曰："吾始见子之面，而今而后，知卿心耳！"遂友而善之。

陈留左原，为郡学生，犯法见斥，泰遇诸路，为设酒肴以慰之。谓曰："昔颜涿聚，梁甫之巨盗，段干木，晋国之大驵，卒为齐之忠臣，魏之名贤；蘧瑗、颜回尚不能无过，况其余乎！慎勿恚恨，责躬而已！"原纳其言而去。或有讥泰不绝恶人者，泰曰："人而不仁，疾之已甚，乱也。"原后忽更怀忿结客，欲报诸生。其日，泰在学，原愧负前言，因遂罢去。后事露，众人咸谢服焉。

或问范滂曰："郭林宗何如人？"滂曰："隐不违亲，贞不绝俗，天子不得臣，诸侯不得友，吾不知其他。"

泰尝举有道，不就，同郡宋冲素服其德，以为自汉元以来，未见其匹，尝劝之仕。泰曰："吾夜观乾象，昼察人事，天之所废，不可支也，吾将优游卒岁而已。"然犹周旋京师，诲诱不息。徐稚以书戒之曰："大木将颠，非一绳所维，何为栖栖不遑宁处！"泰感寤曰："谨拜斯言，以为师表。"

济阴黄允，以隽才知名，泰见而谓曰："卿高才绝人，足成伟器，年过四十，声名著矣。然至于此际，当深自匡持，不然，将失之矣！"后司徒袁隗欲为从女求姻，见允，叹曰："得婿如是，足矣。"允闻而黜遣其妻。妻请大会宗亲为别，因于众中攘袂数允隐慝十五事而去，允以此废于时。

初，允与汉中晋文经并恃其才智，曜名远近，惩辟不就。托言疗病京师，不通宾客，公卿大夫遣门生旦暮问疾，郎吏杂坐其门，犹不得见；三公所辟召者，辄以询访之，随所臧否，以为与夺。符融谓李膺曰："二子行业无闻，以豪桀自置，遂使公卿问疾，王臣坐门，融恐其小道破义，空誉违实，特宜察焉。"膺然之。二人自是名论渐衰，宾徒稍省，旬日之间，惭叹逃去，后并以罪废弃。

陈留仇香，至行纯嘿，乡党无知者。年四十，为蒲亭长。民有陈元，独与母居，母诣香告元不孝，香惊曰："吾近日过元舍，庐落整顿，耕耘以时，此非恶人，当是教化未至耳。母守寡养孤，苦身投老，奈何以一旦之忿，弃历年之勤乎！且母养人遗孤，不能成济，若死者有知，百岁之后，当何以见亡者！"母涕泣而起。香乃亲到元家，为陈人伦孝行，譬以祸福之言，元感悟，卒为孝子。考城令河内王奂署香主簿，谓之曰："闻在蒲亭，陈元不罚而化之，得无少鹰鹯之志邪？"香曰："以为鹰鹯不若鸾凤，故不为也。"奂曰："枳棘之林非鸾凤所集，百里非大贤之路。"乃以一月奉资香，使入太学。郭泰、符融赍刺谒之，因留宿；明旦，泰起，下床拜之曰："君，泰之师，非泰之友也。"香学毕归乡里，虽在宴居，必正衣服，妻子事之若严君；妻子有过，免冠自责，妻子庭谢思过，香冠，妻子乃敢升堂，终不见其喜怒声色之异。不应征辟，卒于家。

【译文】

汉桓帝延熹七年（甲辰，公元164年）

春季，二月丙戌（疑误），邡乡侯黄琼去世。临下葬时，四方远近知名人士前来吊丧的有六七千人。

最初，黄琼在家中教授经书时，徐稚曾经向他询问要旨，到黄琼的地位尊贵以后，徐稚就和黄琼绝交，不再来往。黄琼去世，徐稚前往吊丧，以酒洒地表示祭奠，放声痛哭后离去，别人都不知道他是谁。吊丧的知名人士们询问主持丧事的人，他说："早些时候的

郭泰

确有一位儒生来过这里，他衣着粗糙单薄，哭声悲哀，不记得他的姓名。"大家都说："肯定是徐稚。"于是选派善于言辞的陈留人茅容，跨上快马急忙去追赶他，在半途追到。茅容为徐稚沽酒买肉，请他一道饮食。当茅容问及国家大事时，徐稚不作回答。茅客改变话题，谈论耕种和收获谷物的事，徐稚才回答他。茅容返回以后，将上述情况告诉大家。有人说："孔子曾经说过：'遇上可以交谈的人，却不和他谈论，未免有失于人。'这样说来，徐稚岂不是有失于人吗？"太原人郭泰说：

"不是这样。徐稚为人清高廉洁,他饥饿时不会轻易接受别人的食物,寒冷时不会随便穿别人的衣服。而他答应茅容的邀请,一道饮酒食肉,这是因为已经知道茅容贤能的缘故。所以不回答国家大事,是由于他的智慧我们可以赶得上,他的故作愚昧我们却赶不上。"

郭泰学问渊博,善于言谈议论。他刚到京都洛阳留学时,当时的人并不认识他。陈留人符融一见他就赞叹惊异,因而将他推荐给河南尹李膺。李膺跟他见面后说:"我所见到过的读书人很多,却从来没有遇到过像郭泰您这样的人。您聪慧通达,高雅缜密,在今天的中国,很少有人能与您相比。"便和他结交为好友,于是郭泰的名声立刻震动京城洛阳。后来,郭泰从洛阳启程返回家乡时,官员和士绅以及儒生将他送到黄河渡口,车子多达数千辆。只有李膺和郭泰同船渡河,前来送行的各位宾客望着他俩,认为简直是神仙。

郭泰善于识别人的贤愚善恶,喜欢奖励和教导读书人,足迹遍布四方。茅容年龄已经四十余岁,在田野中耕作时和一群同伴到树底下避雨,大家都随便地坐在地上,只有茅容正襟危坐,非常恭敬。郭泰路过那里,见此情景,大为惊异,因而向茅容请求借宿。第二天,茅容杀鸡作为食品,郭泰以为是为自己准备的,但茅容分了半只鸡侍奉母亲,将其余半只鸡收藏在阁橱里,自己用粗劣的蔬菜和客人一同吃饭。郭泰说:"你的贤良大大地超过了普通人。我自己尚且减少对父母的供养来款待客人,而你却是这样,真是我的好友。"于是,郭泰站起身来,向他作揖,劝他读书学习。茅容最终成为很有德行的人。巨鹿人孟敏,在太原郡客居,肩上扛的瓦罐掉在地上,他一眼不看便离开了。郭泰见此情景,问他为什么这样,孟敏回答说:"瓦罐已经破碎了,看它有什么益处?"郭泰认为他有分辨和决断能力,于是和他交谈,了解他的天赋和秉性,因而劝他外出求学。结果孟敏成为闻名当世的人。陈留人申屠蟠家境贫困,受雇于人做漆工,鄢陵人庾乘年少时在县府担任门卒,郭泰见到他们,对他们另眼相待,后来他们都成为知名的人士。其他人,有的是屠户出身,有的是卖酒出身,有的是士卒出身,因受到郭泰的奖励和引进而成名的很多。

陈国少年魏昭向郭泰请求说:"教授经书的老师容易遇到,但传授做人道理的老师却难遇到。我愿意跟随在您的身边,给您洒扫房屋和庭院。"郭泰许诺。后来,郭泰曾因身体不适，命魏昭给他煮稀饭。稀饭煮好以后，魏昭端给郭泰，郭泰大声呵斥魏昭说："你给长辈煮稀饭，不存敬意，使我不能进食。"将杯子扔到地上。魏昭又重新煮好稀饭，再次端给郭泰，郭泰又呵斥他。这样一连三次，魏昭的态度和脸色始终没有改变。于是郭泰说："我开始只看到你的表面，从今以后，我知道你的内心了！"就把魏昭当作好友，善意对待。

陈留人左原是郡学的学生，因违反法令，被郡学斥退。郭泰在路上遇见他，特地摆设酒和菜肴，对他进行安慰，说："从前，颜涿聚原是梁甫地区的大盗，段干木本是晋国的大市侩，可是，前一位终于成了齐国的忠臣，后一位终于成了魏国的著名贤人。蘧瑗、颜回尚且不能没有过错，何况其他的人？你千万不要心怀怨恨，只是反躬责问自己而已。"左原虚心听取郭泰的劝导后离去。有人讥讽郭泰不能和恶人断绝关系，郭泰说："对于不合于仁的人，如果厌恶他太甚，就会使他为乱。"左原后来忽然重新心怀愤怒，结集宾客，想要报复郡学的学生。可是，这一天，郭泰正在郡学，左原惭愧自己辜负了郭泰以前的劝导，于是终于离去。后来这件事传开，大家全都佩服郭泰。

有人询问范滂说："郭泰是个什么样的人？"范滂回答说："隐居而不离开双亲，坚贞而不隔绝世俗，天子不能使他为臣下，诸侯不能使他为友，除此之外，我不知道还有别的。"

郭泰曾经被地方官府推荐为"有道"人才，郭泰不肯接受。同郡人宋冲一向佩服郭泰的品德和学问，认为自从汉朝建立以来，没有人能超过他，曾经劝他出去做官。郭泰说："我夜间观看天象，白天考察人事，上天要灭亡的，人力不能支持，我将悠闲地过日子而已。"但他还是经常到京都洛阳，不停地教诲和劝诱人们读书求学。徐稚写信警告他说："大树快要倒下，不是一根绳子所能拴住的，为何奔波忙碌，不能安定下来！"郭泰有所感而觉悟说："恭敬地拜受你的话，当作老师的指教。"

济阴人黄允，以才智出众而知名。郭泰跟他见面时，对他说："你才华很高，超过常人，一定会成为大器，年过四十岁以后，名声一定显著。然而，到了那时候，应该严格要求自己，匡正持重，不然，将丧失声名。"后来，司徒袁隗想为他的侄女选择丈夫，见到黄允，赞叹说："能得到像黄允这样的女婿，就心满意足了。"黄允听说后，便将妻子休掉，让她回娘家。黄妻请求同所有宗族和亲戚见面辞别，于是当着众人的面，揎袖捋臂历数黄允的十五件隐私，然后登车而去。黄允因此名声败坏。

起初，黄允和汉中人晋文经，同时仗恃他们的才能智慧而远近闻名，官府征聘他们做官，都不肯接受。他俩托词到京都洛阳疗养疾病，拒绝任何来访的宾客。三公九卿和大夫等派遣他们的门生早晚前来探问病情，郎吏错杂挤坐门房，仍然不能见面。三公府征聘属吏，往往先去征求他俩的意见，根据他俩的品评和褒贬，再决定任用或罢黜。符融对李膺说："他俩的操行和事业都没有声名，却以豪杰自居，以致三公九卿都派人前往探病，朝廷命臣都去坐在门房等候召见。我怕他们的小道术会破坏儒家大义，徒具虚名而和实际不相符合，特别应该留意考察。"李膺赞同符融的意见。黄允和晋文经二人的名誉从此逐渐衰落，宾客和门徒稍稍减少，不到十天的时间，他俩惭愧叹息而逃走。后来，他俩都因有罪而被人们抛弃。

陈留人仇香虽德行高尚，但沉默寡言，乡里无人知道他。年龄四十岁时，担任蒲亭亭长。有个叫陈元的老百姓，一个人和母亲同住，他的母亲向仇香控告陈元忤逆不孝。仇香吃惊地说："我最近经过陈元的房舍，院落整理得干干净净，耕作也很及时，说明他不是一个恶人，只不过没有受到教化，不知道如何做罢了。你年轻时守寡，抚养孤儿，劳苦一生，而今年纪已老，怎能为了一时的恼怒，抛弃多年的勤劳和辛苦？而且，你抚养丈夫遗留的孤儿，有始无终，倘若死者在地下有知，你百年之后，在地下怎么跟亡夫相见？"陈元的母亲哭泣着起身告辞。于是仇香亲自到陈元家里，教导伦理孝道，讲解祸福的道理。陈元感动省悟，终于成为孝子。考城县令河内人王奂任命仇香为主簿，对他说："听说你在蒲亭，对陈元没有进行处罚，而是用教化来改变他，恐怕是缺少苍鹰搏击的勇气吧？"仇香回答说："我认为苍鹰搏击不如鸾凤和鸣，所以不肯那样去做。"王奂又对他说："荆棘的丛林，不是鸾凤栖身之所，百里之内的县府官职，不是大贤的道路。"于是用一个月的俸禄资助仇香，让他进入太学。郭泰、符融拿着名帖求见仇香，于是留宿。第二天早上，郭泰起来，在床前向仇香下拜说："您是我的老师，不是我的朋友。"仇香在太学学成，回归乡里，即令是在闲暇无事的时候，也一定是衣服整齐。妻子和儿女侍奉他，就像对待严正的君王一样。妻子和儿女有了过错，仇香就摘下帽子，责备自己,妻子和儿女在院子里道歉思过,仇香才戴上帽子,妻子和儿女才敢进入堂屋。平常,从来看不见仇香因喜怒而改变声音脸色。他不接受官府的征聘,后来在家里去世。

【原文】

八年(乙巳,公元165年)

中常侍候览兄参与益州刺史,残暴贪婪,累赃亿计。太尉杨秉奏槛车徵参,参于道自杀,阅其车重三百余两,皆金银锦帛。秉因奏曰:"臣案旧典,宦者本在给使省闼,司昏守夜;而今猥受过宠,执政操权,附会者因公褒举,违忤者求事中伤,居法王公,富拟国家,饮食极肴膳,仆妾盈纨素。中常侍候览弟参,贪残元恶,自取祸灭;览顾知衅重,必有自疑之意,臣愚以为不宜复见亲近。昔懿公刑邴歜之父,夺阎职之妻,而使二人参乘,卒有竹中之难。览宜急屏斥,投畀有虎,若斯之人,非恩所宥,请免官送归本郡。"书奏,尚书召对秉掾属,诘之曰:"设官分职,各有司存。三公统外,御史察内;今越奏近官,经典、汉制,何所依据?其开公具对!"秉使对曰:"《春秋传》曰:'除君之恶,唯力是视。'邓通懈慢,申屠嘉召通诘责,文帝从而请之。汉世故事,三公之职,无所不统。"尚书不能诘,帝不得已,竟免览官。司隶校尉韩縯因奏左悺罪恶,及其兄太仆南乡侯称请托州郡,聚敛为奸,宾客放纵,侵犯吏民。悺、称皆自杀。縯又奏中常侍具瑗兄沛相恭赃罪,征诣廷尉。瑗诣狱谢,上还东武侯印绶,诏贬为都乡侯。超及璜、衡袭封者,并降为乡侯,子弟分封者,悉夺爵士。刘普等贬为关内侯,尹勋等亦皆夺爵。

【译文】

八年(乙巳,165年)

中常侍候览的弟弟侯参担任益州刺史,残暴贪婪,赃款累计多达一亿。太尉杨秉进行弹劾,朝廷用囚车把侯参押解回京,侯参在途中自杀。查看他携载物资的三百余辆车,装的都是金银和锦帛。因此,杨秉上书弹劾说:"我查考朝廷旧有的典章制度,宦官本来只限于在皇宫内听候差遣,负责早晚看守门户,而今却大多倍受过份的宠信，掌握朝廷大权。凡是依附宦官的人，宦官就趁着朝廷征用人才时推荐他们做官；凡是违背和冒犯宦官的人，宦官便随便找一个借口对他们进行中伤。宦官的居处效法王公，他们拥有的财富可与帝王相比，饮食极尽佳肴珍膳，奴仆侍妾都穿精致洁白的细绢。中常侍侯览的弟弟侯参，是贪赃残暴的首恶，自取灾祸和灭亡。侯览深知罪恶深重，一定会自感疑惧不安，我愚昧地认为，不应该把侯览再放在陛下左右。过去，齐懿公给邴躅的父亲加刑，又夺去阎职的妻子，却使他们二人陪同乘车，终于发生竹林中的大祸。因此，侯览应被急速斥退，投到豺狼虎豹群中。像这一类人，不能施行恩德宽恕罪行，请免除官职，送回本郡。"奏章呈上以后，尚书召来杨秉的属吏，责问说："朝廷设立官职，各有名的职责范围。三公对外管理政务，御史对内监察官吏。而今，三公超越的职责范围，弹劾皇宫内的宦官，无论是经书典籍，还是汉朝制度，有什么根据？请公开做具体答复。"杨秉派遣的属吏回答说："《春秋左传》上说：'为君王排奸去恶，要使出全身的力量。'邓通懈怠轻慢，申屠嘉召邓通进行责问，汉文帝因而对邓通说情。汉朝的传统制度是，三公的职责，没有一件事情不可以过问。"尚书无法反驳。桓帝迫不得已，终于将侯览免职。司隶校尉韩縯乘机弹劾左悺的罪恶，以及左悺的哥哥、南乡侯左称向州郡官府请托，搜刮财货，作奸犯科，宾客放纵，侵犯官吏和百姓的罪过。左悺、左称都自杀了。韩縯又弹劾中常侍具瑗的哥哥、沛国相具恭贪赃枉法。桓帝下令将具恭征召回京都洛阳，送到廷尉狱治罪。于是，具瑗也主动到廷尉狱认罪，并向上交东武侯印信。桓帝下诏将具瑗贬封为都乡侯。单超及徐璜、唐衡的封爵继承人都被贬为乡侯，子弟得到分封的，全部取消封爵和食邑。刘普等被贬为关内侯，尹勋等也都被取消封爵。

资治通鉴第五十六卷

汉纪四十八

【原文】

孝桓皇帝下永康元年（丁未，167年）

陈蕃既免，朝臣震栗，莫敢复为党人言者。贾彪曰："吾不西行，大祸不解。"乃人雒阳，说城门校尉窦武、尚书魏郡霍谞等，使讼之。

帝意稍解，使中常侍王甫就狱讯党人范滂等，皆三木囊头，暴于阶下，甫以次辩诘曰："卿等更相拔举，迭为唇齿，其意如何？"滂曰："仲尼之言，'见善如不及，见恶如探汤'，滂欲使善善同其清，恶恶同其污，谓王政之所愿闻，不悟更以为党。古人修善，自求多福。今之修善，身陷大戮。身死之日，愿埋滂于首阳山侧，上不负皇天，下不愧夷、齐。"甫愍然为之改容，乃得并解桎梏。李膺等又多引宦官子弟，宦官惧，请帝以天时宜赦。六月，庚申，赦天下，改元；党人二百余人皆归田里，书名三府，禁锢终身。

丁丑，帝崩于德阳前殿。戊寅，尊皇后曰皇太后。太后临朝。

【译文】

汉桓帝永康元年（丁未，公元167年）

陈蕃被免职以后，朝廷文武大臣大为震动恐惧，再没有人敢向朝廷替党人求情。贾彪说："我如果不西去京都洛阳一趟，大祸不可能解除。"于是，他就亲自来到洛阳，说服城门校尉窦武、尚书魏郡人霍谞等人，使他们出面营救党人。

桓帝的怒气稍稍化解，派中常侍王甫前往监狱审问范滂等党人。范滂等人颈戴木枷，手腕戴铁铐，脚挂铁镣，布袋蒙住头脸，暴露在台阶下面。王甫逐一诘问说："你们互相推举保荐，象嘴唇和牙齿一样地结成一党，究竟有什么企图？"范滂回答说："孔丘有言：'看见善，立刻学习都来不及。看见恶，就好像把手插到滚水里，应该马上停止。'我希望奖励善良使大家同样清廉，嫉恨恶人使大家都明白其卑污所在。本以为朝廷会鼓励我们这么做，从没有想到这是结党。古代人修德积善，可以为自己谋取多福。而今修德积善，却身陷死罪。我死后，但愿将我的尸首埋葬在首阳山之侧，上不辜负皇天，下不愧对伯夷、叔齐。"王甫深为范滂的言辞而动容，可怜他们的无辜遭遇，于是命有关官吏解除他们身上的刑具。而李膺等人在口供中，又牵连出许多宦官子弟，宦官们也深恐事态继续扩大。于是请求桓帝，用发生日食作为借口，将他们赦免。六月庚申（初八），桓帝下诏，大赦天下，改年号。党人共二百余人，都遣送回各人的故乡；将他们的姓名编写成册，分送太尉、司徒、司空三府，终身不许再出来做官。

丁丑（二十八日），桓帝在德阳前殿驾崩。戊寅（二十九日），尊皇后窦妙为皇太后。窦太后临朝主持朝政。

【原文】

孝灵皇帝上之上建宁元年（戊申，168年）

春，正月，壬午，以城门校尉窦武为大将军。前太尉陈蕃为太傅，与武及司徒胡广参录尚书事。

己亥，解渎亭侯至夏门亭，使窦武持节，以王青盖车迎入殿中；庚子，即皇帝位，改元。

初，窦太后之立也，陈蕃有力焉。及临朝，政无大小，皆委于蕃。蕃与窦武同心戮力，以奖王室，徵天下名贤李膺、杜密、尹勋、刘瑜等，皆列于朝廷，与共参政事。于是天下之士，莫不延颈想望太平。而帝乳母赵娆及诸女尚书，旦夕在太后侧，中常侍曹节、王甫等共相朋结，谄事太后，太后信之，数出诏命，有所封拜。蕃、武疾之，尝共会朝堂，蕃私谓武曰："曹节、王甫等，自先帝时操弄国权，浊乱海内，今不诛之，后必难图。"武深然之。蕃大喜，以手推席而起。武于是引同志尚书令尹勋等共定计策。

【译文】

汉灵帝建宁元年（戊申，公元168年）

春季，正月壬午（初三），擢升城门校尉窦武为大将军。任命前太尉陈蕃为太傅，和窦武以及司徒胡广统领尚书台事宜。

己亥（二十日），解渎亭侯刘宏抵达夏门亭。窦太后命窦武持节，用皇子封王时专用的青盖车，将刘宏迎接入宫。庚子（二十一日），刘宏即皇帝位，为汉灵帝，改年号。

起初，窦妙被册封为皇后，陈蕃曾经尽过力量。等到窦妙当上太后，临朝主持朝政时，就把大小政事全部交付陈蕃。陈蕃和窦武同心合力，辅佐皇室，征召天下闻名的贤才李膺、杜密、尹勋、刘瑜等人，都进入朝廷，共同参与朝廷政事。于是，天下的士人，无不伸长脖子殷切盼望太平盛世的来临。然而，灵帝的奶妈赵娆跟女尚书们，早晚都守候在窦太后身边，和中常侍曹节、王甫等人互相勾结，奉承窦太后。于是，得到窦太后的宠信，多次颁布诏书，封爵拜官。陈蕃、窦武对此深为痛恨。有一次，在朝堂上共同商议朝廷政事，陈蕃私下对窦武说："曹节、王甫等人，从先帝时起，就操纵国家大权，扰乱天下，今天如果不杀掉他们，将来更难下手。"窦武也很同意陈蕃的意见。陈蕃大为高兴，用手推席起身。于是，窦武便和志同道合的尚书令尹勋等人，共同制定计策。

汉灵帝

【原文】

二年（己酉，169年）

初，李膺等虽废锢，天下士大夫皆高尚其道而污秽朝廷，希之者唯恐不及，更共相标榜，为之称号：以窦武、陈蕃、刘淑为三君，君者，言一世之所宗也；李膺、荀翌、杜密、王畅、刘祐、魏朗、赵典、朱㝢为八俊，俊者，言人之英也；郭泰、范滂、尹勋、巴肃及南阳宗慈、陈留夏馥、汝南蔡衍、泰山羊陟为八顾，顾者，言能以德行引人者也；张俭、翟超、岑晊、苑康及山阳刘表、汝南陈翔、鲁国孔昱、山阳檀敷为八及，及者，言其能导人追宗者也；度尚及东平张邈、王孝、东郡刘儒、泰山胡母班、陈留秦周、鲁国蕃向、东莱王章为八厨，厨者，言能以财救人者也。及陈、窦用事，复举拔膺等；陈、窦诛，膺等复废。

宦官疾恶膺等，每下诏书，辄申党人之禁。侯览怨张俭尤甚，览乡人朱并素佞邪，为俭所弃，承览意指，上书告俭与同乡二十四人别相署号，共为部党，图危社稷，而俭为之魁。诏刊章捕俭等。冬，十月，大长秋曹节因此讽有司奏"诸钩党者故司空虞放及李膺、杜密、朱㝢、荀翌、翟超、刘儒、范滂等，请下州郡考治。"是时上年十四，问节等曰："何以为钩党？"对曰："钩党者，即党人也。"上曰："党人何用为恶而欲诛之邪？"对曰："皆相举群辈，欲为不轨。"上曰："不轨欲如何？"对曰："欲图社稷。"上乃可其奏。

或谓李膺曰："可去矣！"对曰："事不辞难，罪不逃刑，臣之节也。吾年已六十，死生有命，去将安之！"乃诣诏狱，考死；门生故吏并被禁锢。侍御史蜀郡景毅子顾为膺门徒，未有录牒，不及于谴，毅慨然曰："本谓膺贤，遣子师之，岂可以漏脱名籍，苟安而已！"遂自表免归。

汝南督邮吴导受诏捕范滂，至征羌，抱诏书闭传舍，伏床而泣，一县不知所为。滂闻之曰："必为我也。"即自诣狱。县令郭揖大惊，出，解印绶，引与俱亡，曰："天下大矣，子何为在此！"滂曰："滂死则祸塞，何敢以罪累君。又令老母流离乎！"其母就与之诀，滂白母曰："仲博孝敬，足以供养。滂从龙舒君归黄泉，存亡各得其所。惟大人割不可忍之恩，勿增感戚！"仲博者，滂弟也。龙舒君者，滂父龙舒侯相显也。母曰："汝今得与李、杜齐名，死亦何恨！既有令名，复求寿考，可兼得乎！"滂跪受教，再拜而辞。顾其子曰："吾欲使汝为恶，恶不可为；使汝为善，则我不为恶。"行路闻之，莫不流涕。

凡党人死者百余人，妻子皆徙边，天下豪桀及儒学有行义者，宦官一切指为党人；有怨隙者，因相陷害，睚眦之忿，滥入党中。州郡承旨，或有未尝交关，亦离祸毒，其死、徙、废、禁者又六七百人。

【译文】

二年（己酉，公元169年）

起初，李膺等虽然遭到废黜和禁锢，但天下的士族和文人都很尊敬他们，认为是朝廷政治恶浊，盼望能跟他们结交，唯恐不被他们接纳，而他们也互相赞誉，各人都有美号。称窦武、陈蕃、刘淑为三君，所谓君，说他们是一代宗师；李膺、荀翌、杜密、王畅、刘祐、魏朗、赵典、朱寓为八俊，所谓俊，说他们是一代英雄俊杰；郭泰、范滂、尹勋、巴肃，以及南阳郡人宗慈、陈留郡人夏馥、汝南郡人蔡衍、泰山郡人羊陟为八顾，所谓顾，说他们是一代德行表率；张俭、翟超、岑晊、苑康，以及山阳郡人刘表、汝南郡人陈翔、鲁国人孔昱、山阳郡人檀敷为八及，所谓及，说他们是一代导师；度尚，以及东平国人张邈、王孝、东郡人刘儒、泰山郡人胡母班、陈留郡人秦周、鲁国人蕃响、东莱郡人王章为八厨，所谓厨，说他们是一代舍财救人的侠士。等到后来，陈蕃、窦武掌握朝廷大权，重新举荐和提拔李膺等人。陈蕃、窦武被诛杀，李膺等人再度被废黜。

宦官们对李膺等人非常痛恨，所以皇帝每次颁布诏书，都要重申对党人的禁令。中常侍侯览对张俭的怨恨尤为厉害。侯览的同郡人朱并素来奸佞邪恶，曾被张俭尖刻抨击过，便秉承侯览的旨意，上书检举说，张俭和同郡二十四人，分别互起称号，共同结成朋党，企图危害国家，而张俭是他们的首领。灵帝下诏，命将朱并的姓名除掉，公布奏章，逮捕张俭等人。冬季，十月，大长秋曹节暗示有关官吏奏报："互相牵联结党的，有前司空虞放，以及李膺、杜密、朱寓、荀翌、翟超、刘儒、范滂等，请交付州郡官府拷讯审问。"当时，灵帝年仅十四岁，问曹节说："什么叫作互相牵连结党？"曹节回答说："互相牵连结党，就是党人。"灵帝又问："党人有什么罪恶，一定要诛杀？"曹节又回答说："他们互相推举，结成朋党，准备有不轨行动。"灵帝又问："不轨行动，想干什么？"曹节回答说："打算推翻朝廷。"于是，灵帝便批准。

有人告诉李膺说："你可以离开了！"李膺说："做事不辞艰难，有罪不逃避刑罚，这是臣属的节操。我年已六十，生死有命，离开去哪里！"便前往诏狱报到，被酷刑拷打而死。他的学生和过去的部属都被禁锢，不许再做官。侍御史蜀郡人景毅的儿子景顾是李膺的学生，因为在名籍上没有写他的名字，所以没有受到处罚。景毅感慨地说："我本来就认为李膺是一代贤才，所以才教儿子拜他为师，岂可以因为名籍上脱漏而只是苟且偷安！"便上书检举自己，免职回家。

汝南郡督邮吴导接到逮捕范滂的诏书，抵达征羌侯国时，紧闭驿站旅舍的屋门，抱着诏书伏在床上哭泣，全县的人都不知道发生了什么事情。范滂得到消息后说："一定是为我而来。"即自行到监狱报到。县令郭揖大吃一惊，出来，解下印信，要带着范滂一道逃亡，说："天下大了，您为什么在这里？"范滂回答说："我死了，则灾祸停止，怎么敢因为我犯罪来边累您，又使我的老母亲流离失所呢！"他的母亲来和他诀别，范滂告诉母亲说："范仲博孝顺恭敬，足可供养您。我则跟从龙舒君归于九泉之下。生者和死者，都各得其所。只求您舍弃不能忍心的恩情，不要增加悲伤！"范仲博是范滂的弟弟。龙舒君是范滂的父亲，即已故的龙舒侯国宰相范显。母亲说："你今天得以和李膺、杜密齐名，死有何恨！既已享有美名，又要盼望长寿，能都得到吗？"范滂跪下，聆听母亲教诲，听完以后，再拜而别。临行时，回头对儿子说："我要让你作恶，恶却不可作；你行善，那我就不作恶。"行路的人听见，无不感动流涕。

因党人案而死的共有一百余人，他们的妻子和儿女都被放逐到边郡。天下英雄豪杰，以及有良好品行和道义的儒家学者，宦官一律把他们指控为党人。有私人怨恨的，也乘机争相陷害，甚至连瞪了一眼的小积怨，也滥被指控为党人。州郡官府秉承上司的旨意，有的人和党人从来没有牵连和瓜葛，也遭到惩处。因此而被处死、放逐、废黜、禁锢的人，又有六七百人之多。

汉纪四十九

【原文】

孝灵皇帝上之下熹平元年（壬子，172年）

窦太后母卒于比景，太后忧思感疾，癸巳，崩于云台。宦者积怨窦氏，以衣车载太后尸置城南市舍，数日，曹节、王甫欲用贵人礼殡。帝曰："太后亲立朕躬，统承大业，岂宜以贵人终乎！"于是发丧成礼。

节等欲别葬太后，而以冯贵人配祔。诏公卿大会朝堂，令中常侍赵忠监议。太尉李咸时病，扶舆而起，捣椒自随，谓妻子曰："若皇太后不得配食桓帝，吾不生还矣！"既议，坐者数百人，各瞻望良久，莫肯先言。赵忠曰："议当时定！"廷尉陈球曰："皇太后以盛德良家，母临天下，宜配先帝，是无所疑。"忠笑而言曰："陈廷尉宜便操笔。"球即下议曰："皇太后自在椒房，有聪明母仪之德；遭时不造，援立圣明承继宗庙，功烈至重。先帝晏驾，因遇大狱，迁居空宫，不幸早世，家虽获罪，事非太后，今若别葬，诚失天下之望。且冯贵人冢尝被发掘，骸骨暴露，与贼并尸，魂灵污染，且无功于国，何宜上配至尊！"忠省球议，作色俯仰，蚩球曰："陈廷尉建此议甚健！"球曰："陈、窦既冤，皇太后无故幽闭，臣常痛心，天下愤叹！今日言之，退而受罪，宿昔之愿也！"李咸曰："臣本谓宜尔，诚与意合。"于是公卿以下皆从球议。曹节、王甫犹争，以为："梁后家犯恶逆，别葬懿陵，武帝黜废卫后，而以李夫人配食，今窦氏罪深，岂得合葬先帝！"李咸复上疏曰："臣伏惟章德窦后虐害恭怀，安思阎后家犯恶逆，而和帝无异葬之议，顺朝无贬降之文。至于卫后，孝武皇帝身所废弃，不可以为比。今长乐太后尊号在身，亲尝称制，且援立圣明，光隆皇祚。太后以陛下为子，陛下岂得不以太后为母！子无黜母，臣无贬君，宜合葬宣陵，一如旧制。"帝省奏，从之。

【译文】

汉灵帝熹平元年（壬子，公元172年）

窦太后的母亲于比景病故，窦太后过度忧伤，思念成疾。癸巳（六月初十），在南宫云台去世。因宦官们对窦姓家族积怨甚深，所以用运载衣服的车，把窦太后的尸体运到洛阳城南的市舍，停放数日后，曹节、王甫想用贵人的礼仪来埋葬窦太后。灵帝说："窦太后亲自拥立朕为皇帝，继承大业，怎么能用贵人的礼仪为她送终？"于是仍照皇太后的礼仪发丧。

曹节等人又打算将窦太后埋葬到别处，而把冯贵人的尸体移来和桓帝合葬。灵帝下诏，召集三公、九卿等文武百官，在朝堂上集会议论，命中常侍赵忠监督集议。当时，太尉李咸正卧病在床，挣扎着抱病上车，并且随身携带了毒药，临走时对妻子说："倘若皇太后不能随桓帝一同祭祀，我决不活着回家！"会议开始后，与会者数百人，互相观望了很久，没有人肯先发言。赵忠催促说："议案应当迅速确定！"廷尉陈球说："皇太后品德高尚，出身清白，以母仪治理天下，应该配享先帝，这是毫无疑问的。"赵忠笑着说："那就请陈廷尉赶快执笔起草议案。"陈球立即下笔写道："窦太后身处深宫之中，天赋聪明，兼备天下之母的仪容和品德。遭逢时世艰危，窦太后援立陛下为帝，继承皇家宗庙祭祀，功勋卓著。先帝去世后，不幸兴起大狱，窦太后被迁往空宫居住，过早离开人世。窦家虽然有罪，但事情并非太后主使发动。而今倘若改葬别处，确实使天下失望。并且冯贵人的坟墓曾经被盗贼发掘过，骨骸已经暴露，与贼寇尸骨混杂，魂灵蒙受污染。何况冯贵人对国家又没有任何功劳，怎么有资格配享至尊？"赵忠看完陈球起草的议案，气得脸色大变，全身发抖，嗤笑说："陈廷尉起草的议案真好！"陈球回答说："陈蕃、窦武既已遭受冤枉，窦太后又无缘无故地被幽禁，我一直很痛心，天下之人无不愤慨叹息！今天，我既然已经把话说了出来，即使是会议之后遭到报复，决不后悔，这正是我一向的愿望。"太尉李咸紧接着说："我原来就认为应该如此，陈廷尉的议案和我的意见完全相同。"于是三公、九卿以下的文武百官全都赞成陈球的意见。曹节、王甫仍继续争辩，他们认为："梁皇后为先帝正妻，后因梁家犯恶逆大罪，将梁皇后别葬在懿陵。汉武帝废黜正妻卫皇后，而以李夫人配享。现在窦家罪恶如此深重，怎么能和先帝合葬？"太尉李咸又向灵帝上书说："我俯伏回想，章帝窦皇后陷害梁贵人，安帝阎皇后家犯恶逆大罪，然而和帝并没有提出将嫡母窦皇后改葬别处，顺帝也没有下诏贬降嫡母阎皇后。至于废黜卫皇后，那是武帝在世时亲自做出的决定，不可以用来相比，而今长乐太后一直拥有皇太后的尊号，又曾亲身临朝治理天下，况且援立陛下为帝，使皇位光大兴隆。皇太后既然把陛下当作儿子，陛下怎能不把皇太后当作母亲？儿子没有废黜母亲的，臣属没有贬谪君王的。所以应将窦太后与先帝合葬宣陵，一切都要遵从旧制。"灵帝看了奏章，完全采纳李咸的意见。

【原文】

四年（乙卯，175年）

春，三月，诏诸儒正《五经》文字，命议郎蔡邕为古文、篆、隶三体书之，刻石，立于太学门外。使后儒晚学咸取正焉。碑始立，其观视及摹写者车乘日千余两，填塞街陌。

【译文】

四年（乙卯，公元175年）

春季，三月，灵帝下诏，命儒学大师们校正《五经》文字，命议郎蔡邕用古文、大篆、隶书三种字体书写，刻在石碑上，竖立在太学门外，使后来的儒生晚辈，都以此作为标准。石碑刚竖立时，坐车前来观看以及临摹和抄写的，每天有一千余辆之多，填满大街小巷。

【原文】

五年（丙辰，176年）

永昌太守曹鸾上书曰："夫党人者，或耆年渊德，或衣冠英贤，皆宜股肱王室，左右大猷者也；而久被禁锢，辱在涂泥。谋反大逆尚蒙赦宥，党人何罪，独不开恕乎！所以灾异屡见，水旱荐臻，皆由于斯。宜加沛然，以副天心。"帝省奏，大怒，即诏司隶、益州槛车收鸾，送槐里狱，掠杀之。于是诏州郡更考党人门生、故吏、父子、兄弟在位者，悉免官禁锢，爰及五属。

【译文】

五年（丙辰，公元176年）

永昌郡太守曹鸾上书说："所谓党人，有的是老年高德，有的是士大夫中的英俊贤才，都应该辅佐皇室，在陛下左右参与朝廷的重大决策。然而竟被长期禁锢，不许做官，甚至被驱逐到泥洿地带，备受羞辱。犯了谋反大逆的重罪，尚且能蒙陛下的赦免，党人又有什么罪过，独独不能受到宽恕？之所以灾异经常出现，水灾和旱灾接踵而至，原因都由于此。陛下应该赐下恩典，以符合上天的心意。"灵帝看完奏章，勃然大怒，立即下诏，命司隶和益州官府逮捕曹鸾，用囚车押到京都洛阳监禁，严刑拷打而死。于是灵帝又下诏各州、各郡官府，重新调查党人的学生门徒、旧时的部属、父亲、儿子、兄弟，凡是当官的，全都被免职，加以禁锢，不许再做官。这种处分，扩大到包括党人同一家族中五服之内的亲属。

【原文】

光和元年（戊午，178年）

秋，七月，壬子，青虹见玉堂后殿庭中。诏召光禄大夫杨赐等诣金商门，问以灾异及消复之术。

议郎蔡邕对曰："臣伏思诸异，皆亡国之怪也。天于大汉殷勤不已，故屡出祅变以当谴责，欲令人君感悟，改危即安。今蜺堕、鸡化，皆妇人干政之所致也。前者乳母赵娆，贵重天下，谗谀骄溢，续以永乐门史霍玉，依阻城社，又为奸邪。今道路纷纷，复云有程大人者，察其风声，将为国患；宜高为堤防，明设禁令，深惟赵、霍，以为至戒。今太尉张颢，为玉所进；光禄勋伟璋，有名贪浊；又长水校尉赵玹，屯骑校尉盖升，并叨时幸，荣富优足；宜念小人在位之咎，退思引身避贤之福。伏见廷尉郭禧，纯厚老成；光禄大夫桥玄，聪达方直；故太尉刘宠，忠实守正；并宜为谋主，数见访问。夫宰相大臣，君之四体，委任责成，优劣已分，不宜听纳小吏，雕琢大臣也。又，尚方工技之作，鸿都篇赋之文，可且消息，以示惟忧，宰府孝廉，士之高选，近者以辟召不慎，切责三公，而今并以小文超取选举，开请托之门，违明王之典，众心不厌，莫之敢言，臣愿陛下忍而绝之，思惟万机，以答天望。圣朝既自约厉，左右近臣亦宜从化，人自抑损，以塞咎戒，则天道亏满，鬼神福谦矣。夫君臣不密，上有漏言之戒，下有失身之祸，愿寝臣表，无使尽忠之吏受怨奸仇。"章奏，帝览而叹息；因起更衣，曹节于后窃视之，悉宣语左右，事遂漏露。其为邕所裁黜者，侧目思报。

【译文】

光和元年（戊午，公元178年）

秋季，七月壬子（疑误），南宫玉堂后殿庭院中发现青色彩虹。灵帝下诏，召集光禄大夫杨赐等人到金商门，向他们询问天降灾异的原因及消除的方法。

议郎蔡邕回答说："我俯伏思念各种灾异，都是亡国之怪。只因为上天对汉王朝仍有旧情，所以屡次显示妖孽变异的反常现象作为警告和谴责，希望让人君感动悔悟，远离危险，转向平安。而今青虹下坠，母鸡变成公鸡，都是妇人干涉朝政的结果。从前乳母赵娆位尊权重，闻名全国，谗害忠良，谄媚求宠，骄纵横溢。接着是永乐门史霍玉依仗国家的权势，作奸犯科。而今道路上纷纷传言，又说宫内出了一位程大人，看他的声势，将要成为国家的祸患。应该高筑堤防，明白设置禁令，以赵娆、霍玉作为最深刻的鉴戒。现在的太尉张颢是霍玉推荐引进的；光禄勋伟璋是有名的贪官；还有长水校尉赵玹、屯骑校尉盖升，都同时得到宠幸，享尽荣华富责。应该顾念小人在位的灾祸，退而思考抽身让贤的福佑。我曾见到廷尉郭禧忠纯笃厚，年高有德；光禄大夫桥玄聪明通达，端平正直；前太尉刘宠忠诚老实，笃守正道，都应该成为主谋的人，陛下应该多向他们征求意见。宰相等三公大臣是君王的四肢，应该委以重任，责令他们成功，优劣既已分明，不应该再听信小吏的谗言，罗织大臣的罪状。同时，宫廷百工技艺的制作，鸿都门学校创作辞赋的篇章，似乎应该暂时停止，以表示专心国家的忧患。出任州刺史、郡太守的孝廉，本是读书人中的优秀人才，近来因推荐征召不当，又下诏严词谴责三公。而今都只因为写了一篇小文章，便得越级提拔，因而大开请托之门，违背圣明君王的典章制度，众心不服，没有人敢说出来。我希望陛下忍痛割舍，专心致志治理国家大事，以报答上天的厚望。陛下既亲自带头约束限制，左右亲近的大臣也应当跟着效法，上下人人谦卑，以堵塞灾祸的警戒，则上天将把灾祸惩罚骄傲自满的人，鬼神将把福佑赏赐谦卑的人。君王和臣属之间，如果说话不能严守秘密，则君王将会受到泄漏言语的指责，臣属将有遭到丧失生命的大祸。请陛下千万不要泄漏我的奏章，以免尽忠的官吏遭到奸佞邪恶的怨恨和报复。”奏章呈上去后，灵帝一边观看，一边叹息。后因灵帝起身更换衣服，曹节在后面偷偷观看，把内容全告诉他左右的人，事情被泄露出去。其中被蔡邕提出要制裁和废黜的人，都对他恨之入骨图谋报复。

【原文】

二年（己未，179 年）

王甫、曹节等奸虐弄权，扇动内外，太尉段熲阿附之。节、甫父兄子弟为卿、校、牧、守、令、长者布满天下，所在贪暴。甫养子吉为沛相，尤残酷，凡杀人，皆磔尸车上，随其罪目，宣示属县，夏月腐烂，则以绳连其骨，周遍一郡乃止，见者骇惧。视事五年，凡杀万余人。尚书令阳球常拊髀发愤曰：“若阳球作司隶，此曹子安得容乎！”既而球果迁司隶。

甫使门生于京兆界辜榷官财物七千余万，京兆尹杨彪发其奸，言之司隶。彪，赐之子也。时甫休沐里舍，熲方以日食自劾。球诣阙谢恩，因奏甫、熲及中常侍淳于登、袁赦、封翮等罪恶，辛巳，悉收甫、熲等送雒阳狱，及甫子永乐少府萌、沛相吉。球自临考甫等，五毒备极；萌先尝为司隶，乃谓球曰："父子既当伏诛，亦以先后之义，少以楚毒假借老父。"球曰："尔罪恶无状，死不灭责，乃欲论先后求假借邪！"萌乃骂曰："尔前奉事吾父子如奴，奴敢反汝主乎！今日临厄相挤，行自及也！"球使以土窒萌口，棰扑交至，父子悉死于杖下，颎亦自杀。乃僵磔甫尸于夏城门，大署榜曰："贼臣王甫。"尽没入其财产，妻子皆徙比景。

【译文】

二年（己未，公元 179 年）

王甫、曹节等人奸邪暴虐，玩弄权势，朝廷内外无不插手，太尉段颎又迎合顺从他们。曹节、王甫的父亲和兄弟，以及养子、侄儿们，都分别担任九卿、校尉、州牧、郡太守、县令、长等重要官职，几乎布满全国各地，他们所到之处，贪污残暴。王甫的养子王吉担任沛国的相，更为残酷，每逢杀人，都把尸体剖成几块放到囚车上，张贴罪状，拉到所属各县陈尸示众。遇到夏季尸体腐烂，则用绳索把骨骼穿连起来，游遍一郡方才罢休，看到这种惨状的人，无不震骇恐惧。他在任五年，共诛杀一万余人。尚书令阳球曾用手拍着大腿发愤说："如果有一天我阳球担任了司隶校尉，这一群宦官崽子怎能容他们横行？"过了不久，阳球果然调任司隶校尉。

这时，正好王甫派他的门生在京兆的境界内独自侵占公家财物七千余万钱，被京兆尹杨彪检举揭发，并呈报给司隶校尉。杨彪是杨赐的儿子。当时，王甫正在家中休假，段颎也正好因发生日食而对自己提出弹劾。阳球入宫谢恩，于是趁着这个机会，向灵帝当面弹劾王甫、段颎，以及中常侍淳于登、袁赦、封𬤇等人的罪恶。辛巳（四月初八），便将王甫、段颎等，以及王甫的养子、永乐少府王萌，沛国的宰相王吉，全都逮捕，关押在洛阳监狱。阳球亲自审问王甫等人，五种酷刑全都用上。王萌先前曾经担任过司隶校尉，于是他对阳球说："我们父子当然应该被诛杀，但求你念及我们前后同官，宽恕我的老父亲，教他少受点苦刑。"阳球说："你的罪恶举不胜举，即令是死了也不会磨灭你的罪过，还跟我说什么前后同官，请求宽恕你的老父？"王萌便破口大骂说："你从前侍奉我们父子，就像一个奴才一样，奴才竟然胆敢反叛你的主子！今天乘人之危，落井下石，你会自己受到报应。"阳球命人用泥土塞住王萌的嘴巴，鞭棍齐下，王甫父子全被活活打死。段颎也自杀。于是阳球把王甫的僵尸剖成几块，堆放在夏城门示众，并且张贴布告说："这是贼臣王甫！"把王甫的家产全部没收，并将他的家属全都放逐到比景。

汉纪五十

【原文】

孝灵皇帝中光和四年（辛酉，181年）

是岁，帝作列肆于后宫，使诸采女贩卖，更相盗窃争斗；帝著商贾服，从之饮宴为乐。又于西园弄狗，著进贤冠，带绶。又驾四驴，帝躬自操辔，驱驰周旋；京师转相仿效，驴价遂与马齐。

帝好为私蓄，收天下之珍货，每郡国贡献，先输中署，名为"导行费"。中常侍吕强上疏谏曰："天下之财，莫不生之阴阳，归之陛下，岂有公私！而今中尚方敛诸郡之宝，中御府积天下之缯，西园引司农之藏，中厩聚太仆之马，而所输之府，辄有导行之财，调广民困，费多献少，奸吏因其利，百姓受其敝。又，阿媚之臣，好献其私，容谄姑息，自此而进。旧典：选举委任三府，尚书受奏御而已；受试任用，责以成功，功无可察，然后付之尚书举劾，请下廷尉覆按虚实，行其罪罚；于是三公每有所选，参议掾属，咨其行状，度其器能；然犹有旷职废官，荒秽不治。今但任尚书，或有诏用，如是，三公得免选举之负，尚书亦复不坐，责赏无归，岂肯空自劳苦乎！"书奏，不省。

【译文】

汉灵帝光和四年（辛酉，公元181年）

这一年，灵帝在后宫修建了许多商业店铺，让宫女们行商贩卖，互相偷盗争斗。灵帝穿上商人的服装，与行商的宫女们一起饮酒作乐。灵帝又在西园玩狗，狗的头上戴着文官的帽子，身上披着绶带。他还手执缰绳，亲自驾驭四头驴拉的车子，在园内来回奔驰。京城洛阳的人竞相仿效，致使驴的售价与马价相等。

灵帝还喜好积蓄私房钱，收集天下的各种奇珍异宝。每次各郡、国向朝廷进贡，都要先精选出一部分珍品，送交管理皇帝私人财物的中署，叫作"导行费"。中常侍吕强上书规劝说："普天之下的财富，无不生于阴阳，都归陛下所有，难道有公私之分！而现在，中尚方广敛各郡的珍宝，中御府堆满天下出产的丝织品，西园里收藏着理应由大司农管理的钱物，踶骥厩中则饲养着本该归太仆管理的马匹。而各地向朝廷交纳贡品时，都要送上导行费。这样，征调数量增加，人民贫困，花费增多，贡品却少。贪官污吏从中取利，黎民百姓深受其苦。更有一些阿谀献媚的臣子，喜欢进献私人财物，陛下对他们姑息纵容，这种不良之风因此越来越盛。依照以往制度，选择官员的事情应由三府负责，尚书只负责将三府的奏章转呈给陛下。被选择者通过考核，加以委任，并责求他们拿出政绩。没有政绩者，才交付尚书进行弹劾，提请转到给廷尉核查虚实，加以处罚。因此，三公在选拔人才时，都要与僚属仔细评议，了解这些人的品行，评估他们的才干。尽管如此严格，仍然有些官员不能胜任，使政务荒废。如今只由尚书负责选拔官员，或由陛下颁下诏书，直接任用，这样，三公就免除了选拔不当的责任，尚书也不再因此获罪。奖惩得不到落实谁还肯自己白白地辛劳？"奏章呈上，灵帝未加理睬。

【原文】

五年（壬戌，182年）

诏公卿以谣言举刺史、二千石为民蠹害者。太尉许馘、司空张济承望内官，受取货赂，其宦者子弟、宾客，虽贪污秽浊，皆不敢问，而虚纠边远小郡清修有惠化者二十六人，吏民诣阙陈诉。司徒陈耽上言："公卿所举，率党其私，所谓放鸱枭而囚鸾凤。"帝以让馘、济，由是诸坐谣言徵者，悉拜议郎。

【译文】

五年（壬戌，公元182年）

灵帝下诏，命令公卿根据流传的民谣，检举为害百姓的刺史和郡守。太尉许馘和司空张济投靠有权势的宦官，收受贿赂，对那些担任刺史、郡守的宦官子弟或宾客，尽管他们贪赃枉法、声名狼藉，全不敢过问，却毫无根据地检举了地处边远小郡，清廉而颇有政绩的官员二十六人。这些官员的部属及治下的百姓，到洛阳皇宫门前为他们申诉。司徒陈耽上书说："这次公卿的检举行动，大都包庇各自的私党，正所谓是放走鸱枭那样的恶鸟，而将凤凰囚禁起来。"灵帝为此责备了许馘、张济，并将那些因所谓民谣而被征召问罪的官员，全都任命为议郎。

【原文】

六年（癸亥，183年）

初，钜鹿张角奉事黄、老，以妖术教授，号"太平道"。咒符水以疗病，令病者跪拜首过，或时病愈，众共神而信之。角分遣弟子周行四方，转相诳诱，十余年间，徒众数十万，自青、徐、幽、冀、荆、扬、兖、豫八州之人，莫不毕应。或弃卖财产，流移奔赴，填塞道路，未至病死者亦以万数。郡县不解其意，反言角以善道教化，为民所归。

张角

角遂置三十六方；方，犹将军也，大方万余人，小方六七千，各立渠帅；讹言"苍天已死，黄天当立，岁在甲子，天下大吉。"以白土书京城寺门及州郡官府，皆作"甲子"字。大方马元义等先收荆、扬数万人，期会发于邺。元义数往来京师，以中常侍封谞、徐奉等为内应，约以三月五日内外俱起。

黄巾起义形势图

【译文】

六年（癸亥，公元 183 年）

最初，钜鹿人张角信奉黄帝、老子，以法术和咒语等传授门徒，号称"太平道"。他用念过咒语的符水治病，先让病人下跪，说出自己所犯的错误，然后喝下符水。有些病人竟然就此痊愈，于是，人们将他信奉如神明。张角派他的弟子走遍四方，不断诳骗引诱，十余年的时间，信徒多达数十万，青州、徐州、幽州、冀州、荆州、扬州、兖州和豫州等八州之人，无不响应。有的信徒卖掉自己的家产，前往投奔张角，他们塞满道路，尚未到达而死在途中的也数以万计。郡、县的官员不了解张角的真实意图，反而讲张角教民向善，因而为百姓所拥戴。

张角设置三十六个方，方，犹如将军。大方统率一万余人，小方统率六七千人，各立首领。他宣称："苍天已死，黄天当立，岁在甲子，天下大吉。"并用白土在京城洛阳各官署及各州、郡官府的大门上都写上"甲子"二字。他们计划，由大方马元义等先集结荆州、扬州的党徒数万人,按期会合,在邺城起事。马元义多次前往京城洛阳,以中常侍封谞、徐奉等人为内应,约定于次年的三月五日,京城内外同时发动。

【原文】

中平元年（甲子,184年）

春,角弟子济南唐周上书告之。于是收马元义,车裂于洛阳。诏三公、司隶按验宫省直卫及百姓有事角道者,诛杀千余人;下冀州逐捕角等。角等知事已露,晨夜驰敕诸方,一时俱起,皆著黄巾以为标帜,故时人谓之"黄巾贼"。二月,角自称天公将军,角弟宝称地公将军,宝弟梁称人公将军,所在燔烧官府,劫略聚邑,州郡失据,长吏多逃亡;旬月之间,天下响应,京师震动。安平、甘陵人各执其王应贼。

帝召群臣会议。北地太守皇甫嵩以为宜解党禁,益出中藏钱、西园厩马以班军士。嵩,规之兄子也。上问计于中常侍吕强,对曰:"党锢久积,人情怨愤,若不赦宥,轻与张角合谋,为变滋大,悔之无救。今请先诛左右贪浊者,大赦党人,料简刺史、二千石能否,则盗无不平矣。"帝惧而从之。壬子,赦天下党人,还诸徙者;唯张角不赦。发天下精兵,遣北中郎将卢植讨张角,左中郎将皇甫嵩、右中郎将朱俊讨颖川黄巾。

【译文】

中平元年（甲子,公元184年）

春季,张角的弟子济南人唐周上书告密。于是,朝廷逮捕了马元义,在洛阳用车裂的酷刑将他处死。灵帝下诏,命令三公和司隶校尉调查皇宫及朝廷官员、禁军将士和普通百姓中信奉张角"太平教"者,处死了一千余人。同时还下令让冀州的官员捉拿张角等人。张角等得知计划已经泄露,便派人昼夜兼程赶往各地,通知各方首领,一时间各方全都起兵,他们个个头戴黄巾作为标志,因此当时人称他们为"黄巾贼"。二月,张角自称天公将军,他弟弟张宝称地公将军、张梁称人公将军,他们焚烧当地官府，劫掠城镇。州郡官员无力抵抗，大多弃职逃跑。不过一个月的时间，天下纷纷响应，京城洛阳为之震动。安平国和甘陵国的人民分别生擒了安平王和甘陵王，响应黄巾军。

灵帝召集群臣商议对策。北地郡太守皇甫嵩认为，应该解除禁止党人做官的禁令，并拿出皇帝私人所有的中藏府钱财以及西园骡骥厩中的良马，赏赐给出征的将士。皇甫嵩是皇甫规哥哥的儿子。灵帝询问中常侍吕强的意见，吕强说："对党人的禁令时间已经很长了，人心怨恨愤怒，若不予以赦免，他们将轻举妄动，与张角联合起来，叛乱之势便会更趋扩大，到那时，后悔就来不及了。现在，请先将陛下左右贪赃枉法的官员处死，大赦所有的党人，并考察各地刺史、郡守的能力。如果这样做，叛乱就不会不平息了。"灵帝对黄巾军的势力感到害怕，接受了吕强的建议。壬子（初七），大赦天下党人，已经被流放到边疆地区的党人及其家属都可以重返故乡，唯有张角不在赦免范围之内。与此同时，征调全国各地的精兵，派遣北中郎将卢植征讨张角，左中郎将皇甫嵩、右中郎将朱俊征讨在颍川地区活动的黄巾军。

【原文】

二年（乙丑，185年）

又诏发州郡材木文石，部送京师。黄门常侍辄令谴呵不中者，因强折贱买，仅得本贾十分之一，因复货之，宦官复不为即受，材木遂至腐积，宫室连年不成。刺史、太守复增私调，百姓呼嗟。又令西园骑分道督趣，恐动州郡，多受赇赂。刺史、二千石及茂才、孝廉迁除，皆责助军、修宫钱，大郡至二三千万，余各有差。当之官者，皆先至西园谐价，然后得去；其守清者乞不之官，皆迫遣之。时钜鹿太守河内司马直新除，以有清名，减责三百万。直被诏，怅然，曰："为民父母而反割剥百姓以称时求，吾不忍也。"辞疾；不听。行至孟津，上书极陈当世之失，即吞药自杀。书奏，帝为暂绝修宫钱。

司徒袁隗免。三月，以廷尉崔烈为司徒。烈，寔之从兄也。

是时，三公往往因常侍、阿保入钱西园而得之，段颎、张温等虽有功勤名誉，然皆先输货财，乃登公位。烈因傅母入钱五百万，故得为司徒。及拜日，天子临轩，百僚毕会，帝顾谓亲幸者曰："悔不少靳，可至千万！"程夫人于傍应曰："崔公，冀州名士，岂肯买官！赖我得是，反不知姝邪！"烈由是声誉顿衰。

谏议大夫刘陶上言："天下前遇张角之乱，后遭边章之寇，今西羌逆类已攻河东，恐遂转盛，豕突上京。民有百走退死之心，而无一前斗生之计，西寇浸前，车骑孤危，假令失利，其败不救。臣自知言数见厌，而言不自裁者，以为国安则臣蒙其庆，国危则臣亦先亡也。谨复陈当今要急八事。"大较言天下大乱，皆由宦官。宦官共谮陶曰："前张角事发，诏书示以威恩，自此以来，各各改悔。今者四方安静，而陶疾害圣政，专言妖孽。州郡不上，陶何缘知？疑陶与贼通情。"于是收陶下黄门北寺狱，掠按日急。陶谓使者曰："臣恨不与伊、吕同畴，而以三仁为辈。今上杀忠謇之臣，下有憔悴之民，亦在不久，后悔何及！"遂闭气而死。前司徒陈耽为人忠正，宦官怨之，亦诬陷，死狱中。

是岁，帝造万金堂于西园，引司农金钱、缯帛牣积堂中，复藏寄小黄门、常侍家钱各数千万，又于河间买田宅，起第观。

【译文】

二年（乙丑，公元185年）

灵帝又下诏让各州、郡向朝廷进献木材及纹理美观的石料，分批送往京城洛阳。宦官们在验收时，百般挑剔，对认为不合格的，强迫州、郡官贱卖，价格仅为原价的十分之一。各州、郡不能完成定额，于是重新购买木材，而宦官们仍是百般挑剔，不肯立即接收，致使运来的木材都堆积在一起朽坏了，宫殿则连年未能修成。各地的刺史、太守更乘机私自增加百姓赋税，从中贪污，人民怨叹哀鸣。灵帝又命令西园的皇家卫士分别到各州、郡去督促，这些人恐吓惊扰州郡官府，收受大量贿赂。刺史、二千石官员以及茂才、孝廉在升迁和赴任时，都要交纳"助军"和"修宫"钱。大郡的太守，通常要交二三千万钱，其余的依官职等级不同而有差别。凡是新委任的官员，都要先去西园议定应交纳的钱数，然后方能赴任。有些清廉之士，请求辞职不去的，也都被逼迫上任、交钱。当时，河内人司马直刚刚被任命为钜鹿太守，因他平素有清廉之称，故将他应交的数额减少三百万。司马直接到诏书后，怅然长叹，说："身为百姓的父母官，却要剥削百姓去迎合当前这种弊政，我于心不忍。"遂借口有病而辞职，但是未获批准。在赴任途中，他走到孟津，上书极为详细直率地陈述了当时的各种弊政，然后服毒自杀。他的奏章呈上后，灵帝受到震动，暂时停止征收修宫钱。

司徒袁隗被免职。三月，任命廷尉崔烈为司徒。崔烈是崔寔的堂兄。

当时，官员往往通过宦官或者灵帝幼时的乳母，向西园进献财物后，才能出任三公。段颎、张温等人虽然立有军功或是很有声望，但也都是先进献钱物，然后才能登上三公之位。崔烈通过灵帝的乳母进献五百万钱，因此当上司徒。到正式任命那天，灵帝亲自出席，百官都来参加。灵帝对左右的亲信说："真后悔没有稍吝惜一些，否则可以要到一千万。"乳母程夫人在旁边接着说："崔烈是冀州的名士，怎么肯用钱来买官！多亏了我，他才肯出这么多，您反而不满意吗！"因此，崔烈的声望顿时大为下跌。

谏议大夫刘陶上书说："天下先有张角之乱，后有边章之乱。如今西边的羌族叛军已在攻打河东郡，恐怕要越闹越大，威胁到京城洛阳的安全。百姓们只有许多撤退逃生的念头，而没有一点前进奋战以求生存的打算。西面的叛军日渐逼近，车骑将军张温孤军无援，假如疆场失利，败局将不可收拾。我深知这样反复上书，必将招致陛下的厌烦，但是仍然不克制自己，要继续向陛下进言，是因为我知道，国家平安，我也将从中受益；国家危险，我则会先行毁灭。现在，我再次陈述目前亟待处理的八件事情。"这八件要事的主旨，是指出天下之所以大乱，都是因宦官引起。于是宦官们一齐向灵帝诬陷刘陶，说："以前，张角反叛之后，陛下发布诏书，威恩并施。从那以后，叛乱者都已改悔。现在四方安宁，而刘陶对陛下圣明的政治不满，专门揭露妖孽一类的黑暗面。刘陶所言之事，州、郡并没有上报，他又是怎么知道的？我们怀疑刘陶与贼人有联系。"灵帝于是下令逮捕刘陶，送交宦官控制的黄门北寺监狱，严刑拷问，日益迫急。刘陶对代表皇帝审讯的使臣说："我恨自己不能像伊尹、吕尚那样为明主出力，却与商朝末年的微子、箕子、比干三位仁人同一命运。如今上面滥杀忠良正直的臣子，下面的百姓则憔悴不堪，这个政权也不会支持很久了，将来后悔也来不及了！"于是，闭住气自杀身亡。前任司徒陈耽为人忠正，宦官们很怨恨他，也加以诬陷，使他死在狱中。

本年，灵帝在西园修造万金堂，把大司农所管国库中的金钱及绸缎等都搬到万金堂中，堆得满满的。灵帝还把钱寄存在小黄门、中常侍家中，每家各存数千万。并在他当皇帝之前的封地河间购买田地，修建住宅。

【原文】

四年（丁卯，187年）

韩遂杀边章及北宫伯玉、李文侯，拥兵十余万，进围陇西，太守李相如叛，与遂连和。

凉州刺史耿鄙率六郡兵讨遂。鄙任治中程球，球通奸利，士民怨之。汉阳太守傅燮谓鄙曰："使君统政日浅，民未知教。贼闻大军将至，必万人一心，边兵多勇，其锋难当；而新合之众，上下未和，万一内变，虽悔无及。不若息军养德，明赏必罚，贼得宽挺，必谓我怯，群恶争势，其离可必。然后率已教之民，讨成离之贼，其功可坐而待也！"鄙不从。夏，四月，鄙行至狄道，州别驾反应贼，先杀程球，次害鄙，贼遂进围汉阳。城中兵少粮尽，燮犹固守。

狄道人王国使故酒泉太守黄衍说燮曰："天下已非复汉有，府君宁有意为吾属帅乎？"燮按剑叱衍曰："若剖符之臣，反为贼说邪！"遂麾左右进兵，临陈战殁。耿鄙司马扶风马腾亦拥兵反，与韩遂合，共推王国为主，寇掠三辅。

铜车马出行图　东汉

【译文】

四年（丁卯，公元187年）

韩遂杀死边章及北宫伯玉、李文侯，吞并了他们的部队，指挥着十余万大军行动包围了陇西郡。陇西郡太守李相如叛变朝廷，与韩遂联合在一起。

凉州刺史耿鄙率领属下六郡的军队讨伐韩遂。耿鄙很信任治中程球，但程球贪赃枉法，好营私利，引起士人和百姓的不满。汉阳太守傅燮对耿鄙说："您到职的时间不长。人民还没有很好地受到教化。贼军听说官军即将征讨，必然会万众一心。边疆地区士兵人多骁勇善战，锋锐难当。而我军则是由六郡的军队新近组合而成，上下尚未和睦，万一发生内乱，尽管后悔也来不及了。不如让军队修整一下，培养统帅的威信，做到赏罚分明。贼军看到形势缓和，必然认为我军胆怯，他们之间就会争权夺利，必然离心离德。然后，您率领已经教化好的民众，去征伐已然分崩离析的贼军，大功可以坐着等待完成！"耿鄙不听从。夏季，四月，耿鄙大军行进到狄道，凉州别驾叛变，响应贼军，先杀程球，后杀耿鄙。贼军因而进兵包围了汉阳郡，城中兵少，粮尽，但傅燮仍然坚守。

狄道人王国派前酒泉太守黄衍前来劝说傅燮道："汉朝已不再能统治天下了，您愿意做我们的首领吗？"傅燮按剑叱责黄衍说："你身为国家正式任命的太守，反倒为叛军做说客吗？"于是，傅燮率领左右冲向贼军，临阵战死。耿鄙属下的司马扶风人马腾也率军造反，与韩遂联盟，共同推举王国为首领，攻击抢掠三辅地区。

资治通鉴第五十九卷

汉纪五十一

【原文】

孝灵皇帝下中平五年（戊辰，188年）

太常江夏刘焉见王室多故，建议以为："四方兵寇，由刺史威轻，既不能禁，且用非其人，以致离叛。宜改置牧伯，选清名重臣以居其任。"焉内欲求交趾牧。侍中广汉董扶私谓焉曰："京师将乱，益州分野有天子气。"焉乃更求益州。会益州刺史郤俭赋敛烦扰，谣言远闻，而耿鄙、张懿皆为盗所杀，朝廷遂从焉议，选列卿、尚书为州牧，各以本秩居任。以焉为益州牧，太仆黄琬为豫州牧，宗正东海刘虞为幽州牧。州任之重，自此而始。

八月，初置西园八校尉，以小黄门蹇硕为上军校尉，虎贲中郎将袁绍为中军校尉，屯骑校尉鲍鸿为下军校尉，议郎曹操为典军校尉，赵融为助军左校尉，冯芳为助军右校尉，谏议大夫夏牟为左校尉，淳于琼为右校尉；皆统于蹇硕。帝自黄巾之起，留心戎事；硕壮健有武略，帝亲任之，虽大将军亦领属焉。

【译文】

汉灵帝中平五年（戊辰，公元188年）

太常江夏人刘焉看到汉朝王室多难，向灵帝建议："各地到处发生叛乱，是由于刺史权小威轻，既不能禁制，又用人不当，所以引起百姓叛离朝廷。应该改置州牧，选用有清廉名声的重臣担任。"刘焉内心里想担任交趾牧，但侍中、广汉人董扶私下里对刘焉说："京城洛阳将要发生大乱，根据天象，益州地区将出现新的皇帝。"于是，刘焉改变主意，要求去益州。正好益州刺史郤俭横征暴敛，有关他的暴政的民谣广泛流传；再加上耿鄙、张懿都被盗贼杀死，朝廷就采纳刘焉建议，选用列卿、尚书为州牧，各自以本来的官秩出任。任命刘焉为益州牧、太仆黄琬为豫州牧、宗正东海人刘虞为幽州牧。各州长官权力的增重由此开始。

八月，开始设置西园八校尉。任命小黄门蹇硕为上军校尉，虎贲中郎将袁绍为中军校尉，屯骑校尉鲍鸿为下军校尉，议郎曹操为典军校尉，赵融为助军左校尉，冯芳为助军右校尉，谏议大夫夏牟为左校尉，淳于琼为右校尉，都由蹇硕统一指挥。灵帝自黄巾军起事以后，开始留心军事。蹇硕身体壮健，又通晓军事，很受灵帝信任，连大将军也要听从他的指挥。

【原文】

六年（己巳，189年）

蹇硕忌大将军进，与诸常侍共说帝遣进西击韩遂；帝从之。进阴知其谋，奏遣袁绍收徐、兖二州兵，须绍还而西，以稽行期。

初，帝数失皇子，何皇后生子辩，养于道人史子眇家，号曰"史侯"。王美人生子协，董太后自养之，号曰"董侯"。群臣请立太子。帝以辩轻佻无威仪，欲立协，犹豫未决。会疾笃，属协于蹇硕。丙辰，帝崩于嘉德殿。硕时在内，欲先诛何进而立协，使人迎进，欲与计事；进即驾往。硕司马潘隐与进早旧，迎而目之。进惊，驰从蹊道归营，引兵入屯百郡邸，因称疾不入。

戊午，皇子辩即皇帝位，年十四。尊皇后曰皇太后。太后临朝。赦天下，改元为光熹。封皇弟协为勃海王。协年九岁。以后将军袁隗为太傅，与大将军何进参录尚书事。

进既秉朝政，忿蹇硕图己，阴规诛之。袁绍因进亲客张津，劝进悉诛诸宦官。进以袁氏累世贵宠，而绍与从弟虎贲中郎将术皆为豪杰所归，信而用之。复博征智谋之士何颙、荀攸及河南郑泰等二十余人，以颙为北军中候，攸为黄门侍郎，泰为尚书，与同腹心。攸，爽之从孙也。

蹇硕疑不自安，与中常侍赵忠、宋典等书曰："大将军兄弟秉国专朝，今与天下党人谋诛先帝左右，扫灭我曹，但以硕典禁兵，故且沈吟。今宜共闭上阁，急捕诛之。"中常侍郭胜，进同郡人也，太后及进之贵幸，胜有力焉，故亲信何氏；与赵忠等议，不从硕计，而以其书示进。庚午，进使黄门令收硕，诛之，因悉领其屯兵。

袁绍复说何进曰："前窦武欲诛内宠而反为所害者，但坐言语漏泄；五营兵士皆畏服中人，而窦氏反用之，自取祸灭。今将军兄弟并领劲兵，部曲将吏皆英俊名士，乐尽力命，事在掌握，此天赞之时也。将军宜一为天下除患，以垂名后世，不可失也！"进乃白太后，请尽罢中常侍以下，以三署郎补其处。太后不听，曰："中官统领禁省，自古及今，汉家故事，不可废也。且先帝新弃天下，我奈何楚楚与士人共对事乎！"进难违太后意，且欲诛其放纵者。绍以为中官亲近至尊，出纳号令，今不悉废，后必为患。而太后母舞阳君及何苗数受诸宦官赂遗，知进欲诛之，数白太后为其障蔽；又言："大将军专杀左右，擅权以弱社稷。"太后疑以为然。进新贵，素敬惮中官，虽外慕大名而内不能断，故事久不决。

绍等又为划策，多召四方猛将及诸豪杰，使并引兵向京城，以胁太后；进然之。主簿广陵陈琳谏曰："谚称'掩目捕雀'，夫微物尚不可欺以得志，况国之大事，其可以诈立乎！今将军总皇威，握兵要，龙骧虎步，高下在心，此犹鼓洪炉燎毛发耳。但当速发雷霆，行权立断，则天人顺之。而反委释利器，更征外助，大兵聚会，强者为雄，所谓倒持干戈，授人以柄，功必不成，只为乱阶耳！"进不听。典军校尉曹操闻而笑曰："宦者之官，古今宜有，但世主不当假之权宠，使至于此。既治其罪，当诛元恶，一狱吏足矣，何至纷纷召外兵乎！欲尽诛之，事必宣露，吾见其败也。"

何进召卓使将兵诣京师。侍御史郑泰谏曰："董卓强忍寡义，志欲无厌，若借之朝政，授以大事，将恣凶欲，必危朝廷。明公以亲德之重，据阿衡之权，秉意独断，诛除有罪，诚不宜假卓以为资援也！且事留变生，殷鉴不远，宜在速决。"尚书卢植亦言不宜召卓，进皆不从。泰乃弃官去，谓荀攸曰："何公未易辅也。"

董卓闻召，即时就道，并上书曰："中常侍张让等，窃幸承宠，浊乱海内。臣闻扬汤止沸，莫若去薪；溃痈虽痛，胜于内食。昔赵鞅兴晋阳之甲以逐君侧之恶，今臣辄鸣钟鼓如洛阳，请收让等以清奸秽！"太后犹不从。何苗谓进曰："始共从南阳来，俱以贫贱依省内以致富贵，国家之事，亦何容易。覆水不收，宜深思之，且与省内和也。"卓至渑池，而进更狐疑，使谏议大夫种邵宣诏止之。卓不受诏，遂前至河南；邵迎劳之，因譬令还军。卓疑有变，使其军士以兵胁邵。邵怒，称诏叱之，军士皆披，遂前质责卓；卓辞屈，乃还军夕阳亭。邵，暠之孙也。

八月，戊辰，进入长乐宫，白太后，请尽诛诸常侍。中常侍张让、段珪相谓曰："大将军称疾，不临丧，不送葬，今欻入省，此意何为？窦氏事竟复起邪？"使潜听，具闻其语。乃率其党数十人持兵窃自侧闼入，伏省户下，进出，因诈以太后诏召进，入坐省阁。让等诘进曰："天下愦愦，亦非独我曹罪也。先帝尝与太后不快，几至成败，我曹涕泣救解，各出家财千万为礼，和悦上意，但欲托卿门户耳。今乃欲灭我曹种族，不亦大甚乎！"于是尚方监渠穆拔剑斩进于嘉德殿前。让、珪等为诏，以故太尉樊陵为司隶校尉，少府许相为河南尹。尚书得诏版，疑之，曰："请大将军出共议。"中黄门以进头掷与尚书曰："何进谋反，已伏诛矣！"

董卓之人也，步骑不过三千，自嫌兵少，恐不为远近所服，率四五日辄夜潜出军近营，明旦，乃大陈旌鼓而还，以为西兵复至，洛中无知者。俄而进及弟苗部曲皆归于卓，卓又阴使丁原部曲司马五原吕布杀原而并其众，卓兵于是大盛。乃讽朝廷，以久雨，策免司空刘弘而代之。

【译文】

六年（己巳，公元189年）

蹇硕嫉恨大将军何进，与诸常侍共同劝说灵帝派遣何进西征韩遂，灵帝同意了。何进暗中获悉他们的阴谋后，上奏请求派袁绍到徐州和兖州去调集军队，要等到袁绍回来再进行西征，以便拖延行期。

当初，灵帝连续死去了几个儿子，因此，何皇后生下儿子刘辩后，就送到道人史子眇家去抚养，故被称为"史侯"。王美人生下儿子刘协，由董太后亲自抚养，被称为"董侯"。群臣请求灵帝立太子。灵帝认为刘辩为人轻佻，缺乏威仪，想立刘协，但犹豫未决。正在这时，灵帝病重，把刘协托付给蹇硕。丙辰（四月十一日），灵帝于嘉德殿驾崩。蹇硕当时在皇宫中，想先杀何进，然后立刘协为皇帝。他派人去接何进，要与他商议事情，何进即刻乘车前往。蹇硕的司马潘隐与何进早有交谊，在迎接他时用眼神示意。何进大惊，驰车抄近道跑回自己控制的军营，率军进驻各郡国在京城的官邸，声称有病，不再进宫。

戊午（四月十三日），皇子刘辩即帝位，当时他十四岁。尊称母亲何皇后为皇太后。何太后临朝主持朝政，大赦天下，改年号为光熹。封皇弟刘协为勃海王，当时他只有九岁。任命后将军袁隗为太傅，与大将军何进共同主持尚书事务。

何进既已掌握朝政大权，怨恨蹇硕想谋害自己，暗中计划将他杀死。袁绍通过何进的亲信门客张津，劝说何进将所有的宦官一网打尽。何进因袁氏历代都有人做高官，袁绍与堂弟虎贲中郎将袁术又为天下豪杰所拥戴，因此相信并任用他们。又广泛征聘有智谋的人士何颙、荀攸及河南人郑泰等二十人，任命何颙为北军中候，荀攸为黄门侍郎，郑泰为尚书，把他们都作为自己的心腹。荀攸是荀爽的族孙。

蹇硕心里疑虑不安，写信给中常侍赵忠、宋典等人说："大将军何进兄弟控制朝政，独断专行，如今与天下的党人策划要诛杀先帝左右的亲信，消灭我们。只是因为我统率禁军，所以暂且迟疑。现在应该一起动手，关闭宫门，赶快将何进逮捕处死。"中常侍郭胜与何进是同郡之人，何太后及何进能有贵宠的地位，他帮了很大的忙，因此他亲近信赖何氏。郭胜与赵忠等人商议后，拒绝蹇硕的提议，而把蹇硕的信送给何进看。庚午（二十五日），何进令黄门令逮捕蹇硕，将他处死，于是把禁军全部置于自己指挥之下。

袁绍又向何进建议说："从前窦武他们想要消灭宦官，反而被宦官所杀害，只是因为消息泄露。五营兵士一向畏惧宦官的权势，而窦氏反而利用他们，所以自取灭亡。如今将军兄弟同时统帅禁军劲旅，部下将领官吏都是俊杰名士，乐于为您效命，事情全在掌握之中，这是天赐良机。将军应该一举为天下除去大害，垂名后世，不要错过这个机会！"何进于是向太后建议，请求全部撤换中常侍及以下的宦官，委派三署郎官代替他们的职务。何太后不答应，说："从古至今，都是由宦官来管理皇宫内的事情，这条汉朝的传统制度，不能废掉。何况先帝刚刚去世，我怎能衣冠整齐地与士人相对共事呢！"何进难以违背太后的意思，打算暂且诛杀最跋扈的宦官。袁绍认为宦官最亲近太后和皇帝，百官的奏章及皇帝诏命都由他们来回传递，现在如果不彻底除掉，将来一定会有后患。但是何太后的母亲舞阳君和弟弟何苗多次接受宦官们的贿赂，知道何进要消灭宦官，屡次向何太后进言阻止，又说："大将军擅自杀害左右近臣，专权独断，削弱国家。"太后心中疑虑，认为他们的话有理。何进新近掌握重权，但他一向对宦官们既尊敬又畏惧，虽然羡慕得到除去宦官的美名，但心中不能当机立断，因此事情拖下来，久久不能决定。

袁绍又为何进出谋划策，劝他多召各地的猛将和英雄豪杰，让他们都率军向京城洛阳进发，以此来威胁何太后，何进同意了这一计划。主簿、广陵人陈琳劝阻说："民间有一句谚语，叫'闭起眼睛捉麻雀'。像那样的小事，尚且不可用欺诈手段达到目的，何况国家大事，怎么可以用欺诈手段办成呢？如今将军身集皇家威望，手握兵权，龙行虎步，为所欲为。这样对付宦官，好比是用炉火去烧毛发。只要您快速发动，用雷霆万钧之势当机立断，发号施令，那么上应天意，下顺民心，很容易达到目的。然而如今反而要放弃手中的权柄，去征求外援。等到各地大军聚集时，强大者就将称雄，这样做就是所谓倒拿武器，而把手柄交给别人一样，必定不会成功，只会带来大乱罢了。"何进不听。典军校尉曹操听说后笑着说："在宫中服务的宦官，古今都应该有，只是君王不应该给予大权和宠信，使他们发展到现在这个程度。既然要惩治他们，应当除去首恶，只要一个狱吏就足够了。何至于纷纷攘攘地征召各地部队呢！假如要想将他们一网打尽，事情必然会泄露，我将看到此事的失败。"

何进召董卓率军到洛阳来。侍御史郑泰劝谏说："董卓为人强悍，不讲仁义，又贪得无厌。假如朝廷依靠他的支持，授以兵权，他将为所欲为，必然会威胁到朝廷的安全。您作为皇亲国戚，掌握国家大权，可以依照本意独断独行，惩治那些罪人，实在不应该依靠董卓作为外援！而且事情拖得太久，就会起变化，先前窦武之事的教训并不久远，应该赶快决断。"尚书卢植也认为不应当召董卓，何进都不接受。郑泰于是辞职而去，告诉荀攸说："何进是个不容易辅佐的人。"

董卓接到何进召他进京的命令，立刻上路出发。同时上书说："中常侍张让等人，利用得到皇帝宠幸之机，扰乱天下。我曾听说，扬汤止沸，不如釜底抽薪；疮痈溃烂虽然疼痛，但胜于向内侵蚀脏腑。从前赵鞅统率晋阳的军队来清除君王身边的恶人，如今我则敲响钟鼓到洛阳来，请求逮捕张让等人，以清除奸邪！"太后仍然不答应。何苗对何进说："我们当初一起从南阳来，出身贫贱，都是依靠宦官的扶助，才有今天的富贵。国家大事，又谈何容易，覆水难收，应该多加考虑。应暂且与宦官们和解。"董卓到渑池时，何进更加犹豫不决，派谏议大夫种邵拿着皇帝诏书去阻止董卓。董卓不接受诏命，一直进军到河南。种邵迎接慰劳他的军队，并劝令他退军。董卓疑心洛阳政局已发生变动，命部下用武器威胁种邵。种邵大怒，用皇帝的名义叱责他们，士兵都害怕地散开。于是种邵上前当面责问董卓，董卓理屈词穷，只好撤军回到夕阳亭。种邵是种暠的孙子。

八月，戊辰（二十五日），何进入长乐宫，奏告何太后，请求杀死全体中常侍。中常侍张让、段珪商议说："大将军何进自称有病，不参加先帝的丧礼，不送葬到墓地去，如今突然入宫，这是什么意图？难道窦武事件竟要重演吗？"派人去窃听何进兄妹的谈话，获知全部谈话内容。于是率领自己的党羽数十人，手持武器，偷偷从侧门进去，埋伏在殿门下。等何进出来，就假传太后的旨意召他。何进入宫，坐在省阁。于是张让等人责问何进说："天下大乱，也不单是我们宦官的罪过。先帝曾经跟太后生气，几乎废黜太后，我们流着泪进行解救，各人都献出家财千万作为礼物，使先帝缓和下来，只是要托身于你的门下罢了。如今你竟想把我们杀死灭族，不也太过分了吗！"于是尚方监渠穆拔出剑来，在嘉德殿前杀死何进。张让、段珪等写下诏书，任命前太尉樊陵为司隶校尉，少府许相为河南尹。尚书看到诏书，觉得可疑，说："请大将军何进出来共同商议。"中黄门将何进的人头扔给尚书，说："何进谋反，已被处死了！"

董卓到洛阳，手下只有步、骑兵三千人。嫌自己兵力单薄，担心不能使远近慑服。于是，每隔四五天，就派军队夜里悄悄出发到军营附近处，第二天早上，再严整军容，大张旗鼓地返回，让人以为西方凉州又派来了援军，而洛阳城中没有人知道他的底细。不久，何进与何苗的部下都投靠董卓，董卓又暗中指使丁原部下的司马、五原人吕布杀死丁原而吞并了他的部队，从此董卓兵力大增。于是他暗示朝廷，以下雨不停止为理由，让皇帝颁策罢免司空刘弘的职务，由自己接任。

【原文】

孝献皇帝甲初平元年（庚午，190年）

春，正月，关东州郡皆起兵以讨董卓，推勃海太守袁绍为盟主；绍自号车骑将军，诸将皆板授官号。绍与河内太守王匡屯河内，冀州牧韩馥留邺，给其军粮。豫州刺史孔伷屯颍川，兖州刺史刘岱、陈留太守张邈、邈弟广陵太守超、东郡太守桥瑁、山阳太守袁遗、济北相鲍信与曹操俱屯酸枣，后将军袁术屯鲁阳，众各数万。豪杰多归心袁绍者；鲍信独谓曹操曰："夫略不世出，能拨乱反正者，君也。苟非其人，虽强必毙。君殆天之所启乎！"

董卓以山东兵盛，欲迁都以避之，公卿皆不欲而莫敢言。卓表河南尹朱俊为太仆以为己副，使者召拜，俊辞，不肯受；因曰："国家西迁，必孤天下之望，以成山东之衅，臣不知其可也。"使者曰："召君受拜而君拒之，不问徙事而君陈之，何也？"俊曰："副相国，非臣所堪也；迁都非计，事所急也。辞所不堪，言其所急，臣之宜也。"由是止不为副。

卓遣军至阳城，值民会于社下，悉就斩之，驾其车重，载其妇女，以头系车辕，歌呼还洛，云攻贼大获。卓焚烧其头，以妇女与甲兵为婢妾。

丁亥，车驾西迁，董卓收诸富室，以罪恶诛之，没入其财物，死者不可胜计；悉驱徙其余民数百万口于长安，步骑驱蹙，更相蹈藉，饥饿寇掠，积尸盈路。卓自留屯毕圭苑中，悉烧宫庙、官府、居家，二百里内，室屋荡尽，无复鸡犬。又使吕布发诸帝陵及公卿以下冢墓，收其珍宝。卓获山东兵，以猪膏涂布十余匹，用缠其身，然后烧之，先从足起。

三月，乙巳，车驾入长安，居京兆府舍，后乃稍葺宫室而居之。时董卓未至，朝政大小皆委之王允。允外相弥缝，内谋王室，甚有大臣之度，自天子及朝中皆倚允；允屈意承卓，卓亦雅信焉。

【译文】

汉献帝初平元年（庚午，公元190年）

春季，正月，函谷关以东的各州、郡全都起兵讨伐董卓，推动勃海太守袁绍为盟主。袁绍自称车骑将军，诸将全都被临时授予官号。袁绍与河内郡太守王匡驻军河内，冀州牧韩馥留守邺城，供应军粮。豫州刺史孔伷驻军颍川，兖州刺史刘岱、陈留郡太守张邈、张邈的弟弟广陵郡太守张超、东郡太守桥瑁、山阳郡太守袁遗、济北国相鲍信和曹操都驻军酸枣，后将军袁术驻军鲁阳。各路军马都有数万人。各路豪杰多拥戴袁绍，只有鲍信对曹操说："现在谋略超群，能拨乱反正的人，就是阁下了。假如不是这种人才，尽管强大，却必将失败。您恐怕是上天所派来的吧！"

董卓认为崤山以东的军事联盟声势浩大，打算把京都由洛阳迁到长安进行躲避。公卿都不愿意，但没人敢说。董卓上表推荐河南尹朱俊为太仆，作为自己的副手，派使者去召朱俊接受任命。朱俊拒不接受，对使者说："把京都向西迁徙，必然会使天下失望，反而给崤山以东的联军造成了机会，我认为不应该这样做。"使者说："召您接受太仆的任命，而您拒绝了，没有问起迁都的事情，您却说了许多，这是为什么？"朱俊说："作为相国的副手，是我所不能承担的重任；而迁都是失策，又很急迫。我拒绝无力承担的重任，说出认为是当务之急的事情，正是作臣子的本分。"因此，董卓不再勉强朱俊作自己的副手。

董卓派军队到阳城，正好百姓在祭祀土地神的场所集会。军队就当场把男人全部斩杀，用他们的车子，装载俘虏的妇女，把人头系在车辕上，唱着叫着回到洛阳，宣称："攻击叛军，大获全胜！"董卓把人头烧掉，把妇女分给士兵做奴婢或妾。

丁亥（二月十七日），献帝刘协西迁长安。董卓逮捕洛阳城中富豪，加以罪恶之名处死，把他们的财物没收，死者不计其数。驱赶剩下的数百万居民，都向长安迁徙。命步兵、骑兵在后逼迫，马踏人踩，互相拥挤，加上饥饿和抢掠，百姓不断死去，沿途堆满尸体。董卓自己留驻在毕圭苑中，命部下纵火焚烧一切宫殿、官府及百姓住宅，二百里内，房屋尽毁，不再有鸡犬。又让吕布率兵挖掘历代皇帝陵寝和公卿及以下官员的墓地，搜罗珍宝。董卓曾捉到一批山东兵，他命人用十余匹涂上猪油的布裹到这些山东兵的身上，然后从脚点火，将他们烧死。

三月，乙巳（初五），献帝到达长安，在京兆尹的府中住下。后将宫殿稍加修整，才搬入宫中。这时董卓还未到长安，朝中大小事务都交给司徒王允负责。王允在外补救缺失，在内为王室筹划，很有大臣风度，从天子到文武百官，都倚靠王允。王允对董卓曲意逢迎，而董卓也一直信任王允。

汉纪五十二

【原文】

孝献皇帝乙初平二年（辛未，191年）

二月，丁丑，以董卓为太师，位在诸侯王上。

卓谓长史刘艾曰："关东军败数矣，皆畏孤，无能为也。惟孙坚小戆，颇能用人，当语诸将，使知忌之。孤昔与周慎西征边、韩于金城，孤语张温，求引所将兵为慎作后驻，温不听。温又使孤讨先零叛羌，孤知其不克而不得止，遂行，留别部司马刘靖将步骑四千屯安定以为声势。叛羌欲截归道，孤小击辄开，畏安定有兵故也。房谓安定当数万人，不知但靖也。而孙坚随周慎行，谓慎求先将万兵造金城，使慎以二万作后驻。边、韩畏慎大兵，不敢轻与坚战，而坚兵足以断其运道。儿曹用其言，凉州或能定也。温既不能用孤，慎又不能用坚，卒用败走。坚以佐军司马，所见略与人同，固自为可；但无故从诸袁儿，终亦死耳！"及使东中即将董越屯渑池，中郎将段煨屯华阴，中郎将牛铺屯安邑，其余诸将布在诸县，以御山东。辅，卓之婿也。卓引还长安。孙坚修塞诸陵，引军还鲁阳。

绍客逢纪谓绍曰："将军举大事而仰人资给，不据一州，无以自全。"绍曰："冀州兵强，吾士饥乏，设不能办，无所容立。"纪曰："韩馥庸才，可密要公孙瓒使取冀州，馥必骇惧，因遣辩士为陈祸福，馥迫于仓卒，必肯逊让。"绍然之，即以书与瓒。瓒遂引兵而至，外托讨董卓而阴谋袭馥，馥与战不利。会董卓入关，绍还军延津，使外甥陈留高干及馥所亲颍川辛评、荀谌、郭图等说馥曰："公孙瓒将燕、代之卒乘胜来南，而诸郡应之，其锋不可当。袁车骑引军东向，其意未可量

也，窃为将军危之！"馥惧，曰："然则为之奈何？"谌曰："君自料宽仁容众为天下所附，孰与袁氏？"馥曰："不如也。""临危吐决，智勇过人，又孰与袁氏？"馥曰："不如也。""世布恩德，天下家受其惠，又孰与袁氏？"馥曰："不如也。"谌曰："袁氏一时之杰，将军资三不如之势，久处其上，彼必不为将军下也。夫冀州，天下之重资也，彼若与公孙瓒并力取之，危亡可立而待也。夫袁氏，将军之旧，且为同盟，当今之计，若举冀州以让袁氏，彼必厚德将军，瓒亦不能与之争矣。是将军有让贤之名，而身安于泰山也。"馥性恇怯，因然其计。绍遂领冀州牧，承制以馥为奋威将军，而无所将御，亦无官属。绍以广平沮授为奋武将军，使监护诸将，宠遇甚厚。魏郡审配、钜鹿田丰并以正直不得志于韩馥，绍以丰为别驾，配为治中，及南阳许攸、逢纪、颍川荀谌皆为谋主。

鲍信谓曹操曰："袁绍为盟主，因权专利，将自生乱，是复有一卓也。若抑之，则力不能制，只以遘难。且可规大河之南以待其变。"操善之。会黑山、于毒、白绕、眭固等十余万众略东郡，王肱不能御。曹操引兵入东郡，击白绕于濮阳，破之。袁绍因表操为东郡太守，治东武阳。

是时关东州、郡务相兼并以自强大，袁绍、袁术亦处离贰。术遣孙坚击董卓未返，绍以会稽周昂为豫州刺史，袭夺坚阳城。坚叹曰："同举义兵，将救社稷，逆贼垂破而各若此，吾当谁与戮力乎！"引兵击昂，走之。袁术遣公孙越助坚攻昂，越为流矢所中死。公孙瓒怒曰："余弟死，祸起于绍。"遂出军屯磐河，上书数绍罪恶，进兵攻绍。冀州诸城多叛绍从瓒，绍惧，以所佩勃海太守印绶授瓒从弟范，遣之郡，而范遂背绍，领勃海兵以助瓒。瓒乃自署其将帅严纲为冀州刺史，田楷为青州刺史，单经为兖州刺史，又悉改置郡、县守、令。

【译文】

汉献帝初平二年（辛未，公元191年）

二月，丁丑（十二日），任命董卓为太师，地位在诸侯王之上。

董卓对长史刘艾说："关东的叛军屡败，都畏惧我，不会有什么作为。只有孙坚有点不知死活，挺会用人，应该告诉诸将，让他们知道提防。我从前与周慎到金城郡西征边章、韩遂,我向张温请求率领部下做周慎的后援,张温不同意。张温又派我去讨伐先零的叛乱羌人,我知道不能取胜,但又不能不去,于是出发,留下别部司马刘靖率领四千步、骑兵驻在安定,作为呼应。羌军想切断我的归路,我只作轻微攻击就冲开了阻截,这是因为他们害怕安定的驻军。羌军以为安定会有数万大军,不知只有刘靖一支部队。孙坚随周慎作战,向周慎请求先率一万人前往金城,让周慎率二万人为后援。边章、韩遂害怕周慎的大军,不敢轻易与孙坚开战,而孙坚的军队足以切断他们的粮道。假如周慎那帮小子能用孙坚的计谋,凉州或许能够平定。而张温既不能听从我,周慎又不能听从孙坚,最后只能战败而退走。孙坚是个佐军司马,见解却与我大致相同,确实是可用之才。只是他无缘无故地跟随袁家的那些公子,最终还是会送命的!"于是,董卓派东中郎将董越驻守渑池,中郎将段煨驻守华阴,中郎将牛辅驻守安邑,其余的将领分布各县,以抵御山东联军的进攻。牛辅是董卓的女婿。董卓回到长安。孙坚在修复历代皇帝的陵墓后,率军回到鲁阳。

　　袁绍的门客逢纪对袁绍说:"将军倡导大事,却要依靠别人供应粮草,如果不能占据一个州作为根据地,就不能保全自己。"袁绍说:"冀州兵强,而我的部下又饥又乏,假如不能成功,就没有立足之处了。"逢纪说:"韩馥是一个庸才,您可秘密联络公孙瓒,让他攻打冀州。韩馥必然惊慌恐惧,我们便乘机派遣有口才的使节去为他分析祸福,韩馥迫于突然发生的危机,必然肯把冀州出让给您。"袁绍觉得有理,就写信给公孙瓒。公孙瓒率军到冀州,表面上声称去讨伐董卓,而密谋袭击韩馥。韩馥与公孙瓒交战,失败。正好董卓进入函谷关,袁绍便率军返回延津,派外甥、陈留人高干预韩馥所亲信的颍川人辛评、荀谌、郭图等人去游说韩馥:"公孙瓒统率燕、代两地的军队乘胜南下,各郡纷纷响应,军锋锐不可当。袁绍又率军向东移动,意图不可估量,我们为将军担心。"韩馥心中恐慌,问他们说:"既然这样,那么该怎么办呢?"荀谌说:"您自己判断一下,宽厚仁义,能为天下豪杰所归附,比得上袁绍吗?"韩馥说:"比不上。"荀谌又问:"那么,临危不乱,遇事果断,智勇过人,比得上袁绍吗?"韩馥说:"比不上。"荀谌再问:"数世以来,广布恩德,使天下家家受惠,比得上袁绍吗?"韩馥说:"比不上。"荀谌说:"袁绍是这一时代的人中豪杰,将军以三方面都不如他的条件,却又长期在他之上,他必然不会屈居将军之下。冀州是天下物产丰富的重要地区，他要是与公孙瓒合力夺取冀州，将军立刻就会陷入危亡的困境。袁绍是将军的旧交，又曾结盟共讨董卓，现在办法是，如果把冀州让给袁绍，他必然感谢您的厚德，而公孙瓒也无力与他来争。这样，将军便有让贤的美名，而自身则比泰山还要安稳。"韩馥性情怯懦，于是同意了他们的计策。袁绍于是兼任冀州牧，以皇帝的名义任命韩馥为奋威将军，但既没有兵，也没有官属。袁绍任命广平人沮授为奋武将军，派他监护所有将领，对他十分宠信。魏郡人审配、巨鹿人田丰都因为人正直，不为韩馥欣赏，袁绍任命田丰为别驾，审配为治中，与南阳人许攸、逢纪、颍川人荀谌都成为袁绍的主要谋士。

  鲍信对曹操说："袁绍身为盟主，却利用职权，专谋私利，将自行生乱，成为第二个董卓。如果抑制他，我们没有力量，只会树敌。我们可暂且先去黄河以南发展势力，等待形势变化。"曹操十分同意。正好黑山、于毒、白绕、眭固等十余万人进攻东郡，太守王肱不能抵御。曹操就率军进入东郡，在濮阳进攻白绕，将白绕打败。于是，袁绍便举荐曹操为东郡太守，曹操将郡府设在东武阳。

  这时，函谷关以东的各州、郡长官只顾相互吞并，扩充自己的势力，袁绍、袁术兄弟自身也离心离德。袁术派孙坚前去攻打董卓，孙坚尚未返回，袁绍就任命会稽人周昂为豫州刺史，偷袭并攻占孙坚的根据地阳城。孙坚叹息道："大家共同为大义而起兵，想要拯救国家，现在逆贼董卓就要被打败了，但我们却各自如此相待，我能与谁一起合力奋战呢！"孙坚率军进击周昂，周昂败退。袁术派公孙越帮助孙坚进攻周昂，公孙越被流箭射死。公孙瓒知道后大怒，说："我弟弟的死，祸首就是袁绍。"于是他率军驻扎磐河，上书朝廷，历数袁绍所犯的罪恶，然后进军攻击袁绍。冀州下属各城多数背叛袁绍而响应公孙瓒。袁绍感到恐慌，便把自己所佩带的勃海太守印绶授予公孙瓒的堂弟公孙范，派他前往勃海郡出任太守，以求和解。然而，公孙范随即便背叛了袁绍，率领勃海郡的军队，前去协助公孙瓒。于是，公孙瓒自行任命部将严纲为冀州刺史，田楷为青州刺史，单经为兖州刺史，并全部更换了各郡、县的长官。

【原文】

三年（壬申，192年）

初，荀淑有孙曰彧，少有才名，何颙见而异之，曰："王佐才也！"及天下乱，彧谓父老曰："颍川四战之地，宜亟避之。"乡人多怀土不能去，彧独率宗族去依韩馥。会袁绍已夺馥位，待彧以上宾之礼。彧度绍终不能定大业，闻曹操有雄略，乃去绍从操。操与语，大悦，曰："吾子房也！"以为奋武司马。其乡人留者，多为催、汜等所杀。

卓忍于诛杀，诸将言语有蹉跌者，便戮于前，人不聊生。司徒王允与司隶校尉黄琬、仆射士孙瑞、尚书杨瓒密谋诛卓。中郎将吕布，便弓马，膂力过人，卓自以遇人无礼，行止常以布自卫，甚爱信之，誓为父子。然卓性刚褊，尝小失卓意，卓拔手戟掷布，布拳捷避之。而改容顾谢，卓意亦解。布由是阴怨于卓。卓又使布守中阁，而私于傅婢，益不自安。王允素善待布，布见允，自陈卓几见杀之状，允因以诛卓之谋告布，使为内应。布曰："如父子何？"曰："君自姓吕，本非骨肉。今忧死不暇，何谓父子？掷戟之时，岂有父子情邪！"布遂许之。

夏，四月，丁巳，帝有疾新愈，大会未央殿。卓朝服乘车而入，陈兵夹道，自营至宫，左步右骑，屯卫周匝，令吕布等捍卫前后。王允使士孙瑞自书诏以授布，布令同郡骑都尉李肃与勇士秦谊、陈卫等十余人伪著卫士服，守北掖门内以待卓。卓入门，肃以戟刺之；卓衷甲，不入，伤臂，堕车，顾大呼曰："吕布何在！"布曰："有诏讨贼臣！"卓大骂曰："庸狗，敢如是邪！"布应声持矛刺卓，趣兵斩之。主簿田仪及卓仓头前赴其尸，布又杀之，凡所杀三人。布即出怀中诏版以令吏士曰："诏讨卓耳，余皆不问。"吏士皆正立不动，大称万岁。百姓歌舞于道，长安中士女卖其珠玉衣装市酒肉相庆者，填满街肆。弟旻、璜等及宗族老弱在郿，皆为其群下所斫射死。暴卓尸于市，天时始热，卓素充肥，脂流于地，守尸吏为大炷，置卓脐中然之，光明达曙，如是积日。诸袁门生聚董氏之尸，焚灰扬之于路。坞中有金二三万斤，银八九万斤，锦绮奇玩积如丘山。以王允录尚书事，吕布为奋威将军、假节、仪比三司，封温侯，共秉朝政。

卓之死也，左中郎将高阳侯蔡邕在王允坐，闻之惊叹。允勃然，叱之曰："董卓国之大贼，几亡汉室，君为王臣，所宜同疾，而怀其私遇，反相伤痛，岂不共为逆哉！"即收付廷尉。邕谢曰："身虽不忠，古今大义，耳所厌闻，口所常玩，岂当背国而向卓也！愿黥首刖足，继成汉史。"士大夫多矜救之，不能得。太尉马日䃅谓允曰："伯喈旷世逸才，多识汉事，当续成后史，为一代大典；而所坐至微，诛之，无乃失人望乎！"允曰："昔武帝不杀司马迁，使作谤书流于后世。方今国祚中衰，戎马在郊，不可令佞臣执笔在幼主左右，既无益圣德，复使吾党蒙其讪议。"日䃅退而告人曰："王公其无后乎！善人，国之纪也；制作，国之典也；灭纪废典，其能久乎！"邕遂死狱中。

【译文】

三年（壬申，公元192年）

当初，荀淑的孙子荀彧，从小就有才华名望。何颙见到他大为惊异，说："真是一个辅佐君王的人才！"及至天下大乱，荀彧对乡里父老说："颍川地势平阔，四面受敌，应该尽早躲避。"乡里人多依恋故土，舍不得离去。只有荀彧率领他的家族前去投奔韩馥。这时袁绍已经夺取了韩馥的地位，他用上宾之礼接待荀彧。荀彧认为袁绍最终不能成就大业，听说曹操有雄才大略，于是离开袁绍，前去投奔曹操。曹操与他面谈之后，大为高兴，说："这就是我的张良！"于是任命他为奋武司马。那些留在颍川未走的乡人，多在这次劫难中被李傕、郭汜等杀害。

董卓性情残暴，随意杀人，部下将领言语稍有差错，就被当场处死，致使人人自危。司徒王允与司隶校尉黄琬、仆射士孙瑞、尚书杨瓒等密谋除掉董卓。中郎将吕布精于骑射，力气超过常人。董卓知道自己待人寡恩无礼，害怕遭到暗害，无论去什么地方，都常常让吕布做自己的随从侍卫，对他十分宠信，发誓说情同父子。但是董卓性情刚愎，曾经为了一件不合自己心意的小事，拔出手戟掷向吕布。吕布身手矫健，避开手戟，又和颜悦色地向董卓道歉，董卓才息怒作罢。吕布从此暗中怨恨董卓。董卓又命吕布守卫中阁，吕布乘机与董卓的一位侍女私通，越发心中不安。王允一向待吕布很好。吕布见王允时，主动说出几乎被董卓所杀的事情，于是王允将诛杀董卓的计划告诉吕布,并让他做内应。吕布说:"但我们有父子之情,怎么办?"王允说:"你自姓吕,与他本没有骨肉关系,如今顾虑自己的生死都来不及,还谈什么父子!他在掷戟之时,难道有父子之情吗?"吕布于是应允。

夏季,四月,丁巳(疑误),献帝患病初愈,在未央殿大会朝中百官。董卓身穿朝服,乘车入朝。从军营到皇宫的道路两侧警卫密布,左侧是步兵,右侧是骑兵,戒备森严,由吕布等在前后侍卫。王允命士孙瑞自己书写诏书交给吕布。吕布让同郡人、骑都尉李肃与勇士秦谊、陈卫等十余人冒充卫士,身穿卫士的服装,埋伏在北掖门等待董卓。董卓一进门,李肃举戟刺去,董卓内穿铁甲,未能刺入,只伤了他的手臂,跌到车下。董卓回头大喊:"吕布在哪里?"吕布说:"奉皇帝诏令,讨伐贼臣!"董卓大骂说:"狗崽子,你胆敢如此!"吕布没等董卓骂完,就手持铁矛将他刺死,并催促士兵砍下他的头颅。主簿田仪及董卓的奴仆扑到董卓的尸前,又被吕布杀死,共杀了三个人。吕布随即从怀中取出诏书,命令官兵们说:"皇帝下诏,只讨董卓,其他人一概不问。"官兵们听后都立正不动,高呼万岁。百姓在街道上唱歌跳舞,以示庆祝。长安城中的士人、妇女卖掉珠宝首饰及衣服,用来买酒买肉,互相庆贺,街市拥挤得水泄不通。董卓的弟弟董旻、董璜以及留在郿坞的董氏家族老幼,都被他们的部下用刀砍死,或用箭射死。董卓的尸体被拖到市中示众。当时天气渐热,董卓一向身体肥胖,油脂流到地上,看守尸体的官吏便做了一个大灯捻,放在董卓的肚脐上点燃,从晚上烧到天亮,就这样一连烧了几天。受过董卓迫害的袁氏家族的门生们,把已被斩碎的董卓尸体收拢起来,焚烧成灰,扬撒在大路上。郿坞中藏有黄金二三万斤,白银八九万斤,绫罗绸缎、奇珍异宝堆积如山。献帝任命王允主持尚书事务;吕布为奋威将军,假节,礼仪等待遇均与三公相等,封温侯,与王允一起主持朝政。

董卓被杀时,左中郎将、高阳侯蔡邕正在王允家中做客,听到这一消息后,为之惊叹。王允勃然大怒,斥责说:"董卓是国家的大贼,几乎灭亡了汉朝王室的统治。你是汉朝的大臣,应当同仇敌忾,而你怀念他的私人恩惠,反为他悲痛,这岂不是与他共同为逆吗!"当时就将蔡邕逮捕,送交廷尉。蔡邕承认自己有罪,说:"虽然我身处这样一个不忠的地位,但对古今的君臣大义,耳中常听,口中常说,怎么会背叛国家而袒护董卓呢!我情愿在脸上刺字,砍去脚,让我继续写完《汉史》。"许多士大夫同情蔡邕，设法营救他，但没有成功。太尉马日䃅对王允说："蔡伯喈是旷世奇才，对汉朝的史事典章了解很多，应当让他完成史书，这将是一代大典。而且他所犯的罪是微不足道的，杀了他，岂不使天下士人失望！"王允说："从前武帝不杀司马迁，结果使得他所做的谤书《史记》流传后世。如今国运中衰，兵马就在郊外，不能让奸佞之臣在幼主身边撰写史书，这既无益于皇帝的圣德，还会使我们这些人受到讥讽。"马日䃅退出后，对别人说："王允的后代大概要灭绝！善人是国家的楷模，史著是国家的经典。毁灭楷模，废除经典，难道可能维持长久吗！"于是，蔡邕就死在狱中。

【原文】

四年（癸酉，193年）

曹操军甄城。袁术为刘表所逼，引兵屯封丘，黑山别部及匈奴于扶罗皆附之。曹操击破术军，遂围封丘；术走襄邑，又走宁陵。操追击，连破之。术走九江，扬州刺史陈瑀拒术不纳。术退保阴陵，集兵于淮北，复进向寿春；瑀惧，走归下邳，术遂领其州，兼称徐州伯。李傕欲结术为援，以术为左将军，封阳翟侯，假节。

前太尉曹嵩避难在琅邪，其子操令泰山太守应劭迎之。嵩辎重百余两，陶谦别将守阴平，士卒利嵩财宝，掩袭嵩于华、费间，杀之，并少子德。秋，操引兵击谦，攻拔十余城，至彭城，大战，谦兵败，走保郯。

初，京、洛遭董卓之乱，民流移东出，多依徐土，遇操至，坑杀男女数十万口于泗水，水为不流。

操攻郯不能克，乃去，攻取虑、睢陵、夏丘，皆屠之，鸡犬亦尽，墟邑无复行人。

【译文】

四年（癸酉，公元193年）

曹操驻军甄城。袁术受荆州刺史刘表军队的逼迫，率军移驻封丘，黑山军的一个分支部队与南匈奴单于于扶罗都归附袁术。曹操击败袁术军队，于是包围封丘。

平索戏车骑出行图（局部）东汉

袁术退到襄邑，又退到宁陵，曹操在后面追击，接连打败袁术。袁术逃到九江，扬州刺史陈瑀率军抵御，不许袁术入境。袁术退守阴陵，在淮河以北集结部队，又向寿春进军。陈瑀大为恐惧，逃回下邳。于是袁术占领寿春，自称扬州刺史，兼称徐州伯。李傕想拉拢袁术作外援，便任命袁术为左将军，封阳翟侯，假节。

前任太尉曹嵩在琅邪躲避战乱，他的儿子曹操命令泰山郡太守应劭迎接曹嵩到兖州。曹嵩携带辎重一百余车，陶谦的一个部将驻守在阴平县，其士兵贪图曹嵩的财产，于是在华县与费县的交界处发动袭击，杀死曹嵩和他的小儿子曹德。秋天，曹操率军进攻陶谦，攻克十余城。到达彭城时，与陶谦的军队展开大战，陶谦战败，逃到郯县固守。

先前，洛阳一带遭受董卓之乱，百姓向东迁徙，大多投奔徐州。这次遇到曹操到来，男女老幼数十万人被驱赶到泗水河中淹死，尸体阻塞了河道，致使水不能流。

曹操围攻郯县，未能攻下，于是离开，攻取虑、睢陵、夏丘三县，所过之处全都遭到屠戮，鸡犬不留，旧城废址不再有行人。

资治通鉴第六十一卷

汉纪五十三

【原文】

孝献皇帝丙兴平元年（甲戌，194年）

陶谦告急于田楷，楷与平原相刘备救之。备自有兵数千人，谦益以丹阳兵四千，备遂去楷归谦，谦表为豫州刺史，屯小沛。曹操军食亦尽，引兵还。

曹操使司马荀彧、寿张令程昱守甄城，复往攻陶谦，遂略地至琅邪、东海，所过残灭。还，击破刘备于郯东。谦恐，欲走归丹阳。会陈留太守张邈叛操迎吕布，操乃引军还。

时操使宫将兵留屯东郡，遂以其众潜迎布为兖州牧。布至，邈乃使其党刘翊告荀彧曰："吕将军来助曹使君击陶谦，宜亟供其军食。"众疑惑，或知邈为乱，即勒兵设备，急召东郡太守夏侯惇于濮阳；惇来，布遂据濮阳。时操悉军攻陶谦，留守兵少，而督将、大吏多与邈、宫通谋，惇至，其夜，诛谋叛者数十人，众乃定。

【译文】

汉献帝兴平元年（甲戌，公元194年）

徐州牧陶谦向青州刺史田楷告急，田楷与平原国相刘备率兵去援救他。刘备拥有自己的军队数千人，陶谦又增拨丹阳郡兵士四千名归他指挥，于是刘备就脱离田楷，投奔陶谦。陶谦上表推荐刘备担任豫州刺史，驻扎在小沛。正好曹操军粮也已告尽，率军撤回兖州。

曹操委派司马荀彧、寿张县令程昱留守鄄城，自己再次前往徐州进攻陶谦，于是沿途攻掠，直到琅邪、东海，所过之处受到严重破坏。大军返回，又在郯县以东击败刘备的军队。陶谦震恐，打算逃回丹阳。正在这时，陈留太守张邈背叛曹操，迎接吕布入兖州，于是曹操撤军，回救兖州。

当时曹操派陈宫率兵留守东郡，于是陈宫就率军秘密迎接吕布来担任兖州牧。吕布到达后，张邈就派他的党羽刘翊告诉荀彧说："吕将军来帮助曹刺史进攻陶谦，应该赶快供给他军粮。"众人感到疑惑，荀彧知道张邈将要背叛，就立即部署军队进行防守，并急速征召在濮阳的东郡太守夏侯惇。夏侯惇前来救援，吕布便占据濮阳。当时曹操把所有的军队都带去进攻陶谦，留守的兵很少，而且大部分将领和主要官吏都参与了张邈、陈宫的阴谋。夏侯惇赶到以后，当天夜里，就诛杀了几十个参与叛变阴谋的官员，情势才稳定下来。

【原文】

二年（乙亥，195 年）

曹操败吕布于定陶。

董卓初死，三辅民尚数十万户，李傕等放兵劫掠，加以饥馑，二年间，民相食略尽。李傕、郭汜、樊稠各相与矜功争权，欲斗者数矣，贾诩每以大体责之，虽内不能善，外相含容。

傕数设酒请郭汜，或留汜止宿。汜妻恐汜爱傕婢妾，思有以间之。会傕送馈，妻以豉为药，摘以示汜曰："一栖不两雄，我固疑将军信李公也。"他日，傕复请汜，饮大醉，汜疑其有毒，绞粪汁饮之，于是各治兵相攻矣。

帝使侍中、尚书和傕、汜，傕、汜不从。汜谋迎帝幸其营，夜有亡者，告傕。三月，丙寅，傕使兄子暹将数千兵围宫，以车三乘迎帝。太尉杨彪曰："自古帝王无在人家者，诸君举事，奈何如是！"暹曰："将军计定矣。"于是群臣步从乘舆以出，兵即入殿中，掠宫人、御物。帝至傕营，傕又徙御府金帛置其营，遂放火烧宫殿、官府、民居悉尽。帝复使公卿和傕、汜，汜留杨彪及司空张喜、尚书王隆、光禄邓刘渊、卫尉士孙瑞、太仆韩融、廷尉宣璠、大鸿胪荣郃、大司农朱俊、将作大匠梁邵、屯骑校尉姜宣等于其营以为质。朱俊愤懑发病死。

郭汜飨公卿，议攻李傕。杨彪曰："群臣共斗，一人劫天子，一人质公卿，可行乎！"汜怒，欲手刃之。彪曰："卿尚不奉国家。吾岂求生邪！"中郎将杨密固谏，汜乃止。傕召羌、胡数千人，先以御物缯彩与之，许以宫人、妇女，欲令攻郭汜。汜阴与傕党中郎将张苞等谋攻傕。丙申，汜将兵夜攻傕门，矢及帝帷帐中，又贯傕左耳。苞等烧屋，火不然。杨奉于外拒汜，汜兵退，苞等因将所领兵归汜。

辕门射戟

【译文】

二年（乙亥，公元195年）

曹操在定陶击败吕布。

董卓刚死的时候，三铺地区的百姓还有数十万户。由于李傕等人纵兵抢掠，加上饥荒，百姓吃人肉充饥，两年之间，几乎死尽。李傕、郭汜、樊稠相互夸耀自己的功勋，争权夺利，有几次要冲突起来。贾诩每次都责备他们要以大局为重，因此，虽然他们内部不能友好相处，但表面还是团结一致。

李傕经常摆下酒宴款待郭汜，有时还留郭汜住宿在自己家中。郭汜的妻子恐怕郭汜会喜欢上李傕家的侍女，想用计阻止郭汜前往。正好李傕送来食物，郭汜妻把豆豉说成毒药，挑出来给郭汜看，说："一群鸡中容不下两只公鸡，我实在不明白将军为什么这样信任李傕。"另一天，李傕又宴请郭汜，郭汜饮酒过量而大醉。他疑心酒里有毒，就喝下粪汁来使自己呕吐。于是，他们各自部署队伍，相互攻击。

献帝派侍中、尚书去调解李傕和郭汜的矛盾，但李傕、郭汜都不服从。郭汜阴谋劫持献帝到他的军营，夜里，有人逃到李傕营中，将郭汜的计划告诉李傕。三月，丙寅（二十五日），李傕派侄子李暹率领数千名兵士包围皇宫，用三辆车迎接献帝到自己营中。太尉杨彪说："自古以来，帝王从没有住在臣民家中的，你们做事，怎么能这样呢！"李暹说："将军的计划已经定了。"于是，群臣徒步跟在献帝的车后出宫。军队立即就进入宫殿，抢掠宫女和御用器物。献帝到李傕营中后，李傕又将御府所收藏的金帛搬到自己营里，随即放火将宫殿、官府和百姓的房屋全部烧光。献帝又派公卿调解李傕、郭汜的矛盾，郭汜就把太尉杨彪及司空张喜、尚书王隆、光禄勋刘渊、卫尉士孙瑞、太仆韩融、廷尉宣璠、大鸿胪荣郃、大司农朱俊、将作大匠梁邵、屯骑校尉姜宣等都扣留在营中，作为人质。朱俊十分气愤，发病而死。

郭汜设宴款待被扣的朝廷大臣，商议进攻李傕。太尉杨彪说："你们这些臣属互相争斗，一个人劫持天子，一个人将公卿做人质，这怎么能行呢！"郭汜大怒，想要亲手用刀杀死杨彪，杨彪说："你连皇上都不尊奉，我难道还会求生吗！"中郎将杨密竭力劝阻，郭汜这才作罢。李傕召集数千名羌人和胡人，先以御用物品和绸缎赏赐他们，许诺还将赏赐宫女和民间妇女，打算要他们进攻郭汜。郭汜则暗中与李傕的党羽中郎将张苞等勾结，策划进攻李傕。丙申（四月二十五日），郭汜率军乘夜进攻李傕营门，飞箭射到献帝御帐的帷帘中，还贯穿了李傕的左耳。张苞等人在营内放火烧房，但火没有燃着。李傕部下杨奉在营外抵抗郭汜，郭汜军撤退，张苞于是率领部下投奔郭汜。

汉纪五十四

【原文】

孝献皇帝丁建安元年（丙子，196年）

袁术攻刘备以争徐州，备使司马张飞守下邳，自将拒术于盱于眙、淮阴，相持经月，更有胜负。下邳相曹豹，陶谦故将也，与张飞相失，飞杀之，城中乖乱。袁术与吕布书，劝令袭下邳，许助以军粮。布大喜，引军水陆东下。备中郎将丹阳许耽开门迎之。张飞败走，布虏备妻子及将吏家口。备闻之，引还，比至下邳，兵溃。备收余兵东取广陵，与袁术战，又败，屯于海西，饥饿困踧，吏士相食，从事东海麋竺以家财助军。备请降于布，布亦忿袁术运粮不继，乃召备，复以为豫州刺史，与并势击术，使屯小沛。布自称徐州牧。

袁术以谶言"代汉者当涂高"，自云名字应之。又以袁氏出陈，为舜后，以黄代赤，德运之次，遂有僭逆之谋。闻孙坚得传国玺，拘坚妻而夺之。及闻天子败于曹阳，乃会群下议称尊号；众莫敢对。主簿阎象进曰："昔周自后稷至于文王，积德累功，参分天下有其二，犹服事殷。明公虽奕世克昌，未若有周之盛；汉室虽微，未若殷纣之暴也！"术默然。

孙策闻之，与术书曰："成汤讨桀称'有夏多罪'，武王伐纣曰'殷有重罚'，此二主者，虽有圣德，假使时无失道之过，无由逼而取也。今主上非有恶于天下，徒以幼小，胁于强臣，异于汤、武之时也。且董卓贪淫骄陵，志无纪极，至于废主自兴，亦犹未也，而天下同心疾之，况效尤而甚焉者乎！又闻幼主明智聪敏，有夙成之德，天下虽未被其恩，咸归心焉。使君五世相承，为汉宰辅，荣宠之盛，莫与为比，宜效忠守节，以报王室，则旦、奭之美，率土所望也。时人多惑图纬之言，妄牵非类之文，苟以悦主为美，不顾成败之计，古今所慎，可不孰虑！忠言逆耳，驳议致憎，苟有益于尊明，无所敢辞。"术始自以为有淮南之众，料策必与己合，及得其书，愁沮发疾。既不纳其言，策遂与之绝。

曹操在许，谋迎天子。众以为"山东未定，韩暹、杨奉，负功恣睢，未可卒制。"荀彧曰："昔晋文公纳周襄王而诸侯景从，汉高祖为义帝缟素而天下归心。自天子蒙尘，将军首唱义兵，徒以山东扰乱，未遑远赴。今銮驾旋轸，东京榛芜，义士有存本之思，兆民怀感旧之哀。诚因此时，奉主上以从人望，大顺也；秉至公以服天下，大略也；扶弘义以致英俊，大德也。四方虽有逆节，其何能为？韩暹、杨奉，安足恤哉！若不时定，使豪杰生心，后虽为虑，亦无及矣。"操乃遣扬武中郎将曹洪将兵西迎天子，董承等据险拒，洪不得进。

韩暹矜功专恣，董承患之，因潜召操；操乃将兵诣洛阳。既至，奏韩暹、张扬之罪。暹惧诛，单骑奔杨奉。帝以暹、杨有翼车驾之功，诏一切勿问。辛亥，以曹操领司隶校尉、录尚书事。操于是诛尚书冯硕等三人，讨有罪也；封卫将军董承等十三人为列侯，赏有功也；赠射声校尉沮俊为弘农太守，矜死节也。

操引董昭并坐，问曰："今孤来此，当施何计？"昭曰："将军兴义兵以诛暴乱，入朝天子，辅翼王室，此五霸之功也。此下诸将，人殊意异，未必服从。今留匡弼，事势不便，唯有移驾幸许耳。然朝廷播越，新还旧京，远近跂望，冀一朝获安，今复徙驾，不厌众心。夫行非常之事，乃有非常之功，愿将军算其多者。"操曰："此孤本志也。杨奉近在梁耳，闻其兵精，得无为孤累乎？"昭曰："奉少党援，心相凭结，镇东、费亭之事，皆奉所定，宜时遣使厚遗答谢，以安其意。说'京都无粮，欲车驾暂幸鲁阳，鲁阳近许，转运稍易，可无县乏之忧。'奉为人勇而寡虑，必不见疑，比使往来，足以定计，奉何能为累！"操曰："善！"即遣使诣奉。庚申，车驾出轘辕而东，遂迁都许。己巳，幸曹操营，以操为大将军，封武平侯。始立宗庙社稷于许。

操以荀彧为侍中，守尚书令。操问彧以策谋之士，彧荐其从子蜀郡太守攸及颍川郭嘉。操征攸为尚书，与语，大悦，曰："公达，非常人也。吾得与之计事，天下当何忧哉！"以为军师。

【译文】

汉献帝建安元年（丙子，公元196年）

袁术进攻刘备，以争夺徐州。刘备派司马张飞守下邳，自己率军到盱眙、淮阴一带抵抗袁术。两军相持一个多月，各有胜负。下邳国相曹豹，是已故徐州牧陶谦的旧部，与张飞关系不好，被张飞杀死，下邳城中大乱。袁术写信给吕布，劝他袭击下邳，应许援助军粮。吕布大喜，率军水陆并进，向东袭击下邳。刘备部下的中郎将、丹阳人许耽打开城门，迎接吕布。张飞兵败退走，吕布俘虏了刘备的妻子儿女以及官员、将领们的家属。刘备听到消息后，率军回救，到达下邳后，全军溃散。刘备收拾残部，向东攻取广陵，与袁术交战，又被打败，退守海西。军中将士饥饿不堪，只好自相残杀，以人肉充饥。从事、东海人麋竺拿

刘备塑像

出家中财产，资助军费。刘备向吕布请求投降。吕布也正愤恨袁术运粮中断，于是召刘备前来，又委任他为豫州刺史。吕布要与刘备一起进攻袁术，让刘备驻军小沛。吕布自称徐州牧。

袁术认为，民间流行的一句预言"代汉者当途高"中的"途"与自己的名字"术"和表字"公路"相应，并认为袁氏的祖先出于春秋时代的陈国，是舜的后裔，舜是土德，黄色；汉是火德，赤色；以黄代赤，是五行运转顺序。于是他就有了篡位的打算。听说孙坚得到传国御玺，袁术就拘留了孙坚的妻子，强行夺下。及至他听到献帝败于曹阳的消息，就召集部下，商议称帝事宜。部下无人胆敢应对。主簿阎象进言道："从前，周朝自始祖后稷传到文王，累积恩德，功勋卓著。三分天下，已经占有二分，但仍然臣服于殷朝。虽然您家世代为官显赫，但没有周朝当初的兴盛，汉朝王室虽然衰微，却没有殷纣王那样的暴行！"袁术听后默然不语。

孙策听到消息后，写信给袁术说："商汤讨伐夏桀时说：'有夏多罪'，周武王讨伐殷纣王时说：'殷有重罚'。商汤与周武王，虽然有圣德，但假如当时夏桀、殷纣没有失道的过错，也没有理由逼迫他们而夺取天下。如今天子并未对天下百姓犯有过失，只是因为年龄幼小，被强臣所胁迫，与商汤和周武王的时代不同。即使像董卓那样贪淫凶暴，欺上凌下，野心极大的人，也还未敢废黜天子，自立为帝。而天下还是一致痛恨他，何况仿效他而做得更过分呢！又听说年幼的天子明智聪敏，有早成之德，天下虽然还未承受到他的恩泽，但全都归心于他。您家中五代连续出任汉朝的三公或辅佐大臣，荣宠的深厚，任何家族都不能相比，应该忠心耿耿，严守臣节，以报答王室。这便是周公姬旦、召公姬奭的美业，天下人的愿望。现在人们多被图纬之类的预言书所迷惑，望文生义，牵强附会，只求讨主人的欢心，并不考虑成败。称帝的事，从古至今都十分慎重，岂能不深思熟虑！忠言逆耳，异议招致憎恶，但只要对您有益，我一切都不敢推辞。"袁术开始时自以为拥有淮南的兵众，预料孙策一定会拥护自己。及至接到孙策的信后，因忧虑沮丧而生病。他既然没有听从孙策的意见，孙策便与他断绝了关系。

曹操在许县，计划迎接献帝。部下众人都认为："崤山以东尚未平定，而且韩暹、杨奉等人自认为护驾有功，骄横凶暴，不能迅速制服。"荀彧说："以前，晋文公重耳迎纳周襄王，各国一致推举他为霸主；汉高祖为义帝发丧，身穿孝服，使得天下百姓诚心归附。自从天子流离在外，将军首先倡导兴起义军，只因崤山以东局势混乱，来不及远行迎驾。如今献帝返回旧京，但洛阳荒废，忠义之士希望能保全根本，黎民百姓也怀念旧的王室，为之悲伤。借此时机，奉迎天子以顺从民心，是最合乎时势的行动；用大公无私的态度使天下心悦诚服，是最正确的策略；坚守君臣大义，辅佐朝廷，招揽天下英才，是最大的德行。这样，尽管四方还有不遵从朝廷的叛逆，但他们能有什么作为？韩暹、杨奉之辈，有什么值得顾虑！如果不及时决定，使别的豪杰生出奉迎的念头，以后尽管再费心机，也来不及了。"于是曹操派遣扬武中郎将曹洪率兵向西，到洛阳迎接献帝。董承等扼守险要阻拦，曹洪不能前进。

韩暹倚仗护驾有功，专横霸道，董承对他十分厌恨，就私下派人召请曹操。于是曹操亲率大军到达洛阳。到达后，向献帝奏报韩暹、张扬的不法行为。韩暹害怕被杀，单人匹马投奔杨奉。献帝认为韩暹、张扬护驾有功，下诏一切不予追究。辛亥（八月十八日），命曹操兼任司隶校尉，主持尚书事务。于是曹操诛杀尚书冯硕等三人，处罚他们犯下的罪过；封卫将军董承等十三人为列侯，奖赏他们护驾有功；追赠射声校尉沮俊为弘农太守，哀怜他为国尽节而死。

曹操请董昭与自己并坐在一起，问他："现在我已到洛阳，应当采取什么策略？"董昭说："将军兴起义兵，讨伐暴乱，入京朝见天子，辅佐王室，这是春秋时期五霸的功业。现在洛阳的各位将领，都有自己的打算，未必听从将军的指挥。如今留在洛阳控制朝政，有许多不利因素，只有请天子移驾到许县这个办法最好。但是天子在外流离多时，刚回到旧都城，远近都盼望迅速获得安定，如今再要移驾，是不符合民心的。不过，只有做不同寻常的事情，才能建立不同寻常的功业，希望将军做出利多弊少的选择。"曹操说："我本来的计划就是这样的。只是杨奉近在梁县，听说他兵强马壮，该不会阻挠我吧？"董昭说："杨奉缺少外援党羽，所以他愿与将军结交。任命您为镇东将军、封费亭侯的事情，都是杨奉的主意，应该及时派遣使者带去重礼表示感谢，使他安心。并告诉他说：'洛阳无粮，想让皇帝暂时移驾鲁阳，鲁阳靠近许县，运输较为便利，可以免去粮食匮乏的忧虑。'杨奉这个人有勇无谋，一定不会疑心，在使者往来期间，足以定下大计，杨奉怎能进行阻挠！"曹操说："很好！"立即派使者去晋见杨奉。庚申（八月二十七日），献帝车驾出辕辕关，向东行进，于是迁都许县，改称许县为许都。己巳（疑误），献帝抵达曹操军营，任命曹操为大将军，封武平侯。开始在许都建立祭祀皇家祖先的宗庙与作为国家象征的祭祀土、谷之神的社稷。

曹操委任荀彧为侍中，代理尚书令。曹操请荀彧推荐出谋划策之士，荀彧推荐自己的侄子、蜀郡太守荀攸和颍川人郭嘉。曹操征召荀攸为尚书，和他谈话后，大为高兴，说："荀攸不是寻常之人，我能与他商议大事，天下还有什么可忧虑的呢！"任用荀攸为军师。

【原文】

二年（丁丑，197年）

袁绍与操书，辞语骄慢。操谓荀彧、郭嘉曰："今将讨不义而力不敌，何如？"

对曰："刘、项之不敌，公所知也。汉祖惟智胜项羽，故羽虽强，终为所禽。今绍有十败，公有十胜，绍虽强，无能为也。绍繁礼多仪，公体任自然，此道胜也。绍以逆动，公奉顺以率天下，此义胜也。桓、灵以来，政失于宽，绍以宽济宽，故不摄，公纠之以猛，上下知制，此治胜也。绍外宽内忌，用人而疑之，所任唯亲戚子弟，公外易简而内机明，用人无疑，唯才所宜，不间远近，此度胜也。绍多谋少决，失在后事，公得策辄行，应变无穷，此谋胜也。绍高议揖让以收名誉，士之好言饰外者多归之，公之至心待人，不为虚美，士之忠正远见而有实者皆愿为用，此德胜也。绍见人饥寒，恤念之，形于颜色，其所不见，虑或不及，公于目前小事，时有所忽，至于大事，与四海接，恩之所加，皆过其望，虽所不见，虑无不周，此仁胜也。绍大臣争权，谗言惑乱，公御下以道，浸润不行，此明胜也。绍是非不可知，公所是进之以礼，所不是正之以法，此文胜也。绍好为虚势，不知兵要，公以少克众，用兵如神，军人恃之，敌人畏之，此武胜也。"操笑曰："如卿所言，孤何德以堪之！"嘉又曰："绍方北击公孙瓒，可因其远征，东取吕布；若绍为寇，布为之援，此深害也。"或曰："不先取吕布，河北未易图也。"操曰："然，吾所惑者，又恐绍侵扰关中，西乱羌、胡，南诱蜀、汉，是我独以兖、豫抗天下六分之五也，为将奈何？"或曰："关中将帅以十数，莫能相一，唯韩遂、马腾最强，彼见山东方争，必各拥众自保，今若抚以恩德，遣使连和，虽不能久安，比公安定山东，足以不动。侍中、尚书仆射钟繇有智谋，若属以西事，公无忧矣。"操乃表繇以侍中守司隶校尉，持节督关中诸军，特使不拘科制。繇至长安，移书腾、遂等。为陈祸福，腾、遂各遣子入侍。

泰山贼帅臧霸袭琅邪相萧建于莒，破之。霸得建资实，许以赂布而未送，布自往求之。其督将高顺谏曰："将军威名宣播，远近所畏，何求不得，而自行求赂！万一不克，岂不损邪！"布不从。既至莒，霸等不测往意，固守拒之，无获而还。

顺为人清白有威严，少言辞，所将七百余兵，号令整齐，每战必克，名"陷陈营"。布后疏顺，以魏续有内外之亲，夺其兵以与续，及当攻战，则复令顺将，顺亦终无恨意。布性决易，所为无常，顺每谏曰："将军举动，不肯详思，忽有失得，动辄言误，误岂可数乎！"布知其忠而不能从。

秋，九月，司空曹操东征袁术。术闻操来，弃军走，留其将桥蕤等于蕲阳以拒操；操击破蕤等，皆斩之。术走渡淮，时天旱岁荒，士民冻馁，术由是遂衰。

操辟陈国何夔为掾，问以袁术何如，对曰："天之所助者顺，人之所助者信。术无信顺之实而望天人之助，其可得乎！"操曰："为国失贤则亡，君不为术所用，亡，不亦宜乎！"操性严，掾属公事往往加杖；夔常蓄毒药，誓死无辱，是以终不见及。

沛国许褚，勇力绝人，聚少年及宗族数千家，坚壁以御外寇，淮、汝、陈、梁间皆畏惮之，操徇淮、汝，褚以众归操，操曰："此吾樊哙也！"即日拜都尉，引入宿卫，诸从褚侠客，皆以为虎士焉。

韩暹、杨奉在下邳，寇掠徐、扬间，军饥饿，辞吕布，欲诣荆州；布不听。奉知刘备与布有宿憾，私与备相闻，欲共击布；备阳许之。奉引军诣沛，备请奉入城，饮食未半，于座上缚奉，斩之。暹失奉，孤特，与十余骑归并州，为杼秋令张宣所杀。胡才、李乐留河东，才为怨家所杀，乐自病死。郭汜为其将伍习所杀。

【译文】

二年（丁丑，公元197年）

袁绍在给曹操的信中，措辞十分傲慢。曹操对荀彧、郭嘉说："现在，我准备讨伐悖逆君臣大义的袁绍，但势力没有他强大，应该怎么办？"他们回答说："刘邦的势力比不上项羽，是您所知道的。刘邦只靠谋略战胜项羽，所以项羽虽强，最终仍被击败。如今，袁绍有十项失败因素，而您有十项胜利因素，袁绍虽然强大，却不会有什么作为。袁绍讲究排场，礼仪繁多；而您待人接物出于自然，这是在处世之道上胜过他。袁绍身为臣子，如果起兵进攻，便是叛逆；而您尊奉天子以统率天下，这是在道义上胜过他。自从桓帝、灵帝以来，政令失于松弛，袁绍却用松弛来补救松弛，因此缺乏法纪，令出不行；而您用严厉来纠正松弛，使得大小官员都知道遵守法纪，这是在治理上胜过他。袁绍外表宽厚而内心猜忌，用人好起疑心，只信任亲戚子弟；而您外表平易近人，内心机敏善察，用人不疑，只看才干，不问远近亲疏，这是在器度上胜过他。袁绍计谋多而决断少，往往错过时机；而您制定了策略就立即施行，可应付无穷的变化，这是在谋略上胜过他。袁绍喜欢高谈阔论，

挟天子以令诸侯

谦恭揖让，以沽名钓誉，因此，那些华而不实的士大夫多去投奔他；而您以至诚待人，不虚情假意，忠诚正直、有远见和真才实学之士都愿为您效力，这是在品德上胜过他。袁绍看到他人饥寒交迫，怜悯之情便在面色上显露出来，但对没有看到的，就有时考虑不周；而您对于眼前的小事，经常忽略不管，但对于大事，以及与全国各地的交往，您所施的恩惠却往往出人意料，对于看不到的事情，也考虑得无不十分周全，这是在仁义上胜过他。袁绍手下的大臣争权夺利，互进谗言，混淆视听；而您管理属下有方，谗言诬陷行不通，这是在明智上胜过他。袁绍做事没有标准，所是所非不可知；而您对正直、有功的人礼敬，对邪恶、犯罪的人以法律制裁，这是在文治上胜过他。袁绍喜欢虚张声势，而不知兵家要诀；而您善于以弱胜强，用兵如神，部下信赖，敌人畏惧，这是在武功上胜过他。"曹操笑道："照你们的分析，我有什么德能担当得起！"郭嘉又说："袁绍正在北方攻击公孙瓒，可乘他远征之机，先向东收拾吕布。如果袁绍攻我，吕布在旁支援，就会成为大害。"荀彧说："不先击败吕布，我们就不容易攻击占据河北的袁绍。"曹操说："你们分析得对。我感到为难的是，又怕袁绍扰乱关中，向西联合羌人、胡人，向南勾结蜀、汉地方势力，那样的话，则我将仅以兖州、豫州来对抗全国其余六分之五的地区，该怎么办呢？"荀彧说："关中将领数以十计，各自为政，不能统一，其中韩遂、马腾势力最强，他们看到崤山以东地区发生争斗，必然各自拥兵自保，如今，要是用恩德去安抚他们，派使者去与他们联和，虽然不会长久安定，但足以维持到您克定

崤山以东。侍中、尚书仆射钟繇有智谋，如果让他处理关中事务，您就不必忧虑了。"曹操于是上表推荐，并由朝廷批准，任命钟繇以侍中兼任司隶校尉，持符节，监督关中地区诸军，还授予他不受法令制度约束的特权。钟繇到达长安后，发送文书给马腾、韩遂等，为他们陈述利害，马腾、韩遂等都表示服从朝廷，各自派遣儿子到朝廷任职，充当人质。

泰山盗贼首领臧霸到莒县去袭击琅邪国相萧建，攻陷莒县，得到萧建的辎重。臧霸曾答应送给吕布一部分，但没有送到，吕布就亲自前去索取。吕布的部将高顺劝阻吕布说："将军威名远扬，远近畏惧，想要什么会要不到，何必自己去索取财物！万一不成，岂不损害威名吗！"吕布不听。吕布到莒县后，臧霸等不知吕布的来意，坚守城池，抵御吕布，吕布空手而归。

高顺为人廉洁，有威望，很少说话。部下有七百余兵，号令整齐，每战必胜，号称"陷阵营"。吕布后来疏远高顺，因为魏续是自己的亲戚，就把高顺的部下拨给魏续指挥。等到需要冲锋陷阵时，才又交给高顺率领，但高顺始终没有怨恨。吕布性情不稳定，反复无常，高顺每每劝他说："将军行动，不肯多加思考，忽然失利后，总说有错误，但错误怎么可一再发生呢！"吕布知道他忠于自己，但不能采纳他的意见。

秋季，九月，司空曹操东征袁术，袁术听说曹操前来，抛下军队逃跑，留大将桥蕤等据守蕲阳抵抗曹操。曹操大破桥蕤等，将桥蕤等将领全部斩杀。袁术渡过淮河，逃到淮北。当时旱灾很重，土地荒芜，百姓饥寒交迫，袁术从此便没落下去。

曹操延聘陈国人何夔为自己的僚属，问他对袁术的看法。何夔说："只有顺应潮流，才能得到上天帮助；只有信誉卓著，才能得到百姓帮助。袁术既不顺应潮流，又缺乏信誉，却盼望上天与百姓帮助他，怎么可以得到呢！"曹操说："任何一个政权，失去贤能的人才，都会灭亡，袁术不能重视你这样的人才，灭亡的命运不是注定了吗？"曹操性情严厉，部下僚属往往因公事而受到棍棒的责打，何夔常常随身携带毒药，誓死不受责打的侮辱，因此，他到底也未受过责打。

沛国人许褚勇力过人，聚集少年勇士及宗族数千家，坚守寨垒，以抵御外侵。淮河、汝水、陈国、梁国一带都很畏惧他的势力。曹操进军到淮河、汝水一带时，许褚率领部众归附曹操，曹操高兴地说："这就是我的樊哙！"当天就委任许褚为都尉，让他作自己的侍卫首领，跟随许褚的少年侠客们，都被任命为侍卫武士。

韩暹、杨奉在下邳，纵兵抢掠徐州与扬州交界地区，但军队仍然饥饿，便向吕布告辞，打算到荆州投靠刘表。吕布不允许他们离开。杨奉知道刘备与吕布有宿怨，便暗中与刘备联络，想与刘备一起进攻吕布。刘备假装同意。杨奉率军到沛县，刘备请杨奉进城，摆宴席款待杨奉。酒宴还未到一半，就在席上将杨奉捆起来，随即斩杀。韩暹失去杨奉，十分孤立，率领部下十余名骑士投奔并州，途中被杼秋县令张宣杀死。胡才、李乐留在河东，胡才被仇人杀死，李乐自己病死。郭汜被部将伍习杀死。

【原文】

三年（戊寅，198年）

夏，四月，使谒者仆射裴茂，诏关中诸将段煨等讨李傕，夷其三族。以煨为安南将军，封黔乡侯。

初，袁绍每得诏书，患其有不便于己者，欲移天子自近，使说曹操以许下埤湿，洛阳残破，宜徙都鄄城以就全实；操拒之。田丰说绍曰："徙都之计，既不克从，宜早图许，奉迎天子，动托诏书，号令海内，此算之上者。不尔，终为人所禽，虽悔无益也。"绍不从。

吕布复与袁术通，遣其中郎将高顺及北地太守雁门张辽攻刘备；曹操遣将军夏侯惇救之，为顺等所败。秋，九月，顺等破沛城，虏备妻子，备单身走。

曹操欲自击布，诸将皆曰："刘表、张绣在后，而远袭吕布，其危必也。"荀攸曰："表、绣新破，势不敢动。布骁猛，又恃袁术，若从横淮、泗间，豪杰必应之。今乘其初叛，众心未一，往可破也。"操曰："善！"此行，泰山屯帅臧霸、孙观、吴敦、尹礼、昌豨等皆附于布。操与刘备遇于梁，进至彭城。陈宫谓布："宜逆击之，以逸待劳，无不克也。"布曰："不如待其来，蹙著泗水中。"冬，十月，操屠彭城。广陵太守陈登率郡兵为操先驱，进至下邳。布自将骑与操战，皆大败，还保城，不敢出。

操掘堑围下邳，积久，士卒疲敝，欲还。荀攸、郭嘉曰："吕布勇而无谋，今屡战皆北，锐气衰矣。三军以将为主，主衰则军无奋意。陈宫有智而迟，今及布气之未复，宫谋之未定，急攻之，布可拔也。"乃引沂、泗灌城，月余，布益困迫，临城谓操军士曰："卿曹无相困我，我当自首于明公。"陈宫曰："逆贼曹操，何等明公！今日降之，若卵投石，岂可得全也！"

布将侯成亡其名马，已而复得之，诸将合礼以贺成，成分酒肉先人献布。布怒曰："布禁酒而卿等酝酿，为欲因酒共谋布邪！"成忿惧，十二月，癸酉，成与诸将宋宪、魏续等共执陈宫、高顺，率其众降。布与麾下登白门楼。兵围之急，布令左右取其首诣操，左右不忍，乃下降。

青梅煮酒论英雄　版画

布见操曰："今日已往，天下定矣。"操曰："何以言之？"布曰："明公之所患不过于布，今已服矣。若令布将骑，明公将步，天下不足定也。"顾谓刘备曰："玄德，卿为坐上客，我为降虏，绳缚我急，独不可一言邪！"操笑曰："缚虎不得不急。"乃命缓布缚，刘备曰："不可。明公不见吕布事丁建阳、董太师乎！"操颔之。布目备曰："大耳儿，最叵信！"

操谓陈宫曰："公台平生自谓智有余，今竟何如！"宫指布曰："是子不用宫言，以至于此。若其见从，亦未必为禽也。"操曰："奈卿老母何？"宫曰："宫闻以孝治天下者不害人之亲，老母存否，在明公，不在宫也。"操曰："奈卿妻子何？"宫曰："宫闻施仁政于天下者不绝人之祀，妻子存否，在明公，不在宫也。"操未复言。宫请就刑，遂出，不顾，操为之泣涕，并布、顺皆缢杀之，传首许市。操召陈宫之母，养之终其身，嫁宫女，抚视其家，皆厚于初。

前尚书令陈纪、纪子群在布军中，操皆礼用之。张辽将其众降，拜中郎将。臧霸自亡匿，操募索得之，使霸招吴敦、尹礼、孙观等，皆诣操降。操乃分琅邪、东海为城阳、利城、昌虑郡，悉以霸等为守、相。

袁术以周瑜为居巢长，以临淮鲁肃为东城长。瑜、肃知术终无所成，皆弃官渡江从孙策，策以瑜为建威中郎将。肃因家于曲阿。

【译文】

三年（戊寅，公元198年）

夏季，四月，朝廷派谒者仆射裴茂到关中传达献帝所下诏书，命令段煨等诸将领联合讨伐李傕。段煨等将李傕的三族亲属全部诛灭。朝廷任命段煨为安南将军，封黔乡侯。

起初，袁绍每接到诏书，对其中一些于自己不利的措施，很觉烦恼，因此想把天子迁到离自己较近的地方。他派使者去游说曹操，指出许都地势低而潮湿，洛阳已经残破，最好迁都到鄄城，以靠近富裕的地区，便于供应。曹操拒绝了这个建议。袁绍的谋士田丰劝袁绍说："迁都的建议既然已被拒绝，应当早日进攻许都，奉迎天子。然后，就可利用皇帝的诏书，号令全国，这是上策。不这样，最终会受制于人，尽管后悔也没有用了。"袁绍未予采纳。

吕布又与袁术联合，派其部将中郎将高顺与北地太守、雁门人张辽进攻刘备。曹操派将军夏侯惇去援救刘备，被高顺等击败。秋季，九月，高顺等攻破沛城，俘虏了刘备的妻子儿女，刘备只身逃走。

曹操打算亲自去进击吕布，诸将都说："刘表、张绣在后，如果您率军远袭吕布，必然会发生危机。"荀攸说："刘表、张绣新近受创，在此情势下，不敢有所举动。吕布为人骁勇，又倚仗袁术的势力，如果他纵横淮河、泗水之间，必有其他豪杰起来响应。如今趁他刚刚背叛朝廷，众心不定，大军前往，可以将他击破。"曹操说："很好！"等到曹操大军出动时，泰山军首领臧霸、孙观、吴敦、尹礼、吕豨等都归附于吕布。曹操在梁地遇到刘备，一同进驻彭城。陈宫对吕布说："应当迎击他们，以逸待劳，无往不胜！"吕布说："不如等待他们自己前来，我把他们赶到泗水中淹死。"冬季，十月，曹操在彭城屠城。广陵郡太守陈登率领广陵郡郡兵作为曹操的先锋，进抵下邳。吕布亲自率军，屡次与曹操交战，全都大败，只好退守城池，不敢出战。

曹操挖掘壕沟包围下邳城。但很久未能攻克，兵士十分疲惫，他打算撤军。荀攸、郭嘉说："吕布有勇无谋，现在连战连败，锐气已衰。三军完全要看主将的情况，主将锐气一衰，则三军斗志全消。陈宫虽有智谋，但机变不够。现在应该乘吕布锐气未复，陈宫智谋未定的时机，发动猛攻，可以消灭吕布。"于是，曹军开凿沟渠，引沂水、泗水来灌城。又过了一个月，吕布更加困窘，登上城头对曹军士兵说："你们不要这样逼迫我，我要向明公自首。"陈宫说："曹操不过是个逆贼，怎么配称明公！我们现在投降，就好像用鸡蛋去敲石头，岂能保住性命！"

吕布部将侯成丢失一匹好马，不久又找回来，将领们联合送礼给侯成，向他道贺。侯成设宴招待诸将，先分一份酒肉献给吕布。吕布发怒说："我下令禁酒，而你们又违令酿酒，打算借饮酒来共同算计我吗？"侯成又气又怕。十二月，癸酉（二十四日），侯成与宋宪、魏续等将领共同捉住陈宫、高顺，率领部众归降曹操。吕布率领左右亲兵登上白门楼，曹军四面紧逼，吕布命令左右亲兵砍下他的人头去投降曹操，亲兵们不忍下手，吕布于是下楼投降。

吕布见到曹操，说："从今以后，天下可以平定了。"曹操说："为什么这样讲？"吕布说："您所顾忌的人，不过是我吕布。现在，我已归顺，如果让我率领骑兵，您自统步兵，则天下无人能敌。"吕布又回头对刘备说："刘玄德，你是座上客，我为阶下囚，绳子把我捆得太紧，难道不能帮我说句话吗？"曹操笑着说："捆绑猛虎，不能不紧。"于是下令给吕布松绑，刘备说："不行，您没有看到吕布事奉丁原与董卓的情形吗？"曹操点头赞同。吕布瞪着刘备说："大耳朵的家伙，最不可信！"

曹操对陈宫说："你平生自以为智谋有余，现在怎么样？"陈宫指着吕布说："这个人不用我的计策，才落到这样的下场。如果他听我的话，也未必就被你捉住。"曹操说："那你的老母怎么办呢？"陈宫说："我听说，以孝道治理天下的人，不伤害别人的双亲，我老母的生死，决定于您，而不在我。"曹操说："你的妻子儿女怎么办？"陈宫说："我听说施仁政于天下的人，不灭绝别人的后代，妻子儿女的生死，也决定于您，而不在我。"曹操没有再说话。陈宫请求受刑，于是走出门，不再回头，曹操忍不住为他落泪。陈宫与吕布、高顺全都被绞死，他们的头颅被送到京师许都。曹操把陈宫的母亲召来，赡养她直到去世；又把他的女儿嫁出去，对陈宫家属的抚养照顾，比当初陈宫跟随自己时还要丰厚。

前任尚书令陈纪与他儿子陈群在吕布军中，曹操对他们全都以礼相待，并任用他们为官。张辽率领他的部下归降，被任命为中郎将。臧霸自己逃到民间隐藏起来，曹操悬赏将他捉拿，派他去招降吴敦、尹礼、孙观等，这些人全都到曹操营中归降。曹操于是分割琅邪和东海，增置城阳、利城和昌虑三郡，将臧霸等人全都任命为郡太守和封国国相。

袁术委任周瑜为居巢县长，临淮人鲁肃为东城县长。周瑜与鲁肃知道袁术最后成不了大事，都抛弃官职，渡过长江来投奔孙策。孙策任用周瑜为建威中郎将。鲁肃于是把全家都搬到曲阿来定居。

资治通鉴第六十三卷

汉纪五十五

【原文】

孝献皇帝戊建安四年（己卯，199年）

渔阳田豫说太守鲜于辅曰："曹氏奉天子以令诸侯，终能定天下，宜早从之。"辅乃率其众以奉王命。诏以辅为建忠将军，都督幽州六郡。

初，乌桓王丘力居死，子楼班年少，从子蹋顿有武略，代立，总摄上谷大人难楼、辽东大人苏仆延、右北平大人乌延等。袁绍攻公孙瓒，蹋顿以乌桓助之。瓒灭，绍承制皆赐蹋顿、难楼、苏仆延、乌延等单于印绶；又以阎柔得乌桓心，因加宠慰以安北边。其后难楼、苏仆延奉楼班为单于，以蹋顿为王，然蹋顿犹秉计策。

初，操在兖州举魏种孝廉。兖州叛，操曰："唯魏种且不弃孤。"及闻种走，操怒曰："种不南走越、北走胡，不置汝也！"既下射犬，生禽种，操曰："唯其才也！"释其缚而用之，以为河内太守，属以河北事。

袁绍既克公孙瓒，心益骄，贡御稀简。主簿耿包密白绍，宜应天人，称尊号。绍以包白事示军府。僚属皆言包妖妄，宜诛，绍不得已，杀包以自解。

绍简精兵十万、骑万匹，欲以攻许。沮授谏曰："近讨公孙瓒，师出历年，百姓疲敝，仓库无积，未可动也。宜务农息民，先遣使献捷天子；若不得通，乃表曹操隔我王路，然后进屯黎阳，渐营河南，益作舟船，缮修器械，分遣精骑抄其边鄙，令彼不得安，我取其逸，如此，可坐定也。"郭图、审配曰："以明公之神武，引河朔之强众，以伐曹操，易如覆手，何必乃尔！"授曰："夫救乱诛暴，谓之义兵；恃众凭强，谓之骄兵；义者无敌，骄者先灭。曹操奉天子以令天下，今举师南向，于义则违。且庙胜之策，不在强弱。曹操法令既行，士卒精练，非公孙瓒坐而受攻者也。今弃万安之术而兴无名之师，窃为公惧之！"图、配曰："武王伐纣，不为不义；况兵加曹操，而云无名！且以公今日之强，将士思奋，不及时以定大业，所谓'天与不取，反受其咎'，此越之所以霸，吴之所以灭也。监军之计在于持牢，而非见时知几之变也。"绍纳图言。图等因是谮授曰："授监统内外，威震三军，若其浸盛，何以制之！夫臣与主同者亡，此《黄石》之所忌也。且御众于外，不宜知内。"绍乃分授所统为三都督，使授及郭图、淳于琼各典一军。骑都尉清河崔琰谏曰："天子在许，民望助顺，不可攻也！"绍不从。

许下诸将闻绍将攻许，皆惧，曹操曰："吾知绍之为人，志大而智小，色厉而胆薄，忌克而少威，兵多而分画不明，将骄而政令不壹，土地虽广，粮食虽丰，适足以为吾奉也。"孔融谓荀彧曰："绍地广兵强，田丰、许攸智士也，为之谋；审配、逢纪忠臣也，任其事；颜良、文丑勇将也，统其兵。殆难克乎！"彧曰："绍兵虽多而法不整，田丰刚而犯上，许攸贪而不治，审配专而无谋，逢纪果而自用；此数人者，势不相容，必生内变。颜良、文丑，一夫之勇耳，可一战而禽也。"

秋，八月，操进军黎阳，使臧霸等将精兵入青州以捍东方，留于禁屯河上。九月，操还许，分兵守官渡。

【译文】

汉献帝建安四年（己卯，公元199年）

渔阳人田豫劝告本郡太守鲜于辅说："曹操尊奉天子来号令诸侯，最终能够平定天下，应该早早归顺他。"鲜于辅于是率领部下归附朝廷。献帝下诏任命鲜于辅为建忠将军，都督幽州六郡军务。

起初，乌桓王丘力居死后，他的儿子楼班年龄还小，侄儿蹋顿勇武善战，富有谋略，就接替了丘力居的王位，总领上谷大人难楼、辽东大人苏仆延、右北平大人乌延等。袁绍进攻公孙瓒时，蹋顿率领乌桓人帮助袁绍。公孙瓒灭亡后，袁绍用皇帝的名义对蹋顿、难楼、苏仆延、乌延等都赐予单于印绶。袁绍又因为阎柔受到乌桓人敬重，对阎柔待遇特别优厚，以求得北方边境的安定。后来，难楼、苏仆延共

同尊奉楼班为单于，以蹋顿为王，但实际事务仍由蹋顿掌管。

当初，曹操在兖州推荐魏种为孝廉。兖州反叛时，曹操说："只有魏种不会辜负我。"及至听到魏种逃走的消息，曹操大怒，说："你魏种不逃到南越、北胡，我就不放过你！"攻下射犬以后，生擒魏种，曹操说："只因为他有才干！"解开捆绑他的绳索，任用他为河内郡太守，让他负责黄河以北的事务。

袁绍消灭公孙瓒后，更加骄横，对朝廷进贡的次数和数量减少。主簿耿包秘密向袁绍建议，应当应天顺民，即位称帝。袁绍把耿包的建议告诉军府的官员，官员们一致认为耿包大逆不道，应该斩首。袁绍不得已，杀掉耿包以表白自己无意称帝。

袁绍挑选了精兵十万，良马万匹，打算攻打许都。沮授劝阻他说："近来讨伐公孙瓒，连年出兵，百姓疲困不堪，仓库中又没有积蓄，不能出兵。应当抓紧农业生产，使百姓休养生息。先派遣使者将消灭公孙瓒的捷报呈献天子，如果捷报不能上达天子，就可以上表指出曹操断绝我们与朝廷的联系，然后出兵进驻黎阳，逐渐向黄河以南发展。同时多造船只，整修武器，分派精锐的骑兵去骚扰曹操的边境，使他不得安定，而我们以逸待劳，这样，坐着就可以统一全国。"郭图、审配说："以您用兵如神的谋略，统率北方的强兵，去讨伐曹操，易如反掌，何必那样费事？"沮授说："用兵去救乱除暴，被称为义兵；倚仗人多势众，被称为骄兵。义兵无敌，骄兵先亡。曹操尊奉天子以号令天下，如今我们要是举兵南下，就违背了君臣大义。而且，克敌制胜的谋略，不在于强弱。曹操法令严明，士兵训练有素，不是公孙瓒那样坐等被打的人。如今要舍弃万全之计而出动无名之师，我为您担忧！"郭图、审配说："周武王讨伐商纣王，并不是不义；何况我们是讨伐曹操，怎么能说是师出无名？而且以您今天的强盛，将士们急于立功疆场，不乘此时机奠定大业，就正像古人所说的：'不接受上天给予的赏赐，就会反受其害。'这正是春秋时期越国所以兴盛，吴国所以灭亡的原因。监军沮授的计策过于持重，不是随机应变的谋略。"袁绍采纳了郭图等的意见。郭图等乘机向袁绍讲沮授的坏话，说："沮授总管内外，威震三军，如果势力逐渐扩张，将怎样控制他！臣下的权威与君主一样，就一定会灭亡，这是兵书《黄石》指出的大忌。而且统军在外的人，不应同时主持内部政务。"袁绍就把沮授所统领的军队分为三部分，由三位都督指挥，派沮授、郭图与淳于琼各统一军。骑都尉、清河人崔琰劝阻袁绍说:"天子在许都,民心倾向于那边,不能进攻!"袁绍不听。

许都的将领们听说袁绍要来进攻,都心中害怕。曹操说:"我知道袁绍的为人,志向很大而智谋短浅,外表勇武而内心胆怯,猜忌刻薄而缺少威信,人马虽多而调度无方,将领骄横而政令不一,他的土地虽然广大,粮食虽然丰足,却正好是为我们预备的。"孔融对荀彧说:"袁绍地广兵强,有田丰、许攸这样的智士为他出谋划策,审配、逢纪这样的忠臣为他办事,颜良、文丑这样的勇将为他统领军队,恐怕难以战胜吧!"荀彧说:"袁绍的兵马虽多,但法纪不严。田丰刚直,但冒犯上司;许攸贪婪,又治理无方;审配专权,却没有谋略;逢纪处事果断,但自以为是。这几个人,势必不能相容,一定会生内讧。颜良、文丑不过是匹夫之勇,一仗就可以捉住他们。"

秋季,八月,曹操进军黎阳,派臧霸等率领精兵,到青州去保卫东方边境,留于禁驻扎在黄河之畔。九月,曹操返回许都,分兵驻守官渡。

【原文】

五年(庚辰,200年)

春,正月,董承谋泄;壬子,曹操杀承及王服、种辑,皆夷三族。

操欲自讨刘备,诸将皆曰:"与公争天下者,袁绍也。今绍方来而弃之东,绍乘人后,若何?"操曰:"刘备,人杰也,今不击,必为后患。"郭嘉曰:"绍性迟而多疑,来必不速。备新起,众心未附,急击之,必败。"操师遂东。冀州别驾田丰说袁绍曰:"曹操与刘备连兵,未可卒解。公举军而袭其后,可一往而定。"绍辞以子疾,未得行。丰举杖击地曰:"嗟乎!遭难遇之时,而以婴儿病失其会,惜哉,事去矣!"

曹操击刘备,破之,获其妻子;进拔下邳,禽关羽;又击昌豨,破之。备奔青州,因袁谭以归袁绍。绍闻备至,去邺二百里迎之;驻月余,所亡士卒稍稍归之。

曹操还军官渡,绍乃议攻许,田丰曰:"曹操既破刘备,则许下非复空虚。且操善用兵,变化无方,众虽少,未可轻也,今不如以久持之。将军据山河之固,拥四州之众，外结英雄，内修农战，然后简其精锐，分为奇兵，乘虚迭出以扰河南，救右则击其左，救左则击其右，使敌疲于奔命，民不得安业，我未劳而彼已困，不及三年，可坐克也。今释庙胜之策而决成败于一战，若不如志，悔无及也。"绍不从。丰强谏忤绍，绍以为沮众，械系之。于是移檄州群，数操罪恶。二月，进军黎阳。

袁绍遣其将颜良攻东郡太守刘延于白马。沮授曰："良性促狭，虽骁勇，不可独任。"绍不听。夏，四月，曹操北救刘延。荀攸曰："今兵少不敌，必分其势乃可。公到延津，若将渡兵向其后者，绍必西应之，然后轻兵袭白马，掩其不备，颜良可禽也。"操从之。绍闻兵渡，即分兵西邀之。操乃引军兼行趣白马，未至十余里，良大惊，来逆战。操使张辽、关羽先登击之。羽望见良麾盖，策马刺良于万众之中，斩其首而还，绍军莫能当者。遂解白马之围，徙其民，循河而西。

绍军至延津南，操勒兵驻营南阪下，使登垒望之，曰："可五六百骑。"有顷，复白："骑稍多，步兵不可胜数。"操曰："勿复白。"令骑解鞍放马。是时，白马辎重就道。诸将以为敌骑多，不如还保营。荀攸曰："此所以饵敌，如何去之！"操顾攸而笑。绍骑将文醜与刘备将五六千骑前后至。诸将复白"可上马。"操曰："未也。"有顷，骑至稍多，或分趣辎重。操曰："可矣。"乃皆上马。时骑不满六百，遂纵兵击，大破之，斩醜。醜与颜良，皆绍名将也，再战，悉禽之，绍军夺气。

初，操壮关羽之为人，而察其心神无久留之意，使张辽以其情问之，羽叹曰："吾极知曹公待我厚；然吾受刘将军恩，誓以共死，不可背之。吾终不留，要当立效以报曹公乃去耳。"辽以羽言报操，操义之。及羽杀颜良，操知其必去，重加赏赐。羽尽封其所赐，拜书告辞，而奔刘备于袁军。左右欲追之，操曰："彼各为其主，勿追也。"

广陵太守陈登治射阳，孙策西击黄祖，登诱严白虎余党，图为后害。策还击

袁绍

登，军到丹徒，须待运粮。初，策杀吴郡太守许贡，贡奴客潜民间，欲为贡报仇。策性好猎，数出驱驰，所乘马精骏，从骑绝不能及，卒遇贡客三人，射策中颊，后骑寻至，皆刺杀之。策创甚，召张昭等谓曰："中国方乱，以吴、越之众，三江之固，足以观成败，公等善相吾弟！"呼权，佩以印绶，谓曰："举江东之众，决机于两陈之间，与天下争衡，卿不如我；举贤任能，各尽其心以保江东，我不如卿。"丙午，策卒，时年二十六。

龙虎纹镜　东汉

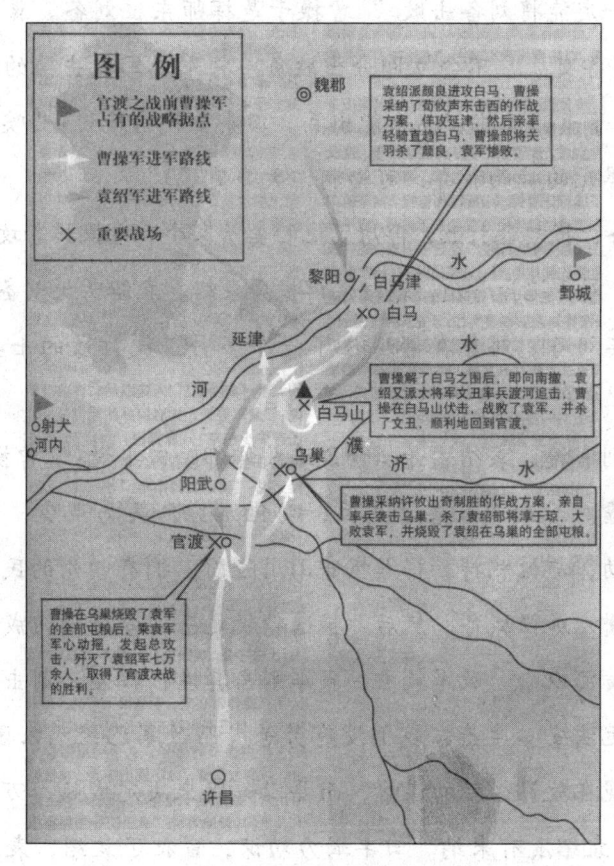

官渡之战示意图

【译文】

五年（庚辰，公元 200 年）

春季，正月，董承的密谋败露。壬子（疑误），曹操杀死董承和王服、种辑，并将他们的三族全部屠灭。

曹操打算亲自出马讨伐刘备，将领们都说："与您争夺天下的是袁绍，如今袁绍大军压境，而您却向东讨伐刘备，如果袁绍在背后进行攻击，怎么办？"曹操说："刘备是人中豪杰，如今不进攻他，必定成为后患。"郭嘉说："袁绍性情迟钝，而且多疑，即使来进攻，也必定不会很快。刘备刚刚创立基业，人心还没有完全归附，赶快进攻，一定能将刘备击败。"曹操于是挥师东征刘备。冀州别驾田丰劝袁绍说："曹操与刘备交战，不会立即分出胜负。将军率军袭击他的后方，可以一举成功。"袁绍因儿子患病而推辞，未能出兵。田丰举杖击地说："唉！遇到这种难得的机会，却因为婴儿的病而放弃，可惜啊，大事完了！"

曹操进攻刘备，将刘备打败，俘虏了他的妻子家小。曹操接着攻克下邳，捉住关羽，又击败昌豨。刘备逃奔青州，通过袁谭投奔袁绍。袁绍听说刘备来到，出邺城二百里，亲自去迎接刘备。刘备在邺城住了一个多月，被打散的士兵逐渐回到刘备身边。

曹操率军回到官渡，袁绍才开始计议进攻许都。田丰说："曹操既然击败刘备，则许都已不再空虚。而且曹操善于用兵，变化无穷，兵马虽少，却不可轻视。现在，不如按兵不动，与他相持。将军据守山川险固，拥有四州的民众，对外结交英雄，对内抓紧农耕，加强战备。然后，挑选精锐之士，分出来组成奇兵，频繁攻击薄弱之处，扰乱黄河以南。敌军救右，我军则击其左；救左，则击其右，使得敌军疲于奔命，百姓无法安心生产，我们没有劳苦，而敌军已经陷入困境，不到三年，就可坐等胜利。现在放弃必胜的谋略，而要以一战来决定成败，万一不能如愿，后悔就来不及了。"袁绍没有采纳。田丰竭力劝谏，冒犯了袁绍，袁绍认为田丰扰乱军心，给他戴上刑具，关押起来。于是，袁绍用公文通告各州、郡，宣布曹操的罪状。二月，袁绍进军黎阳。

袁绍派大将颜良到白马进攻东郡太守刘延，沮授说："颜良性情急躁狭隘，虽然骁勇，但不可让他独当一面。"袁绍不听。夏季，四月，曹操率军向北援救刘延。荀攸说："如今我们兵少，不是袁军的对手，只有分散他的兵力才行。您到延津后，做出准备渡河袭击袁绍后方的样子，袁绍必然向西应战。然后，您率军轻装急进，袭击白马，攻其不备，就可击败颜良。"曹操听从了荀攸的计策。袁绍听说曹军要渡河，就分兵向西阻截。曹操于是率军急速向白马挺进，还差十余里，颜良才得到消息，大吃一惊，前来迎战。曹操派张辽、关羽作先锋，关羽望见颜良的旌旗伞盖，策马长驱直入，在万众之中刺死颜良，斩下他的头颅而归，袁绍军中无人能够抵挡。于是，解开白马之围，曹操把全城百姓沿黄河向西迁徙。

袁绍大军到达延津以南，曹操部署军队在南阪下安营，派人登上营垒瞭望。瞭望的人报告说："敌军大约有五六百骑兵。"一会儿，又报告说："骑兵逐渐增多，步兵不可胜数。"曹操说："不必再报告了。"命令骑兵解下马鞍，放马休息。这时，从白马运送的辎重已经上路，将领们认为敌军骑兵多，不如回去守卫营垒。荀攸说："这正是引敌上钩，怎么能离开？"曹操看着荀攸微微一笑。袁绍的骑兵将领文丑与刘备率领五六千骑兵先后赶到，曹军将领们都说："可以上马了。"曹操说："还没到时候。"又过了一会儿，袁军的骑兵更多了，有的已分别攻击曹军的辎重车队，曹操说："时候到了。"于是曹军全体骑兵上马。当时曹军骑兵不到六百人，曹操挥军猛击，大破袁军，斩杀文丑。文丑与颜良都是袁绍军中有名的大将，两次交战，先后被曹军杀死，袁绍军中士气大衰。

起初，曹操欣赏关羽的为人，但观察关羽的心思，没有久留之意，就派张辽去了解关羽的想法，关羽叹息说："我十分明白曹公待我情义深厚，但我受刘将军厚恩，已发誓与他同生死，共患难，不能背弃誓言。我最终不会留在这里，但要立功报答曹公后才离去。"张辽把关羽的话报告给曹操，曹操佩服他的义气。等到关羽杀死颜良后，曹操知道他一定要去，就重加赏赐。关羽把所有曹操赏赐的东西都封存起来，留下一封拜别的书信向曹操辞行，就到袁绍军中投奔刘备。曹操的左右将领要去追赶关羽，曹操说："他是各为其主，不要去追。"

广陵郡太守陈登把郡府设在射阳，孙策向西攻击黄祖，陈登引诱严白虎的余党，准备在孙策后方起事。孙策率军回击陈登，先驻在丹徒，等待运输粮草。当初，孙策曾杀死吴郡太守许贡，许贡的家奴和门客藏在民间，打算为许贡报仇。孙策性喜打猎，经常在外追赶野兽，他骑的一匹骏马速度极快，卫士们的马根本追不上。孙策乘马驱驰时，突然遇到许贡的三个门客，他们用箭射中孙策面颊，后面的卫士骑马随即将门客全部刺杀。孙策受伤很重，召唤张昭等人，对他们说："中原正在大乱，以吴、越的人力，据守三江险要，足以坐观成败。你们一定要好好辅佐我的弟弟！"把孙权叫来，把印绶给孙权佩上，对孙权说："率领江东的人马，决战于疆场，与天下英雄相争，你不如我；遴选贤才，任用能臣，使他们各尽忠心，保守江东，我不如你。"四月，丙午（初四），孙策去世，当时他二十六岁。

资治通鉴第六十四卷

汉纪五十六

【原文】

孝献皇帝己建安六年（辛巳，201年）

操自击刘备于汝南，备奔刘表，龚都等皆散。表闻备至，自出郊迎，以上宾礼待之，益其兵，使屯新野。备在荆州数年，尝于表坐起至厕，慨然流涕。表怪，问备，备曰："平常身不离鞍，髀肉皆消。今不复骑，髀里肉生。日月如流，老将至矣，而功业不建，是以悲耳。"

张鲁以鬼道教民，使病者自首其过，为之请祷；实无益于治病，然小人昏愚，輎共事之。犯法者，三原，然后乃行刑；不置长吏，皆以祭酒为治。民、夷便乐之，流移寄在其地者，不敢不奉其道。后遂袭取巴郡。朝廷力不能征，遂就宠鲁为镇民中郎将，领汉宁太守，通贡献而已。

【译文】

汉武帝建安六年（辛巳，公元201年）

曹操亲自率军到汝南进攻刘备，刘备败走，到荆州投靠刘表，龚都等人都四散而逃。刘表听到刘备来的消息，亲自到郊外来迎接，用上宾的礼节接待刘备，又给刘备增加一些部队，让刘备驻扎在新野。刘备在荆州住几年，曾有一次，他在会见刘表时起身上厕所，感慨地流下泪来。刘表感到奇怪，问他是什么原因，刘备说："我平常身不离马鞍，大腿内侧没有什么肉。如今不再骑马，大腿内侧长出了肉。

日月如同流水，人已经快老了，但功业没有建立，所以悲伤。"

张鲁用鬼神之道教化百姓。他让病人自己坦白所犯的过失，再由他为病人向上天祈祷。这种方法实际上并不能治病，但那些愚昧的人却深信不疑，争着一同信奉张鲁。对犯法的人，张鲁饶恕三次，然后才施用刑法。不设置官吏，而全部由天师道中的首领祭酒来管理各级行政事务。当地的百姓以及夷人对张鲁的制度都很欢迎，外地流亡到汉中地区的人，也不敢不信奉天师道。后来，张鲁又夺取巴郡。朝廷无力进行征讨，只好安抚张鲁，任命他为镇民中郎将，兼任汉宁郡太守。张鲁对待朝廷，只是进贡当地土特产而已。

【原文】

七年（壬午，202年）

袁绍自军败，惭愤，发病呕血；夏，五月，薨。

曹操下书责孙权任子，权召群僚会议，张昭、秦松等犹豫不决。权引周瑜诣吴夫人前定议，瑜曰："昔楚国初封，不满百里之地。继嗣贤能，广土开境，遂据荆、扬，传业延祚，九百余年。今将军承父兄余资，兼六郡之众，兵精粮多，将士用命，铸山为铜，煮海为盐，境内富饶，人不思乱，有何逼迫而欲送质？质一人，不得不与曹氏相首尾，与相首尾，则命召不得不往，如此，便见制于人也。极不过一侯印，仆从十余人，车数乘，马数匹，岂与南面称孤同哉！不如勿遣，徐观其变。若曹氏能率义以正天下，将军事之未晚；若图为暴乱，彼自亡之不暇，焉能害人！"吴夫人曰："公瑾议是也。公瑾与伯符同年，小一月耳，我视之如子也，汝其兄事之。"遂不送质。

【译文】

七年（壬申，公元202年）

袁绍自从官渡战败之后，羞愧愤恨，发病吐血。夏季，五月，袁绍去世。

曹操发下公文，要孙权派自己的弟弟或儿子到朝廷来做官。孙权召集众官员进行会商，张昭、秦松等人犹豫不决。孙权领周瑜来见自己母亲吴夫人，在她面前作最后决定。周瑜说："从前，楚国开始受封于周朝时，统治的区域方圆不到一百里。后继的国君贤明能干，开拓疆土，遂占有荆州与扬州，王业相传延续，达九百多年。如今，将军承袭父、兄的基业，拥有六郡的地盘与人力，兵精粮足，将士听命。上山开采铜矿，沿海炼制食盐，境内富庶，人心安定，有什么压力使咱们要送人质？人质一送去，就不能不与曹操紧密联系，既然紧密联系，那么朝廷下令征召时就不能不前往。这样，就会被人所控制。最多不过是得一个侯印，有十几个仆从，几辆车，几匹马，难道与面向南方而称孤道寡相同吗！不如不送人质，慢慢观察事态变化。如果曹操真能以君臣大义来治理天下，将军再侍奉他也不晚。如果他图谋不轨，犯上作乱，他救自己都顾不上，又怎么能害人？"吴夫人对孙权说："周瑜说得很对。他与你哥哥孙策同年，只小一个月。我看他看作自己的儿子，你要当作哥哥来尊敬他。"因此决定不送人质。

【原文】

八年（癸未，203年）

春，二月，曹操攻黎阳，与袁谭、袁尚战于城下，谭、尚败走，还邺。夏，四月，操追至邺，收其麦；诸将欲乘胜遂攻之，郭嘉曰："袁绍爱此二子，莫适立也。今权力相侔，各有党与，急之则相保，缓之则争心生。不如南向荆州以待其变；变成而后击之，可一举定也。"操曰："善！"五月，操还许，留其将贾信屯黎阳。

袁尚自将攻袁谭，大破之，谭奔平原，婴城固守。尚围之急，谭遣辛评弟毗诣曹操请救。

辛毗至西平见曹操，致谭意，群下多以为刘表强，宜先平之，谭、尚不足忧也。荀攸曰："天下方有事，而刘表坐保江、汉之间，其无四方之志可知矣。袁氏据四州之地，带甲数十万，绍以宽厚得众心；使二子和睦以守其成业，则天下之难未息也。今兄弟遘恶，其势不两全，若有所并则力专，力专则难图也；及其乱而取之，天下定矣，此时不可失也。"操从之。

后数日，操更欲先平荆州，使谭、尚自相敝，辛毗望操色，知有变，以语郭嘉。嘉白操，操谓毗曰："谭必可信，尚必可克不？"毗对曰："明公无问信与诈也,直当论其势耳。袁氏本兄弟相伐,非谓他人能间其间,乃谓天下可定于己也。今一旦求救于明公,此可知也。显甫见显思困而不能取,此力竭也。兵革败于外,谋臣诛于内,兄弟谗阋,国分为二,连年战伐,介胄生虮虱,加以旱蝗,饥馑并臻;天灾应于上,人事困于下,民无愚智,皆知土崩瓦解,此乃天亡尚之时也。今往攻邺,尚不还救,即不能自守;还救,即谭蹑其后。以明公之威,应困穷之敌,击疲敝之寇,无异迅风之振秋叶矣。天以尚与明公,明公不取而伐荆州;荆州丰乐,国未有衅。仲虺有言,'取乱侮亡'。方今二袁不务远略而内相图,可谓乱矣;居者无食,行者无粮,可谓亡矣。朝不谋夕,民命靡继,而不绥之,欲待他年;他年或登,又自知亡而改修厥德,失所以用兵之要矣。今因其请救而抚之,利莫大焉。且四方之寇,莫大于河北,河北平,则六军盛而天下震矣。"操曰:"善!"乃许谭平。

冬,十月,操至黎阳。尚闻操渡河,乃释平原还邺。

【译文】

八年(癸未,公元203年)

春季,二月,曹操进攻黎阳,与袁谭、袁尚在黎阳城下展开大战,袁谭、袁尚败走,退回邺城。夏季,四月,曹操大军追到邺城,收割了地里的小麦。曹军将领都提出要乘胜攻打邺城,郭嘉说:"袁绍生前喜欢这两个儿子,没能决定让谁做继承人。如今,他们权力相等,各有党羽辅佐。情况危急,就相互援救;局势稍有缓和,就又会争权夺利。不如先向南进取荆州,等待他们兄弟内讧,然后再进攻,可以一举平定。"曹操说:"好!"五月,曹操回到许都,留部将贾信驻守黎阳。

袁尚亲自统帅大军进攻袁谭,袁谭大败,逃到平原,据城固守。袁尚将城围住,发动猛攻。袁谭派辛评的弟弟辛毗到曹操那里求救。

辛毗到西平拜见曹操,转达袁谭求救的请求。曹操部下官员多认为刘表势大,应当先消灭刘表,袁谭、袁尚自相残杀,不足忧虑。荀攸说:"目前,正是天下英雄争霸之机,而刘表坐守江、汉之间,可知他胸无占有四方的大志。袁氏家族占据四州之地,有兵马数十万,袁绍以宽厚而得民心,假如他的两个儿子和睦相处,共守已有的基业，刚天下灾难不能平息。如今他们兄弟相争，势不两立，如果一个人吞并了另一个人，则力量就会集中起来，力量集中后，再想进取就困难了。应该乘他们相持不下时动手夺取，天下就可以平定了。这个机会不能失去。"曹操表示同意。

过了几天，曹操又打算先平定荆州，让袁谭、袁尚自相削弱。辛毗观察曹操脸色，知道他又改变主意，就去告诉郭嘉。郭嘉报告曹操，曹操对辛毗说："袁谭是否一定可信？袁尚是否一定能被攻克？"辛毗说："您不要问是否有诈，只应看整个形势的发展变化。袁谭、袁尚兄弟相争，并未考虑到别人会乘机利用，只是认为天下可由自己平定。如今，袁谭向您求救，表明他已走投无路；袁尚看到袁谭陷入困境，却不能一举攻破袁谭，说明袁尚也已智穷力竭。他们的形势是军队在外战败，谋士在内被杀，兄弟内讧，土地割裂，连年征战，战士的甲胄里都长出虱子。再加上旱灾与蝗灾，造成饥荒，天灾人祸，上下交映，百姓无论聪明或是愚笨，都已知道袁氏统治将要土崩瓦解，这正是上天灭亡袁尚的时机。如今您去攻打邺城，袁尚不撤军回救，邺城就不能自守；袁尚返回救援，袁谭就会在后攻击。以您的军威，对付穷困之敌，进击疲惫之军，犹如疾风去吹落秋叶一般。上天把袁尚赏赐给您，您却不去进攻袁尚，而要讨伐荆州。荆州富裕安乐，没有机会可供您利用。从前仲虺说：'敌人有内乱则夺取，敌人有覆亡迹象则侵入。'如今，袁氏兄弟不顾长远大局，自相攻击，可称为内乱；居民饥饿，行人无粮，可称为覆亡的迹象。黄河以北的百姓朝不虑夕，性命全无保障，而您不立即去安抚，却要等到以后。以后如果赶上丰收，袁氏兄弟又醒悟到已濒于危亡而痛改前非，则您就将失去用兵的机会。现在，利用袁谭求救而去援助，对您是最有利的。而且您的敌人，没有比占据黄河以北的袁氏更强大的了。您平定黄河以北后，就军威大盛，震动天下了。"曹操说："对！"于是，答应出兵救援袁谭。

冬季，十月，曹操进军到黎阳。袁尚听到曹军渡过黄河的消息，解除对平原的包围，撤回邺城。

【原文】

十年（乙酉，205年）

春，正月，曹操攻南皮，袁谭出战，士卒多死。操欲缓之，议郎曹纯曰："今县师深入，难以持久，若进不能克，退必丧威。"乃自执桴鼓以率攻者，遂克之。谭出走，追斩之。

李孚自称冀州主簿，求见操曰："今城中强弱相陵，人心扰乱，以为宜令新降为内所识信者宣传明教。"操即使孚往入城，告谕吏民，使各安故业，不得相侵，城中乃安。操于是斩郭图等及其妻子。

郭嘉说操多辟青、冀、幽、并名士以为掾属，使人心归附，操从之。官渡之战，袁绍使陈琳为檄书，数操罪恶，连及家世，极其丑低。及袁氏败，琳归操，操曰："卿昔为本初移书，但可罪状孤身，何乃上及父祖邪！"琳谢罪，操释之，使与陈留阮瑀俱管记室。

秘书监、侍中荀悦作《申鉴》五篇，奏之。悦，爽之兄子也。时政在曹氏，天子恭己，悦志在献替，而谋无所用，故作是书。其大略曰："为政之术，先屏四患，乃崇五政。伪乱俗，私坏法，放越轨，奢败制：四者不除，则政末由行矣，是谓四患。兴农桑以养其生，审好恶以正其俗，宣文教以章其化，立武备以秉其威，明赏罚以统其法，是谓五政。人不畏死，不可惧以罪；人不乐生，不可劝以善。故在上者，先丰民财以定其志，是谓养生。善恶要乎功罪，毁誉效于准验，听言责事，举名察实，无或诈伪以荡众心。故俗无奸怪，民无淫风，是谓正俗。荣辱者，赏罚之精华也，故礼教荣辱以加君子，化其形也；桎梏鞭扑以加小人，化其情也。若教化之废，推中人而坠于小人之域，教化之行，引中人而纳于君子之涂，是谓章化。在上者必有武备以戒不虞，安居则寄之内政，有事则用之军旅，是谓秉威。赏罚，政之柄也。人主不妄赏，非爱其财也，赏妄行，则善不劝矣；不妄罚，非矜其人也，罚妄行，则恶不惩矣。赏不劝，谓之止善，罚不惩，谓之纵恶。在上者能不止下为善，不纵下为恶，则国法立矣。是谓统法。四患既独，五政又立，行之以诚，守之以固，简而不怠，疏而不失，垂拱揖让，而海内平矣。"

【译文】

十年（乙酉，公元205年）

春季，正月，曹操进攻南皮，袁谭率军出战，曹军伤亡惨重。曹操准备稍微减缓攻势，议郎曹纯说："如今，咱们孤军深入，难以持久，如果进不能攻克敌城，一后退就会大损军威。"曹操于是亲自擂动战鼓，命令部下进攻，遂攻陷南皮。袁谭出逃，被曹军追上，杀死。

李孚自称冀州主簿，求见曹操，对曹操说："现在城中秩序骚乱，百姓不分强弱，相互攻杀，人心惶惶。我认为，应当派遣新近归降而又为城内所认识信任的人去传达您的命令。"曹操立刻派李孚入城，告诉城中官民，让他们各安故业，不得互相侵犯，城中才安定下来。曹操于是斩杀袁谭的谋士郭图等及其妻子儿女。

郭嘉劝说曹操多延聘青、冀、幽、并四州的名士作为属官，使人心归附，曹操采纳了他的意见。官渡之战前，袁绍命令陈琳撰写讨伐曹操的檄文，历数曹操的罪恶，并攻击曹家的祖先，极尽丑化诋毁之能事。等到袁绍失败后，陈琳投降曹操，曹操对他说："你从前为袁绍写檄文，只该攻击我本人，为什么要向上攻击到我的父亲、祖父？"陈琳谢罪，曹操便赦免他，派他与陈留人阮瑀一同担任主管撰写奏章的记室。

秘书监、侍中荀悦，撰写《申鉴》五篇，上奏给献帝。荀悦是荀爽哥哥的儿子。当时，政权掌握在曹操手中，献帝只是表面上的最高统治者。荀悦有志为朝廷贡献自己的才干，但他的谋略都无处施展，所以著述此书。书中的主要内容是："治理天下的办法，首先是消灭'四患'，然后要推行'五政'。以虚似败坏风俗，用私心破坏法纪，行为放荡而超越正常规定，奢侈靡费而损坏国家制度，不消灭这四种现象，就无法推行政令，所以称之为'四患'。振兴农业与桑蚕业，以保障百姓生活；分辨善恶，以纠正民间习俗；推行文化教育，以改善社会风气；建立武备，以维持朝廷的威严；赏罚分明，以统一法令，这就是'五政'。百姓不怕死，就不要以刑罚来恐吓他们；百姓没有生趣，就不可能劝导他们向善。所以，身居高位的人，要先使百姓富足起来，使他们安居乐业，这就是保障民生。对于善、恶，要以功、罪为标准来判定；对于毁谤与赞誉，要用实际效果来进行检验。对人不仅要听他的言论，更要观察他的行为；不被他的名声所困扰，要考虑他是否名实相符；不能让虚伪狡诈的人得逞，免得人们去纷纷仿效。因此，没有奸怪的习俗，民间没有淫乱之风，这就是纠正民俗。奖励与羞辱是赏赐、惩罚的核心，所以礼教规定，荣誉与羞辱只能施加于君子，以改变他们的内心；枷锁与鞭笞则专用来对付小人，以改变他们的行为。如果不推行教化，就会使中等资质的人也堕落成小人；而推行教化，就能使这些中等资质的人升为君子；这就是改善社会风气。作为统治者，必然要拥有军队，以防备不能预料的变化，平时用来管理内政，战时则效命疆场，这就是维持威严。赏赐与惩罚，是执政的权柄。君王不随意赏赐，并不是爱惜财物，而是因为，随意赏赐，就不能用赏赐来劝导人们行善；君王不随意惩罚，并不是姑息怜悯，而是因为，随意惩罚，就不能使惩罚来打击犯罪。赏赐而没有起到劝导的作用，就是阻止人们行善；惩罚而没有起到打击的作用，就是纵容人们作恶。作为统治者，能够不阻止下面的人行善，不纵容下面的人作恶，则国法确立，这就是统一法令。除去了'四患'，又建立了'五政'，诚心诚意地执行，长期坚持，简要而不懈怠，疏阔而不遗漏。这样，不需劳神费心，天下就能太平了。"

资治通鉴第六十五卷

汉纪五十七

【原文】

孝献皇帝庚建安十一年（丙戌，206年）

曹操自将击高干，留其世子丕守邺，使别驾从事崔琰傅之。操围壶关，三月，壶关降。高干自入匈奴求救，单于不受；干独与数骑亡，欲南奔荆州，上洛都尉王琰捕斩之，并州悉平。

初，山阳仲长统游学至并州，过高干，干善遇之，访以世事。统谓干曰："君有雄志而无雄材，好士而不能择人，所以为君深戒也。"干雅自多，不悦统言，统遂去之。干死，荀彧举统为尚书郎。著论曰《昌言》，其言治乱，略曰："豪杰之当天命者，未始有天下之分者也，无天下之分，故战争者竞起焉。角智者皆穷，角力者皆负，形不堪复伉，势不足复校，乃始羁首系颈，就我之衔继耳。及继体之时，豪杰之心既绝，士民之志已定，贵有常家，尊在一人。当此之时，虽下愚之才居之，犹能使恩同天地，威侔鬼神，周、孔数千无所复角其圣，贲、育百万无所复奋其勇矣。彼后嗣之愚主，见天下莫敢与之违，自谓若天地之不可亡也，乃奔其私嗜，骋其邪欲，君臣宣淫，上下同恶，荒废庶政，弃忘人物。信任亲爱者，尽佞谄容说之人也；宠贵隆丰者，尽后妃姬妾之家也。遂至熬天下之脂膏，烯生民之骨髓，怨毒无卿，祸乱并起，中国扰攘，四夷侵叛，土崩瓦解，一朝而去，昔之为我哺乳之子孙者，今尽是我饮血之寇仇也。至于运徙势去，犹不觉悟者，岂非富贵生不仁，沉溺致愚疾邪！存亡以之迭代，治乱从此周复，天道常然之大数也。"

【译文】

汉献帝建安十一年（丙戌，公元206年）

曹操亲自率军征讨并州刺史高干，留下世子曹丕镇守邺城，派别驾、从事崔琰辅佐曹丕。曹操大军包围壶关。三月，壶关投降。高干亲自去向匈奴求救，被匈奴单于拒绝。高干身边只剩几名骑兵卫士，想南逃到荆州去投奔刘表。半路上，被上洛都尉王琰捉获，斩首。并州全部平定。

当初，山阳人仲长统游学来到并州，拜访刺史高干，高干对他待遇优厚，征求他对时局的看法。仲长统对高干说："你有雄心大志，却缺乏雄才大略；喜好贤能之士，却不能鉴别人才。在这些事上面，你要深以为戒。"高干一向自以为是，对仲长统的话很不高兴，仲长统就离开了高干。高干死后，荀彧推荐仲长统担任尚书郎。仲长统撰写《昌言》，分析国家的安危治乱，主要大意是："受命于上天的英雄豪杰，并不是从开始时就有统一天下的名分，由于没有这种名分，所以竞争者纷纷崛起。但到后来，那些仗恃智谋的，智谋穷尽，仗恃力量的，力量枯竭。形势不允许再对抗，也不足以再较量，于是才被捉住头，捆住颈，置于我的控制之下。等到第二代统治者继位时，那些豪杰已不再有争夺天下的雄心，士大夫与百姓都已习惯于遵从命令，富贵之家已经固定，威权都集中于君主一人手中。在这时候，即使是一个下等的蠢材坐在皇帝的宝座上，也能使他的恩德大到与天地相同，使他的威严达到与鬼神相似的地步。即使是有几千个周公姬旦和孔夫子这样的圣人，也无法再发挥他们的圣明；有百万个孟贲和夏育之类的勇士，也无处再施展他们的勇力。那些继承天下的愚蠢帝王，见到天下没有人敢违抗旨意，就自认为政权会像天地一样不会灭亡，于是随意发展自己的嗜好，放纵自己的邪恶欲望，君主与臣僚都为所欲为，上下一齐作恶，荒废朝政，排斥人才。所信任亲近的，都是奸佞谄媚的小人；所宠爱提升的，都是后宫妃嫔的家族。以至达到熬尽天下民脂民膏，敲骨吸髓的程度。人民身受怨毒，痛苦不堪，灾祸战乱，同时而起。中原大地纷扰不安，四方外族相继背叛，政权土崩瓦解，毁于一旦。从前受我养护哺育的小民，如今全都成为喝我鲜血的仇敌。至于那些大势已去，还不觉悟的人，岂不是富贵产生的麻木不仁，溺爱导致的愚昧顽劣吗！政权的存亡相互交替，治理与战乱也不断周而复始地循环，这正是天地运行的规律。"

【原文】

十二年（丁亥，207年）

曹操将击乌桓。诸将皆曰："袁尚亡虏耳，夷狄贪而无亲，岂能为尚用。今深入征之，刘备必说刘表以袭许，万一为变，事不可悔。"郭嘉曰："公虽威震天下，胡恃其远，必不设备，因其无备，卒破击之，可破灭也。且袁绍有恩于民夷，而尚兄弟生存。今四州之民，徒以威附，德施未加，舍而南征，尚因乌桓之资，招其死主之臣，胡人一动，民夷俱应，以生蹋顿之心，成觊觎之计，恐青、冀非己之有也。表坐谈客耳，自知才不足以御备，重任之则恐不能制，轻任之则备不为用，虽虚国远征，公无忧矣。"操从之。行至易，郭嘉曰："兵贵神速。今千里袭人，辎重多，难以趋利，且彼闻之，必为备；不如留辎重，轻兵兼道以出，掩其不意。"

初，袁绍数遣使召田畴于无终，又即授将军印，使安辑所统，畴皆拒之。及曹操定冀州，河间邢颙谓畴曰："黄巾起来，二十余年，海内鼎沸，百姓流离。今闻曹公法令严。民厌乱矣，乱极则平，请以身先。"遂装还乡里。畴曰："邢颙，天民之先觉者也。"操以颙为冀州从事。畴忿乌桓多杀其本郡冠盖，意欲讨之而力未能。操遣使辟畴，畴戒其门下趣治严。门人曰："昔袁公慕君，礼命五至，君义不屈；今曹公使一来而君若恐弗及者，何也？"畴笑曰："此非君所识也。"遂随使者到军，拜为蓚令，随军次无终。

操令畴将其众为乡导，上徐无山，堑山埋谷，五百余里，经白檀，历平冈，涉鲜卑庭，东指柳城。未至二百里，虏乃知之。尚、熙与蹋顿及辽西单于楼班、右北平单于能臣抵之等将数万骑逆军。八月，操登白狼山，卒与虏遇，众甚盛。操车重在后，被甲者少，左右皆惧。操登高，望虏阵不整，乃纵兵击之，使张辽为前锋，虏众大崩，斩蹋顿及名王已下，胡、汉降者二十余万口。

辽东单于速仆丸与尚、熙奔辽东太守公孙康，其众尚有数千骑。或劝操遂击之，操曰："吾方使康斩送尚、熙首，不烦兵矣。"九月，操引兵自柳城还。公孙康欲取尚、熙以为功，乃先置精勇于厩中，然后请尚、熙人，未及坐，康叱伏兵禽之，遂斩尚、熙，并速仆丸首送之。诸将或问操："公还而康斩尚、熙，何也？"操曰："彼素畏尚、熙，吾急之则并力，缓之则自相图，其势然也。"操泉尚首，令三军："敢有哭之者斩！"牵招独设祭悲哭，操义之，举为茂才。

初，琅邪诸葛亮寓居襄阳隆中，每自比管仲、乐毅；时人莫之许也，惟颍川徐庶与崔州平谓为信然。州平，烈之子也。

刘备在荆州，访士于襄阳司马徽。徽曰："儒生俗士，岂识时务，识时务者在乎俊杰。此间自有伏龙、凤雏。"备问为谁，曰："诸葛孔明、庞士元也。"徐庶见备于新野，备器之。庶谓备曰："诸葛孔明，臣龙也，将军岂愿见之乎？"备曰："君与俱来。"庶曰："此人可就见，不可屈致也，将军宜枉驾顾之。"

备由是诣亮，凡三往，乃见。因屏人曰："汉室倾颓，奸臣窃命，孤不度德量力，欲信大义于天下，而智术浅短，遂用猖蹶，至于今日。然志犹未已，君谓计将安出？"亮曰："今曹操已拥百万之众，挟天子而令诸侯，此诚不可与争锋。孙权据有江东，已历三世，国险而民附，贤能为之用，此可与为援而不可图也。荆州北据汉、沔，利尽南海，东连吴会，西通巴、蜀，此用武之国，而其主不能守，此殆天所以资将军也。益州险塞，沃野千里，天府之土；刘璋暗弱，张鲁在北，民殷国富而不知存恤，智能之士思得明君。将军既帝室之胄，信义著于四海，若跨有荆、益，保其岩阻，抚和戎、越，结好孙权，内修政治，外观时变，则霸业可成，汉室可兴矣。"备曰："善！"于是与亮情好日密。关羽、张飞不悦，备解之曰："孤之有孔明，犹鱼之有水也。愿诸君勿复言。"羽、飞乃止。

【译文】

十二年（丁亥，公元207年）

曹操准备出兵征讨乌桓，将领们都说："袁尚只不过是个逃亡罪犯，乌桓人贪得无厌而不念旧情，岂能受袁尚利用。如今大军深入塞外征乌桓，刘备必然劝说刘表乘虚袭击许都，万一发生变化，事情就后悔不及了。"郭嘉说："您虽然威震天下，但乌桓人倚仗距离遥远，一定不会预先防备，乘其不备，突然袭击，可以一战

三顾茅庐　年画

告捷。况且，袁绍对这一地区的百姓以及塞外的异族有恩德，而袁尚兄弟现在还活在世上。如今冀、青、幽、并四州的百姓，只是因畏惧而服从我们，并没有受过我们的恩德。如果我们离开这里而率军南征，袁尚利用乌桓的武力作资本，招集愿为恩主效死的部属，乌桓人一动，四州的百姓及异族都会纷纷响应，这会使蹋顿动心，生出非分的打算，恐怕青州与冀州就不会再在您的控制下了。刘表不过是个只会坐在那里发议论的人，他自知才干不能驾驭住刘备，重用刘备则害怕控制不住，轻用则刘备不会为他所用。因此，即使我们调走全国兵力远征，您也不必担忧。"曹操听从了郭嘉的意见。大军进发到易县，郭嘉提议说："兵贵神速，如今远涉千里进行奇袭，辎重太多，难以掌握先机。而且假如乌桓人得到消息，必然加强戒备；不如留下辎重，军队轻装以加倍的速度急进，出其不意地进攻。"

起初，袁绍几次派使者到无终县去召田畴，又派人授予田畴将军的印信，让田畴召抚所统部众，田畴都拒绝了。到曹操平定冀州后，河间人邢颙对田畴说："黄巾军起事以来，已二十多年，天下动荡不定，百姓流离失所。如今，听说曹公法令严明，百姓对战乱已经厌恶，乱到极点，就会归于平静，请让我先去试探一下。"

于是，邢颙收拾行装，返回家乡。田畴说："邢颙是个先知先觉的人。"曹操委任邢颙为冀州从事。田畴愤恨乌桓人经常杀害本郡著名的士大夫，想讨伐乌桓而力量不够。曹操派使者来征召田畴，田畴要他的部属赶快为他治理行装，部属说："以前，袁绍仰慕您的名声，曾五次礼聘，您一直拒绝；如今，曹操的使者一来，您就好像迫不及待，这是什么原因？"田畴笑着说："这就不是你们所能知道的了。"他随同使者一起到曹操军中，被任命为蓨令，随大军进驻无终县。

曹操命令田畴率领他的部众做向导，上徐无山，凿山填谷，行进五百余里，经过白檀、平冈，又穿过鲜卑部落的王庭，向东直指柳城。距离二百余里时，乌桓人才知道。袁尚、袁熙与蹋顿以及辽西单于楼班、右北平单于能臣抵之等率领数万名骑兵迎击曹军。八月，曹操登上白狼山，突然与乌桓军相遇，而乌桓军军力强盛。曹军车辆辎重都在后边，身披铠甲的将士很少，曹操左右的人都感到畏惧。曹操登高，看到乌桓军队阵容不整，就纵兵攻击，派张辽为先锋，乌桓军队大乱，斩杀蹋顿和各部落王爷及以下的乌桓首领，投降的胡人与汉人共有二十余万。

辽东单于速仆丸与袁尚、袁熙投奔辽东郡太守公孙康，跟随他们的还有数千名骑兵。有人劝曹操乘势追击，曹操说："我将使公孙康送来袁尚、袁熙的人头，不必再劳师动众。"九月，曹操率大军从柳城班师。公孙康想要杀死袁尚、袁熙，作为对朝廷立下的功劳，于是先埋伏精兵在马厩中，然后请袁尚、袁熙进来，他们还没来得及入座，公孙康叫出伏兵，把他们捉住。于是斩杀袁尚、袁熙，连同速仆丸的人头一起送给曹操。将领中有人问曹操："您已退军而公孙康杀死袁尚、袁熙，这是为什么？"曹操说："公孙康一向畏惧袁尚、袁熙，我如果急攻，他们就会合力抵抗；缓和时，他们就会自相残杀；是形势使他们这样做的。"曹操把袁尚的头颅悬挂起来示众，号令三军："有敢于哭泣的，处斩！"牵招却独自设祭，放声悲哭，曹操认为他是忠于故主的义士，推荐他为茂才。

起初，琅邪人诸葛亮寄居襄阳隆中，经常把自己比作管仲和乐毅；但当时人并不认可，中有颍川人徐庶与崔州平认为确是如此。崔州平是崔烈的儿子。

刘备在荆州，向襄阳人司马徽询访人才。司马徽说："一般的儒生与俗士，怎么能认清时务，能认清时务的，只有俊杰之士。在襄阳这里，自有伏龙与凤雏。"刘备问是谁，司马徽说："就是诸葛亮与庞统。"徐庶在新野县见到刘备，刘备对徐庶很器重。徐庶对刘备说："诸葛亮乃是卧龙，将军愿见他吗？"刘备说："请你与他一起来。"徐庶说："这个人，你可以去见他，不可以召唤他来，将军应当屈驾去拜访他。"

刘备于是拜访诸葛亮，一共去了三次，才见到诸葛亮。于是，刘备让左右的人都出去，说道："汉朝王室已经衰败，奸臣窃据朝政大权，我不度德量力，打算伸张正义于天下，但智谋短浅，以至于遭受挫折，到了今天这个地步。但我的雄心壮志仍然未息，你认为应当如何去做？"诸葛亮说："如今，曹操已经拥有百万大军，挟持天下以号令天下，此人确实不可与他争锋。孙权占据江东，已经历三代，地势险要，民心归附，贤能人才都为他尽力，此人可以与他联盟，却不可算计他。荆州地区，北方以汉水、沔水为屏障，南方直通南海，东边连接吴郡、会稽，西边可通巴郡、蜀郡，正是用武之地，但主人刘表却不能守，这恐怕是上天赐给将军的资本。益州四边地势险阻，只有沃野千里，是天府之地，而益州牧刘璋昏庸懦弱，北边还有张鲁相邻，虽然百姓富庶，官府财力充足，却不知道珍惜，智士贤才都希望能有一个圣明的君主。将军既是汉朝王室的后裔，信义闻名天下，如果能占有荆州与益州，据守险要，安抚戎、越等族，与孙权结盟，对内修明政治，对外观察时局变化，这样，就能建成霸业，复兴汉朝王室了。"刘备说："很好！"从此与诸葛亮的情谊日益亲密。关羽、张飞对此感到不满，刘备对他们解释说："我得到诸葛亮，是如鱼得水，希望你们不要再说了。"关羽、张飞才停止抱怨。

汉纪五十八

【原文】

孝献皇帝辛建安十四年（己丑，209年）

周瑜攻曹仁岁余，所杀伤甚众，仁委城走。权以瑜领南郡太守，屯据江陵；程普领江夏太守，治沙羡；吕范领彭泽太守；吕蒙领寻阳令。刘备表权行车骑将军，领徐州牧。会刘琦卒，权以备领荆州牧，周瑜分南岸地以给备。备立营于油口，改名公安。

权以妹妻备。妹才捷刚猛，有诸兄风，侍婢百余人，皆执刀侍立，备每入，心常凛凛。

曹操密遣九江蒋干往说周瑜。干以才辩独步于江、淮之间，乃布衣葛巾，自托私行诣瑜。瑜出迎之，立谓干曰："子翼良苦，远涉江湖，为曹氏作说客邪！"因延干，与周观营中，行视仓库、军资、器仗讫，还饮宴，示之侍者服饰珍玩之物。因谓干曰："丈夫处世，遇知己之主，外托君臣之义，内结骨肉之恩，言行计从，祸福共之，假使苏、张更生，能移其意乎！"干但笑，终无所言。还白操，称瑜雅量高致，非言辞所能间也。

周瑜

【译文】

汉献帝建安十四年（己丑，公元209年）

周瑜率军围攻曹仁一年有余，杀伤曹军甚多，曹仁弃城撤走。孙权任命周瑜兼任南郡太守，屯驻江陵；程普兼任江夏太守，设郡府在沙羡；吕范兼任彭泽太守；吕蒙兼任寻阳县令。刘备向朝廷上表，推荐孙权代理车骑将军，兼任徐州牧。正在这时，刘琦去世，孙权让刘备兼任荆州牧，周瑜将荆州长江以南的地区分给刘备。刘备将军营设在油口，并把那里改名为公安。

孙权把妹妹嫁给刘备。孙权的妹妹才思敏捷，性情刚猛，有她兄长们的风度。她的侍婢一百余人，都手执利刀在旁站着侍候。刘备每次进入内宅，心里都很恐惧。

曹操秘密派遣九江人蒋干去游说周瑜。蒋干以才能、机辩闻名于长江、淮河之间，没有人能胜过他。蒋干换上平民穿的布衣，戴上葛布制成的头巾，自称因私人交谊来看望周瑜。周瑜出来迎接他，站着对他说："蒋子翼，你真是很辛苦，涉水远道而来，是为曹操作说客吗？"遂邀请蒋干进来，与他一同参观军营，巡视仓库、军用物资与武器装备之后，回来设宴款待蒋干，酒席间让蒋干看自己的侍女、服装、饰物以及各种珍贵的宝物，并对他说："大丈夫生活在世上，遇到知己的君主，外表上有君臣关系，内心却情同骨肉，言听计从，有福共享，有难同当，即使苏秦、张仪重生，能转移他的心意吗！"蒋干只是笑，一直不谈私人关系之外的话。他回来向曹操汇报，称颂周瑜胸襟宽广，志向远大，不是言语所能挑拨离间的。

【原文】

十五年（庚寅，210年）

十二月，己亥，操下令曰："孤始举孝廉，自以本非岩穴知名之士，恐为世人之所凡愚，欲好作政教以立名誉，故在济南，除残去秽，平心选举。以是为强豪所忿，恐致家祸，故以病还乡里。时年纪尚少，乃于谯东五十里筑精舍，欲秋夏读书，冬春射猎，为二十年规，待天下清乃出仕耳。然不能得如意，征为典军校尉，意遂更欲为国家讨贼立功，使题墓道言'汉故征西将军曹侯之墓'，此其志也。而遭值董卓之难，兴举义兵。后领兖州，破降黄巾三十万众；又讨击袁术，使穷沮而死；摧破袁绍，枭其二子；复定刘表，遂平天下。身为宰相，人臣之贵已极，意望已过矣。设使国家无有孤，不知当几人称帝，几人称王。或者人见孤强盛，又性不信天命，恐妄相忖度，言有不逊之志，每用耿耿，故为诸君陈道此言，皆肝鬲之要也。然欲孤便尔委捐所典兵众以还执事，归就武平侯国，实不可也。何者？诚恐己离兵为人所祸，既为子孙计，又己败则国家倾危，是以不得慕虚名而处实祸也！然兼封四县，食户三万，何德堪之！江湖未静，不可让位；至于邑土，可得而辞。今上还阳复、谯、苦三县，户二万，但食武平万户，且以分损谤议，少减孤之责也！"

【译文】

十五年（庚寅，公元210年）

十二月，己亥（疑误），曹操下令说："我最初被推荐为孝廉时，自以为本来不是隐居深山的知名之士，恐怕被世人看作平庸无能，打算好好处理政务，推行教化，以树立名誉，故在济南国任国相时，铲除残暴邪恶势力，公正地选拔人才。由于这样，受到强门豪族的嫉恨，我恐怕给家中招来灾祸，就借口有病，回到家乡。当时年纪还不大，就在谯县县城以东五十里处修建书房，打算秋季与夏季读书，冬季与春季射猎，计划这样过二十年，等天下安定以后，再出来做官。但我未能如愿，被朝廷征召为典军校尉，于是改变主意，想为国家讨贼立功，使墓道的石碑上可以题写'汉朝故征西将军曹侯之墓'，这就是我的志愿。而后遇到董卓之乱，我兴起义兵。以后，我任兖州牧，击败黄巾军，迫使三十万黄巾军投降；又讨伐袁术，使他走投无路，穷困而死；击败袁绍，将他的两个儿子斩首示众；再消灭刘表，于是平定天下。我身为宰相，作为臣子已达到尊贵的顶点，也已超出了我的愿望。假设国家没有我，不知会有几个人称帝，几个人称王？或许有人看到我势力强盛，又生性不信天命，恐怕会随便猜测，说我有篡位的野心，每一想到这些，心中就感到不安。所以，向你们述说这些话，都是我的肺腑之言。然而，想要我就这样放弃所统领的军队，交还给主管部门，回到我的封地武平侯国，实在是不可能的。

为什么呢？我确实害怕自己一离开军队就会被人谋害，既是为我的子孙打算，又因为我一失败就会使国家危亡，所以，我不能追求虚名，而遭受实际的灾祸。然而，我的封地共有四个县，享有收取三万户百姓租税的权利，我的品德怎么能配得上呢？天下尚未安定，我不可以辞去官位；至于封地，是可以退让的。如今，我把阳夏、柘、苦三县的二万户封地归还给国家，只享受武平的一万户百姓的租税，姑且以此来减少对我的诽谤议论，同时也稍微减轻我的责任！"

【原文】

十六年（辛卯，211年）

春，正月，以曹操世子丕为五官中郎将，置官属，为丞相副。

扶风法正为刘璋军议校尉，璋不能用，又为其州里俱侨客者所鄙，正邑邑不得志。益州别驾张松与正善，自负其才，忖璋不足与有为，常窃叹息。松劝璋结刘备，璋曰："谁可使者？"松乃举正。璋使正往，正辞谢，佯为不得已而行。还，为松说备有雄略，密谋奉戴以为州主。

会曹操遣钟繇向汉中，璋闻之，内怀恐惧。松因说璋曰："曹公兵无敌于天下，若因张鲁之资以取蜀土，谁能御之！刘豫州，使君之宗室而曹公之深仇也，善用兵；若使之讨鲁，鲁必破矣。鲁破，则益州强，曹公虽来，无能为也！今州诸将庞羲、李异等，皆恃功骄豪，欲有外意。不得豫州，则敌攻其外，民攻其内，必败之道也！"璋然之，遣法正将四千人迎备。主簿巴西黄权谏曰："刘左将军有骁名，今请到，欲以部曲遇之，则不满其心；欲以宾客礼待，则一国不容二君，若客有泰山之安，则主有累卵之危。不若闭境以待时清。"璋不听，出权为广汉长。从事广汉王累，自倒悬于州门以谏，璋一无所纳。

法正至荆州，阴献策于刘备曰："以明将军之英才，乘刘牧之懦弱；张松，州之股肱，响应于内；以取益州，犹反掌也。"备疑未决。庞统言于备曰："荆州荒残，人物殚尽，东有孙车骑，北有曹操，难以得志。今益州户口百万，土沃财富，诚得以为资，大业可成也！"备曰："今指与吾为水火者，曹操也。操以急，吾以宽；操以暴，吾以仁；操以谲，吾以忠；每与操反，事乃可成耳。今以小利而失信义于天下，奈何？"统曰："乱离之时，固非一道所能定也。且兼弱攻昧，逆取顺守，古人所贵。若事定之后，封以大国，何负于信！今日不取，终为人利耳。"备以为然。乃留诸葛亮、关羽等守荆州，以赵云领留营司马，备将步卒数万人入益州。

孙权闻备西上，遣舟船迎妹；而夫人欲将备子禅还吴，张飞、赵云勒兵截江，乃得禅还。

刘璋敕在所供奉备，备入境如归，前后赠遗以巨亿计。备至巴郡，巴郡太守严颜拊心叹曰："此所谓'独坐穷山，放虎自卫'者也。"备自江州北由垫江水诣涪。璋率步骑三万余人，车乘帐幔，精光耀日，往会之。张松令法正白备，便于会袭璋。备曰："此事不可仓促！"庞统曰："今因会执之，则将军无用兵之劳而坐定一州也。"备曰："初入他国，恩信未著，此不可也。"璋推备行大司马，领司隶校尉；备亦推璋行镇西大将军，领益州牧。所将吏士，更相之适，欢饮百余日。璋增备兵，厚加资给，使击张鲁，又令督白水军。备并军三万余人，车甲、器械、资货甚盛。璋还成都，备北到葭萌，未即讨鲁，厚树恩德以收众心。

【译文】

十六年（辛卯，公元211年）

春季，正月，任命曹操世子曹丕为五官中郎将，设置官属，作为丞相曹操的副手。

扶风人法正担任益州牧刘璋的军议校尉，但未受到刘璋的重用，又受到与他一起客居益州的同州老乡们的鄙视，法正心情郁闷而不得志。益州别驾张松与法正关系亲密，张松对自己的才干十分自负，觉得刘璋庸庸碌碌，不能同他一起有所作为，经常暗中叹息。张松劝刘璋与刘备结交，刘璋说："谁可以充当使者？"于是张松推荐法正。刘璋派法正担任使者，法正推辞，然后假装是不得已而接受任务出发。法正回来后，对张松说刘备有雄才大略，他们两人密谋策划奉迎刘备作为益州之主。

正在这时，曹操派遣钟繇率军讨伐占据汉中的张鲁，刘璋听到消息后，心中恐惧。张松乘机劝他说："曹操的兵马天下无敌，如果攻下汉中后，利用张鲁的库存物资来进攻益州，谁能抵抗得住！刘备是您的同宗，曹操的大仇人，又善于用兵，如果让刘备去讨伐张鲁，一定能击破张鲁。张鲁一破，则益州势力增强，曹操即使来攻，也无能为力了。现在本州的将领们如庞羲、李异等都自恃功劳，骄横不法，想要向外投靠。如果得不到刘备的帮助，则敌人在外面进攻，百姓在内叛变，一定会失败。"刘璋同意他的见解，派法正率领四千人去迎接刘备。主簿巴西人黄权劝谏刘璋说："刘备以骁勇闻名于世，现在把他请来，要把他当作部曲来看待，则他不会满意；要以宾客的礼节接待，则一国不容二主。如果客人安如泰山，则主人就会危如累卵。不如关闭边界，以等待时局安定。"刘璋不听，把黄权调出，去担任广汉县县长。从事广汉人王累，把自己倒吊在成都城门来劝阻刘璋，刘璋一概不听。

法正到荆州后，暗中向刘备献计说："以将军的英明才干，正应利用刘璋的懦弱无能；张松是益州的主要官员，在内响应；这样来攻取益州，易如反掌。"刘备迟疑不决。庞统对刘备说："荆州荒凉残破，人才已尽，东有孙权，北有曹操，难以得志。如今，益州的户口有一百万，土地肥沃，财产丰富，如果真能得到益州作为资本，可成大业！"刘备说："现在，与我势同水火的，只有曹操。曹操严厉，我则宽厚；曹操凶暴，我则仁慈；曹操诡诈，我则忠信；总与曹操相反，事情才能成功。如果现在因为贪图小利而对天下失去信义，怎么办？"庞统说："天下大乱之时，本不是靠一种方法就能平定的。而且兼并弱小，进攻愚昧，用不合礼义的方法取得，再用合乎礼义的方法加以治理，这些行为都是古人所崇尚的。如果在事定之后，赐给刘璋面积广大的封地，对信义有什么违背！今天咱们不去夺取，终究会落入别人手中。"刘备同意他的看法。于是，留下诸葛亮、关羽等守卫荆州，任命赵云兼任留营司马，刘备亲自率领几万名步兵进入益州。

孙权听到刘备西入益州的消息，派船来接妹妹；孙夫人打算带刘备的儿子刘禅返回吴郡娘家，张飞、赵云部署军队在长江拦截孙权的船队，才把刘禅带回荆州。

刘璋命令沿途各郡、县为刘备提供所需物资，刘备进入益州境内，好像回到家中，刘璋前后赠送各种物资数以亿计。刘备到达巴郡，巴郡太守严颜抚胸叹息说："这正是应了'独自坐在深山中，放出老虎来自卫'的谚语。"刘备自江州向北经垫江从水路到达涪县。刘璋率领步、骑兵三万余人，车辆悬挂着帐帷，耀眼生辉，与阳光互映，到涪县来会见刘备。张松让法正向刘备建议，就在会面时袭击刘璋。刘备说："这件事不可仓促！"庞统说："现在，乘会面时捉住刘璋，则将军不必动用武力，就可坐得一州。"刘备说："刚刚进入别人的地盘，恩德与信义尚未表现出来，不能这样做。"刘璋推举刘备代理大司马，兼任司隶校尉；刘备也推举刘璋代理镇西大将军，兼任益州牧。两人部下的官兵，也相互交往，在一起欢宴一百余日。刘璋给刘备增兵，拨给大量军用物资，让他去进攻张鲁，又命刘备指挥驻在白水的益州部队。加上刘璋拨来的部队，刘备部下已有三万余人，车辆、甲胄、器械及粮草钱财等都很充足。刘璋回到成都，刘备向北进发，到达葭萌，没有立即进攻张鲁，先广施恩德，收买人心。

【原文】

十七年（壬辰，212年）

春，正月，曹操还邺。诏操赞拜不名，入朝不趋，剑履上殿，如萧何故事。

冬，十月，曹操东击孙权。董昭言于曹操曰："自古以来，人臣匡世，未有今日之功；有今日之功，未有久处人臣之势者也。今明公耻有惭德，乐保名节；然处大臣之势，使人以大事疑己，诚不可不重虑也。"乃与列侯诸将议，以丞相宜晋爵国公，九锡备物，以彰殊勋。荀彧以为："曹公本兴义兵以匡朝宁国，秉忠贞之诚，守退让之实；君子爱人以德，不宜如此。"操由是不悦。及击孙权，表请彧劳军于谯，因辄留彧，以侍中、光禄大夫、持节、参丞相军事。操军向濡须，彧以疾留寿春，饮药而卒。彧行义修整而有智谋，好推贤进士，故时人皆惜之。

【译文】

十七年（壬辰，公元212年）

春季，正月，曹操回到邺城。献帝下诏，命令曹操拜见皇帝时，司仪官只称他的官职，不称名字；准许曹操入朝见到皇帝时，不必迈小步向前急走，并可以佩剑穿鞋上殿，参照汉初丞相萧何的先例。

冬季，十月，曹操率军东征孙权。董昭对曹操说："自古以来，人臣拯救国家的功劳，从来没有您今天的功业这样大；有您今天功业的人，没有长久居于臣属的。现在，您以惭愧为耻，乐于保持名节；然而您处在大臣的地位，会使人为这件大事怀疑您，实在不可不多加考虑。"于是，与列侯及将领们商议，认为丞相曹操应该晋爵为国公，由皇帝赐给他表示特权的九锡，来表彰曹操的特殊功勋。荀彧认为："曹公原来是为了拯救朝廷，安定天下而发起义兵的，怀有忠贞的诚心，严守退让的实意。君子以德爱人，不应当这样。"曹操因此很不高兴。到东征孙权时，曹操上表请求献帝派荀彧到谯县来慰劳军队。荀彧到后，曹操就借机留下他，让他以侍中、光禄大夫的身份，持符节，参与丞相府的军事。曹操大军向濡须进发，荀彧因病留在寿春，喝下毒药而死。荀彧品德高尚，行为端正，而且有智谋，喜欢推荐贤能的士人，因此，当时人对他的去世都很惋惜。

【原文】

十八年（癸巳，213年）

春，正月，曹操进军濡须口，号步骑四十万，攻破孙权江西营，获其都督公孙阳。权率众七万御之，相守月余。操见其舟船器仗军伍整肃，叹曰："生子当如孙仲谋；如刘景升儿子，豚犬耳！"权为笺与操，说："春水方生，公宜速去。"别纸言："足下不死，孤不得安。"操语诸将曰："孙权不欺孤。"乃撤军还。

五月，丙申，以冀州十郡封曹操为魏公，以丞相领冀州牧如故。又加九锡：大辂、戎辂各一，玄牡二驷；衮冕之服，赤舄副焉；轩县之乐，六佾之舞；朱户以居；纳陛以登；虎贲之士三百人；铁、钺各一；彤弓一，彤矢百，玈弓十，玈矢千；秬鬯一卣，珪、瓒副焉。

益州从事广汉郑度闻刘备举兵，谓刘璋曰："左将军悬军袭我，兵不满万，士众未附，军无辎重，野谷是资，其计莫若尽驱巴西、梓潼民内、涪水以西，其仓廪野谷，一皆烧除，高垒深沟，静以待之。彼至，请战，勿许，久无所资，不过百日，必将自走，走而击之，此必禽耳。"刘备闻而恶之，以问法正。正曰："璋终不能用，无忧也。"璋果谓其群下曰："吾闻拒敌以安民，未闻动民以避敌也。"不用度计。

秋，七月，魏始建社稷、宗庙。

【译文】

十八年（癸巳，公元213年）

春季，正月，曹操大军攻到濡须口，号称步、骑兵四十万人，攻破孙权设在长江西岸的营寨，俘获孙权部下的都督公孙阳。孙权率领七万人抵抗曹军，两军相持一个多月。曹操看到孙权的战船、武器精良，军队严整，叹息说："生儿子应当像孙权，至于刘表的儿子，不过是猪狗！"孙权写信给曹操，说："春水正要上涨，您应当赶快撤军。"另附的一张纸上写着："您不死，我就不能安宁。"曹操对部将们说："孙权不欺骗我。"于是撤军返回北方。

五月，丙申（初十），献帝封曹操为魏公，把冀州属下的十个郡作为他的封地，曹操仍继续担任丞相，兼任冀州牧。同时，加"九锡"：御用大车和兵车各一辆，各配有四匹黑色雄马驾车；龙袍、冠冕并配上红色的礼鞋；诸侯享用的三面悬挂的乐器和三十六个人演出的方阵舞；住宅的大门可以漆成红色；登堂的台阶可以修在檐下；虎贲卫士三百人；象征权威的兵器斧、钺各一柄；朱红色的弓一把，朱红色的箭一百支，黑色的弓十把，黑色的箭一千支；祭神用的美酒一罐，并配有玉圭和玉勺。

益州从事、广汉人郑度听到刘备起兵的消息，对刘璋说："左将军刘备孤军深入，远道来袭，他部下士兵不到一万人，而且将士并未全心归附他，军队又没有辎重，只能靠抢掠田野的庄稼为食。因此，最好的办法是把巴西与梓潼境内的百姓全部驱赶到内水、涪水以西，把巴西与梓潼仓库中的粮食物资以及田野里的庄稼全部烧掉，咱们高垒深沟，静待变化。刘备率军前来挑战，咱们坚守不出。他们无处抢掠粮草，不过一百天，必须会自动撤退，等他们后退时咱们再出击，一定可以捉到刘备。"刘备听到消息后，十分忧虑，向法正询问对策，法正说："刘璋最终不会采用郑度的计策，您不必担心。"刘璋果然对部下说："我听说过抵抗敌人以保护百姓；从未听说要迁徙百姓来躲避敌人的。"不用郑度的计策。

秋季，七月，魏国开始建立祭祀土神与谷神的社稷坛和曹氏祖先的宗庙。

资治通鉴第六十七卷

汉纪五十九

【原文】

孝献皇帝壬建安十九年（甲午，214年）

三月，诏魏公操位在诸侯王上，改授金玺、赤绂、远游冠。

诸葛亮留关羽守荆州，与张飞、赵云将兵溯流克巴东。至江州，破巴郡太守严颜，生获之。飞呵颜曰："大军既至，何以不降，而敢拒战！"颜曰："卿等无状，侵夺我州。我州但有断头将军，无降将军也！"飞怒，令左右牵去斫头。颜容止不变，曰："斫头便斫头，何为怒邪！"飞壮而释之，引为宾客。分遣赵云从外水定江阳、犍为，飞定巴西、德阳。

刘备围洛城且一年，庞统为流矢所中，卒。法正笺与刘璋，为陈形热强弱，且曰："左将军从举兵以来，旧心依依，实无薄意。愚以为可图变化，以保尊门。"璋不答。洛城溃，备进围成都。诸葛亮、张飞、赵云引兵来会。

张超和张鲁不足与计事，又鲁将杨昂等数害其能，超内怀于邑。备使建宁督邮李恢往说之，超遂从武都逃入氐中，密书请降于备。备使人止超，而潜以兵资之。超到，令引军屯城北，城中震怖。

备围城数十日，使从事中郎涿郡简雍入说刘璋。时城中尚有精兵三万人，谷帛支一年，吏民咸欲死战。璋言："父子在州二十余年，无恩德以加百姓。百姓攻战三年，肌膏草野者，以璋故也，何心能安！"遂开城，与简雍同舆出降，群下莫不流涕。备迁璋于公安，尽归其财物，佩振威将军印绶。

时议者欲以成都名田宅分赐诸将。赵云曰："霍去病以匈奴未灭，无用家为。

今国贼非但匈奴，未可求安也。须天下都定，各反桑梓，归耕本土，乃其宜耳。益州人民，初罹兵革，田宅皆可归还，令安居复业，然后可役调，得其欢心；不宜夺之，以私所爱也。"备从之。

法正外统都畿，内为谋主，一餐之德、睚眦之怨，无不报复，擅杀毁伤己者数人。或谓诸葛亮曰："法正太纵横，将军宜启主公，抑其威福。"亮曰："主公之在公安也，北畏曹操之强，东惮孙权之逼，近则惧孙夫人生变于肘腋。法孝直为之辅翼，令翻然翱翔，不可复制。如何禁止孝直，使不得少行其意邪！"

诸葛亮佐备治蜀，颇尚严峻，人多怨叹者。法正谓亮曰："昔高祖入关，约法三章，秦民知德。今君假借威力，跨据一州，初有其国，未垂惠抚；且客主之义，宜相降下，愿缓刑弛禁以慰其望。"亮曰："君知其一，未知其二。秦以无道，政苛民怨，匹夫大呼，天下土崩；高祖因之，可以弘济。刘璋暗弱，自焉以来，有累世之恩，文法羁縻，互相承奉，德政不举，威刑不肃。蜀土人士，专权自恣，君臣之道，渐以陵替。宠之以位，位极则贱；顺之以恩，恩竭则慢。所以致弊，实由于此。吾今威之以法，法行则知恩；限之以爵，爵加则知荣。荣恩并济，上下有节，为治之要，于斯而著矣。"

【译文】

汉献帝建安十九年（甲午，公元214年）

三月，献帝颁发诏书，确认魏公曹操地位在诸侯王之上，改授金制印玺、帝王和诸侯专用的红色绶带以及诸侯王专用的远游冠。

诸葛亮留关羽守荆州，与张飞、赵云率兵溯长江而上，攻克巴东。至江州，打败并生擒了巴郡太守严颜。张飞呵斥严颜："我大军已到，你为什么不投降，而敢率军顽抗！"严颜说："你们无理夺取我江州，江州只有断头将军，没有投降将军！"张飞大怒，命令左右部属把严颜拉出去斩首。严颜形容举止不变，说："砍头便砍头，发什么火！"张飞佩服严颜的胆魄，将他释放，并让他做自己的宾客。诸葛亮派遣赵云经外水出兵平定江阳、犍为，派张飞平定巴西、德阳。

刘备围攻洛城近一年，庞统被流矢射中而死。法正写信给刘璋，分析了形势强弱，并说："左将军刘备起兵后，对您仍有旧情，实际上没有恶意。我认为您应改变态度，以保住家门的尊贵。"刘璋未予答复。刘备攻破洛城，进而包围了成都。诸葛亮、张飞、赵云也率兵前来会合。

马超知道张鲁是个不值得与其计议大事的人，张鲁的部将杨昂等人又多次诋毁他的才能，因此心中忧郁。刘备派建宁督邮李恢前去游说马超，马超便从武都逃到氐人部落，秘密写信给刘备请求归降。刘备派人制止了马超，但暗中派兵给以帮助。马超来到成都，刘备命他率军驻扎城北，成都城内的人非常震惊，心中恐惧。

刘备包围成都数十天，派从事中郎涿郡人简雍进城劝降刘璋。此时城中还有精兵三万人，粮食和丝帛可以支持一年，官吏和百姓都愿死战到底。刘璋说："我们父子统领益州二十余年，对百姓没有什么恩德。百姓苦战三年，暴尸荒野，实在是因为我刘璋的缘故，我怎能安心！"因此命令打开城门，和简雍同乘一辆车出来投降，部属无不伤心落泪。刘备把刘璋安置在公安，归还他的全部财物，让他佩带振威将军印绶。

当时，有人建议把成都有名的肥田沃土和住宅分给将领们。赵云说："霍去病曾认为匈奴尚未消灭，不应考虑自己的家业。现在的国贼远非匈奴可比，我们不能贪图安乐。等到天下都安定以后，将士们重归故里，在自己的田地上耕作，才会各得其所。益州的百姓，刚刚遭受兵灾战祸，土地、田宅都应归还原来的主人，使百姓平安定居，恢复生产，然后才可以向他们征发兵役，收取租税，获得他们的好感；不应该夺取他们财物，以私宠自己所爱的将领。"刘备接受了赵云的意见。

法正在外统辖蜀郡，在内则为刘备出谋划策的主要人物。他恩怨分明，对他有过一餐饭的恩惠，他都予以报答；对他有一瞪眼的怨恨，他也无不报复，擅自杀害了一些伤害过自己的人。有人对诸葛亮说："法正肆意横行，将军您应该禀报主公，限制他作威作福。"诸葛亮说："主公在公安的时候，北边畏惧曹操的强大，东边害怕孙权的威胁，近处则担心孙夫人在家中搞出内乱，法正像羽翼一样辅佐主公，使主公能够自由翱翔，不再受制于他人。怎么能禁止法正，而不许他稍稍随心所欲呢！"

诸葛亮辅佐刘备治理蜀地，很强调严刑峻法，很多人怨恨叹息。法正对诸葛亮说："以前汉高祖入函谷关，约法三章，秦地的百姓感恩戴德。如今，您借助权势的力量，占据一州的地方，刚刚建立国家，还没有施加恩惠，进行安抚，况且从外来的客与本地的主之间的关系讲，客人的姿态应当降低，希望您能放宽刑律和禁令，以适应当地人的意愿。"诸葛亮回答说："您只知其一，不知其二。秦因为暴虐无道，政令苛刻，造成人民对它的怨恨，所以一介草民大呼一声，天下就土崩瓦解。汉高祖在这种情况下，可以采用宽大的政策而获得很大成功。刘璋糊涂软弱，从其父刘焉那时起，刘家对蜀地的人两世的恩惠，全靠典章和礼仪维系上下的关系，互相奉承，德政不能施行，刑罚失掉威严。蜀地的人专权而为所欲为，君臣之道，渐渐破坏。给予高官表示宠爱，官位无法再高时，反而被臣下轻视；顺从臣下的要求，施加恩惠，不能满足的时候，臣下便会轻狂怠慢。蜀地所以到了破败的地步，实在是由于这样的原因引起的。我现在要树立法令的威严，法令被执行，人们便会知道我们的恩德；以爵位限定官员的地位，加爵的人便会觉得很荣耀。荣耀和恩德相辅相成，上下之间有一定的规矩，治国的主要原则，由此清楚地显示出来了。"

【原文】

二十年（乙未，215年）

初，刘备在荆州，周瑜、甘宁等数劝孙权取蜀。权遣使谓备曰："刘璋不武，不能自守，若使曹操得蜀，则荆州危矣。今欲先攻取璋，次取张鲁，一统南方，虽有十操，无所忧也。"备报曰："益州民富地险，刘璋虽弱，足以自守。今暴师于蜀、汉，转运于万里，欲使战克攻取，举不失利，此孙、吴所难也。议者见曹操失利于赤壁，谓其力屈，无复远念；今操三分天下已有其二，将欲饮马于沧海，观兵于吴会，何肯守此坐须老乎！而同盟无故自相攻伐，借枢于操，使敌乘其隙，非长计也。且备与璋托为宗室，冀凭威灵以匡汉朝。今璋得罪于左右，备独悚惧，非所敢闻，愿加宽贷。"权不听，遣孙瑜率水军住夏口。备不听军过，谓瑜曰："汝欲取蜀，吾当被发入山，不失信于天下也。"使关羽屯江陵，张飞屯秭归，诸葛亮据南郡，备自住孱陵，权不得已召瑜还。及备西攻刘璋，权曰："猾虏，乃敢挟诈如此！"备留关羽守江陵，鲁肃与羽邻界；羽数生疑贰，肃常以欢好抚之。

及备已得益州，权令中司马诸葛瑾从备求荆州诸郡。备不许，曰："吾方图凉州，凉州定，乃尽以荆州相与耳。"权曰："此假而不反，乃欲以虚辞引岁也。"遂置长沙、零陵、桂阳三郡长吏。关羽尽逐之。权大怒，遣吕蒙督兵二万以取三郡。

鲁肃欲与关羽会语，诸将疑恐有变，议不可往。肃曰："今日之事，宜相开譬。刘备负国，是非未决，羽亦何敢重欲干命！"乃邀羽相见，各驻兵马百步上，但诸将军单刀俱会。肃因责数羽以不返三郡，羽曰："乌林之役，左将军身在行间，戮力破敌，岂得徒劳，无一块土，而足下来欲收地邪！"肃曰："不然。始与豫州觌于长阪，豫州之众不当一校，计穷虑极，志势摧弱，图欲远窜，望不及此。主上矜愍豫州之身无有处所，不爱土地士民之力，使有所庇荫以济其患；而豫州私独饰情，愆德堕好。今已藉手于西州矣，又欲翦并荆州之土，斯盖凡夫所不忍行，而况整领人物之主乎！"羽无以答。会闻魏公操将攻汉中，刘备惧失益州，使使求和于权。权令诸葛瑾报命，更寻盟好。遂分荆州，以湘水为界；长沙、江夏、桂阳以东属权，南郡、零陵、武陵以西属备。诸葛瑾每奉使至蜀，与其弟亮但公会相见，退无私面。

秋，七月，魏公操至阳平。张鲁欲举汉中降，其弟卫不肯，率众数万人拒关坚守，横山筑城十余里。初，操承凉州从事及武都降人之辞，说"张鲁易攻，阳平城下南北山相远，不可守也"，信以为然。及往临履，不如所闻，乃叹曰："他人商度，少如人意。"攻阳平山上诸屯，山峻难登，既不时拔，士卒伤夷者多，军食且尽，操意沮，便欲拔军截山而还，遣大将军夏侯惇、将军许褚呼山上兵还。会前军夜迷惑，误入张卫别营，营中大惊退散。侍中辛毗、主簿刘晔等在兵后，语惇、褚，言"官兵已据得贼要屯，贼已散走"，犹不信之。惇前自见，乃还白操，进兵攻卫，卫等夜遁。

张鲁闻阳平已陷，欲降，阎圃曰："今以迫往，功必轻；不如依杜濩赴朴胡，与相拒，然后委质，功必多。"乃奔南山入巴中。左右欲悉烧宝货仓库，鲁曰："本欲归命国家，而意未得达。今之走避锐锋，非有恶意。宝货仓库，国家之有。"遂封藏而去。操入南郑，甚嘉之。又以鲁本有善意，遣人慰喻之。

【译文】

二十年（乙未，公元215年）

以前，刘备在荆州时，周瑜、甘宁等人多次劝孙权夺取蜀地。孙权派遣使者对刘备说："刘璋软弱，不能保护自己，假如曹操得到蜀地，荆州就危险了。我现在计划先攻破刘璋，再击败张鲁，统一南方，即使有十个曹操，我也没有什么可担忧的了。"刘备回答说："益州人民富裕，地势险要，刘璋虽然软弱，保护自己还有足够的力量。现在若使军队行进在蜀、汉之地，风餐露宿，在万里道路上转运给养，要想战必克，攻必取，举措不失利，就是孙武和吴起也难以做到。议论的人见曹操在赤壁失败，就说他已经没有什么力量，不再有长远打算。然而现今三分天下曹操已拥有其二，准备到沧海去饮马，到吴郡会稽来阅兵，怎么会守着这个局面坐等年老呢？而抗曹的同盟之间却无故自相攻伐，把机会借给曹操，让敌人钻空子，这不是长久之计。况且我和刘璋都是刘姓皇族，希望凭借祖上尊严的神灵匡扶汉朝。如今刘璋得罪了您，我独自感到惶恐，不敢听从您的计划，请求宽恕。"孙权不听刘备的劝告，派孙瑜率水军驻在夏口。刘备不允许孙权的军队过境，对孙瑜说："你们若要攻取蜀地，我将披头散发，隐遁山林之中，不能在天下人面前失信。"便派关羽驻守江陵，张飞屯兵在秭归，诸葛亮据守南郡，他自己坐镇孱陵。孙权不得已，把孙瑜召回。及至刘备向西进攻刘璋时，孙权说："这个滑头，竟敢如此搞阴谋诡计！"｜刘备留下关羽防守江陵，鲁肃的防区与关羽为邻；关羽多次产生疑虑，鲁肃则经常以友好的态度使他安心。

刘备得到益州后，孙权派中司马诸葛瑾向刘备索求荆州的各郡。刘备不同意，说："我正准备夺取凉州，取得凉州以后，才能把荆州全部给你们。"孙权说："这是有借无还，不过是找借口以拖延时日罢了。"因此任命了长沙、零陵、桂阳三郡的地方长官。关羽则全部加以驱逐。孙权大怒，派吕蒙率兵二万人夺取三郡。

鲁肃准备与关羽会谈，将领们恐怕发生变故，劝鲁肃不要去。鲁肃说："事到如今，最好的办法是开导、劝说。刘备忘恩负义，是非还没有最后的结论，关羽又如何敢再打算谋害我的性命！"于是，邀请关羽会面，各自在百步以外止住自己的部队，只有双方的将领带佩刀相见。鲁肃责备关羽不返还三郡，关羽说："乌林那次战役，刘左将军直接参战，竭尽全力打败了敌人，难道能白白辛苦，不拥有一块土地？而您要来收取土地了吗！"鲁肃说："不对！开始在长阪与刘备会面时，他的部众抵挡不了一校的人马，智竭计穷，士气低落，势力衰颓，打算远逃，那时想不到会有今天。我们主公可怜刘备无处安身，不吝惜土地和百姓的劳役，使刘备有了落脚之地，帮助他解决了困难。而刘备却自私自利，虚情假意，辜负恩德，损坏我们的友好关系。现在他已得到益州，有了力量，又要兼并荆州土地，这样的事连普通人都不忍心做，何况领导一邦的领袖人物！"关羽无话可答。正在这时，有人说魏公曹操将要攻打汉中，刘备恐怕失去益州，派使者向孙权求和。孙权命令诸葛瑾答复刘备，愿再度和好。于是双方以湘水为界，分割了荆州：长沙、江夏、桂阳以东归属孙权，南郡、零陵、武陵以西归属刘备。诸葛瑾每次作为使者到蜀，和他的弟弟诸葛亮只在公务会议上相见，退下后并不私相会面。

秋季，七月，魏公曹操抵达阳平。张鲁准备以汉中为代价投降曹操，他的弟弟张卫不同意，率兵众数万人凭借关隘坚守，在山上横向筑城墙十余里。当初，曹操听了凉州从事及从武都投降过来的人所说的话："张鲁容易被击败，阳平城外的南、北山相距很远，无法防守。"便相信了。等他亲自实地观察后，发现不像所听说的那样，因而感叹地说："别人的揣度，很少能令人满意。"攻打阳平山守军时，山势险峻难登，不能及时攻取，士兵死伤很多，军粮也快用尽。曹操心情沮丧，便想让军队开拔，切断山道以后撤走，派大将军夏侯惇、将军许褚喊回山上的战士。恰巧，前部军队在夜间迷路，误入张卫下属军营，张卫的士兵大惊溃散。侍中辛毗、主簿刘晔等人跟在迷路士兵之后，便报告夏侯惇、许褚说："我军已经占据了敌人的重要据点，敌人已经溃散。"夏侯惇等人还不信。夏侯惇亲眼目睹后，才回去报告了曹操，继续进兵攻打张卫，张卫等人乘夜逃走。

张鲁听说阳平已被曹军攻陷，要投降。阎圃说："现在因为受到曹军压力而被迫投降，一定没有什么功；不如通过杜濩投奔朴胡，一同抗拒曹军，然后再归顺，功一定大。"于是逃奔南山进入巴中。张鲁部下要烧毁全部宝物和仓库，张鲁说："本来我们准备归顺国家，而这样的意愿没有转达上去。如今离开这里，只是为了躲避大军的锋锐，并没有恶意。宝物仓库，本是国家所有。"于是，把府库封存好以后，张鲁等人才离去。曹操进入南郑，对张鲁的做法非常赞赏。又因为张鲁原本有善意，派人前往安慰晓谕。

【原文】

二十一年（丙申，216年）

夏，五月，进魏公操爵为王。

初，中尉崔琰荐钜鹿杨训于操，操礼辟之。及操进爵，训发表称颂功德。或笔训希世浮伪，谓琰为失所举。琰从训取表草视之，与训书曰："省表，事佳耳。时乎，时乎！会当有变时。"琰本意，讥论者好谴呵而不寻情理也。时有与琰宿不平者，白琰"傲世怨谤，意旨不逊"，操怒，收琰付狱，髡为徒隶。前白琰者复白之云："琰为徒，对宾客虬须直视，若有所瞋。"遂赐琰死。

崔琰从弟林，尝与陈群共论冀州人士，称琰为首，群以智不存身贬之。林曰："大丈夫为有邂逅耳，即如卿诸人，良足贵乎！"

【译文】

二十一年（丙申，公元216年）

夏季，五月，进封魏公曹操为王。

当初，中尉崔琰把钜鹿人杨训推荐给曹操，曹操以礼征召并任用杨训。及至曹操晋爵为王，杨训作表为他歌功颂德。有人嘲笑杨训阿谀世俗，轻浮虚伪，说崔琰推荐人不当。崔琰从杨训那里把上表的底稿取来查看，给杨训写信说："看了你的上表，事情做得很好。什么时代啊！总有一天会改变的。"崔琰的本意，是讥讽那些乱议论的人太苛求，而不通情理。当时有与崔琰历来不和的人，上告崔琰"傲慢而目空一切，怨愤诽谤，信中有情逆不逊之意"。曹操很气愤，下令把崔琰逮捕入狱，处以剃光头发服苦役的刑罚。那个告发崔琰的人又说："崔琰当了刑徒，对宾客捻着胡须直视，似乎心有所恨。"曹操于是命令崔琰自杀。

崔琰的堂弟崔林，曾经和陈群一同评论冀州的人物，称崔琰为第一，陈群则认为崔琰的才智还不足以保护自身，因而贬低崔琰。崔林说："大丈夫的荣辱是因是否遇到明主罢了，即使像您各位一样，就真值得赞誉吗？"

资治通鉴第六十八卷

汉纪六十

【原文】

孝献皇帝癸建安二十二年（丁酉，217年）

夏，四月，诏魏王操设天子旌旗，出入称警跸。

魏以五官中郎将丕为太子。

初，魏王操娶丁夫人，无子；姜刘氏，生子昂；卞氏生四子，丕、彰、植、熊。王使丁夫人母养昂；昂死于穰，丁夫人哭泣无节，操怒而出之，以卞氏为继室。植性机警、多艺能，才藻敏赡，操爱之。操欲以女妻丁仪，丕以仪目眇，谏止之。仪由是怨丕，与弟黄门侍郎廙，及丞相主簿杨脩，数称临菑侯植之才，劝操立以为嗣。脩，彪之子也。操以函密访于外，尚书崔琰露版答曰："《春秋》之义，立子以长。加五官将仁孝，聪明，宜承正统，琰以死守之。"植，琰之兄女婿也。尚书仆射毛玠曰：

曹植

"近者袁绍以嫡庶不分，覆宗灭国。废立大事，非所宜闻。"东曹掾邢颙曰："以庶代宗，先世之戒也，愿殿下深察之。"丕使人问太中大夫贾诩以自固之术。诩曰：

"愿将军恢崇德度，躬素士之业，朝夕孜孜，不违之道，如此而已。"丕从之，深自砥砺。他日，操屏人问诩，诩嘿然不对。操曰："与卿言，而不答，何也？"诩曰："属有所思，故不即对耳。"操曰："何思？"诩曰："思袁本初、刘景升父子也。"操大笑。

操尝出征，丕、植并送路侧，植称述功德，发言有章，左右属目，操亦悦焉。丕怅然自失，济阴吴质耳语曰："王当行，流涕可也。"及辞，丕涕泣而拜，操及左右咸歔欷，于是皆以植多华辞而诚心不及也。植既任性而行，不自雕饰，五官将御之以术，矫情自饰，宫人左右并为之称说，故遂定为太子。

法正说刘备曰："曹操一举而降张鲁，定汉中，不因此势以图巴、蜀，而留夏侯渊、张郃屯守，身遽北还，此非其智不逮，而力不足也，必将内有忧逼故耳。今策渊、郃才略，不胜国之将帅，举众往讨，必可克之。克之之日，广农积谷，观衅伺隙，上可以倾覆寇敌，尊奖王室；中可以蚕食雍、凉，广拓境土；下可以固守要害，为持久之计。此盖天以与我，时不可失也。"备善其策，乃率诸将进兵汉中，遣张飞、马超、吴兰等屯下辨。魏王操遣都护将军曹洪拒之。

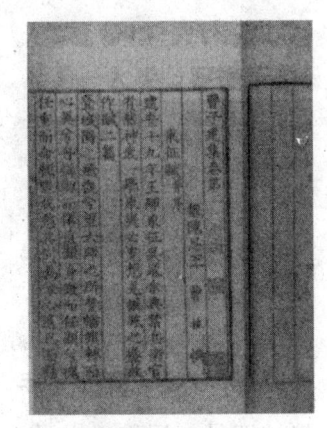

《曹子建集》书影

曹植诗、文、赋兼工俱美，文章"独冠群才"，赋以《洛神赋》出名，代表了建安辞赋创作最高成就。诗之成就更佳，推为"建安之杰"。

【译文】

汉献帝建安二十二年（丁酉，公元217年）

夏季，四月，献帝下诏：魏王曹操可用皇帝专用的旌旗，出入同帝王一样称警跸，实行戒严和清道。

魏立五官中郎将曹丕为太子。

当初，魏王曹操娶丁夫人，没有生儿子。妾刘氏，生儿子曹昂；卞氏生下四个儿子：曹丕、曹彰、曹植、曹熊。曹操让丁夫人以母亲的名义抚养曹昂；曹昂死在穰城，丁夫人哭泣得不能自制，曹操气愤之下，休了丁夫人，以卞氏继为正妻。曹植生性机智，富有能力，才华横溢而敏捷多智，曹操很爱他。曹操要把女儿嫁给丁仪为妻，曹丕因为丁仪一只眼瞎，劝阻了曹操。丁仪因此怨恨曹丕，和弟弟黄门侍郎丁廙，以及丞相主薄杨修，多次称赞临菑侯曹植的才干，劝曹操立他为继承人。杨修本是杨彪的儿子。曹操用信秘密探访外面对立继承人的看法。尚书崔琰用不封口的信答复说："按照《春秋》之义，应立长子。而且五官将曹丕仁厚、忠孝、聪明，应做继承人，我的看法至死不变。"曹植是崔琰哥哥的女婿。尚书仆射毛玠说："前不久，袁绍因嫡亲、旁支不分，宗族和国土都遭覆灭。废立继承人的大事，不是臣子所应听到的。"东曹掾邢颙说："以旁支代替正统继承人，是先世的戒条，希望殿下深入考虑。"曹丕派人向太中大夫贾诩询问巩固自己地位的方法。贾诩说："愿将军您能发扬德性和气度，亲身去做寒素之人的事情，早晚孜孜不倦，不违背做儿子应该遵守的规矩，这样就可以了。"曹丕听从了贾诩的话，暗自深深地磨炼自己。一天，曹操命众人退下，询问贾诩，贾诩默然不答。曹操说："我与你说话，你却不回答，这是为什么？"贾诩说："我正在考虑，所以没有立即回答您。"曹操说："你考虑什么？"贾诩回答说："我是在想袁绍、刘表两对父子啊。"曹操大笑起来。

　　一次，曹操带兵出征，曹丕和曹植共同送到路旁，曹植称颂曹操的功德，出口成章，旁边的人都瞩目赞赏，曹操自己也很高兴。曹丕感到惆怅，若有所失，济阴人吴质在他耳边说："魏王即将上路的时候，流泪哭泣即可。"及至辞行时，曹丕哭着下拜，曹操和部属们都很伤感。因此，大家都认为曹植华丽的辞藻多而诚心不及曹丕。曹植既然做事任性，言行不加掩饰，而曹丕则施用权术，掩盖真情，自我矫饰，宫中的人和曹操部属大多为他说好话，所以最终被立为太子。

　　法正向刘备建议说："曹操一举收降了张鲁，占据汉中，不借助这个有利时机进攻巴、蜀两地，却留夏侯渊、张郃驻守汉中，自己急速北返，这样做并非他才智不够，而是力量不足，必将有内忧的缘故。如今估计夏侯渊、张郃的才能，不及我们的将领，现在举兵进攻，一定可以取胜。夺取汉中后，广开农田，积蓄粮草，等待可乘之机。搞得好，可以将曹操彻底失败，恢复皇室的权威；次之，可以蚕食雍、凉二州，拓展我们的疆土；最次，也可以据险固守，与曹操长期对峙。这是上天的赐予，时机不可丧失。"刘备赞同法正的策略，于是率将领进军汉中，派张飞、马超、吴兰等驻军下辨。魏王曹操派都护将军曹洪拒敌。

【原文】

二十三年（戊戌，218年）

曹洪将击吴兰，张飞屯固山，声言欲断军后，众议狐疑。骑都尉曹休曰："贼实断道者，当伏兵潜行；今乃先张声势，此其不能，明矣。宜及其未集，促击兰，兰破，飞自走矣。"洪从之，进，击破兰，斩之。三月，张飞、马超走。休，魏王族子也。

刘备屯阳平关，夏侯渊、张郃、徐晃等与之相拒。备遣其将陈式等绝马鸣阁道，徐晃击破之。张郃屯广石，备攻之不能克，急书发益州兵。诸葛亮以问从事犍为杨洪，洪曰："汉中，益州咽喉，存亡之机会，若无汉中，则无蜀矣。此家门之祸也，发兵何疑。"时法正从备北行，亮于是表洪领蜀郡太守；众事皆办，遂使即真。

初，犍为太守李严辟洪为功曹，严未去犍为而洪已为蜀郡；洪举门下书佐何祗有才策，洪尚在蜀郡，而祗已为广汉太守。是以西土咸服诸葛亮能尽时人之器用也。

秋，七月，魏王操自将击刘备；九月，至长安。

【译文】

二十三年（戊戌，公元218年）

曹洪将要攻击吴兰，而张飞驻军固山，声称要切断曹军的后路。曹洪和将领们商议，犹豫不决。骑都尉曹休说："张飞等人若确实要切断我军后路，应该隐蔽行军；而现在却先大造声势，说明实际上做不到，这是很清楚的。我军应趁敌人尚未集结，迅速攻击吴兰，吴兰被击败，张飞自然退走。"曹洪听从了这一建议，进军击败吴兰军，斩杀吴兰。三月，张飞、马超撤退。曹休是魏王曹操的同族子侄辈。

刘备驻军阳平关,曹军夏侯渊、张郃、徐晃等与他对峙。刘备派部下将领陈式等人去切断马鸣阁的道路,被徐晃打败。张郃驻守在广石,刘备攻打不下来,急发文书调集益州军队。诸葛亮问从事、犍为人杨洪应如何处理此事,杨洪说:"汉中是益州的咽喉,存亡的关键,如失去汉中,就没有蜀了,这是家门前的祸患,对发兵有什么疑问!"当时蜀郡太守法正跟随刘备到了北方,诸葛亮于是上表请求由杨洪代理蜀郡太守。杨洪将各项政务会都办理妥当,于是获得正式任命。

从前,犍为太守李严曾任命杨洪为功曹,李严未离开犍为,而杨洪已做了蜀郡太守。杨洪推荐自己门下的书佐何祗,称他有才干;杨洪仍在蜀郡,而何祗已经做了广汉太守。因此,西土人士都佩服诸葛亮能够充分利用当时的人才。

秋季,七月,魏王曹操亲自率兵进攻刘备。九月,到达长安。

【原文】

二十四年(己亥,219年)

初,夏侯渊战虽数胜,魏王操常戒之曰:"为将当有怯弱时,不可但恃勇也。将当以勇为本,行之以智计;但知任勇,一匹夫敌耳。"及渊与刘备相拒逾年,备自阳平南渡沔水,缘山稍前,营于定军山。渊引兵争之。法正曰:"可击矣。"备使讨虏将军黄忠乘高鼓噪攻之,渊军大败,斩渊及益州刺史赵颙。张郃引兵还阳平。是时新失元帅,军中扰扰,不知所为。督军杜袭与渊司马太原郭淮收敛散卒,号令诸军曰:"张将军国家名将,刘备所惮;今日事急,非张将军不能安也。"遂权宜推郃为军主。郃出,勒兵按陈,诸将皆受郃节度,众心乃定。明日,备欲渡汉水来攻;诸将以众寡不敌,欲依水为陈以拒之。郭淮曰:"此示弱而不足挫敌,非算也。不如远水为陈,引而致之,半济而后击

陆逊

之，备可破也。"既陈，备疑，不渡。淮遂坚守，示无还心。以状闻于魏王操，操善之，遣使假部节，复以淮为司马。

三月，魏王操自长安出斜谷，军遮要以临汉中。刘备曰："曹公虽来，无能为也，我必有汉川矣。"乃敛众拒险，终不交锋。操运米北山下，黄忠引兵欲取之，过期不还。翊军将军赵云将数十骑出营视之，值操扬兵大出，云猝与相遇，遂前突其陈，且斗且却。魏兵散而复合，追至营下，云入营，更大开门，偃旗息鼓。魏兵疑云有伏，引去；云雷鼓震天，惟以劲弩于后射魏兵。魏兵惊骇，自相蹂践，堕汉水中死者甚多。备明旦自来，至云营，视昨战处，曰："子龙一身都为胆也！"

操与备相守积月，魏军士多亡。夏，五月，操悉引出汉中诸军还长安，刘备遂有汉中。

【译文】

二十四年（己亥，公元219年）

当初，夏侯渊虽然多次打胜仗，魏王曹操却经常告诫他说："作为将领，应有胆怯的时候，不能单凭勇猛。将领应当以勇敢为根本，但在行动时要依靠智慧和计谋；仅依靠勇敢，只能敌得过一名普通人罢了。"后来，夏侯渊与刘备对峙了一年有余，刘备从阳平向南，渡过沔水，顺着山势稍微前行，在定军山扎下营盘。夏侯渊率兵争夺定军山。法正说："可以发动攻击了。"刘备派讨虏将军黄忠率兵居高临下，擂鼓呐喊，发动进攻，夏侯渊的军队大败，夏侯渊和益州刺史赵颙被斩。张郃率军退回阳平。此时，曹军新失统帅，军中人心惶惶，不知如何是好。督军杜袭和夏侯渊的司马、太原人郭淮集合散乱的兵卒，对各营将士发出号令："张郃将军是国家的名将，为刘备所惧怕；如今军情紧迫，只有在张将军的指挥下，才能转危为安。"于是临时推举张郃为军中主帅。张郃出来统率军队，巡视阵地，将领们都接受张郃的指挥，军心才安定下来。第二天，刘备打算渡汉水发动攻击；曹军将领们认为寡不敌众，准备依凭汉水列阵抵抗。郭淮说："这是向敌人示弱，而不能挫败敌人，不是好计策。不如远离汉水列阵，把敌人吸引过来，等他们渡过一半后，我们再出击，就可以打败刘备。"曹军列好阵，刘备产生怀疑，命令不要渡河。郭淮于是坚守阵地,表明曹军没有撤退之心。郭淮等人把情况上报魏王曹操,曹操很同意他们的做法,派使者把符节授予张郃,仍任命郭淮为司马。

三月,魏王曹操从长安出发,穿过斜谷,派兵据守险要之处,以便大军顺利到达汉中。刘备说:"曹公虽然亲自前来,也起不了什么作用,我一定要占有汉川。"于是集结军队,占据险要阻拦,始终不与曹军交战。曹军在北山下运送粮米,黄忠率军企图夺取,超过约定的时间,不见回转。翊军将军赵云率领骑兵数十人出营查看,恰巧曹操大军出动,赵云与敌人猝然相遇,便冲击敌阵,且战且退。曹军

马上关公图

散开后再度汇合,追至赵云的军营前,赵云进入军营,又大开营门,偃旗息鼓。曹军怀疑营中有埋伏,于是撤退。赵云命令擂起战鼓,鼓声震天,却只以强弩在后面射杀曹兵。曹军非常惊骇,自相践踏,落入汉水中而死的很多。第二天一早,刘备亲自来到赵云的兵营,察看了昨天的战场,说:"子龙一身都是胆啊!"

曹操与刘备对峙了一个月,曹军有很多人逃跑。夏季,五月,曹操率领所有进攻汉中的军队返回长安,刘备因此占据了不中。

资治通鉴第六十九卷

魏纪一

【原文】

世祖文皇帝上黄初元年（庚子，220年）

春，正月，武王至洛阳；庚子，薨。王知人善察，难眩以伪。识拔奇才，不拘微贱，随能任使，皆获其用。与敌对陈，意思安闲，如不欲战然；及至决机乘胜，气势盈溢。勋劳宜赏，不吝千金；无功望施，分豪不与。用法峻急，有犯必戮，或对之流涕，然终无所赦。雅性节俭，不好华丽。故能芟刈群雄，几平海内。

是时太子在邺，军中骚动。群僚欲秘不发丧。谏议大夫贾逵以为事不可秘，乃发丧。或言宜易诸城守，悉用谯、沛人。魏郡太守广陵徐宣厉声曰："今者远近一统，人怀效节，何必专任谯、沛，以沮宿卫者之心！"乃止。青州兵擅击鼓相引去；众人以为宜禁止之，不从者讨之。贾逵曰："不可。"为作长檄，令所在给其禀食。鄢陵侯彰从长安来赴，问逵先王玺绶所在。逵正色曰："国有储副，先王玺绶，非君侯所宜问也。"凶问至邺，太子号哭不已。中庶子司马孚谏曰："君王晏驾，天下恃殿下为命；当上为宗庙，下为万国，奈何效匹夫孝也！"太子良久乃止，曰："卿言是也。"时群臣初闻王薨，相聚哭，无复行列。孚厉声于朝曰："今君王违世，天下震动，当早拜嗣君，以镇万国，而但哭邪！"乃罢群臣，备禁卫，治丧事。孚，懿之弟也。群臣以为太子即位，当须诏命。尚书陈矫曰："王薨于外，天下惶惧。太子宜割哀即位，以系远近之望。且又爱子在侧，彼此生变，则社稷危矣。"即具官备礼，一日皆辨。明旦，以王后令，策太子即王位，大赦。汉帝寻遣御史大夫华歆奉策诏，授太子丞相印、绶，魏王玺、绶，领冀州牧。于是尊王后曰王太后。

王弟鄢陵侯彰等皆就国。临菑监国谒者灌均，希指秦"临菑侯植醉酒悖慢，劫胁使者。"王贬植为安乡侯，诛右刺奸掾沛国丁仪及弟黄门侍郎廙并其男口，皆植之党也。

尚书陈群，以天朝选用不尽人才，乃立九品官人之法；州、郡皆置中正以定其选，择州郡之贤有识鉴者为之，区别人物，第其高下。

左中郎将李伏、太史丞许芝表言："魏当代汉，见于图纬，其事众甚。"群臣因上表劝王顺天人之望，王不许。

【译文】

魏文帝黄初元年（庚子，公元220年）

春季，正月，魏武王曹操抵达洛阳；庚子（二十三日），曹操去世。魏王知人善任，善于洞察别人，很难被假象所迷惑；能够发掘和提拔有特殊才能的人，不论地位多么低下，都按照才能加以任用，使他们充分发挥自己的才智。和敌人对阵时，他仪态安详，似乎不愿意打仗；可是一旦制定好策略，向敌人发动攻击，便气势充沛，斗志昂扬。对有功的将士和官吏，赏赐时不吝千金；而对没有功劳却希望受到赏赐的人，则分文不给。执法时严峻急切，违法的一定加以惩罚，有时对犯罪的人伤心落泪，也不加赦免。生活俭朴，不崇尚富丽奢华。所以能够消灭各个强大的割据势力，几乎统一全国。

汉献帝

此时，太子曹丕正在邺城，驻洛阳的军队骚动不安。大臣们想先保守秘密，暂时不公布曹操去世的消息。谏议大夫贾逵认为不应该保密，才把丧事公之于众。有人说，应当把各个城池的守将都换上曹操家乡的谯县人和沛国人。魏郡太守、广陵人徐宣大声说："如今各地都归于一统，每个人都怀有效忠之心，何必专用谯县人和沛国人，以伤害那些守卫将士的感情！"撤换之事才不再提起。青州籍的原黄巾军士兵擅自击鼓离去，大家认为应加制止，对不服从命令者派兵征讨。贾逵说：

不可以这样做。"于是他写了一篇很长的文告,命令青州兵所到之处的地方官府,要给他们提供粮食。鄢陵侯曹彰从长安赶来,询问贾逵魏王的印玺在何处,贾逵严肃地说:"国家已经确定了先王的继承人,先王的印玺,不是君侯您应当询问的。"噩耗传到邺城,太子曹丕恸哭不已。中庶子司马孚劝谏说:"先王去世,举国上下都仰仗殿下您的号令。您应上为祖宗的基业着想,下为全国的百姓考虑,怎么能效法普通人尽孝的方式呢?"曹丕很久以后才止住哭声,对司马孚说:"你说得对。"当时,大臣们刚刚听到曹操去世的消息,相聚痛哭,一片混乱。司马孚在朝堂上大声说:"如今君王去世,全国震动,当务之急是拜立新君,以镇抚天下,难道你们只会哭泣吗?"于是命令群臣退出朝堂,安排好宫廷警卫,处理丧事。司马孚是司马懿的弟弟。大臣们认为太子曹丕即魏王位,应该有汉献帝的诏令。尚书陈矫说:"魏王在外去世,全国惊惶恐惧。太子应节哀即位,以安定全国上下的人心。况且魏王钟爱的儿子曹彰正守在灵柩旁边,他若在此时有不智之举,生出变故,国家就危险了。"当即召集百官,安排礼仪,一天之内,全部办理完毕。第二天清晨,以魏王后的命令,拜立太子曹丕继承曹操为魏王,下令大赦天下罪犯。不久,汉献帝派御史大夫华歆带着诏书,授予曹丕丞相印绶和魏王玺绶,仍兼任冀州牧。于是曹丕尊奉母后卞氏为王太后。

魏王曹丕的弟弟鄢陵侯曹彰等人都回到自己的封地。临菑侯曹植的监国谒者灌均,迎合曹丕的意图,上奏说:"临菑侯曹植酗酒,言辞轻狂傲慢,劫持并胁迫魏王的使者。"曹丕贬曹植为安乡侯,将右刺奸掾、沛国人丁仪、黄门侍郎丁廙兄弟二人及两家男子全部处死,这些人都是曹植的党羽。

尚书陈群认为,汉朝任用的官员,并没有把人才都选举出来,于是设立九品官人的制度:在州和郡都设置中正的职位,以确定应该选用哪些人;中正由各州、郡中贤德、能够鉴别人才的人担任,由他们鉴别人物品行、能力,分出高低不同等级。

左中郎将李伏、太中丞许芝向曹丕上书说:"魏应该取代汉,经过占验河图和纬书,很多事例都证明了这一点。"大臣们因此都上表,劝魏王曹丕遵从上天的意志,顺应官员和百姓的愿望,取代汉朝,登基称帝,曹丕不同意。

冬季,十月,乙卯(十三日),汉献帝在高祖庙祭祀,报告列祖列宗,派代理御史大夫张音带着符节，捧着皇帝玺绶以及诏书，要让位给魏王曹丕。曹丕三次上书推辞，然后在繁阳筑起高坛，辛未（二十九日），登坛接受皇帝玺绶，即皇帝位。燃起大火祭祀天地、山川，更改年号，大赦全国。

【原文】

二年（辛丑，221年）

蜀中传言汉帝已遇害，于是汉中王发丧制服，谥曰孝愍皇帝。群下竞言符瑞，劝汉中王称尊号。前部司马费诗上疏曰："殿下以曹操父子逼主篡位，故乃羁旅万里，纠合士众，将以讨贼。今大敌未克而先自立，恐人心疑惑。昔高祖与楚约，先破秦者王之。及屠咸阳，获子婴，犹怀推让；况今殿下未出门庭，便欲自立邪！愚臣诚不为殿下取也。"王不悦，左迁诗为部永昌从事。夏，四月，丙午，汉中王即皇帝位于武担之南，大赦，改元章武。以诸葛亮为丞相，许靖为司徒。

汉主耻关羽之没，将击孙权。翊军将军赵云曰："国贼，曹操，非孙权也。若先灭魏，则权自服。今操身虽毙，子丕篡盗，当因众心，早图关中，居河、渭上流以讨凶逆，关东义士必裹粮策马以迎王师。不应置魏，先与吴战。兵势一交，不得卒解，非策之上也。"群臣谏者甚众，汉主皆不听。广汉处士秦宓陈天时必无利，坐下狱幽闭，然后贷出。

初，车骑将军张飞，雄壮威猛亚于关羽；羽善待卒伍而骄于士大夫，飞爱礼君子而不恤军人。汉主常戒飞曰："卿刑杀既过差，又日鞭挝健儿而令在左右，此取祸之道也。"飞犹不悛。汉主将伐孙权，飞当率兵万人自阆中会江州。临发，其帐下将张达、范强杀飞，以其首顺流奔孙权。汉主闻飞营都督有表，曰："噫，飞死矣！"。

【译文】

二年（辛丑，公元221年）

蜀地传言汉献帝已经遇害，于是，汉中王刘备下令披麻戴孝，为汉献帝举行丧礼，尊谥汉献帝为孝愍皇帝。群臣纷纷上书，说有很多吉祥之兆，请求刘备即位称

二牛耕地图 三国

诸葛亮推行屯田制,使蜀国农业发展很快,此图为三国时期的农耕图。

帝。前部司马费诗上书说:"殿下因为曹操父子逼迫皇帝,篡夺帝位,所以才万里流亡,召集士卒,领兵讨伐曹氏奸贼。如今大敌尚未击败,您却先自称皇帝,恐怕人们会对您的行为产生疑惑。从前,汉高祖与楚人相约,谁先灭掉秦朝,谁就称王。等到攻克咸阳,俘获了秦皇帝子婴,汉高祖对王的称号仍然推让。而殿下如今尚未走出门庭,便要自己称皇帝,愚臣我实在认为您不应该这样做。"汉中王对此很不高兴,将费诗降职为益州部永昌从事。夏季,四月,丙午(初六),汉中王刘备在成都西北的武担山之南登基称帝,大赦罪犯,改年号为章武,任命诸葛亮为丞相,许靖为司徒。

刘备为关羽的被杀深感耻辱,准备进攻孙权,翊军将军赵云说:"国贼是曹操,而不是孙权。如果先灭掉魏,则孙权自然归服。如今曹操虽然已经死去,他的儿子曹丕窃夺了汉朝的皇位。我们应当顺应民心,尽早夺取关中,占据黄河、渭水上游,以利于征讨凶顽叛逆,函谷关以东的义士,一定会自带军粮,驱策战马迎接陛下的正义之师。我们不应置曹操而不顾,先和孙权开战。两国战端一开,不可能很快结束,这不是上策。"大臣中劝谏的人很多,汉王都不同意。广汉郡一个不愿为官的士人秦宓,上书陈述天时对蜀军必定不利,因此而披治罪入狱拘押,后来才被赦免。

当初,车骑将军张飞,英勇善战、雄壮威武仅次于关羽;关羽关心士兵,对士大夫却很傲慢;张飞则对士大夫彬彬有礼,而不关心士兵。汉王经常告诫张飞说:"你刑罚过严,杀人太多,再把那些受过鞭打的将士留在自己的身边,这是招来祸患的做法。"张飞还是不改。汉王刘备将要征讨孙权,张飞应率兵一万人阆中出发,与大军在江州会合。发兵之前,帐下将领张达、范强杀死了张飞,二人带着张飞的头颅,顺长江而下投降了孙权。汉王听说张飞军营的营都督前来上表,便说:"哎呀,张飞死了!"

【原文】

三年(壬寅,222年)

汉主自秭归将进击吴,治中从事黄权谏曰:"吴人悍战,而水军沿流,进易退难。臣请为先驱以当寇,陛下宜为后镇。"汉主不从,以权为镇北将军,使督江北诸军;自率诸将,自江南缘山截领,军于夷道猇亭。吴将皆欲迎击之。陆逊曰:"备举军东下,锐气始盛;且乘高守险,难可卒攻。攻之纵下,犹难尽克,若有不利,损我大势,非小故也。今但且奖厉将士,广施方略,以观其变。若此间是平原旷野,当恐有颠沛交逐之忧;今缘山行军,势不得展,自当罢于木石之间,徐制其敝耳。"诸将不解,以为逊畏之,各怀愤恨。

汉人自巫峡建平连营至夷陵界,立数十屯,以冯习为大督,张南为前部督,自正月与吴相拒,至六月不决。汉主遣吴班将数千人于平地立营,吴将帅皆欲击之,陆逊曰:"此必有谲,且观之。"汉主知其计不行,乃引伏兵八千从谷中出,逊曰:"所以不听诸君击班者,揣之必有巧故也。"逊上疏于吴王曰:"夷陵要害,国之关限,虽为易得,亦复易失。失之,非徒损一郡之地,荆州可忧,今日争之,当令必谐。备于天常,不守窟穴而敢自送,臣虽不材,凭奉威灵,以顺讨逆,破坏在近,无可忧者。臣初嫌之水陆俱进,今反舍船就步,处处结营,察其布置,必无他变。伏愿至尊高枕,不以为念也。"

闰月,逊将进攻汉军,诸将并曰:"攻备当在初,今乃令入五六百里,相守经七八月,其诸要害皆已固守,击之必无利矣。"逊曰:"备是猾虏,更尝事多,其军始集,思虑精专,未可干也。今住已久,不得我便,兵疲意沮,计不复生。掎角此寇，正在今日。"乃先攻一营，不利，诸将皆曰："空杀兵耳！"逊曰："吾已晓破之之术。"乃敕各持一把茅，以火攻，拔之；一尔势成，逊率诸军，同时俱攻，斩张南、冯习及胡王沙摩柯等首，破其四十余营。汉将杜路、刘宁等穷逼请降。

汉主升马鞍山，陈兵自绕，逊督促诸军，四面蹙之，土崩瓦解，死者万数，汉主夜遁，驿人自担烧铙铠断后，仅得入白帝城，其舟船、器械，水、步军资，一时略尽，尸骸塞江而下。汉主大惭恚曰："吾乃为陆逊所折辱，岂非天耶！"将军义阳傅肜为后殿，兵众尽死，肜气益烈。吴人谕之使降，肜骂曰："吴狗，安有汉将军而降者！"遂死之。从事祭酒程畿溯江而退，众曰："后追将至，宜解舫轻行。"畿曰："吾在军，未习为敌之走也。"亦死之。

【译文】

三年（壬寅，公元222年）

汉主刘备从秭归出兵，进攻吴国。治中从事黄权劝谏说："吴人强悍善战，而我们的水军顺长江而下，前进容易，撤退困难。请陛下派我率军为前锋，向敌人发动攻击，陛下应该在后方坐镇。"汉主没有采纳，却任命黄权为镇北将军，派他统领长江以北的各路蜀军。同时，亲率将士，沿长江南岸翻山越岭向吴进发，驻军在夷道县的猇亭。吴国将领都请求出兵迎击，陆逊说："刘备率军沿长江东下，锐气正盛，而且凭据高山，坚守险要，很难向他们发起迅猛的进攻。即使攻击成功，也不能完全将他们击败；如果攻击不利，将损伤我们的主力，绝不是小小的失误。目前，我们只有褒奖和激励将士，多方采

陆逊营烧七百里

纳和实施破敌的策略，观察形势变化。如果这一带为平原旷野，我们还要担心有互

相追逐的困扰；如今他们沿着山岭部署军队，不但兵力无法展开，反而因困在树木乱石之中，自己渐渐精疲力竭，我们要有耐心，等待他们自己败坏而加以攻击。"诸位将领不理解，认为陆逊惧怕刘备大军，各自心怀愤恨。

蜀军自巫峡建平扎营，直至夷陵附的，设立数十座营盘，以冯习为总指挥，张南为前军指挥，从正月开始与吴军对峙，到六月仍未决战。汉主命令吴班率数千人在平地扎营，吴军将领都要求出击，陆逊说："这一定有诡诈，我们暂且观察。"汉主见计划无法实现，只好命令八千伏兵从山谷中出来。陆逊说："我之所以没有听从诸位进攻吴班的建议，是因为我估计刘备一定有计谋的缘故。"陆逊向吴王上书说："夷陵是军事要地，它的得失，关系到我们的生死存亡。夷陵虽然易得，也容易再失去。失去夷陵，不仅仅是损失了一个郡，就连荆州也令人担忧。今日争夺夷陵，一定要彻底取得胜利。刘备违背常情，不守护自己的巢穴，却胆敢自己送上门来，臣下虽然不才，凭借大王的威灵，名正言顺地讨伐逆贼，大败敌军就在眼前，没有什么可忧虑的。我当初担心刘备会水陆并进，现在他却舍水路不走，从陆路进发，随处扎营，观察他的军事部署，一定不会有什么变化了。希望至尊的大王高枕而卧，不必把这件事老挂在心上。"

闰六月，陆逊要向蜀军发动进攻，部下将领都说："发动进攻，应在刘备立足未稳的时候，如今蜀军已深入我国五六百里，和我们对峙七八个月，占据了险要，加强了防守，现在进攻不会顺利。"陆逊说："刘备是个很狡猾的家伙，再加之经验丰富，蜀军刚集结时，他思虑周详，我们无法向他发动攻击。如今蜀军已驻扎很长时间，却仍找不到我军的漏洞，将士疲惫，心情沮丧，再也无计可施。现在正是我们对他前后夹击的好机会。"于是，下令先向蜀军的一个营垒发动攻击，战斗失利，将领们都说："白白损兵折将！"陆逊说："我已经有了破敌之策。"命令战士每人拿一束茅草，用火攻击，得胜；这样一来，又乘势率领各路军队全面出击，斩杀蜀军将领张南、冯习和胡人酋长沙摩柯等人，攻破蜀军营垒四十余座。蜀将杜路、刘宁走投无路，只得向吴军请求投降。

汉主登上马鞍山，环绕自己布置军队，陆逊督促各军四面围攻，紧缩包围圈，蜀军土崩瓦解，战死一万余人。汉王连夜逃走，驿站官员亲自挑着兵器铠甲在险要路口焚烧，以阻挡吴军的追击，汉主才得以逃入白帝城。蜀军的船只、器械，水、陆军的军用物资，一下子全被夺取；尸体塞满长江江面，顺流而下。汉主既惭愧又失望地说："我被陆逊羞辱，这是天意啊！"将军义阳人傅肜掩护大军退却，部下全部战死，他却愈战愈勇，吴军劝他投降，他大骂说："吴国的狗东西，哪有汉将军会投降的！"终于血战而死。从事祭酒程畿逆长江乘船退却，部下说："后面追兵紧迫，应把两船连结的方舟折开，轻舟撤退。"程畿说："我从军以来，还未学过如何逃跑。"也战死了。

魏纪二

【原文】

世祖文皇帝下黄初四年（癸卯，223年）

汉主病笃，命丞相亮辅太子，以尚书令李严为副。汉主谓亮曰："君才十倍曹丕，必能安国，终定大事。若嗣子可辅，辅之；如其不才，君可自取。"亮涕泣曰："臣敢不竭股肱之力，效忠贞之节，继之以死！"汉主又为诏敕太子曰："人五十不称夭，吾年已六十有余，何所复恨，但以卿兄弟为念耳。勉之，勉之！勿以恶小而为之，勿以善小而不为！惟贤惟德，可以服人。汝父德薄，不足效也。汝与丞相从事，事之如父。"夏，四月，癸巳，汉主殂于永安，谥曰昭烈。

丞相亮奉丧还成都，以李严为中都护，留镇永安。

五月，太子禅即位，时年十七。尊皇后曰皇太后，大赦，改元建兴。封丞相亮为武乡侯，领益州牧，政事无巨细，咸决于亮。亮乃约官职，修法制，发教与群下曰："夫参署者，集众思，广忠益也。若远小嫌，难相违覆，旷阙损矣。违覆而得中，犹弃敝蹻而获珠玉。然人心苦不能尽，惟徐元直处兹不惑。又，董幼宰参署七年，事有不至，至于十反，来相启告。苟能慕元直之十一，幼宰之勤渠，有忠于国，则亮可以少过矣。"又曰："昔初交州平，屡闻得失；后交元直，勤见启诲；前参事于幼宰，每言则尽；后从事于伟度，数有谏止。虽资性鄙暗，不能悉纳，然与此四子终始好合，亦足以明其不疑于直言也。"伟度者，亮主簿义阳胡济也。

七擒孟获图

此壁画位于云南省曲靖市境内,传说这里曾是诸葛亮七擒孟获之处。

【译文】

魏文帝黄初四年(癸卯,公元223年)

汉主病重,命令丞相诸葛亮辅佐太子刘禅,以尚书令李严作诸葛亮的副手。汉主对诸葛亮说:"你的才干胜过曹丕十倍,必定能安定国家,完成大业。如果刘禅还可以辅佐,你就辅佐他;如果他没有才德,你可取而代之。"诸葛亮淌着泪说:"臣下怎敢不竭尽全力辅佐太子,忠贞不贰地为国效命,至死不渝!"汉主又下诏给太子:"人活五十而死不能称为夭折,我已经活了六十多岁,还有什么遗憾,只是牵挂你们兄弟。要努力,再努力啊!不要因坏事很小就去做,也不要因为好事很小就不去做!只有贤明和德行,才会使人折服。父亲德行浅薄,不值得你们效法。你与丞相共同处理政务,对待他要像父亲一样。"夏季,四月,癸巳(疑误),汉主刘备病逝于永安,谥号为昭烈皇帝。

丞相诸葛亮护送灵车回到成都,由李严作中都护,留下镇守永安。

五月,太子刘禅即位为蜀汉皇帝,当时十七岁,尊奉皇后为皇太后,大赦罪犯,改年号为建兴。封丞相诸葛亮为武乡侯,兼任益州牧,国事无论大小,都取决于诸葛亮。于是诸葛亮精简官职,修订法制,向百官发下文告说:"所谓参与朝政,署理政务，就是要集合众人的心思，采纳有益国家的意见。如果因为一些小隔阂而彼此疏远，就无法听到不同意见，我们的事业将会受到损失。听取不同意见而能得出正确的结论，如同扔掉破草鞋而获得珍珠美玉。然而人们很难做到这一点，只有徐庶在听取各种意见时不受困惑。还有董和，参与朝政、署理政务七年，某项措施有不稳妥之处，反复十次征求意见，向我报告。如果能做到徐庶的十分之一，像董和那样勤勉、尽职、效忠，我就可以减少过失了。"他又说："过去我结交崔州平，他多次指出我的优缺点；后来又结交徐庶，得到很多启发和教诲；先前与董和商议事情，他每次都能做到知无不言，言无不尽；随后又与胡伟度共事，他的多次劝谏，使我避免了很多失误。我虽然生性愚昧，见识浅陋，对他们给我的教益不能全部吸取，然而和这四人的关系始终很好，也可表明我对直言是不会猜疑的。"胡伟度，就是诸葛亮的主簿义阳人胡济。

【原文】

五年（甲辰，24年）

吴王使辅义中郎将吴郡张温聘于汉，自是吴、蜀信使不绝。时事所宜，吴主常令陆逊语诸葛亮；又刻印置逊所，王每与汉主及诸葛亮书，常过示逊，轻重、可否有所不安，每令改定，以印封之。

汉复遣邓芝聘于吴，吴主谓之曰："若天下太平，二主分治，不亦乐乎？"芝对曰："天无二日，土无二王。如并魏之后，大王未深识天命，君各茂其德，臣各尽其忠，将提抱鼓，则战争方始耳。"吴王大笑曰："君之诚款乃当尔邪！"

吴张温少以俊才有盛名，顾雍以为当今无辈，诸葛亮亦重之。温荐引同郡暨艳为选部尚书。艳好为清议，弹射百僚，核奏三署，率皆贬高就下，降损数等，其守故者，十未

诸葛亮

能一；其居位贪鄙，志节污卑者，皆以为军吏，置营府以处之；多扬人暗昧之失以显其谪。同郡陆逊、逊弟瑁及侍御史朱据皆谏止之。瑁与艳书曰："夫圣人嘉善矜愚，忘过记功，以成美化。加今王业始建，将一大统，此乃汉高弃瑕录用之时也。若令善恶异流，贵汝、颍月旦之评，诚可以厉俗明教，然恐未易行也。宜远模仲尼之泛爱，近则郭泰之容济，庶有益于大道也。"据谓艳曰："天下未定，举清厉浊，足以沮劝；若一时贬黜，惧有后咎。"艳皆不听。于是怨愤盈路，争言艳及选曹郎徐彪专用私情，憎爱不由公理；艳、彪皆坐自杀。温素与艳、彪同意，亦坐斥还本郡以给厮吏，卒于家。始，温方盛用事，余姚虞俊叹曰："张惠恕才多智少，华而不实，怨之所聚，有覆家之祸；吾见其兆矣。"无几何而败。

【译文】

五年（甲辰，公元224年）

吴王派辅义中郎将吴郡人张温到蜀汉聘问，从此以后，吴、蜀两国使者和书信往来不断。有事需要互通消息，吴王常令陆逊告诉诸葛亮；还专刻一枚自己的印章放在陆逊那里，吴王给蜀汉后主或诸葛亮写信，常先给陆逊看过，言辞轻重、处事可否，有不当之处，即令陆逊改正，再用印封好发出。

蜀汉再次派邓芝到吴拜会，吴王对他说："如果天下太平，由两国君主分而治之，不也是很好吗？"邓芝回答说："天上没有两个太阳，地上也不能并存两个皇帝。在兼并魏之后，假如大王未能深刻领会上天的意旨，两国国君各自发扬德行，两国的臣子为各自的君王尽忠，将领则擂起战鼓，那时战争才刚刚开始。"吴王大笑说："你的诚实竟到了这个地步吗！"

吴国张温年轻时，以聪明才智享有盛名，顾雍认为当时无人能与他相比，诸葛亮也很推崇他。张温推荐同郡人暨艳作吴的选部尚书。暨艳喜欢议论朝政，弹劾朝廷百官，对五官、左右三署郎官，审查尤其严格，几乎都被降职，甚至被降数级，能够保住原来官位的，十个人中也没有一个；那些为官贪婪鄙下，没有志向和节操的人，都被他发落成为军吏，安插在军队的各营各府。他还经常揭发别人的隐私，加以夸大张扬，以证明他处罚得当。同郡人陆逊、陆瑁兄弟二人，以及侍御史朱据都劝他不要这样做。陆瑁写信给暨艳说:"圣贤的人赞扬善行,而体谅别人的愚昧;忘记别人的过错,而记住人家的功劳,以形成美好的风化。如今大王的伟业刚刚开始,将要统一全国,现在正是如同汉高祖不求全责备,广泛招揽人才的时代。如果一定要在善恶好坏之间划出一条清楚的界限,重视像过去许劭所做的人物品评,固然可以改变风俗,申明教化,然而恐怕目前很难推行。应该远学孔子的泛爱亲仁,近效郭泰的宽厚容人,这才有益于正道常理。"朱据也对暨艳说:"天下尚未平定,如果只举荐那些完全清白的人,而容不得一丝缺点,恰恰破坏了劝导的作用;如果一下子都被免职,恐怕会带来祸患。"暨艳不听。于是怨恨之声遍布于路途,人们都争着告发暨艳和选曹郎徐彪专凭私人感情任用官吏,爱憎不以公理作标准;暨艳和徐彪都被治罪自杀了。张温和暨艳、徐彪素来意见一致,也被牵连治罪,逐回本郡的官府做杂役,后来死在家中。当初,在张温得势的时候,余姚人虞俊叹息说:"张温才能有余而明智不足,华而不实,人们的怨怼将会聚集在他身上,有败家之祸,我已经看见先兆了。"不久,张温被治罪逐回。

【原文】

六年(乙巳,225年)

吴丞相北海孙劭卒。初,吴当置丞相,众议归张昭,吴王曰:"方今多事,职大者责重,非所以优之也。"及劭卒,百僚复举昭,吴王曰:"孤岂为子布有爱乎!领丞相事烦,而此公性刚,所言不从,怨咎将兴,非所以益之也。"六月,以太常顾雍为丞相、平尚书事。雍为人寡言,举动时当,吴王尝叹曰:"顾君不言,言必有中。"至饮宴欢乐之际,左右恐有酒失,而雍必见之,是以不敢肆情。吴王亦曰:"顾公在坐,使人不乐。"其见惮如此。初领尚书令,封阳遂乡侯;拜侯还寺,而家人不知,后闻,乃惊。及为相,其所选用文武将吏,各随能所任,心无适莫。时访逮民间及政职所宜,辄密以闻,若见纳用,则归之于上;不用,终不宣泄;吴王以此重之。然于公朝有所陈及,辞色虽顺而所执者正;军国得失,自非面见,口未尝言。王常令中书郎诣雍有所咨访,若合雍意,事可施行,即相与反覆究而论之,为设酒食;如不合意,雍即正色改容,默然不言,无所施设。郎退告王,王曰:"顾公欢悦,是事合宜也;其不言者,是事未平也。孤当重思之。"江边诸将,各欲立功自效,多陈便宜,有所掩袭。王以访雍。雍曰:"臣闻兵法戒于小利,此等所陈,欲邀功名而为其身,非为国也。陛下宜禁制,苟不足以曜威损敌,所不宜听也。"王从之。

【译文】

六年(乙巳,公元225年)

吴丞相北海人孙邵去世。当初,吴国要设置丞相一职,大家首推张昭。吴王说:"如今是多事之秋,职位越高,责任愈重,这一职务对张昭来说,并非优待。"孙邵去世,文武官员再次推举张昭,吴王又说:"孤岂不敬爱张子布?丞相负责的政务烦多,而张昭性情刚烈,我若不听从他,他就会不满和怨怼,这对他并没有什么好处。"六月,任太常顾雍为丞相,平尚书事。顾雍为人沉默寡言,举止稳妥,吴王曾赞叹说:"顾君不说话则已,说话即能抓住要害。"每次设筵饮酒作乐,大臣们都恐怕酒后失态,被在场的顾雍看到,所以不敢放开酒量。吴王也说:"顾公在座,使人不乐。"可见大臣和吴王多么忌惮他。顾雍刚兼任尚书令的时候,被封为阳遂乡侯;拜过爵位后,回到官邸,家人仍不知道他已被封侯,后来听说,都很吃惊。及至受任为丞相,他选用文官武将,都各按才能加以任用,而不夹杂自己的好恶。常常私下到民间访查政治得失,每当有好的建议,都秘密上报,如被采纳,将功劳归于主上;如不被采纳,则始终不泄露出去;吴王为此很看重他。然而他在朝廷发表意见时,言辞虽然和顺,却能将正确意见坚持到底;对于政治得失,若非亲眼所见,决不妄加评论。吴王有事情,常令中书郎到顾雍那里咨询访问。如果顾雍同意,觉得此事可以施行,便与中书郎反复讨论研究,并为他预备酒饭;如果不同意,顾雍便表情严肃,默然无语,什么都不预备。中书郎回去将情况报告吴王,吴王说:"顾公高兴,说明此事应该办;他不发表意见,表明办法还不稳妥,孤应当反复考虑。"驻守长江岸边的将领,都想建功立业,报效国家,很多人上书,认为时机有利,应发兵袭击魏军。吴王为此事询访顾雍,顾雍说:"我听说贪图小利为兵家所戒,他们的这些条陈,是要为自己邀取功名,而不是为国家着想。陛下应加制止，如果不能扬我威武，重创敌人，就不应听从。"吴王采纳了顾雍的意见。

【原文】

七年（丙午，226年）

票骑将军都阳侯曹洪，家富而性吝啬，帝在东宫，尝从洪贷绢百匹，不称意，恨之；遂以舍客犯法，下狱当死，群臣并救，莫能得。卞太后责怒帝曰："梁、沛之间，非子廉无有今日。"又谓郭后曰："令曹洪今日死，吾明日敕帝废后矣！"于是郭后泣涕屡请，乃得免官，削爵土。

初，郭后无子，帝使母养平原王睿；以睿母甄夫人被诛，故未建为嗣。睿事后甚谨，后亦爱之。帝与睿猎，见子母鹿，帝亲射杀其母，命睿射其子；睿泣曰："陛下已杀其母，臣不忍复杀其子。"帝即放弓矢，为之恻然。夏，五月，帝疾笃，乃立睿为太子。丙辰，召中军大将军曹真、镇军大将军陈群、抚军大将军司马懿，并受遗诏辅政。丁巳，帝殂。

太子即皇帝位，尊皇太后曰太皇太后，皇后曰皇太后。

初，明帝在东宫，不交朝臣，不问政事，惟潜思书籍；即位之后，群下想闻风采。居数日，独见侍中刘晔，语尽日，众人侧听，晔既出，问："何如？"曰："秦始皇、汉孝武之俦，才具微不及耳。"

帝初莅政，陈群上疏曰："夫臣下雷同，是非相蔽，国之大患也。若不和睦则有仇党，有仇党则毁誉无端，毁誉无端则真伪失实，此皆不可不深察也。"

吴陆逊陈便宜，劝吴王以施德缓刑，宽赋息调。又云："忠谠之言，不能极陈；求容小臣，数以利闻。"王报曰："《书》载'予违汝弼'，而云不敢极陈，何得为忠谠哉！"于是令有司尽写科条，使郎中褚逢赍以就逊及诸葛瑾，意所不安，令损益之。

【译文】

七年（丙午，公元226年）

票骑将军都阳侯曹洪，家中富有，但很吝啬。文帝做太子时，曾向曹洪借用一百匹绢，未能满意，所以心怀嫉恨。后来，曹洪宾客犯法，便将曹洪逮捕入狱，判处死刑，大臣们都为曹洪求情，仍不赦免。卞太后气愤地责备文帝："当年在梁沛之间大战时，若没有曹洪，我们怎么会有今天。"又对郭皇后说："皇帝今天处死曹洪，我明天就要他废掉你这个皇后！"于是，郭皇后多次哭着为曹洪求情，曹洪才免于一死，被免去官职，削去爵位和封地。

当初，郭皇后没有儿子，文帝让她以母亲的名义抚养平原王曹睿，曹睿因为母亲甄夫人被杀，没有被立为太子。他谨慎侍奉郭皇后，深得郭皇后喜爱。一天，文帝和曹睿父子二人射猎，见到一只母鹿带着一只小鹿，文帝亲手射死了母鹿，要曹睿射那只小鹿，曹睿哭着说："陛下已经杀了母亲，我不忍心再杀她的儿子。"文帝当即放下弓箭，恻然心伤。夏季，五月，文帝病重，立曹睿为太子。丙辰（十六日），召中军大将军曹真、镇军大将军陈群、抚军大将军司马懿，发布遗诏，命令他们辅佐太子曹睿主持政事。丁巳（十七日），文帝去世。

太子曹睿即帝位，尊皇太后卞氏为太皇太后，养母郭皇后为皇太后。

当初，魏明帝曹睿在东宫做太子的时候，不结交朝廷大臣，不过问政事，只是埋头读书。即位后，大臣们都想见识他的风采。过了数天，只接见了侍中刘晔，谈了一整天，其他人在外侧耳而听。刘晔出来，都问"怎么样？"刘晔说："志向可与秦始皇、汉武帝相比，只是才智稍稍赶不上罢了。"

明帝开始主持政事，陈群上书说："大臣随声附和，是非不分，是国家的大祸害。但是，如果不和睦相处，则又各树党羽；各树党羽，就会无端诋毁、诽谤；无端诋毁、诽谤，造成真假难辨，这些都是不可以不深入了解的。"

吴将陆逊对有利于国家的措施提出建议，劝吴王广施德政，缓和刑罚，放宽赋税，免征徭役。又说："忠诚善良的建议，不能彻底向君王陈述；取悦君王的小臣，才反复以小利上奏。"回复说："《尚书》上记载：'我有错误，你要帮我改正'。你在信中说不敢彻底陈述，怎么能称作忠心善良呢？"于是命令有关人员，把将要实施的条款拟好，派郎中令猪逢带给陆逊和诸葛瑾，让他们对其中的不妥之处进行删改或增添。

【原文】

烈祖明皇帝上之上太和元年（丁未，227年）

三月，蜀丞相亮率诸军北驻汉中，使长史张裔、参军蒋琬统留府事。临发，上疏曰："先帝创业未半而中道崩殂，今天下三分，益州疲敝，此诚危急存亡之秋也。然侍卫之臣不懈于内，忠志之士忘身于外者，盖追先帝之殊遇，欲报之于陛下也。诚宜开张圣听，以光先帝遗德，恢弘志士之气；不宜妄自菲薄，引喻失义，以塞忠谏之路也。

宫中、府中，俱为一体，陟罚臧否，不宜异同。若有作奸犯科，及为忠善者，宜付有司论其刑赏，以昭陛下平明之理，不宜偏私，使内外异法也。

侍中、侍郎郭攸之、费祎、董允等，此皆良实，志虑忠纯，是以先帝简拔以遗陛下。愚以为宫中之事，事无大小，悉以咨之，然后施行，必能裨补阙漏，有所广益。将军向宠，性行淑均，晓畅军事，试用于昔日，先帝称之曰能，是以众议举宠为督。愚以为营中之事，悉以咨之，必能使行陈和睦，优劣得所。

亲贤臣，远小人，此先汉所以兴隆也；亲小人，远贤臣，此后汉所以倾颓也。先帝在时，每与臣论此事，未尝不叹息痛恨于桓、灵也。侍中、尚书、长史、参军，此悉贞良、死节之臣，愿陛下亲之，信之，则汉室之隆，可计日而待也。

臣本布衣，躬耕南阳，苟全性命于乱世，不求闻达于诸侯。先帝不以臣卑鄙，猥自枉屈，三顾臣于草庐之中，咨臣以当世之事；由是感激，遂许先帝以驱驰。后值倾覆，受任于败军之际，奉命于危难之间，尔来二十有一年矣。先帝知臣谨慎，故临崩寄臣以大事也。

受命以来，夙夜忧叹，恐托付不效，以伤先帝之明。故五月渡泸，深入不毛。今南方已定，甲兵已足，当奖率三军，北定中原，庶竭驽钝，攘除奸凶，兴复汉室，还于旧都，此臣所以报先帝，而忠陛下之职分也。至于斟酌损益，进尽忠言，则攸之、祎、允之任也。愿陛下托臣以讨贼兴复之效，不效，则治臣之罪以告先帝之灵，责攸之、祎、允等之慢以章其咎。陛下亦宜自谋，以谘诹善道，察纳雅言，深追先帝遗诏，臣不胜受恩感激。今当远离，临表涕零，不知所言。"遂行，屯于沔北阳平石马。

诸葛武侯高卧图　明　朱瞻基

【译文】

魏明帝太和元年（丁未，公元227年）

三月，蜀汉丞相诸葛亮率领各路军队向北挺进，驻军汉中，以长史张裔、参军蒋琬留下处理丞相府的各项政务。出发前，诸葛亮上书说："先皇帝开创大业，刚刚见些成效，却中途溘然长逝了。如今的天下分成三个政权鼎足而立，要算益州的蜀国最为贫穷困乏，这正是一个生死存亡的时刻。然而身边近臣仍能兢兢业业、毫不怠懈地在朝内尽其职守；忠勇将士舍身奋战在沙场，出生入死，是因为追念先皇帝的知遇之恩，想要全力报答给陛下。陛下正应虚心听取各方面意见，发扬光大先皇帝遗下的盛德，振奋有志之士的气节；而不应自己轻视自己，讲出不合道理的话来，以致阻塞忠臣进谏的渠道。

宫廷和相府，是一个整体，提升、贬黜、表彰、指责，不应有什么区别。如果有触犯法纪的行为，或尽忠立功的表现，应该让有关部门按规定给予处罚、奖赏，以显示陛下公允、明察，不能有偏私之心，使宫廷内外执法不统一。

侍中郭攸之、费祎，侍郎董允等人，都是善良诚实、思想纯正的忠臣，所以先皇帝特意选拔他们留下来辅佐陛下。我以为宫廷中的事务，不论大小，都应先和他们商议，然后再付诸实施，这样一定能弥补缺漏，得到更多的好处。将军向宠，品行平和公正，通晓军事，在以前经过考验，先皇帝称赞他很有才能，所以经大家推举为掌管禁兵的中部督。我认为各项军务，都应征求他的意见，必须会令将士和睦，使才智出众和能力较差的人都能各得其所。

　　亲近贤臣，疏远小人，这是前汉得以兴盛的原因；亲近小人，疏远贤臣，这是后汉衰败的根由。先皇帝在世，每次与我谈起这些，没有一次不对桓帝、灵帝时代的政治腐败痛心疾首。侍中郭攸之、费祎，尚书陈震，长史张裔，参军蒋琬，都是端正善良、能以死报国的忠臣，希望陛下亲近他们，信任他们，则汉室的兴盛，将指日可待。

　　我本是一介平民，在南阳亲自耕作，本来只想在风雨飘摇的动荡年代保全性命，从未想通达贵显，名扬天下。先皇帝不嫌弃我地位卑下，屈尊俯就，三次往茅庐相访，向我询问天下形势，使我感激万分，这才答应为先皇帝奔走效命。后来军事上遇到挫折，在败军之际承担重任，在危难时刻接受使命，从那时至今，已整整二十一年了。先皇帝深知我行事谨慎，因此在临终前托付国家大事。

　　"自从接受先皇帝遗命以来，日夜忧虑叹息，唯恐辜负重托，有损先皇帝知人之明。于是五月渡过泸水，深入到荒凉的不毛之地。如今南方已经平定，军力充足，正应当激励将士，统率三军北定中原，我愿竭尽平庸之力，铲除奸贼，恢复大汉皇室，重返故都，这正是我报答先皇帝，效忠陛下的本分。至于处理政事，掌握分寸，进纳忠言，则是郭攸之、费祎、董允等人的职责。希望陛下将讨伐国贼、复兴大汉朝廷的重任交给我，若无成效，请您治罪，以告先皇帝在天之灵；如果郭攸之、费祎、董允疏忽失职，就责备追究他们的过错。陛下自己也应慎重考虑，征询和选择妥善的治国方略，访察、采纳好的建议，真正遵循先皇帝遗训。如此则臣下我就受恩不浅，感激不尽了。现在将要远离陛下，在写这份表章时激动得泪流不止，不知该说些什么。"于是率军出发，驻屯在沔水北岸的阳平石马。

魏纪三

【原文】

烈祖明皇帝上之下太和二年（戊申，228年）

初，征西将军夏侯渊之子楙尚太祖女清河公主，文帝少与之亲善，及即位，以为安西将军，都督关中，镇长安，使承渊处。

诸葛亮将入寇，与群下谋之。丞相司马魏延曰："闻夏侯楙，主婿也，怯而无谋。今假延精兵五千，负粮五千，直从褒中出，循秦岭而东，当子午而北，不过十日，可到长安。楙闻延奄至，必弃城逃走。长安中惟御史、京兆太守耳。横门邸阁与散民之谷，足周食也。比东方相合聚，尚二十许日，而公从斜谷来，亦足以达。如此，则一举而咸阳以西可定矣。"亮以为此危计，不如安从坦道，可以平取陇右。十全必克而无虞，故不用延计。

亮扬声由斜谷道取郿，使镇东将军赵云、扬武将军邓芝为疑兵，据箕谷；帝遣曹真都督关右诸军军郿。亮身率大军攻祁山，戎陈整齐，号令明肃。始，魏以汉昭烈既死，数岁寂然无闻，是以略无备豫；而卒闻亮出，朝野恐惧，于是天水、南安、安定皆叛应亮，关中响震，朝臣未知计所出，帝曰："亮阻山为固，今者自来，正合兵书致人之术，破亮必也。"乃勒兵马步骑五万，遣右将军张郃督之，西拒亮。丁未，帝行如长安。

初，越巂太守马谡，才器过人，好论军计，诸葛亮深加器异；汉昭烈临终，谓亮曰："马谡言过其实，不可大用，君其察之！"亮犹谓不然，以谡为参军，每引见谈论，自昼达夜。及出军祁山，亮不用旧将魏延、吴懿等为先锋，而以谡督诸军在

前,与张郃战于街亭。

谡违亮节度,举措烦扰,舍水上山,不下据城。张郃绝其汲道,击,大破之,士卒离散。亮进无所据,乃拔西县千余家还汉中。收谡下狱,杀之。亮自临祭,为之流涕,抚其遗孤,恩若平生。蒋琬谓亮曰:"昔楚杀得臣,文公喜可知也。天下未定而戮智计之士,岂不惜乎!"亮流涕曰:"孙武所以能制胜于天下者,用法明也;是以扬干乱法,魏绛戮其仆。四海分裂,兵交方始,若复废法,何用讨贼邪!"

或劝亮更发兵者,亮曰:"大军在祁山、箕谷,皆多于贼,而不破贼,乃为贼所破,此病不在兵少也,在一人耳。今欲减兵省将,明罚思过,校变通之道于将来;若不能然者,虽兵多何益!自今已后,诸有忠虑于国者,但勤攻吾之阙,则事可定,贼可死,功可跷足而待矣。"于是考微劳,甄壮烈,引咎责躬,布所失于境内,厉兵讲武,以为后图,戎士简练,民忘其败矣。

亮之出祁山也,天水参军姜维诣亮降。亮美维胆智,辟为仓曹掾,使曲军事。

【译文】

魏明帝太和二年(戊申,公元228年)

起初,征西将军夏侯渊的儿子夏侯楙和太祖的女儿清河公主结了婚,文帝年少时和他亲近友好,等到继了帝位,便任命他为安西将军,都督关中,镇守长安,让他承接夏侯渊的防区。

诸葛亮将要攻打魏,和部下众人商量这次军事行动。丞相司马魏延说:"听说夏侯楙是魏帝的女婿,此人胆怯而没有智谋。现请给我五千人的精锐部队,带着五千人口粮,直接从褒中出发,沿着秦岭向东,到子午道后折向北方,用不了十天功夫,可以抵达长安。夏侯楙听到我突然来到,一定弃城逃走。长安城中就只有御史、京兆太守了。横门粮仓的存粮以及百姓逃散剩下的粮食,足以供给军粮。等到魏国在东方集结起军队,还要二十多天时间,而您从斜谷出来接应,也完全可以到达。这样,就可以一举而平定咸阳以西的地区了。"诸葛亮认为这是危而不妥的计策,不如安全地从平坦的路上出去,可以稳稳当当地取得陇右地区,有百分之百的把握取胜而不会有失,所以不用魏延之计。

诸葛亮扬言从斜谷道攻取郿城，命令镇东将军赵云、扬武将军邓芝充当疑兵，据守箕谷；明帝派遣曹真都督关右地区各军驻扎在郿城。诸葛亮亲自统率大军进攻祁山，军阵整齐，号令严明。起初，魏认为蜀汉昭烈帝刘备已经去世，几年来没有什么动静，因此放松了防备；而突然听到诸葛亮出兵，朝廷和民众都很惧怕。于是，天水、南安、安定等郡都背叛魏而响应诸葛亮，关中如雷轰顶，受到震动，朝廷大臣不知有什么对策，明帝说："诸葛亮本来依据山险固守，现在亲自前来，正合乎兵书所说招敌前来的策略，一定能够打败诸葛亮。"于是统领步兵和骑兵五万大军，命右将军张郃监管军务，向西抵御诸葛亮。正月丁未（疑误），明帝到达长安。

起初，越嶲太守马谡，才气和抱负超过常人，喜好议论军事谋略，诸葛亮对他深为器重；昭烈帝刘备临终之时对诸葛亮说："马谡言语浮夸，超过实际才能，不可委任大事，您要对他多加考察。"诸葛亮还认为不是这样，让马谡做参军，时常接见一起谈论，从白天直到黑夜。等到出兵祁山，诸葛亮不用旧将魏延、吴懿等为先锋，而是让马谡统领各军在前，同张郃在街亭交战。

马谡违背诸葛亮的指挥调度，军事行动混乱无章，放弃水源上山驻扎，不在山下据守城邑。张郃断绝马谡取水的道路，发动进攻并大败马谡，蜀军溃散。诸葛亮前进没有据点，就攻取西县一千多人家回到汉中。把马谡关进监狱，杀了他。诸葛亮亲自吊丧，为他痛哭流涕，安抚他的子女，如同平素一样恩待他们。蒋琬对诸葛亮说："古时候晋国同楚国交战，楚国杀了领兵的得臣，晋文公喜形于色。现在天下没有平定，而杀了智谋之士，难道不惋惜吗？"诸葛亮流着眼泪说："孙武能够制敌而取胜于天下的原因，是用法严明；所以晋悼公的弟弟扬干犯法，魏绛就杀了为他驾车的人。现在天下分裂，交战刚刚开始，如果又废弃军法，怎么能够讨伐敌人呢！"

有人劝说诸葛亮再次发兵，诸葛亮说："大军在祁山、箕谷的时候，都多于敌军，但没有打败敌人，反而被敌人打败，问题不在于兵少，而在于将领。现在我打算减少兵将，显明责罚，反思过失，将来另想变通的办法。如果不能这样，即使兵多也没有什么用处！从今以后，凡是一心为国家分忧效忠的人，只要多多批评我的过错，那么大事就可以安定，敌人就可以打垮，大功就可翘足而待了。"于是考察有功将士，连微小的功劳也不遗漏，对壮烈之士，一一加以甄别，引过自责，把自己的过失在境内公开宣布，练兵讲武，准备将来进取。将士精简干练，民众忘记既往的兵败了。

【原文】

三年（己酉，229年）

夏，四月，丙申，吴王即皇帝位，大赦，改元黄龙。百官毕会，吴主归功周瑜。绥远将军张昭，举笏欲褒赞功德，未及言，吴主曰："如张公之计，今已乞食矣。"昭大惭，伏地流汗。吴主追尊父坚为武烈皇帝，兄策为长沙桓王，立子登为皇太子，封长沙桓王子绍为吴侯。

张昭以老病上还官位及所统领，更拜辅吴将军，班亚三司，改封娄侯，食邑万户。昭每朝见，辞气壮厉，义形于色，曾已直言逆旨，中不进见。后汉使来，称汉德美，而群臣莫能屈，吴主叹曰："使张公在坐，彼不折则废，安复自夸乎！"明日，遣中使劳问，因请见昭，昭避席谢，吴主跪止之。昭坐定，仰曰："昔太后、桓王不以老臣属陛下，而以陛下属老臣，是以思尽臣节以报厚恩，而意虑浅短，违逆盛旨。然臣愚心所以事国，志在忠益毕命而已；若乃变心易虑以偷荣取容，此臣所不能也！"吴主辞谢焉。

九月，吴主迁都建业，皆因故府，不复增改，留太子登及尚书九官于武昌，使上大将军陆逊辅太子，并掌荆州及豫章三郡事，董督军国。

张𬘡还吴迎家，道病卒。临困，授子留笺曰："自古有国有家者，咸欲修德政以比隆盛世，至于其治，多不馨香，非无忠臣贤佐也，由主不胜其情，弗能用耳。夫人情惮难而趋易，好同而恶异，与治道相反。《传》曰：'从善如登，从恶如崩'，言善之难也。人君承奕世之基，据自然之势，操八柄之威，甘易同之欢，无假取于人，而忠臣挟难进之术，吐逆耳之言，其不合也，不亦宜乎！离则有衅，巧辩缘间，眩于小忠，恋于恩爱，贤愚杂错，黜陟失序，其所由来，情乱之也。故明君疾之，求贤如饥渴，受谏而不厌，抑情损欲，以义割恩，则上无偏谬之授，下无希冀之望矣！"吴主省书，为之流涕。

【译文】

三年（己酉，公元229年）

夏季，四月，丙申（十三日），吴王即皇帝位，大赦天下，改年号为黄龙。文武百官都来朝会，吴王把功劳归于周瑜。绥远将军张昭，举起笏板想要歌功颂德，没等开口说话，吴主说："如果当初听了张公的计议，现在已经要饭了。"张昭极为羞愧，伏在地上直流汗。吴主追尊父亲孙坚为武烈皇帝，哥哥孙策为长沙桓王，立儿子孙登为皇太子，封长沙桓王孙策的儿子孙绍为吴侯。

张昭因年老多病辞去官职，交回所辖部众，改为辅吴将军，班位仅次于三公，并改封为娄侯，食邑一万户。张昭每次朝见，辞严气盛，义形于色，曾以直言冒犯旨意，以后不肯来朝见。后来，蜀汉使节来到吴国，称赞蜀汉的美德，然而文武众臣都不能辩倒他。吴主叹息说："假使张公在座，他不折服，气焰也会收敛，怎么可能再自夸呢！"次日，由宫中派遣使者问候张昭，接着亲自请见。张昭离开席位请罪，吴王跪下阻止了他。张昭坐定之后，仰起头说："以前太后、桓王没有把老臣托付给陛下，而是把陛下托付给老臣，所以我是想竭尽臣节报答厚恩，然而见识肤浅，违逆陛下旨意。可是，我是一片愚拙之心为国效劳，志在忠心效命而已！如若变心，想要为了荣华富贵巴结奉承，这是我不能做的。"吴主向他道歉。

九月，吴主迁都建业，全部承用原有的宫室王府，不再增设改建，留下太子孙登及尚书九卿在武昌，让上大将军陆逊辅佐太子，并掌管荆州及豫章三郡事务，监督全国的军政大事。

张郃回吴郡迎接家眷，中途发病死去。临终时，将写好的遗表交给儿子。遗表说："自古以来主持国家的人，全都打算修行德政与太平盛世相媲美。至于治理的结果，多不能实现，不是没有忠臣贤能辅佐，而是由于主上不能克制自己的私情，不能任用他们。人之常情都是畏惧艰难，趋就容易，喜好相同意见，厌恶不同意见，这与治国之道正好相反。古书上说，'从善如同登山，从恶如同山崩'，是比喻为善多么困难。君王承袭祖先累世的基业，据有至尊的自然之势，有掌握天下八种权柄的威严，喜好容易受到赞同带来的欢快，无须听取采纳别人意见，而忠义之臣提出难以采纳的方案,说出逆耳的言语,与君王不能契合,不也正当如此吗!君王与忠臣疏远就会出现裂痕,花言巧语之人借机离间,君王被这点所谓的忠心搞得迷迷糊糊,迷恋于个人私恩错爱,使得贤明和愚下混在一起,罢免和进用都失去标准,这种情形由来的原因,是私情作怪。所以圣明的君王明察此情,求访贤能如饥似渴,接受规劝而不厌烦,抑制私情,损减私欲,出于大义割舍私恩,那么上面没有偏颇错谬的任用,下面也就不抱非分之想了。"吴主读着这封遗书,感动得流出热泪。

【原文】

四年(庚戌,230 年)

尚书琅邪诸葛诞、中书郎南阳邓飏等相与结为党友,更相题表,以散骑常侍夏侯玄等四人为四聪,诞辈八人为八达。玄,尚之子也。中书监刘放子熙,中书令孙资子密,吏部尚书卫臻子烈三人咸不及比,以其父居势位,容之为三豫。

行司徒事董昭上疏曰:"凡有天下者,莫不贵尚敦朴忠信之士,深疾虚伪不真之人者,以其毁教乱治,败俗伤化也。近魏讽伏诛建安之末,曹伟斩戮黄初之始。伏惟前后圣诏,深疾浮伪,欲以破散邪党,常用切齿;而执法之吏,皆畏其权势,莫能纠摘,毁坏风俗,侵欲滋甚。窃见当今年少不复以学问为本,专更以交游为业;国士不以孝悌清修为首,乃以趋势游利为先。合党连群,相互褒叹,以毁訾为罚戮,用党誉为爵赏,附己者则叹之盈言,不附者则为作瑕衅。至乃相谓:'今世何忧不度邪,但求人道不勤,罗之不博耳;人何患其不己知,但当吞之以药而柔调耳。'又闻或有使奴客名作在职家人,冒之出入,往来禁奥,交通书疏,有所探问。凡此诸事,皆法之所不取,刑之所不赦,虽讽、伟之罪,无以加也!"帝善其言。二月,壬午,诏曰:"世之质文,随教而变。兵乱以来,经学废绝,后生进趣,不由典谟。岂训导未洽,将进用者不以德显乎?其郎吏学通一经,才任牧民,博士课试,擢其高第者,亟用;其浮华不务道本者,罢退之!"于是免诞、飏等官。

【译文】

四年（庚戌，公元230年）

尚书琅琊人诸葛诞、中书郎南阳人邓飏等互相结成朋党，争相题品吹捧，以散骑常侍夏侯玄等四人为四聪，诸葛诞等八人为八达。夏侯玄是夏侯尚的儿子。中书监刘放的儿子刘熙、中书令孙资的儿子孙密、吏部尚书卫臻的儿子卫烈三人都不能与他们相提并论，但因他们的父亲高居权势之位，特别容纳三人得参与题品，称为三豫。

行司徒事董昭上书说："凡拥有天下的帝王，无不崇尚尊重朴实忠信之士，深恶虚伪不真之人，这是因后者毁坏教化，扰乱秩序，伤风败俗。近有魏讽在建安末年被诛杀，曹伟在黄初二年被处死。俯伏思量陛下前后颁布的诏书，极为痛恶浮华虚伪，想要打破拆散朋党，常常因此而切齿痛恨；而执法的官吏，却畏惧他们的权势，不敢监督揭发，败坏风俗的行为，越来越严重。我暗中观察，当今年轻人不再把做学问当作进取之本，而专门以互相结交朋友为业。国中士人不以孝悌清廉修身为第一，而以趋炎附势营利为先，结成朋党，连成群伙，互相恭维，叹息怀才不遇，把诋毁当作惩罚羞辱，把朋党赞誉看作封爵奖赏，对依附自己的人则连声赞叹，好话说尽，对不依附自己的人则百般挑剔，以至互相说：'当今之世什么忧虑不能消除，只怕人事关系不够，交结党友不多而已，还担心什么别人不了解自己，只要让他听几句好话，就会像吃了灵丹妙药对你温和服帖。'又听说有的人还指使家中奴仆宾客冒充属下差役，出入宫廷官府禁地，来往书信，探听消息。凡是这一类事情，都是法律不容许，刑罚不赦免的。即使魏讽、曹伟的罪过，也不比他们更重！"明帝同意董昭的说法。二月，壬午（初四），下诏说："社会风气的朴实和浮华，随着教化而改变。兵荒战乱以来，儒家经典的教授完全荒废，年轻人进取的途径，不在经典，这岂不是训导不恰当、对将提拔任用的人不突出考察品德吗？从现在起，郎官必须通晓一种经典才可以升任地方长官，博士课的考试，择取成绩优秀者马上录用，华而不实、不务正道的人罢免！"于是，免去诸葛诞、邓飏的官职。

魏纪四

【原文】

烈祖明皇帝中之上太和五年（辛亥，231年）

汉丞相亮命李严以中都护署府事。严更名平。亮帅诸军入寇，围祁山，以木牛运。于是大司马曹真有疾，帝命司马懿西屯长安，督将军张郃、费曜、戴陵、郭淮等以御之。

懿等寻亮后至于卤城。张郃曰："彼远来逆我，请战不得，谓我利在不战，欲以长计制之也。且祁山知大军已在近，人情自固，可止屯于此，分为奇兵，示出其后，不宜进前而不敢逼，坐失民望也。今亮孤军食少，亦行去矣。"懿不从，故寻亮。既至，又登山掘营，不肯战。贾栩、魏平数请战，因曰："公畏蜀如虎，奈天下笑何！"懿病之。诸将咸请战。夏，五月，辛巳，懿乃使张郃攻无当监何平于南围，自按中道向亮。亮使魏延、高翔、吴班逆战，魏兵大败，汉人获甲首三千，懿还保营。

六月，亮以粮尽退军，司马懿遣张郃追之。郃进至木门，与亮战，蜀人乘高布伏，弓弩乱发，飞矢中郃右膝而卒。

八月，诏曰："先帝著令，不欲使诸王在京都者，谓幼主在位，母后摄政，防微以渐，关诸盛衰也。朕惟不见诸王十有二载，悠悠之怀，能不兴思！其令诸王及宗室公侯各将适子一人朝明年正月，后有少主、母后在宫者，自如先帝令。"

汉丞相亮之攻祁山也，李平留后，主督运事。会天霖雨，平恐运粮不继，遣参军狐忠、督军成藩喻指，呼亮来还；亮承以退军。平闻军退，乃更阳惊，说"军粮饶足，何以便归！"又欲杀督运岑述以解己不办之责。又表汉主，说"军伪退，欲以诱贼。"亮具出其前后手笔书疏，本末违错。平辞穷情竭，首谢罪负。于是亮表平前后过恶，免官，削爵士，徙梓潼郡。复以平子丰为中郎将、参军事，出教敕之曰："吾与君父子戮力以奖汉室，表都护典汉中，委君于东关，谓至心感动，终始可保，何图中乖乎！若都护思负一意，君与公琰推心从事，否可复通，逝可复还也。详思斯戒，明吾用心！"

【译文】

魏明帝太和五年（辛亥，公元231年）

蜀汉丞相诸葛亮命李严以中都护的官职署理汉中留府的事务，李严改名李平。诸葛亮率领各路大军进犯魏境，包围祁山，用木牛运输军用物资。这时大司马曹真有病，明帝命司马懿向西驻扎在长安，统领将军张郃、费曜、戴陵、郭淮等将领抵御诸葛亮。

司马懿尾随诸葛亮之后到达卤城。张郃说："他们远来迎战我军，要求作战达不到目的，认为我军利于不战，打算以持久之计制胜。况且祁山方面知道大军已经靠近，人心自然稳定，可以在这里驻军，分出一支奇兵，出现在他们的后路，不应当只敢尾随而不敢追击，使得民众失望。现在诸葛亮孤军作战，粮食又少，也快要走了。"司马懿不听从张郃的意见，仍然尾随诸葛亮。已经赶上，又上山扎营，拒绝同诸葛亮交战。贾栩、魏平多次请求出战，还说："您畏蜀如虎，怎能不让天下人取笑！"司马懿对此很不满意。将领们纷纷请求出战。夏季，五月，辛巳（初十），司马懿便让张郃攻击围祁山之南的蜀无当军监军何平，亲自据中路与诸葛亮正面对峙。诸葛亮命魏延、高翔、吴班迎战，魏军大败，蜀军俘获了三千人，司马懿退军保卫大营。

六月，诸葛亮因为粮尽退军，司马懿命张郃追击。张郃进兵到木门，与诸葛亮交战，蜀军利用居于高地布下伏兵，万箭齐发，张郃右膝中箭而死。

八月，明帝下诏说："先帝颁布诏令，不想让藩王们留在京都的原因，是因为皇帝年幼，母后摄政，防微杜渐，关系国家盛衰。朕不见各藩王已有十二年，悠悠情怀，怎能不思念！现下令所有藩王及皇族的公爵侯爵，各派嫡子一人于明年正月来京朝会，但以后如有皇帝年少、母后在宫摄政的情况，自当按先帝的诏令办。"

蜀汉丞相诸葛亮进攻祁山的时候，李平留守后方，掌管督运军需事务。当时正值阴雨连绵，李平担心运粮供应不上，派遣参军狐忠、督军成藩传喻后主旨意，叫诸葛亮退军。诸葛亮秉承此旨退回。李平听到退军的消息，假装惊讶，说："军粮充足，为什么就回来？"又要杀督运军粮的岑述来解脱自己失职不办的责任。还向汉王上表，说"军队假装退却，是想引诱敌人"。诸葛亮出示李平前后亲笔所写的全部信函、书奏等，矛盾重重。李平理屈词穷，低头认罪。于是诸葛亮上表奏明李平前后的罪恶，罢掉官职，削去封爵和食邑，流放到梓潼郡。又任用李平的儿子李丰为中郎将、参军事，写信告诫他说："我和你们父子同心合力辅助汉室，上表推荐你父亲典理汉中事务，委任你在东关镇守，自认为真心感动，自始至终可以依靠，怎么会想到中途背离呢？如果你父亲能认罪悔过，一心一意为国效忠，你与蒋琬推心置腹，同心共事，那么闭塞的可以通泰，失去的可以再得到。请仔细思考这一劝诫，明白我的用心！"

【原文】

六年（壬子，232年）

公孙渊阴怀贰心，数与吴通。帝使汝南太守田豫督青州诸军自海道，幽州刺史王雄自陆道讨之。散骑常侍蒋济谏曰："凡非相吞之国，不侵叛之臣，不宜轻伐。伐之而不能制，是驱使为贼也。故曰：'虎狼当路，不治狐狸。'先除大害，小害自己。今海表之地，累世委质，岁选计、孝，不乏职贡，议者先之。正使一举便克，得其民不足益国，得其财不足为富；傥不如意，是为结怨失信也。"帝不听。豫等往皆无功，诏令罢军。

侍中刘晔为帝所亲重。帝将伐蜀，朝臣内外皆曰："不可。"晔入与帝议，则曰"可伐"；出与朝臣言，则曰"不可"。晔有胆智，言之皆有形。中领军杨暨，帝之亲臣，又重晔，执不可伐之议最坚，每从内出，辄过晔，晔讲不可之意。后暨与帝论伐蜀事，暨切谏，帝曰："卿书生，焉知兵事！"暨谢曰："臣言诚不足采，侍中刘晔，先帝谋臣，常曰蜀不可伐。"帝曰："晔与吾言蜀可伐。"暨曰："晔可召质也。"诏召晔至，帝问晔，终不言。后独见，晔责帝曰："伐国，大谋也，臣得与闻大谋，常恐眯梦漏泄以益臣罪，焉敢向人言之！夫兵诡道也，军事未发，不厌其密。陛下显然露之，臣恐敌国已闻之矣。"于是帝谢之。晔见出，责暨曰："夫钓者中大鱼，则纵而随之，须可制而后牵，则无不得也。人主之威，岂徒大鱼而已！子诚直臣，然计不足采，不可不精思也。"暨亦谢之。

或谓帝曰："晔不尽忠，善伺上意所趋而合之，陛下试与晔言，皆反意而问之，若皆与所问反者，是晔常与圣意合也。每问皆同者，晔之情必无所逃矣。"帝如言以验之，果得其情，从此疏焉。晔遂发狂，出为大鸿胪，以忧死。

帝尝卒至尚书门，陈矫跪问帝曰："陛下欲何之？"帝曰："欲按行文书耳。"矫曰："此自臣职分，非陛下所宜临也。若臣不称其职，则请就黜退，陛下宜还。"帝惭，回车而反。帝尝问矫："司马公忠贞，可谓社稷之臣乎？"矫曰："朝廷之望也；社稷则未知也。"

【译文】

六年（壬子，公元232年）

辽东太守公孙渊暗地怀有二心，多次与吴国联系，明帝命汝南太守田豫督领青州各路大军从海道，幽州刺史王雄从陆路同时进军讨伐公孙渊。散骑常侍蒋济劝谏说："凡不是准备加以吞并的国家，不骚扰又不叛逆的藩属，都不宜轻易出兵讨伐。讨伐他们而不能制服，是迫使他们成为寇贼。所以说：'虎狼当路，不治狐狸。'先除掉大害，小害自会消失。如今海边之地，世世代代臣属于朝廷，每年上计报告人口、赋税、刑狱等情况，推举孝廉，不缺赋税和贡品，朝廷官员议论时都把辽东排在前面。即使一举出兵就能把他们打败，获得的民众也不足以增加国力，获得的财物也不能使我们富足；倘若失败，会由此结下怨恨，自毁信誉。"明帝不接受。田豫等前往征讨都徒劳无功，下诏停止用兵。

侍中刘晔为明帝所亲近器重。明帝将要讨伐蜀国，朝廷内外都说："不可。"刘晔入朝与明帝商议，则说："可讨伐"；出来和朝廷大臣讨论，则又说："不可"。

刘晔有胆有识，谈论起来，有声有色，很动听，中领军杨暨是明帝的亲信大臣，也看重刘晔，是持不可伐意见中最为强硬的人，每次从朝廷出来，就去拜访刘晔，刘晔都讲不可讨伐的道理。后来，杨暨和明帝谈起伐蜀之事，杨暨恳切规劝，明帝说："你是个书生，怎么知晓军事！"杨暨谢罪说："我的话诚然不足采纳，侍中刘晔是先帝的谋臣，常常说蜀不可讨伐。"明帝说："刘晔与我说蜀可伐。"杨暨说："可以把刘晔叫来对质。"明帝下诏让刘晔来，问刘晔，刘晔始终不说话。后来刘晔单独晋见，责备明帝说："讨伐一个国家，是一项重大的决策，我知道这件大事后，常常害怕说梦话泄漏出去增加我的罪过，怎么敢向人说这件事？用兵之道在于诡诈，军事行动开始时，越机密越好。陛下公开泄漏出去，我恐怕敌国已经听说了。"于是明帝向他道歉。刘晔出来后，责怪杨暨说："渔夫钓到一条大鱼，就要放长线跟在后，必须到可以制服时再用线将它牵回，那就没有得不到的。帝王的威严，难道只是一条大鱼而已！你诚然是正直的臣僚，然而计谋不足以采纳，不可不仔细想一想。"杨暨也向他道歉。

有人对明帝说："刘晔不尽忠心，善于探察皇上的意向而献媚迎合，请陛下试一试，和刘晔说话时全用相反的意思问他，如果他的回答都与所问意思相反，说明刘晔经常与陛下圣意相一致。如果他的回答都与所问意思相同，刘晔的迎合之情必然暴露无遗。"明帝如其所言检验刘晔，果然发现他的迎合之情，从此疏远了他。刘晔于是精神失常，出任大鸿胪，因忧虑而死。

明帝曾经突然来到尚书台门，陈矫跪着向明帝说："陛下要去哪里？"明帝说："我想看一看公文。"陈矫说："这是我的职责，不是陛下应该亲临的事情。如果我不称职，那么就请罢免我，陛下应该回去。"明帝惭悔，乘车返回。明帝曾经问陈矫："司马懿忠贞不渝，可以称得上是国家大臣吗？"陈矫答："他是朝廷中有声望的人，国家能不能依靠他则不知道。"

【原文】

青龙元年（癸丑，233年）

公孙渊遣校尉宿舒、郎中令孙综奉表称臣于吴；吴主大悦，为之大赦。三月，吴主遣太常张弥、执金吾许晏、将军贺达将兵万人，金宝珍货，九锡备物，乘海授渊，封渊为燕王。举朝大臣自顾雍以下皆谏，以为"渊未可信而宠待太厚，但可遣吏兵护送舒、综而已；"吴主不听。张昭曰："渊背魏惧讨，远来救援，非本志也。若渊改图，欲自明于魏，两使不反，不亦取笑于天下乎！"吴主反覆难昭，昭意弥切。吴主不能堪，按剑而怒曰："吴国士人入宫则拜孤，出宫则拜君，孤之敬君亦为至矣，而数于众中折孤，孤常恐失计。"昭孰视吴主曰："臣虽知言不用，每竭愚忠者，诚以太后临崩，呼老臣于床下，遗诏顾命之言故在耳。"因涕泣横流；吴主掷刀于地，与之对泣。然卒遣弥、晏往。昭忿言之不用，称疾不朝；吴主恨之，土塞其门，昭又于内以土封之。

【译文】

青龙元年（癸丑，公元233年）

公孙渊派遣校尉宿舒、郎中令孙综携带表章赴吴称臣，吴主非常高兴，为此大赦天下。三月，吴主派遣太常张弥、执金吾许晏、将军贺达率领大军万人，携带金银财宝、奇珍异货及九锡齐备，乘船渡海赏赐公孙渊，封公孙渊为燕王。自顾雍以下的满朝大臣都直言规劝，认为"公孙渊不可轻信，这样做，对他的恩遇太厚了，只要派遣官兵护送宿舒、孙综就够了。"吴主不接受。张昭说："公孙渊背叛魏国，害怕讨伐，从远地而来求援，绝不是他的本意。如果公孙渊改变主意，打算自动向魏表明忠心，我们的两位使节不能返回，不也让天下人取笑吗？"吴主反复驳诘张昭，张昭越发坚持己见。吴主不能忍受，按着佩剑恼怒地说："吴国士族之人入宫则参拜我，出宫则参拜您，我敬重您已经到了极点，而您屡次在大庭广众之下顶撞我，我常常唯恐自己做出不愿做的事。"张昭看着吴主说："我虽然知道陛下不会采纳我的建议，但每次都竭尽愚忠的原因，实在是因为太后临终时呼唤我到她的床前，留下遗诏，吩咐我辅佐陛下的话音犹在耳边的缘故。"接着泪流满面，吴主将刀扔在地上，与张昭相对哭泣。然而还是派遣张弥、许晏去往辽东。张昭对不采纳他的意见愤愤不平，声称有病不去朝见。吴主怨恨张昭，下令用土将张昭家的大门堵住，张昭又从里面用土将门封死。

【原文】

二年（甲寅，234年）

春，二月，亮悉大众十万由斜谷入寇，遣使约吴同时大举。

诸葛亮至郿，军于渭水南。司马懿引军渡渭，背水为垒拒之，谓诸将曰："亮若出武功，依山而东，诚为可忧；若西上五丈原，诸将无事矣。"亮果屯五丈原。

雍州刺史郭淮言于懿曰："亮必争北原，宜先据之。"议者多谓不然，淮曰："若亮跨渭登原，连兵北山。隔绝陇道，摇荡民夷，此非国之利也。"懿乃使淮屯北原。堑垒未成，汉兵大至，淮逆击却之。

亮以前者数出，皆以运粮不继，使己志不伸，乃分兵屯田为久驻之基，耕者杂于渭滨居民之间，而百姓安堵，军无私焉。

五月，吴主入居巢湖口，向合肥新城，众号十万；又遣陆逊、诸葛瑾将万余人入江夏、沔口，向襄阳；将军孙韶、张承入淮，向广陵、淮阴。六月，满宠欲率诸军救新城，殄夷将军田豫曰："贼悉众大举，非图小利，欲质新城以致大军耳。宜听使攻城，挫其锐气，不当与争锋也。城不可拔，众必罢怠；罢怠然后击之，可大克也。若贼见计，必不攻城，势将自走。若便进兵，适入其计矣。"

时东方吏士皆分休，宠表请召中军兵，并召所休将士，须集击之。散骑常侍广平刘劭议以为："贼众新至，心专气锐，宠以少人自战其地，若便进击，必不能制。宠请待兵，未有所失也，以为可先遣步兵五千，精骑三千，先军前发，扬声进道，震曜形势。骑到合肥，疏其行队，多其旌鼓，曜兵城下，引出贼后，拟其归路，要其粮道。贼闻大军来，骑断其后，必震怖遁走，不战自破矣。"帝从之。

【译文】

二年（甲寅，公元234年）

春季，二月，诸葛亮倾十万大军从斜谷出兵攻魏，并派遣使节前往吴国相约同时大举出兵。

诸葛亮到达郿县，大军驻扎在渭水的南面。司马懿率领军队渡过渭水，背水立

四川成都武侯祠

诸葛亮鞠躬尽瘁,死而后已,一生为国操劳不断,后人为了纪念他,于成都修建武侯祠,年年祭祀。唐朝大诗人杜甫流落于此,高吟"出师未捷身先死,长使英雄泪满巾"。

营抵御诸葛亮,对将领们说:"诸葛亮如果从武功出兵,依山而往东,确实可怕;如果向西前往五丈原,将领们就没事了。"诸葛亮果然驻扎在五丈原。

雍州刺史郭淮对司马懿说:"诸葛亮肯定争夺北原,应当先去占据它。"议论的人多数都说不必这样,郭淮说:"如果诸葛亮跨过渭水登上北原,和北山连兵,断绝长安通往陇西的道路,使百姓和羌人动荡不安,这对国家是不利的。"司马懿便让郭淮驻防在北原。营垒还没有筑成,蜀军大部队已经到来,郭淮迎战,击退了蜀军。

诸葛亮因为前几次出兵,都是由于运粮跟不上,使自己的志向不能伸展,就分出部队实行屯田,作为长期驻军的基础,屯田的士兵和渭水之滨的居民杂处在一起,而百姓安居乐业,蜀军并无私弊。

五月,吴主率军入驻巢湖口,直指合肥新城,号称十万大军;又派遣陆逊、诸葛瑾统率一万余人进入江夏、沔口,直指襄阳;将军孙韶、张承进入淮河,直指广陵、淮阴。六月,满宠想要率领各路大军救援新城,珍夷将军田豫说:"敌人倾巢出动,大举进攻,不是为图小利,而是打算以新城为钓饵,引诱我大军前来。应当听任他们攻打新城,挫伤其锐气,不应与之争战以决胜负。城攻不下,士兵必然疲怠；待他们疲怠后再攻击，可以大获全胜。如果敌人看出这一计策，必不再攻城，势必自行撤退。如果我们马上进军，正好中了他们的计了。"

此时，在东方的部队正轮番休假，满宠上表请征召中军兵，并征召休假的将士，集中力量迎战。散骑常侍广平人刘劭商议时认为："敌军人数众多，而且刚刚来到，意志专一，士气旺盛，满宠因守军人少又在自己防地作战，如果出击，肯定不能制胜敌军。他请求援军，没有什么过失。我认为可以先派遣步兵五千，精骑兵三千，作为先头部队出发，扬言从数道进军，造成震慑敌人的形势。骑兵到达合肥，疏散队列，多布旌旗，多擂战鼓，在城下展示兵力，然后带领部队从敌人背后出现，占其退路，扼其粮道。敌人听说我大军前来，骑兵截断了后路，必定震惊而逃，不战自破了。"明帝采纳了这一建议。

魏纪五

【原文】

烈祖明皇帝中之下青龙三年（乙卯，235年）

春，正月，戊子，以大将军司马懿为太尉。

夏，四月，汉主以蒋琬为大将军、录尚书事；费祎代琬为尚书令。

帝好土功，既作许昌宫，又治洛阳宫，起昭阳太极殿，筑总章观，高十余丈，力役不已，农桑失业。司空陈群上疏曰："昔禹承唐、虞之盛，犹卑宫室而恶衣服。况今丧乱之后，人民至少，比汉文、景之时，不过汉一大郡。加以边境有事，将士劳苦，若有水旱之患，国家之深忧也。昔刘备自成都至白水，多作传舍，兴费人役，太祖知其疲民也。今中国劳力，亦吴、蜀之所愿；此安危之机也，唯陛下虑之！"帝答曰："王业、宫室，亦宜并立，灭贼之后，但当罢守御耳，岂可复兴役邪！是固君之职，萧何之大略也。"群曰："昔汉祖惟与项羽争天下，羽已灭，宫室烧焚，是以萧何建武库、太仓，皆是要急，然高祖犹非其壮丽。今二虏未平，诚不宜与古同也。夫人之所欲，莫不有辞，况乃天王，莫之敢违。前欲坏武库，谓不可不坏也；后欲置之，谓不可不置也。若必作之，固非臣下辞言所屈；若少留神，卓然回意，亦非臣下之所以也。汉明帝欲起德阳殿，钟离意谏，即用其言，后乃复作之；殿成，谓群臣曰：'钟离尚书在，不得成此殿也。'夫王者岂惮一人，盖为百姓也。今臣曾不能少凝圣听，不及意远矣。"帝乃为之少有减省。

帝耽于内宠，妇官秩石拟百官之数，自贵人以下至掖庭洒扫，凡数千人，选女子知书可付信者六人，以为女尚书，使典省外奏事，处当画可。廷尉高柔上疏曰："昔汉文惜十家之资，不营小台之娱；去病虑匈奴之害，不遑治第之事。况今所损者非惟百金之费，所忧者非徒北狄之患乎！可粗成见所营立以充朝宴之仪，讫罢作者，使得就农；二方平定，复可徐兴。《周礼》，天子后妃以下百二十人，嫔嫱之仪，既已盛矣；窃闻后庭之数，或复过之，圣嗣不昌，殆能由此。臣愚以为可妙简淑媛以备内官之数，其余尽遣还家，且以育精养神，专静为宝。如此，则《螽斯》之征可庶而致矣。"帝报曰："辄克昌言，他复以闻。"

少府杨阜上疏曰："陛下奉武皇帝开拓之大业，守文皇帝克终之元绪，诚宜思齐往古圣贤之善治，总观季世放荡之恶政。曩使桓、灵不废高祖之法度，文、景之恭俭，太祖虽有神武，于何所施，而陛下何由处斯尊哉！今吴、蜀未定，军旅在外，诸所缮治，唯陛下务从约节。"帝优诏答之。

阜复上疏曰："尧尚茅茨而万国安其居，禹卑宫室而天下乐其业；及至殷、周，或堂崇三尺，度以九筵耳。桀作璇室象廊，纣为倾宫鹿台，以丧其社稷，楚灵以筑章华而身受祸，秦始皇作阿房，二世而灭。夫不度万度之力以从耳目之欲，未有不亡者也。陛下当以尧、舜、禹、汤、文、武为法则，夏桀、殷纣、楚灵、秦皇为深诫，而乃自暇自逸，惟宫台是饰，必有颠覆危亡之祸矣。君作元首，臣为股肱，存亡一体，得失同之。臣虽驽怯，敢忘争臣之义！言不切至，不足以感悟陛下；陛下不察臣言，恐皇祖、烈考之祚坠于地。使臣身死有补万一，则死之日犹生之年也，谨叩棺沐浴，伏俟重诛！"奏御，帝感其忠言，手笔诏答。

【译文】

魏明帝青龙三年（乙卯，公元235年）

春季，正月，戊子（初八），任命大将军司马懿为太尉。

夏季，四月，汉后主任命蒋琬担任大将军、录尚书事；费祎接替蒋琬担任尚书令。

明帝热衷于土木建筑工程，已经兴建了许昌宫，又修复洛阳宫，建起昭阳太极殿，筑成总章观，观高十余丈。于是不停地征调劳役，农桑之事几乎停顿。司空陈群上书说："古代大禹承继唐尧、虞舜的昌盛基业，还是居住低矮的宫室，身穿粗劣的衣服，何况如今正在战乱之后，人口很少，比之汉文帝、汉景帝之时，不超过当时的一个大郡。加之边疆战事不断，将士劳累辛苦，如果出现水灾、旱灾，就会成为国家的深重忧虑。以前刘备从成都出发到白水，沿途大建居室馆所，耗费大量人力，太祖知道他是使民众疲惫。而今中原大用民力，也正是吴国、西蜀所希望的，这是关系国家安危的关键问题，愿陛下考虑！"明帝答道："帝王之业和帝王宫殿，也应该并行建立，消灭敌人之后，只需罢兵防守，怎么可以再大兴劳役呢？这本来是你的职责，同萧何当初修治未央宫一样。"陈群说："从前汉高祖只与项羽争夺天下，项羽已然被灭，而宫室都被烧毁，所以萧何修建了武器库、粮库，都是紧急需要，然而高祖还责怪修建得过于华丽。而今吴、蜀两国还没平定，实在不应与古代等同并论。人们要想满足私欲，没有找不到托词的，何况帝王，更没有人敢于违抗。陛下以前想要拆毁武器库，说是不可拆毁；以后打算重新设置，又说不可不设置。如果一定要兴建，固然不是臣下的话所能改变的；如果稍加留意历史教训，回心转意，也不是臣下所能比得上的。汉明帝打算修建德阳殿，钟离意直言规劝，就采纳了他的意见，以后又重新兴建；宫殿建成后，对群臣说：'如果钟离尚书还在，此殿就建不成了。'作为帝王怎么可以只怕一个人？应该一切为百姓考虑。现在我不能使陛下稍稍听取一些意见，比起钟离意差得太远了。"明帝于是为此稍有减省。

明帝沉迷于宠妃美女之中，宫中女官的官位和俸禄比照文武百官的数目，自贵人以下到担任宫廷洒扫的宫女有千人，挑选读书识字可以信赖的六人任为女尚书，让她们审查不经尚书省直接上奏的朝臣奏章，分别处理，可者准奏。廷尉高柔上书说："从前汉文帝爱惜十家的资财，不建造一个小小的楼台娱乐，霍去病忧虑匈奴的危害，没有闲暇营治宅第，何况现在所耗费的绝非只是百金的资财，所忧虑的绝非只是北狄的危害！我认为，只可粗略地完成已动工的工程，充当朝会和宴会之用，竣工之后遣返在工地上劳动的民夫，使他们能够回去务农，待西蜀和吴国平定之后，再可慢慢兴建。《周礼》规定，天子可有后妃以下一百二十人，嫔妃的仪制，已经够盛大了。我私下听说，后宫的人数可能已超过这个数目，圣下的子嗣未能昌盛，大概全是由于此吧。我认为可以挑选少量贤淑美女，备齐内官的数目，其余的全部遣送回家，陛下可以育精养神，专一静养。那么，《诗经·螽斯》所说多子多孙的征兆不久就可出现了。"明帝回答说："你经常正言进谏，其他事情，请再进言。"

少府杨阜上书说："陛下承继武皇帝开拓的帝王大业，保持文皇帝一贯遵循的方向，实在应该向古代圣贤的治世看齐，总观各朝末世放荡的弊政。以前假使汉桓帝、汉灵帝不废弛汉高祖的法令制度，不破坏汉文帝、汉景帝的谦恭节俭，我们太祖虽有神武之威，又往何处施展，而陛下又怎么能够处在至尊地位呢？而今吴、蜀两国还没平定，军队在外戍边，各项修缮整治工程，请陛下务必简约节省。"明帝下诏对他的意见表示称赞。

杨阜又上书说："尧帝推崇简陋的茅屋，万国安居，大禹居住低矮的宫室，天下乐业。到了商朝和周朝，殿堂堂基不过高三尺，宽只能容纳九张席子而已。夏桀用玉石建造居室，用象牙装饰走廊，商纣建造倾宫、鹿台，因而断送了王朝大业。楚灵王因修筑章华台而身遭大祸，秦始皇修建阿房宫，传位二世即归灭亡。如果不估量民力的极限，只为满足自己耳目的享受，没有哪一个不灭亡的。陛下应当以尧、舜、禹、商汤、文王、武王为榜样，以夏桀、殷纣、楚灵王、秦始皇的教训为鉴戒，不这样而是贪图自己闲暇安逸，只是关心宫殿台阁的修饰，一定有朝廷颠覆国家灭亡的灾祸。君王好比是头脑，大臣好比是四肢，生死与共，利害相同。我虽然愚蠢胆怯，岂敢忘记诤臣的大义，言辞不激切，便不足以感动陛下；陛下如不体察我的进言，恐怕皇祖、称帝创建的大业将坠落在地。即使我以身死而能于事有万分之一的补救，那么我死去了也如同活着。谨敲击棺木，沐浴更衣，听候诛杀。"奏章呈上后，明帝被他的忠言感动，亲笔写诏回答。

【原文】

四年（丙辰，236年）

十二月，癸巳，颍阴靖侯陈群卒。群前后数陈得失，每上封事，辄削其草，时人及其子弟莫能知也。论者或讥群居位拱默；正始中，诏撰群臣上书以为《名臣奏议》，朝士乃见群谏事，皆叹息焉。

诏公卿举才德兼备者各一人，司马懿以兖州刺史太原王昶应选。昶为人谨厚，名其兄子曰默，曰沈，名其子曰浑，曰深，为书戒之曰："吾以四者为名，欲使汝曹顾名思义，不敢违越也。夫物速成则疾亡，晚就而善终，朝华之草，夕而零落，松柏之茂，隆寒不衰，是以君子戒于阙党也。夫能屈以为伸，让以为得，弱以为强，鲜不遂矣。夫毁誉者，爱恶之原而祸福之机也。孔子曰：'吾之于人，谁毁谁誉。'以圣人之德犹尚如此,况庸庸之徒而轻毁誉哉!人或毁己,当退而求之于身。若己有可毁之行,则彼言当矣;若己无可毁之行,则彼言妄矣。当则无怨于彼,妄则无害于身,又何反报焉!谚曰:'救寒莫如重裘,止谤莫如自修,'斯言信矣。"

【译文】

四年(丙辰,公元236年)

十二月,癸巳(二十四日),颍阴靖侯陈群去世。陈群曾前后多次上书陈述治国得失,每次都是封好上奏即毁掉底稿,当时的人和他的儿子、兄弟都不知道其中内容。议论的人中有的讥讽陈群身居高位,只是拱手而默无所言。正始年间,诏命编纂群臣上书为《名臣奏议》,在朝人士才了解到陈群进谏事迹,都为此赞叹。

诏命三公九卿每人推举才德兼备者一人,司马懿推荐的兖州刺史太原人王昶应选。王昶为人恭谨忠厚,他给侄子起名王默、王沉,给儿子起名王浑、王深,写信告诫他们说:"我以这四字作为你们的名字,是要你们能顾名思义,不敢违犯。事物都是成熟得快死亡得也快,晚成必有好结果;早晨开花的小草,到晚上就凋零了,松柏的茂盛,寒冬也不会衰减,所以君子都以'阙党小子'的急于求成为借鉴。如果能把委曲看作是舒展,能把谦让看作是获得,能把柔弱看作是刚强,便很少不能成功。毁谤和赞誉,是喜爱和厌恶的根源,也是灾祸和福分的契机。孔子说:'我对别人,不毁谤,不赞誉。'凭圣人的德行尚且如此,何况平庸之辈,怎么可以轻易毁谤和赞誉呢?别人有时攻击自己,应当退而自己质问自己,如自己有可以攻击的行为,那么别人的攻击就是对的;如果自己没有应受攻击的行为,那么他的话就是虚妄之言。说得对就不要怨恨他,说得不对也无害于己,又何必报复他?谚语说:'救寒莫如厚皮袄,止谤莫如自修身。'这句话确实对啊。"

【原文】

景初元年(丁巳,237年)

公孙渊数对国中宾客出恶言,帝欲讨之,以荆州刺史毋丘俭为幽州刺史。俭上疏曰:"陛下即位以来,未有可书。吴、蜀恃险,未可卒平,聊可以此方无用之士克定辽东。"光禄大夫卫臻曰:"俭所陈皆战国细术,非王者之事也。吴频岁称兵,寇乱边境，而犹按甲养士，未果致讨者，诚以百姓疲劳故也。渊生长海表，相承三世，外抚戎夷，内修战射，而俭欲以偏军长驱，朝至夕卷，知其妄矣。"帝不听，使俭帅诸军及鲜卑、乌桓屯辽东南界，玺书征渊。渊遂发兵反，逆俭于辽隧。会天雨十余日，辽水大涨，俭与战不利，引军还右北平。渊因自立为燕王，改元绍汉，置百官，遣使假鲜卑单于玺，封拜边民，诱呼鲜卑以侵扰北方。

高堂隆上疏曰："今世之小人，好说秦、汉之奢靡以荡圣心；求取亡国不度之器，劳役费损以伤德政：非所以兴礼乐之和，保神明之休也。"帝不听。

【译文】

景初元年（丁巳，公元237年）

公孙渊多次对魏的宾客口出恶言，明帝打算讨伐他，命荆州刺史毋丘俭担任幽州刺史。毋丘俭上书说："陛下即位以来，没有可以载入史书的丰功伟绩，吴、蜀两国依仗地势险阻，不能很快平定，暂且可以调用这里无处用武的士兵平定辽东。"光禄大夫卫臻说："毋丘俭所述的都是战国时代的细微之术，不是帝王的大事。吴国年年频繁地举兵侵犯边境，而我们仍是按兵不动休养士卒，没有前去征讨，原因实在是百姓极度疲劳的缘故。公孙渊生长在海边，子孙三代相承，在外安抚戎狄，在内练兵备战，而毋丘俭打算以偏师长驱作战，早晨到达晚上就能席卷得胜，可见这些话完全是胡说。"明帝不听劝说，命毋丘俭统率各军及鲜卑、乌桓部落在辽东南界驻屯，以玺书征召公孙渊入朝。公孙渊立即发兵反叛，在辽隧迎战毋丘俭。当时正值大雨下了十多天，辽河大涨，毋丘俭出战不利，率军回到右北平。公孙渊乘机自立为燕王，改年号为绍汉，设置文武百官，派遣使节授予鲜卑单于印玺，对边民封官授爵，引诱鲜卑人侵扰北方。

高堂隆上书说："如今世上邪恶之人，喜好议论秦、汉之时的奢靡生活以动摇陛下的圣心，引诱陛下求取已亡国家不合法度的器物，致使百姓劳苦，钱财浪费，伤害德政，这不是提倡礼乐的和谐，保持神明的喜庆。"明帝不采纳。

资治通鉴第七十四卷

魏纪六

【原文】

烈祖明皇帝下景初二年（戊午，238年）

春，正月，帝召司马懿于长安，使将兵四万讨辽东。议臣或以为四万兵多，役费难供。帝曰："四千里征伐，虽云用奇，亦当任力，不当稍计役费也。"帝谓懿曰："公孙渊将何计以待君？"对曰："渊弃城豫走，上计也；据辽东拒大军，其次也；坐守襄平，此成禽耳。"帝曰："然则三者何出？"对曰："唯明智能审量彼我，乃豫有所割弃。此既非渊所及，又谓今往孤远，不能支久，必先拒辽水，后守襄平也。"帝曰："还往几日？"对曰："往百日，攻百日，还百日，以六十日为休息，如此，一年足矣。"

六月，司马懿军至辽东，公孙渊使大将军卑衍、杨祚将步骑数万屯辽隧，围堑二十余里。诸将欲击之，懿曰："贼所以坚壁，欲老吾兵也，今攻之，正堕其计。且贼大众在此，其巢窟空虚；直指襄平，破之必矣。"乃多张旗帜，欲出其南，衍等尽锐趣之。懿潜济水，出其北，直趣襄平；衍等恐，引兵夜走。诸军进至首山，渊复使衍等逆战，懿击，大破之，遂进围襄平。

雨霁，懿乃合围，作土山地道，楯橹钩冲，昼夜攻之，矢石如雨。渊窘急，粮尽，人相食，死者甚多，其将杨祚等降。八月，渊使相国王建、御史大夫柳甫请解围却兵，当君臣面缚。懿命斩之，檄告渊曰："楚、郑列国，而郑伯犹肉袒牵羊迎之。孤天子上公，而建等欲孤解围退舍，岂得礼邪！二人老耄，传言失指，已相为斩之。若意有未已，可更遣年少有明决者来！"渊复遣侍中卫演乞克日送任，懿谓演曰："军事大要有五：能战当战，不能战当守，不能守当走；余二事，但有降与死耳。汝不肯面缚，此为决就死也，不须送任！"壬午，襄平溃，渊与子脩将数百骑突围东南走，大兵急击之，斩渊父子于梁水之上。懿既入城，诛其公卿以下及兵民七千余人，筑为京观。辽东、带方、乐浪、玄菟四郡皆平。

吴主使中书郎吕壹典校诸官府及州郡文书，壹因此渐作威福，深文巧诋，排陷无辜，毁短大臣，纤介必闻。太子登数谏，吴主不听，群臣莫敢复言，皆畏之侧目。

壹诬白故江夏太守刁嘉谤讪国政，吴主怒，收嘉，系狱验问。时同坐人皆畏怖壹，并言闻之。侍中北海是仪独云无闻，遂见穷诘累日，诏旨转厉，群臣为之屏息。仪曰："今刀锯已在臣颈。臣何敢为嘉隐讳，自取夷灭，为不忠之鬼！顾以闻知当有本末。"据实答问，辞不倾移，吴主遂舍之；嘉亦得免。

上大将军陆逊、太常潘濬忧壹乱国，每言之，辄流涕。壹白丞相顾雍过失，吴主怒，诘责雍。黄门侍郎谢厷语次问壹："顾公事何如？"壹曰："不能佳。"厷又问："若此公免退，谁当代之？"壹未答。厷曰："得无潘太常得之乎？"壹曰："君语近之也。"厷曰："潘太常常切齿于君，但道无因耳。今日代顾公，恐明日便击君矣！"壹大惧，遂解散雍事。潘濬求朝，诣建业，欲尽辞极谏，至，闻太子登已数言之而不见从；濬乃大请百僚，欲因会手刃杀壹，以身当之，为国除患。壹密闻知，称疾不行。

西陵督步骘上疏曰："顾雍、陆逊、潘濬，志在竭诚，寝食不宁，念欲安国利民，建久长之计，可谓心膂股肱社稷之臣矣。宜各委任，不使他官监其所司，课其殿最。此三臣思虑不到则已，岂敢欺负所天乎！"

左将军朱据部曲应受三万缗，工王遂诈而受之。壹疑据实取，考问主者，死于杖下；据哀其无辜，厚棺敛之，壹又表据吏为据隐，故厚其殡。吴主数责问据，据无以自明，藉草待罪；数日，典军吏刘助觉，言王遂所取。吴主大感悟，曰："朱据见枉，况吏民乎！"乃穷治壹罪，赏助百万。

【译文】

魏纪六魏明帝景初二年（戊午，公元238年）

春季，正月，明帝从长安召回司马懿，命他率军四万人讨伐辽东。参与谋议的

大臣有的认为四万兵员太多,军费难以提供。明帝说:"四千里远征讨伐,虽说要出奇制胜,但也应当依靠实力,不应斤斤计较军费。"明帝对司马懿说:"公孙渊将用什么计策迎战您?"回答说:"公孙渊放弃守城先行逃走,是上策;据守辽东抗拒大军,是中策;如死守襄平,必被生擒。"明帝说:"那么,三者中他将采用哪一种?"回答说:"只有明智的人,才能审慎度量敌我双方的力量,才会预先有所舍弃。这既不是公孙渊的才智所能达到的,他又会认为我军是孤军远征,不能支持长久,一定是先在辽水抗拒,然后退守襄平。"明帝说:"往返需多少天?"回答说:"进军一百天,攻战一百天,返回一百天,以六十天作为休息日,这样的话,一年足够了。"

六月,司马懿大军到达辽东,公孙渊命大将军卑衍、杨祚统率步、骑兵数万人驻扎在辽隧,围城挖掘了长达二十余里的壕沟。魏军将领们想要攻城,司马懿说:"敌人所以坚守壁垒不肯决战,是打算拖死我军,现在攻打他们,正中其计。而且敌人主力在此,他们的老巢必定空虚,我军直指襄平,必能攻破。"于是,打出许多战旗,佯作要向南方出动,卑衍等率全部精锐部队随之向南。司马懿率军暗中渡过辽河,向北挺进,直扑襄平。卑衍等大为惊恐,率军连夜撤回。魏各路大军进抵首山,公孙渊再命卑衍等迎战。司马懿迎击,大败卑衍,遂进军包围襄平。

雨止,司马懿随即合拢包围圈,高堆土山,深挖地道,用礌干、橹车、钩梯、冲车,日夜攻城,射箭与礌石密集如雨。公孙渊窘迫危急,粮食已尽,以至人与人互相格杀残食,死亡极多,部将杨祚等投降。八月,公孙渊派遣相国王建、御史大夫柳甫请求解围退兵,如果同意,君臣定当自缚面降。司马懿命斩来使,用檄文通知公孙渊说:"楚国和郑国地位相等,可是郑伯还光着脊背牵羊出城迎降。我是天子的上公,而王建等想要我解围后退,难道不失礼吗?这两个老糊涂,传话失去意指,已被我杀掉。如还有请降之意,就另派年轻有明快决断的人前来。"公孙渊又派侍中卫演,请求指定日期,派送人质。司马懿对卫演说:"军事大要有五条,能战则战,不能战就当坚守,不能坚守就当逃走。剩下的两条路,就只有投降和死了。公孙渊不肯自缚面降,这是决心去死,不必送来人质!"壬午(疑误),襄平城败溃,公孙渊和儿子公孙脩带领数百骑兵从东南突围逃走,魏军急忙追击,在梁水岸边斩杀了公孙渊父子。司马懿进入襄平城以后,诛杀城中公卿以下官吏及兵民七千余人,积尸封土,筑成大坟,辽东、带方、东浪、玄菟四郡全部平定。

吴主让中书郎吕壹主管各官府及州郡公文，吕壹因此渐渐作威作福起来，援引法律条文进行狡诈的诋毁，排斥陷害无辜，诽谤朝廷大臣，连细微小事也禀闻吴王。太子孙登屡次规劝，吴王都不接受，群臣不敢再表示意见，对吕壹都深怀恐惧，侧目而视。

吕壹诬告前江夏太守刁嘉诽谤讥讽朝政，吴主大怒，逮捕了刁嘉，下狱审问。当时被牵连的人都畏惧吕壹，都说听到过刁嘉诽谤之词，只有侍中北海人是仪一人说没有听到过，于是被连日穷追请问，诏书也越发严厉，群臣都为他捏着一把汗，是仪说："如今刀锯已经架在脖颈上，我怎敢为刁嘉隐瞒，自取杀身灭门之祸，成为不忠的鬼魂？只是要说听到、了解此事，必须有头有尾。"是仪据实回答审问，供词不改，吴主于是放了他，刁嘉也被免罪。

上大将军陆逊、太常潘濬忧虑吕壹祸乱国政，一谈到这件事，就止不住流泪。吕壹指控丞相顾雍有过失，吴主大怒，责问顾雍。黄门侍郎谢厷在闲谈时问吕壹："顾公之事如何？"吕壹答："不能乐观。"谢厷又问："如果此公被罢免，应当是谁代替他？"吕壹没回答。谢厷说："莫非是潘濬？"吕壹答："你的话差不多。"谢厷又说："潘濬常常对你恨得咬牙切齿，只是没有机会讲罢了。今日他如接替顾公，恐怕明日就会打击你了。"吕壹万分恐惧，于是把顾雍的事化解勾销。潘濬请求入朝，亲自去建业，打算尽辞极谏。到达后，听说太子孙登已经多次揭发吕壹，而不被接受。潘濬于是宴请文武百官，打算在席间亲手杀死吕壹，再以性命抵罪，为国除害。吕壹得到密报，声称有病不去赴宴。

西陵督步骘上书说："顾雍、陆逊、潘濬志在竭诚报国，睡觉吃饭都不安宁，思虑着怎样安国利民，建立国家的长治久安之计，可以说是君王的心腹和肢体，国家的重臣了。应当对他们分别委以重任，不要让其他官员监督他们主管的工作，考核他们的政绩等次。这三位大臣思虑不到的事情就算了，岂敢欺骗辜负君王呢！"

左将军朱据的部曲应领受三万缗钱，工匠王遂将钱诈骗冒领。吕壹怀疑朱据实际将钱私取，拷问朱据部下主事的军吏，将他打死在棍棒之下。朱据哀伤他无辜屈死，丰厚地为他入殓安葬。吕壹又上表说朱据军吏为朱据隐瞒，所以朱据为他厚葬。吴主屡次责问朱据，朱据无法表明自己清白，只好搬出家门，坐卧在草席上听候定罪。几天后，典军吏刘助发觉此事，说钱被王遂取走。吴主深有感触，省悟地说："朱据尚被冤枉，何况小小吏民呢！"于是深究吕壹罪责，赏赐刘助百万钱。

【原文】

三年（己未，239年）

春，正月，懿至，入见，帝执其手曰："吾以后事属君，君与曹爽辅少子。死乃可忍，吾忍死待君，得相见，无所复恨矣！"乃召齐、秦二王以示懿，别指齐王芳谓懿曰："此是也，君谛视之，勿误也！"又教齐王令前抱懿颈。懿顿首流涕。是日，立齐王为皇太子。帝寻殂。

帝沈毅明敏，任心而行，料简功能，屏绝浮伪。兴师动众，论决大事，谋臣将相，咸服帝之大略。性特强识，虽左右小臣，宫簿性行，名迹所履，及其父兄子弟，一经耳目，终不遗忘。

太子即位，年八岁；大赦。尊皇后曰皇太后，加曹爽、司马懿侍中，假节钺，都督中外诸军、录尚书事。诸所兴作宫室之役，皆以遗诏罢之。

爽、懿各领兵三千人更宿殿内，爽以懿年位素高，常父事之，每事谘访，不敢专行。

【译文】

三年（己未，公元239年）

春季，正月，司马懿回到京师，入见明帝。明帝拉着他的手说："我把后事嘱托给您，您要与曹爽一起辅佐幼子。死岂是可以忍住的，我强忍着不死是为等待您。能够与您相见，再无遗恨了！"于是召来齐王曹芳、秦王曹询拜见司马懿，又指着齐王曹芳对司马懿说："就是他了，您仔细看看，不要看错！"又教齐王曹芳上前抱住司马懿的脖颈，司马懿叩头流泪。这一天，立齐王曹芳为皇太子，明帝旋即去世。

明帝深沉刚毅，聪明敏捷，但纵情任性。能够择别官吏的事功和能力，排除虚浮不实。每次发兵出征，讨论决定大事，谋臣将相，全都佩服明帝的远大谋略。记忆力极强，虽然只是左右卑微小官，但档案中所记有关的禀性行为、主要事迹和经历，及家中父兄子弟的情况，一经过目，终身不忘。

太子曹芳即位，时年八岁。大赦天下。尊称皇后为皇太后，给曹爽、司马懿加封侍中官职，授符节、黄钺，为都督中外诸军事、录尚书事。各处修建宫殿的劳役，都以遗诏的名义罢黜。

曹爽、司马懿各自领兵三千人轮流在宫内宿卫，曹爽因司马懿年纪已大，地位一向很高，经常把他当作父辈侍奉，每有事情必去拜访咨询，不敢独断专行。

【原文】

二年（辛酉，241年）

朝廷欲广田畜谷于扬、豫之间，使尚书郎汝南邓艾行陈、项以东至寿春。艾以为："昔太祖破黄巾，因为屯田，积谷许都以制四方。今三隅已定，事在淮南，每大军出征，运兵过半，功费巨亿。陈、蔡之间，土下田良，可省许昌左右诸稻田，并水东下，令淮北二万人，淮南三万人，什二分休，常有四万人且田且守；益开河渠以增溉灌，通漕运。计除众费，岁完五百万斛以为军资，六、七年间，可积二千万斛于淮上，此则十万之众五年食也。以此乘吴，无不克矣。"太傅懿善之。是岁，始开广漕渠，每东南有事，大兴军众，泛舟而下，达于江、淮，资食有余而无水害。

【译文】

正始二年（辛酉，公元241年）

魏打算在扬州、豫州之间开荒垦田，积蓄粮谷，令尚书郎汝南人邓艾到陈县、项县以东至寿春一带巡视，邓艾认为："从前太祖大破黄巾施行屯田，在许都囤积粮谷用来制胜四方。如今三边都已平定，军事行动集中在淮河以南，每次大军出征，转运军粮的兵士占了一半，耗费多亿。陈县、蔡县一带土地平坦肥沃，可以减少许昌附近稻田，把水并入河道向东灌溉，命令淮河以北二万人，淮河以南三万人，十分之二轮流休息，常驻的四万人边屯田边防守。宜多挖河渠增加灌溉，开通漕运。除去全部开支，总计每年可获五百万斛作为军费。六七年内，可在淮河土地上积蓄二千万斛，这就是十万大军五年的粮食。以此雄厚基础攻吴，无往而不胜。"太傅司马懿认为妥善。这一年，开始扩开漕渠。以后每次东南方出现战事，遂大举出兵，乘舟而下，直抵长江、淮河，军费、粮食都绰绰有余，并且消除了水患。

【原文】

四年（癸亥，243年）

吴诸葛恪远遣谍人观相径要，欲图寿春。太傅懿将兵入舒，欲以攻恪，吴主徙恪屯于柴桑。

征东将军、都督扬豫诸军事王昶上言："地有常险，守无常势。今屯宛去襄阳三百余里，有急不足相赴。"遂徙屯新野。

【译文】

四年（癸亥，公元243年）

吴诸葛恪派遣暗探，观察山川地要，准备攻打寿春。太傅司马懿率军进入舒县，打算由此进攻诸葛恪。吴主调移诸葛恪在柴桑驻屯。

征东将军及都督扬、豫诸军事王昶上书说："地势的险阻固定不变，防守的形势却变化无常。如今驻屯的宛县，距离襄阳三百余里，遇有紧急情况，来不及赴援。"于是移驻在新野县。

【原文】

五年（甲子，44年）

春，正月，吴主以大上将军陆逊为丞相，其州牧、都护、领武昌事如故。

征西将军、都督雍、凉诸军事夏侯玄，大将军爽之姑子也。玄辟李胜为长史，胜及尚书邓飏欲令爽立威名于天下，劝使伐蜀；太傅懿止之，不能得。三月，爽西至长安，发卒十余万人，与玄自骆口入汉中。

汉中守兵不满三万，诸将皆恐，欲守城不出以待涪兵。王平曰："汉中去涪垂千里，贼若得关，便为深祸，今宜先遣刘护军据兴势，平为后拒；若贼分向黄金，平帅千人下自临之，比尔间涪军亦至，此计之上也。"诸将皆疑，惟护军刘敏与平意同，遂帅所领据兴势，多张旗帜，弥亘百余里。

闰月，汉主遣大将军费祎督诸军救汉中，将行，光禄大夫来敏诣祎别，求共围棋；于时羽檄交至，人马擐甲，严驾已讫，祎与敏对戏，色无厌倦。敏曰："向聊观试君耳；君信可人，必能办贼者也。"

大将军爽兵距兴势不得进，关中及氐、羌转输不能供，牛马骡驴多死，民夷号泣道路，涪军及费祎兵继至。参军杨伟为爽陈形势，宜急还，不然，将败。邓飏、李胜与伟争于爽前。伟曰："飏、胜将败国家事，可斩也！"爽不悦。

太傅懿与夏侯玄书曰："《春秋》责大德重。昔武皇帝再入汉中，几至大败，君所知也。今兴势至险，蜀已先据，若进不获战，退见邀绝，覆军必矣，将何以任其责！"玄惧，言于爽；五月，引军还。费祎进据三岭以截爽，爽争险苦战，仅乃得过，失亡甚众，关中为之虚耗。

【译文】

五年（甲子，公元244年）

春季，正月，吴主任命上大将军陆逊担任丞相，原担任的州牧、都护、领武昌事等官职继续兼任。

征西将军及都督雍、凉诸军事夏侯玄，是大将军曹爽姑母之子。夏侯玄征召李胜担任长史，李胜与尚书邓飏打算让曹爽在天下树立威名，劝他伐蜀。太傅司马懿劝止他们，没能止住。三月，曹爽西行至长安，发兵十余万人，与夏侯玄一起从骆口进入汉中。

汉中守军不足三万人，将领们都很恐慌，打算坚守城池不出兵迎战，等待涪县的救援。王平说："汉中距离涪县将近一千里，敌人如果攻占了关城，便成为深突大祸，应该先派遣刘护军占据兴势，我在后面拒敌。如果敌人分兵向黄金攻击，我率领一千人亲自迎战，周旋之间，涪县援军便会到达，这是上策。"将领们都持怀疑，只有护军刘敏与王平意见相同，便率所领部队占据兴势，并漫山遍野插上战旗，连绵一百余里。

闰三月，汉后主派遣大将军费祎统领各军救赴汉中，将出发时，光禄大夫来敏来到费祎住所送别，请求一起下一局围棋。此时，战地文书交错送到，士兵战马都已披挂铠甲，出动命令已经下达，可是费祎与来敏对弈，仍面无厌倦。来敏说："我是故意考验您的，您确实令人满意，一定可以退敌。"

大将军曹爽率领部队到达兴势后受到抵抗，不能前进。关中以及氐、羌部落转运的军粮供给不上，牛马骡驴大量死亡，当地百姓在路边哀号哭泣，涪县大军及费祎部队相继到达。参军杨伟向曹爽分析形势，认为应当紧急撤还，不然将大败。邓飏、李胜与杨伟在曹爽面前争执起来，杨伟说："邓飏、李胜将败坏国家大事，应该斩首！"曹爽大为不快。

太傅司马懿给夏侯玄去信说："《春秋》大义，对大臣重臣要求严而施恩重。从前武皇帝第二次进入汉中，几乎大败，你是知道的。如今兴势地形十分险要，蜀军已率先占据，如果进攻，敌人不应战，退却又被阻截，全军必然覆灭，你将承担什么责任？"夏侯玄恐惧，对曹爽说了上面的话。五月，率领大军退还，费祎进军占据三岭阻截曹爽，曹爽争险夺关进行苦战，仅得以逃出，失散伤亡甚重，关中地区为这次行动耗费大量人力、物力而空虚。

【原文】

六年（乙丑，245年）

吴太子和与鲁王同宫，礼秩如一，群臣多以为言，吴主乃命分宫别僚；二子由是有隙。

卫将军全琮遣其子寄事鲁王，以书告丞相陆逊，逊报曰："子弟苟有才，不忧不用，不宜私出以要荣利；若其不佳，终为取祸。且闻二宫势敌，必有彼此，此古人之厚忌也。"寄果阿附鲁王，轻为交构。逊书与琮曰："卿不师日䃅而宿留阿寄，终为足下家门致祸矣。"琮既不答逊言。更以致隙。

鲁王曲意交结当时名士。偏将军朱绩以胆力称，王自至其廨，就之坐，欲与结好；绩下地住立，辞而不当。绩，然之子也。

于是自侍御、宾客，造为二端，仇党疑贰，滋延大臣，举国中分。

太常顾谭，逊之甥也，亦上疏曰："臣闻有国有家者，必明嫡庶之端，异尊卑之礼，使高下有差，等级逾邈；如此，则骨肉之恩全，觊觎之望绝。昔贾谊陈治安之计，论诸侯之势，以为势重虽亲，必有逆节之累，势轻虽疏，必有保全之祚。故淮南亲弟，不终飨国，失之于势重也；吴芮疏臣，传祚长沙，得之于势轻也。昔汉文帝使慎夫人与皇后同席，袁盎退夫人之位，帝有怒色；及盎辨上下之义，陈人彘之戒，帝既悦怪，夫人亦悟。今臣所陈，非有所偏，诚欲以安太子而便鲁王也。"由是鲁王与谭有隙。

芍陂之役，谭弟承及张休皆有功；全琮子端、绪与之争功，譖承、休于吴主，吴主徙谭、承、休于交州，又追赐休死。

【译文】

六年（乙丑，公元245年）

吴国太子孙和与鲁王孙霸同住一宫，礼仪品级一样，群臣多数因此有议论。吴王于是命令两人分宫居住，僚属也加区别。由此，兄弟之间产生了感情上的裂痕。

卫将军全琮让儿子全寄侍奉鲁王，写信告诉丞相陆逊，陆逊回答说："你的儿子如果真有才干，不必担忧不被任用，不宜出任私门幕职，邀取荣华。如果才力不佳，最终也会招来灾祸；况且听说两宫势均力敌，必定各要党羽，这是古人最避忌的。"全寄果然攀附鲁王，轻率地与之结交，陆逊写信给全琮说："你不学汉朝金日磾严格对待儿子，反而庇护阿寄，最终会为你的家门招来灾祸。"全琮不仅不回答陆逊，反而与陆逊发生了裂痕。

鲁王一心要结交当时知名人士。偏将军朱绩以有胆力著称，鲁王亲自到他的官署，挨近他坐下，想要与他结好。朱绩走下座位站在一旁，推辞不敢承当。朱绩是朱然的儿子。

从那时起，从侍从到宾客，形成对立的两派，仇视敌党，猜忌二心，逐渐蔓延到朝廷大臣，全国分为两派。

魏纪七

【原文】

邵陵厉公中正始七年（丙寅，246年）

秋，九月，吴主以骠骑将军步骘为丞相，车骑将军朱然为左大司马，卫将军全琮为右大司马。分荆州为二部：以镇南将军吕岱为上大将军，督右部，自武昌以西至蒲圻；以威北将军诸葛恪为大将军，督左部，代陆逊镇武昌。

汉主以凉州刺史姜维为卫将军，与大将军费祎并录尚书事。汶山平康夷反，维讨平之。

【译文】

魏邵陵厉公正始七年（丙寅，公元246年）

秋季，九月，吴主任命骠骑将军步骘为丞相，车骑将军朱然为左大司马，卫将军全琮为右大司马。把荆州分为两个部分：任命镇南将军吕岱为上大将军，督领右部，管辖武昌以西至蒲圻一带地区；任命威北将军诸葛恪为大将军，督领左部，代替陆逊，镇守武昌。

汉后主刘禅任命凉州刺史姜维为卫将军，与大将军费祎一起任录尚书事。汶山郡平康县的夷人反叛，姜维率军去讨伐，平定了叛乱。

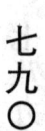

【原文】

八年（丁卯，247 年）

二月，日有食之。

时尚书何晏等朋附曹爽，好变改法度。太尉蒋济上疏曰："昔大舜佐治，戒在比周；周公辅政，慎于其朋。夫为国法度，惟命世大才，乃能张其纲维以垂于后，岂中下之吏所宜改易哉！终无益于治，适足伤民。宜使文武之臣，各守其职，率以清平，则和气祥瑞可感而致也！"

大将军爽用何晏、邓飏、丁谧之谋，迁太后于永宁宫，专擅朝政，多树亲党，屡改制度。太傅懿不能禁，与爽有隙。五月，懿始称疾，不与政事。

帝好亵近群小，游宴后园。秋，七月，尚书何晏上言："自今御幸式乾殿及游豫后园，宜皆从大臣，询谋政事，讲论经义，为万世法。"冬，十二月，散骑常侍、谏议大夫孔乂上言："今天下已平，陛下可绝后园习骑乘马，出必御辇乘车，天下之福，臣之愿也。"帝皆不听。

【译文】

八年（丁卯，公元 247 年）

二月，发生日食。

此时魏国尚书何晏等人勾结依附曹爽，喜好更改国家的法规制度。太尉蒋济上疏说："古时大舜辅佐唐尧治国，以结党营私为戒；周公协助成王理政，对结交什么人也极为慎重。国家的法度，只有那些著称于世的伟大人才，才能总掌其纲领而留传于后世，岂是中下等官吏所能随便改变的？而且更改国家法度最终不仅无益于治理国家，却反而足以伤害人民。所以应该让文武大臣们，恪守各自的职责，都能做到清廉公正，那么平和之气、吉祥符瑞就可以受到感应而降临了。"

大将军曹爽采纳何晏、邓飏、丁谧的计谋，把太后迁居到永宁宫，并独揽朝政大权，广泛地提拔亲戚党羽，多次更改制度。太傅司马懿不能禁止，就与曹爽之间产生矛盾。五月，司马懿开始称病，不上朝参与政事。

魏帝喜好宠幸亲近一群小人，在后园游乐饮宴。秋季，七月，尚书何晏上疏说：“从今以后皇帝到式乾殿或者到后园游乐时，应该都有大臣跟随，以便询问商量政事，讲解讨论经书大义，并为世世代代所效法。”冬季，十二月，散骑常侍、谏议大夫孔乂又上疏说："如今天下已经太平，陛下可以不必再到后园学习骑术，外出一定要乘坐辇车，这是天下之福，也是臣子的愿望。"魏帝都没有听从。

【原文】

九年（戊辰，248年）

五月，汉费祎出屯汉中，自蒋琬及祎，虽身居于外，庆赏刑威，皆遥先谘断，然后乃行。祎雅性谦素，当国功名，略与琬比。

大将军爽，骄奢无度，饮食衣服，拟于乘舆；尚方珍玩，充牣其家；又私取先帝才人以为伎乐。作窟室，绮疏四周，数与其党何晏等纵酒其中。弟羲深以为忧，数涕泣谏止之，爽不听。爽兄弟数俱出游，司农沛国桓范谓曰："总万机，典禁兵，不宜并出，若有闭城门，谁复内入者？"爽曰："谁敢尔邪！"

冬，河南尹李胜出为荆州刺史，过辞太傅懿。懿令两婢传。持衣，衣落；指口言渴，婢进粥，懿不持杯而饮，粥皆流出沾胸。胜曰："众情谓明公旧风发动，何意尊体乃尔！"懿使声气才属，说："年老枕疾，死在旦夕。"君当屈并州，并州近胡，好为之备！恐不复相见，以子师、昭兄弟为托。"胜曰："当还忝本州，非并州。"懿乃错乱其辞曰："君方到并州？"胜复曰："当忝荆州。"懿曰："年老意荒，不解君言。今还为本州，盛德壮烈，好建功勋！"胜退，告爽曰："司马公尸居余气，形神已离，不足虑矣。"他日，又向爽等垂泣曰："太傅病不可复济，令人怆然！"故爽等不复设备。

太傅懿阴与其子中护军师、散骑常侍昭谋诛曹爽。

【译文】

九年（戊辰，公元248年）

五月，蜀汉的费祎出都城屯兵于汉中。从蒋琬到费祎，虽然身居于外，但国家的庆典赏赐及刑罚等大事，都先要远远地向他们咨询，做出决断，然后才加以实行。费祎性情谦逊朴素，治理国政的功绩名望，大致与蒋琬相当。

大将军曹爽骄奢无度，饮食衣服，与皇帝相同，尚方署中的珍宝玩好，也充满了他的家，他还私自留用明帝的宫中女官做歌舞乐妓。他掘开地面建造地下宫室，在四周雕饰了华丽的花纹，并经常与他的党羽何晏等人在里面饮酒作乐。他的弟弟曹羲深深地为此忧虑，多次哭泣着劝阻他别再这样做，但曹爽不听。曹爽兄弟几个经常一起出去游玩，司农、沛国人桓范对他说："您总理万机，掌管城内禁兵，弟兄们不宜同时出城，如果有人关闭城门，谁在城内接应？"曹爽说："谁敢这样做呢！"

冬季，河南令尹李胜出任荆州刺史，到太傅司马懿家去辞行。司马懿让两个婢女侍奉着出来接见。让他更衣，他却把衣服掉在地上；指着嘴说口渴，婢女端来了粥，司马懿拿不动碗，就由婢女端着喝，粥从嘴边流出，沾满了前胸。李胜说："大家都说您的中风病旧病复发，没想到您的身体竟这样糟！"司马懿气喘吁吁地说："我年老体弱卧病不起，不久就要死了。你屈就并州刺史，并州靠近胡地，要很好地加强戒备。恐怕我们不能再见面了，我把我的儿子司马师和司马昭兄弟托付给你。"李胜说："我是回去愧居本家乡的州官，不是并州。"司马懿装聋作哑，故意听错他的话说："你刚刚到过并州？"李胜又说："是愧居荆州。"司马懿说："我年老耳聋思绪迷乱，没听明白你的话。如今你回到本家乡的州，正好轰轰烈烈地大展德才建立功勋。"李胜告退后，禀告曹爽说："司马公只是比死人多一口气，形体与精神已经分离，离死不远，不足以忧虑了。"过了几天，他又流着泪向曹爽等人说："太傅的病体不能再复原了，实在令人悲伤。"因此曹爽等人不再对司马懿加以戒备。

太傅司马懿暗地里和他的儿子中护军司马师、散骑常侍司马昭密谋诛杀曹爽。

【原文】

喜平元年（己巳，249年）

春，正月，甲午，帝谒高平陵，大将军爽与弟中领军羲、武卫将军训、散骑常侍彦皆从。太傅懿以皇太后令，闭诸城门，勒兵据武库，授兵出屯洛水浮桥；召司徒高柔假节行大将军事，据爽营；太仆王观行中领军事，据羲营。因奏爽罪恶于帝曰："臣昔从辽东还，先帝诏陛下、秦王及臣升御床，把臣臂，深以后事为念。臣言'太祖、高祖亦属臣以后事，此自陛下所见，无所忧苦。万一有不如意，臣当以死奉明诏。'今大将军爽，背弃顾命，败乱国典，内则僭拟，外则专权，破坏诸营，尽据禁兵，群官要职，皆置所亲，殿中宿卫，易以私人，根据盘互，纵恣日甚。又以黄门张当为都监，伺察至尊，离间二宫，伤害骨肉，天下汹汹，人怀危惧。陛下便为寄坐，岂得久安！此非先帝诏陛下及臣升御床之本意也。臣虽朽迈，敢忘往言！太尉臣济等皆以爽为有无君之心，兄弟不宜典兵宿卫，奏永宁宫，皇太后令敕臣如奏施行。臣辄敕主者及黄门令'罢爽、羲、训吏兵，以侯就第，不得逗留，以稽车驾；敢有稽留，便以军法从事！'臣辄力疾将兵屯洛水浮桥，伺察非常。爽得懿奏事，不通；迫窘不知所为，留车驾宿伊水南，伐木为鹿角，发屯田兵数千人以为卫。

懿使侍中高阳许允及尚书陈泰说爽，宜早自归罪，又使爽所信殿中校尉尹大目谓爽，唯免官而已，以洛水为誓。泰，群之子也。

【译文】

嘉平元年（己巳，公元249年）

春季，正月，甲午（初六），魏帝祭扫高平陵，大将军曹爽和他的弟弟中领军曹羲、武卫将军曹训、散骑常侍曹彦等都随侍同行。太傅司马懿以皇太后名义下令，关闭了各个城门，率兵占据了武库，并派兵出城据守洛水浮桥；命令司徒高柔持节代理大将军职事，占据曹爽营地；太仆王观代理中领军职事，占据曹羲营地。然后向魏帝禀奏曹爽的罪恶说：“我过去从辽东回来时，先帝诏令陛下、秦王和我到御床跟前，拉着我的手臂，深为后事忧虑。我说道：'太祖、高祖也曾把后事嘱托给我，这是陛下您亲眼见到的，没有什么可忧虑烦恼的。万一发生什么不如意的事，我当誓死执行您的诏令。'如今大将军曹爽，背弃先帝的遗命，败坏扰乱国家的制度；在朝内则超越本分自比君主，在外部则专横跋扈独揽大权；破坏各个军营的编制，完全把持了禁卫部队；各种重要官职，都安置他的亲信担任；皇宫的值宿卫士，也都换上了他自己的人；这些人相互勾结盘踞在一起，恣意妄为日甚一日。曹爽又派宦官黄门张当担任都监，侦察陛下的情况，挑拨离间陛下和太后二宫的关系，伤害骨肉之情，天下动荡不安，人人心怀畏惧。这种形势下，陛下也只是暂时寄居天子之位，岂能长治久安。这绝不是先帝诏令陛下和我到御床前谈话的本意。我虽老朽不堪，怎敢忘记以前说的话？太尉蒋济等人也都认为曹爽有篡夺君位之心，他们兄弟不宜掌管部队担任皇家侍卫，我把这些意见上奏皇太后，皇太后命令我按照奏章所言施行。我已擅自做主告诫主管人及黄门令说：'免去曹爽、曹羲、曹训的官职兵权，以侯爵的身份退职归家，不得逗留而延滞陛下车驾，如敢于延滞车驾，就以军法处置。'我还擅自做主勉力支撑病体率兵驻扎在洛水浮桥，侦察非常情况。"曹爽得到司马懿的奏章，没有通报魏帝；但惶急窘迫不知所措，于是就把魏帝车驾留宿于伊水之南，伐木构筑了防卫工事，并调遣了数千名屯田兵士为护卫。

司马懿派遣侍中、高阳人许允和尚书陈泰去劝说曹爽，告诉他应该尽早归降认罪；又派曹爽所信任的殿中校尉尹大目去告诉曹爽，只是免去他的官职而已，并指着洛水发了誓。陈泰是陈群之子。

【原文】

三年（辛未，251年）

八月，戊寅，舞阳宣文侯司马懿卒。诏以其子卫将军师为抚军大将军，录尚书事。

初，南匈奴自谓其先本汉室之甥，因冒姓刘氏。太祖留单于呼厨泉于邺，分其众为五部，居并州境内。左贤王豹，单于于扶罗之子也，为左部帅，部族最强。城阳太守邓艾上言："单于在内，羌夷失统，合散无主。今单于之尊日疏而外土之威日重，则胡虏不可不深备也。闻刘豹部有叛胡，可因叛割为二国，以分其势。去卑功显前朝而子不继业，宜加其子显号，使居雁门。离国弱寇，追录旧勋，此御边长计也。"又陈"羌胡与民同处者，宜以渐出之，使居民表，以崇廉耻之教，塞奸宄之路。"司马师皆从之。

吴立节中郎将陆抗屯柴桑，诣建业治病。病差，当还，吴主涕泣与别，谓曰："吾前听用谗言，与汝父大义不笃，以此负汝，前后所问，一焚灭之，莫令人见也。"

吴主以太子亮幼少，议所付托，孙峻荐大将军诸葛恪可付大事。吴主嫌恪刚愎自用,峻曰:"当今朝臣之才,无及恪者。"乃召恪于武昌。恪将行,上大将军吕岱戒之曰:"世方多难,子每事必十思。"恪曰:"昔季文子三思而后行,夫子曰:'再思可矣。'今君令恪十思,明恪之劣也!"岱无以答,时咸谓之失言。

【译文】

三年(辛未,公元251年)

八月,戊寅(初五),舞阳宣文侯司马懿去世。诏令任命司马懿之子司马师为抚军大将军、录尚书事。

起初,南匈奴人自称其先人本是汉室的外甥,于是就冒充姓刘氏。太祖曹操把单于呼厨泉留在邺都,把他的人分成五部,居住在并州境内。左贤王刘豹,是单于于扶罗之子,任左部统师,他的部族实力最强。城阳太守邓艾上书说:"单于在内地,羌夷人失去统治,合合散散没有首脑。如今单于的尊严日见微弱,而外地的威势日见加重,这样对胡人就不可不深加戒备。听说刘豹的部族中有背叛的胡人,可以利用其背叛的情况分割为二国,以分散刘豹的势力。去卑的功劳显赫于前朝,而他的儿子却不能继承父业,应该给他的儿子加封显赫的名号,让其居住在雁门。割裂他们的国家,削弱敌人,追记他们旧日的功勋,这是统治边境地区的长久之计。"又进言说:"羌胡之人与百姓同居一处的,应逐渐把他们分出,让他们居于百姓编户之外,以便推行礼义廉耻的教育,阻塞奸恶作乱之路。"司马师全部采用了他的主张。

吴国立节中郎将陆抗驻扎在柴桑,到建业治病。病好将还之时,吴主流着泪与他告别,对他说:"我以前听信谗言,对你父亲在君臣大义上没有能真诚纯厚,因此也对不住你;我前后责问你父亲的诏书,一切都焚毁消灭,不要再让人看到了。"

吴主因为太子孙亮年幼,商议找个可以托付国事之人,孙峻推荐大将军诸葛恪,认为他可承担大事。吴王嫌诸葛恪刚愎自用,孙峻说:"当今朝廷大臣之才,没有能赶得上诸葛恪的。"于是就召诸葛恪到武昌来。诸葛恪临行之时,上大将军吕岱告诫他说:"现在世上正是多难之时,望你每件事必先想十次再做。"诸葛恪说:"从前季文子三思而后行,孔子说:'只要想两次就可以了'。而您却让我想十次,这明明是认为我才能低劣!"吕岱无言以对,当时人都认为他失言。

【原文】

四年（壬申，52年）

吴主病困，召诸葛恪、孙弘、滕胤及将军吕据、侍中孙峻入卧内，属以后事。夏，四月，吴主殂。孙弘素与诸葛恪不平，惧为恪所治，秘不发丧，欲矫诏诛恪；孙峻以告恪。恪请弘咨事，于坐中杀之。乃发丧，谥吴主曰大皇帝。太子亮即位。大赦，改元建兴。闰月，以诸葛恪为太傅，滕胤为卫将军，吕岱为大司马。恪乃命罢视听，息校官，原逋责，除关税，崇恩泽，众莫不悦。恪每出入，百姓延颈思见其状。

十一月，诏王昶等三道击吴。十二月，王昶攻南郡，毌丘俭向武昌，胡遵、诸葛诞率众七万攻东兴。甲寅，吴太傅恪将兵四万，晨夜兼行，救东兴。胡遵等敕诸军作浮桥以渡，陈于堤上，分兵攻两城；城在高峻，不可卒拔。诸葛恪使冠军将军丁奉与吕据、留赞、唐咨为前部，从山西上。奉谓诸将曰："今诸军行缓，若贼据便地，则难以争锋，我请趋之。"乃辟诸军使下道，奉自率麾下三千人径进。时北风，奉举帆二日即至东关，遂据徐塘。时天雪，寒，胡遵等方置酒高会。奉见其前部兵少，谓其下曰："取封侯爵赏，正在今日！"乃使兵皆解铠，去矛戟，但兜鍪刀楯，倮身缘遏。魏人望见，大笑之，不即严兵。吴兵得上，便鼓噪，斫破魏前屯，吕据等继至；魏军惊扰散走，争渡浮桥，桥坏绝，自投于水，更相蹈藉。前部督韩综、乐安太守桓嘉等皆没，死者数万。综故吴叛将，数为吴害，吴大帝常切齿恨之，诸葛恪命送其首以白大帝庙。获车乘、牛马、骡驴各以千数，资器山积，振旅而归。

【译文】

四年（壬申，公元252年）

吴主病情危重，召诸葛恪、孙弘、滕胤以及将军吕据、侍中孙峻等人入卧室内，嘱托后事。夏季，四月，吴主去世。孙弘平素与诸葛恪不和，害怕被诸葛恪整治，于是封锁消息先不发丧，想要假造诏令杀掉诸葛恪；孙峻把此事报告了诸葛恪。诸葛恪请孙弘前来议事，就在位中把他杀了。然后举行丧礼，为吴主加谥号为

大皇帝。太子孙亮即位。实行大赦，改年号为建兴。闰月，任命诸葛恪为太傅，滕胤为卫将军，吕岱为大司马。诸葛恪下令罢免了充作朝廷耳目的各官，原宥拖欠的税赋债务，免除关税，广施恩泽于百姓，众人皆大欢喜。诸葛恪每次出入，百姓们都伸着脖颈想看看他的模样。

十一月，诏令王昶等三路兵马袭击吴国。十二月，王昶进攻南郡，毋丘俭进攻武昌，胡遵、诸葛诞率七万大军攻打东兴。甲寅（十九日），吴国太傅诸葛恪率兵四万，日夜兼程，救援东兴。胡遵等人命令各军作浮桥渡水，陈兵于大堤之上，分兵攻打两城；城在高峻险要之处，不能很快攻破。诸葛恪派冠军将军丁奉和吕据、留赞、唐咨等人为前锋，从山的西面攻上。丁奉对各将领说："现在各部队行动迟缓，如果魏兵占据有利地形，就难以与他争锋交战了，我请求快速攻上。"于是让各路军马从道路上避开，丁奉亲自率领属下三千人快速突进。当时正刮北风，丁奉扬帆行船两天就到达了东关，随即占据了徐塘。当时漫天飘雪，十分寒冷，胡遵等人正在聚会饮酒。丁奉见魏军前部兵力稀少，就对手下人说："求取封侯赏爵，正在今天。"于是士兵们都脱下铠甲，丢掉长矛大戟，只戴着头盔拿着刀和盾牌，裸身爬上堤堰。魏兵看见他们，都大笑不止，而不立即整兵对敌。吴兵爬上之后，立即击鼓呐喊，袭击攻破魏军前部营垒，吕据等人也相继赶到；魏军惊恐万状四散奔逃，争相抢渡浮桥，浮桥毁坏断裂，魏兵自己跳入水中，互相践踏着逃跑。魏军前部督韩综、乐安太守桓嘉等人都沉没在水中，死者数万人。韩综过去是吴国的叛将，多次为害吴国，吴大帝孙权常常痛恨得咬牙切齿，诸葛恪命人送回韩综首级以祭告大帝庙。缴获魏军的车辆、牛马、骡驴等都数以千计，资材器物堆积如山，整顿军容而归。

资治通鉴第七十六卷

魏纪八

【原文】

邵陵厉公下嘉平五年（癸酉，253年）

光禄大夫张缉言于师曰："恪虽克捷，见诛不久。"师曰："何故？"缉曰："威震其主，功盖一国，求不死，得乎！"

二月，吴军还自东兴。进封太傅恪阳都侯，加荆、扬州牧，督中外诸军事。恪遂有轻敌之心，复欲出军，诸大臣以为数出罢劳，同辞谏恪；恪不听。中散大夫蒋延固争，恪命扶出。因著论以谕众曰："凡敌国欲相吞，即仇雠欲相除也。有仇而长之，祸不在己，则在后人，不可不为远虑也。昔秦但得关西耳，尚以并吞六国。今以魏比古之秦，土地数倍；以吴与蜀，比古六国，不能半也。然今所以能敌之者，但以操时兵众，于今适尽，而后生者未及长大，正是贼衰少未盛之时。加司马懿先诛王凌，续自陨毙，其子幼弱而专彼大任，虽有智计之士，未得施用。当今伐之，是其厄会；圣人急于趋时，诚谓今日。若顺众人之情，怀偷安之计，以为长江之险可以传世，不论魏之终始而以今日遂轻其后，此吾所以长叹息者也！今闻众人或以百姓尚贫，欲务闲息，此不知虑其大危而爱其小勤者也。昔汉祖幸已自有三秦之地，何不闭关守险以自娱乐，空出攻楚，身被创痍，介胄生虮虱，将士厌困苦，岂甘锋刃而忘安宁哉？虑于长久不得两存者耳。每鉴荆邯说公孙述以进取之图，近见家叔父表陈与贼争竞之计，未尝不喟然叹息也！夙夜反侧，所虑如此，故聊疏愚言，以达一二君子之末。若一朝陨没，志画不立，贵令来世知我所忧，可思于后耳。"众人虽皆心以为不可，然莫敢复难。

汉姜维自以练西方风俗，兼负其才武，欲诱诸羌、胡以为羽翼，谓自陇以西，可断而有。每欲兴军大举，费祎常裁制不从，与其兵不过万人，曰："吾等不如丞相亦已远矣；丞相犹不能定中夏，况吾等乎！不如且保国治民，谨守社稷，如其功业，以俟能者，无为希冀徼幸，决成败于一举；若不如志，悔之无及。"及祎死，维得行其志，及将数万人出石营，围狄道。

吴诸葛恪入寇淮南，驱略民人。诸将或谓恪曰："今引军深入，疆场之民，必相率远遁，恐兵劳而功少；不如止围新城，新城困，救必至，至而图之，乃可大获。"恪从其计，五月，还军围新城。

诏太尉司马孚督军二十万往赴之。大将军师问于虞松曰："今东西有事，二方皆急，而诸将意沮，若之何？"松曰："昔周亚夫坚壁昌邑而吴、梦自败，事有似弱而强，不可不察也。今恪悉其锐众，足以肆暴，而坐守新城，欲以致一战耳。若攻城不拔，请战不可，师老众疲，势将自走，诸将之不径进，乃公之利也。姜维有重兵而县军应恪，投食我麦，非深根之寇也。且谓我并力于东，西方必虚，是以径进。今若使关中诸军倍道急赴，出其不意，殆将走矣。"师曰："善！"乃使郭淮、陈泰悉关中之众，解狄道之围；敕毋丘俭按兵自守，以新城委吴。陈泰进至洛门，姜维粮尽，退还。

扬州牙门将涿郡张特守新城，吴人攻之连月，城中兵合三千人，疾病战死者过半，而恪起土山急攻，城将陷，不可护。特乃谓吴人曰："今我无心复战也。然魏法，被攻过百日而救不至者，虽降，家不坐；自受敌以来，已九十余日矣。此城中本有四千余人，战死者已过半，城虽陷，尚有半人不欲降，我当还为相语，条别善恶，明日早送名，且以我印绶去为信。"乃投其印绶与之。吴人听其辞而不取印绶。特乃投夜彻诸屋材栅，补其缺为二重，明日，谓吴人曰："我但有斗死耳！"吴人大怒，进攻之，不能拔。

会大暑，吴士疲劳，饮水、泄下、流肿，病者大半，死伤涂地。诸营吏日白病者多，恪以为诈，欲斩之，自是莫敢言。恪内惟失计，而耻城不下，忿形于色。将军朱异以军事忤恪，恪立夺其兵，斥还建业。都尉蔡林数陈军计，恪不能用，策马来奔。诸将伺知吴兵已疲，乃进救兵。秋，七月，恪引军去，士卒伤病，流曳道路，或顿仆坑壑，或见略获，存亡哀痛，大小嗟呼。而恪晏然自若，出住江渚一月，图起田于浔阳；诏召相衔，徐乃旋师。由是众庶失望，怨讟兴矣。

孙峻因民之多怨，众之所嫌，构恪于吴主，云欲为变。冬，十月，孙峻与吴主谋置酒请恪。恪将入之夜，精爽扰动，通夕不寐；又，家数有妖怪，恪疑之。旦日，驻车宫门，峻已伏兵于帷中，恐恪不时入，事泄，乃自出见恪曰："使君若尊体不安，自可须后，峻当具白主上。"欲以尝知恪意，恪曰："当自力入。"散骑常侍张约、朱恩等密书与恪曰："今日张设非常，疑有他故。"恪以书示滕胤，胤劝恪还。恪曰："儿辈何能为！正恐因酒食中人耳。"恪入，剑履上殿，进谢还坐。设酒，恪疑未饮，孙峻曰："使君病未善平，有常服药酒，可取之。"恪意乃安。别饮所赍酒，数行，吴主还内；峻起如厕，解长衣，著短服，出曰："有诏收诸葛恪。"恪惊起，拔剑未得，而峻刀交下，张约从帝斫峻，裁伤左手，峻应手斫约，断右臂。武卫之士皆趋上殿，峻曰："所取者恪也，今已死！"悉令复刃，乃除地更饮。恪二子竦、建闻难，载其母欲来奔，峻使人追杀之。以苇席裹恪尸，篾束腰，投之石子冈。又遣无难督施宽就将军施绩、孙壹军，杀恪弟奋威将军融于公安，及其三子。恪外甥都乡侯张震、常侍朱恩，皆夷三族。

【译文】

魏邵陵厉公嘉平五年（癸酉，公元253年）

光禄大夫张缉对司马师说："诸葛恪虽然获得了胜利，但离被诛杀却不远了。"司马师问道："这是什么缘故？"张缉说："他的声威震慑其君主，功劳盖过全国，想要求得不死，可能吗？"

二月，吴国军队自东兴返回。进封太傅诸葛恪为阳都侯，并兼任荆州、扬州牧，都督中外诸军事。诸葛恪于是产生了轻敌之心，想要再度出兵，各位大臣认为频繁出兵军队疲惫不堪，就异口同声地劝谏诸葛恪，但诸葛恪不听。中散大夫蒋延仍坚持争谏，但诸葛恪却命人把他架扶出去。诸葛恪因此事著文晓谕众人说："凡是敌对国家想要互相吞并，也就是仇敌想要互相铲除。有仇敌而使之发展，祸患如果不在眼前，就是留给了后人，所以不能不深谋远虑。古时秦国只有关西之地，尚且能吞并六国。如今以魏国与古代的秦国相比，土地比秦多好几倍，以吴、蜀二国与古代六国相比，土地却不到六国的一半。然而今天我们之所以能与魏国对敌，只是因为曹操时期的士兵到今天已经老弱不能打仗，而后来出生的人还没有长大，这正是敌人兵力微弱而未及强盛之时，再加上司马懿先诛杀了王凌，接着自己死去，他的儿子幼弱却专擅那里的大权，虽然有聪明的谋士，却未能加以任用。如今去讨伐，正是他们的厄运到来之日。圣人急于顺随时势，指的实在就是今天的这种情况。如果顺从众人之情，心怀苟且偷安的想法，认为长江天险可以世代保持，不考虑魏国全面的情况而只看现在的形势就轻视其以后的发展，这就是我一直为之难过叹息的原因。如今我听说有些人认为百姓还很贫困，想要先从事休养生息之事，这是不知考虑其大的危害而只是怜惜其小的勤苦的想法。以前汉高祖幸运地占据了三秦之地，为什么他不闭关守住险要以自享娱乐，却偏要发动全部兵力去攻打西楚项羽，以至于身受创伤，甲胄里生满了虱子，将士们饱受艰难困苦，难道他甘心在刀剑里生活而忘记安宁了吗？这是因为考虑到天长日久他与项羽势不两存的缘故。每当我借鉴荆邯劝说公孙述锐意进取的图谋，以及近来见到家叔诸葛亮上表陈述与敌人争竞的计策，我都要喟然叹息！我朝夕辗转反侧，所想的就是这些，因此姑且陈述我的浅见，以送达各位君子明鉴。如果一旦我死去，志向计划不能实现，重要的是让来世之人了解我所忧虑的事情，在我死后深入地思考此事。"众人虽然心里都认为他说得不对，但没有人再敢提出异议。

蜀将姜维自以为详熟西部风俗，再加上对自己的才华武略颇为自负，所以总想诱使各个羌、胡的部族成为自己的羽翼，他认为从陇地往西，都可以断为己有。每次他想要兴兵大举进攻，费祎就常常加以阻止，不听从他的主张，调给他的兵力也不足一万人。费祎说："我们这些人比诸葛丞相差得远了。丞相尚且不能平定中原，更何况我们呢？所以我们不如先保国治民，谨守住自己的国土，至于建功立业扩大疆土，那就要等待有才能的人去干了。我们不要寄希望于侥幸，把成败系于一举，如果不能如愿以偿，后悔就来不及了。"等到费祎死后，姜维才得以实行他的计划，率兵将数万人越过石营，围攻狄道。

吴国的诸葛恪进犯淮南，驱杀掠夺百姓。将领中有人对诸葛恪说："如今率兵深入敌境，境内的百姓必然都一起远远地逃离了，恐怕我们的兵士费尽辛劳而功效甚少，不如仅围困新城，新城被围，必然会有救兵来，等救兵一到，再与他们交战，就可以大获全胜。"诸葛恪采纳了这个计策，五月，撤回军队围困新城。

诏命太尉司马孚率军二十万人奔赴战场。大将军司马师询问虞松说："如今东西都有战事，两个地方都很紧急，但诸位将领却意志沮丧，应该怎么办？"虞松说："从前西汉周亚夫坚守昌邑而吴、楚之军不战自败，有些事情看似弱而实际强，所以不能不详察。如今诸葛恪带来他全部的精锐部队，足以肆意逞强施暴，但他却坐等在新城，想要招来魏军与他一战。如果他不能攻破城池，请战也无人理睬，军队就会士气低落疲劳不堪，势必将自动撤退，诸位将领的不愿径直进击，对您反而是有利的。姜维握有重兵，但却是深入我境的孤军与诸葛恪遥相呼应，他们没有运粮部队，只以我们境内的麦子为食，不是能坚持长久作战的军队。而且他认为我们全力投入东方的战斗，西方必定空虚，所以径直深入我方境内，现在如果令关中各军日夜兼程快速奔赴前线，出其不意地攻打姜维，他大概就要撤走了。"司马师说："好！"于是命令郭淮、陈泰率领关中全部军队，去解救狄道的围困；命令毋丘俭按兵不动坚守营地，而把新城交给吴国去围攻。陈泰行军至洛门，姜维粮尽，只好撤退。

扬州牙门将涿郡人张特守卫新城，吴国人连月攻打，城中兵士共三千人，疾病战死者超过了一半，而诸葛恪又堆起了土山猛烈进攻，新城将要失陷，不能再守护了。于是张特对吴国人说："现在我已经无心再战了。但魏国法律规定，被围攻超过百日而救兵仍然未至者，虽然投降，其家属也不治罪；我自受围攻以来，已经九十多天了，这城中本来有四千余人，战死者已超过一半，城虽然失陷，但还有一半人不愿投降，我要回去劝说他们，逐一辨别好坏，明天一早送名单过来，请先把我的印绶拿去当作信物。"随即把他的印绶扔给了吴人。吴人听信了他的话而没要他的印绶。于是张特连夜拆除城内房屋的木材，修补加固城墙缺口成为双重防护，第二天，对吴人说："我只有战斗而死，决不投降！"吴人愤怒已极，加紧攻城，不能攻克。

当时正遇上大暑，吴国士兵疲劳不堪，饮用了不洁净的水，造成了腹泻、浮肿病流行，生病者过半，死伤之人满地都是。各兵营的官吏每天都报告生病者太多，诸葛恪认为他们谎报，要杀掉他们，从此没有人再敢说了。诸葛恪心中没有良策，又耻于攻城不下，所以愤恨之情常流露于外表。将军朱异在军事上与诸葛恪发生抵触，诸葛恪就立刻夺去他的兵权，驱逐他回建业。都尉蔡林多次提出军事计策，诸葛恪都不采纳，结果蔡林骑马逃走投降魏国。魏国将领伺察了解到吴国兵士已疲惫不堪，于是发出救兵。秋季，七月，诸葛恪率军退却，那些受伤生病的士卒流落在道路上，艰难地互相扶持着行走，有的人困顿地倒毙于沟中，有的人则被俘获，全军上下沉浸在哀痛悲叹之中。但诸葛恪却安然自若，外出在江中小洲上住了一月，还计划在浔阳地区开发田地，召他回去的诏书接连不断，他才慢慢地返回。从此群臣百姓对他失望，怨恨之言产生了。

孙峻因为臣民百姓大都怨恨嫌恶诸葛恪，就在吴主面前诬陷诸葛恪，说他想要发动变乱。冬季，十月，孙峻与吴主密谋在酒筵上杀死诸葛恪。诸葛恪将要赴宴的前一天晚上，精神躁动不安，整夜都不能入睡；另外，家里又发生了几次怪异之事，诸葛恪起了疑心。第二天，诸葛恪把车停在宫门，当时孙峻已经在帷帐之中设下伏兵，唯恐诸葛恪不按时进来使事情泄露，于是就亲自出来见诸葛恪说："您如果贵体欠安，可以等以后再说，我会把情况禀告主上的。"他说这话实际是想探试诸葛恪的态度。诸葛恪说："我要勉力进去见主上。"当时散骑常侍张约、朱恩等人写密信给诸葛恪说："今日宫内的陈设不同一般，我们怀疑有其他变故。"诸葛恪把密信给滕胤看，滕胤劝诸葛恪回府。诸葛恪说："这些小辈能干什么？恐怕他们是在酒食中下毒来害人而已。"诸葛恪进入宫内，带着剑不脱鞋上殿，上前谢过主上，回来坐在座位上。摆上酒宴，诸葛恪因有疑心就不饮酒。孙峻说："您的病没有大好，如果有常服的药酒，就请派人取来。"诸葛恪这才安了心。诸葛恪喝着自己人送来的酒，喝了几杯之后，吴主回到内室；这时孙峻也起来上厕所，在那儿脱下长衣，换上短上服，一出来就喊道："主上有诏命立即拘捕诸葛恪！"诸葛恪慌忙站起，还没拔出剑而孙峻的刀已经砍了下来，张约从旁边刀劈孙峻，但只伤及左手，孙峻却回手砍断了张约的右臂。这时，宫内的卫兵都跑上殿来，孙峻说："今天要捕取的只是诸葛恪，现在他已经死了。"然后命令卫兵全都把刀收起来，又把地上清除打扫一番重新开筵。诸葛恪的两个儿子诸葛竦和诸葛建听说父亲遭难，就用车拉起母亲想要投奔魏国。孙峻派人追赶并杀掉了他们。又命令用芦席裹住诸葛恪的尸体，中间用竹篾一捆，扔到了石子冈。另外派遣无难督施宽到将军施绩、孙壹的军队中，在公安县杀了诸葛恪的弟弟奋威将军诸葛融和他的三个儿子。诸葛恪的外甥都乡侯张震、常侍朱恩也都被诛灭三族。

【原文】

高贵乡公上正元元年（甲戌，254年）

春，二月，杀中书令李丰。初，丰年十七、八，已有清名，海内翕然称之。其父太仆恢不愿其然，敕使闭门断客，曹爽专政，司马懿称疾不出，丰为尚书仆射，依违二公间，故不与爽同诛，丰子韬，以选尚齐长公主。司马师秉政，以丰为中书令。是时，太常夏侯玄有天下重名，以曹爽亲，不得在势任，居常怏怏；张缉以后父去郡家居，亦不得意；丰皆与之亲善。师虽擢用丰，丰私心常在玄。丰在中书二岁，帝数召丰与语，不知所说。师知其议己，请丰相见以诘丰，丰不以实告；师怒，以刀镮筑杀之，送尸付廷尉，遂收丰子韬及夏侯玄、张缉等皆下廷尉，钟毓按治，云："丰与黄门监苏铄、永宁署令乐敦、冗从仆射刘贤等谋曰：'拜贵人日，请营兵皆屯门，陛下临轩，因此同奉陛下，将群僚人兵，就诛大将军；陛下傥不从人，便当劫将去耳。'"又云："谋以玄为大将军，缉为车骑将军；玄、缉皆知其谋。"庚戌，诛韬、玄、缉、铄、敦、贤，皆夷三族。

夏侯霸之入蜀也，邀玄欲与之俱，玄不从。及司马懿薨，中领军高阳许允谓玄曰："无复忧矣！"玄叹曰："士宗，卿何不见事乎！此人犹能以通家年少遇我，子元、子上不吾容也。"及下狱，玄不肯下辞，钟毓自临治之。玄正色责毓曰："吾当何罪！卿为令史责人也，卿便为吾作！"毓以玄名士，节高，不可屈，而狱当竟，夜为作辞，令与事相附，流涕以示玄；玄视，颔之而已。及就东市，颜色不变，举动自若。

【译文】

魏高贵乡公正元元年（甲戌，公元254年）

春季，二月，魏国杀中书令李丰。当初，李丰十七八岁时，已经颇有清雅之名，海内人士交口称誉。他的父亲太仆李恢不愿让他这样，所以就令他闭门谢客，不与人往来。曹爽独揽朝政时，司马懿称病不出，当时李丰任尚书仆射，就在曹爽、司马懿二人之中周旋反复，因此没有与曹爽一起被诛杀。李丰的儿子李韬，被选中娶齐长公主为妻。司马师主持朝政时，任命李丰为中书令。当时，太常夏侯玄在天下极有威望，但因为与曹爽是亲戚，不能担任有权势的职位，平时常常怏怏不乐；张缉因为是皇后之父而免去郡守闲居在家，他也很不得意；李丰与夏侯玄和张缉关系十分亲密。司马师虽然提拔了李丰，但李丰心里更为看重夏侯玄。李丰担任中书令的两年中，皇帝多次召见李丰一起交谈，但不知说些什么。司马师知道他们是在议论自己，所以请李丰来相见，向他询问，但李丰却不以实言相告；司马师勃然大怒，就用刀把上的铁环捶死了李丰，把尸体送交廷尉，接着又逮捕了李丰之子李韬和夏侯玄、张缉等人，都送交廷尉收监。钟毓负责审讯治狱，他说："李丰与黄门监苏铄、永宁宫署令乐敦、冗从仆射刘贤等人阴谋策划说：'拜贵人的那天，各营的兵力都把守在宫门口，陛下临近前廊时，借此机会共同侍奉陛下，再率领众官兵士，近前去诛杀大将军；陛下如果不听从，就要挟持着他离开。'"又说："他

司马昭戏剧造型

们阴谋商定以夏侯玄为大将军，张缉为骠骑将军；夏侯玄、张缉都知道这个阴谋。"庚戌（二十二日），诛杀李韬、夏侯玄、张缉、苏铄、乐敦、李贤等人，全都诛灭三族。

夏侯霸投奔蜀国时，曾邀请夏侯玄和他一同去，但夏侯玄没有听从。等司马懿去世，中领军高阳人许允对夏侯玄说："以后不用再忧虑了。"夏侯玄叹道："士宗啊，你怎么不明事理呢？司马懿还能把我作为世代交好的少年来对待我，而司马师、司马昭就不会容我了。"入狱之后，夏侯玄不肯招供，钟毓亲自去处理。夏侯玄表情严肃地斥责钟毓说："我有什么罪！你身为公府令史亲自来责问我，那你就替我写！"钟毓认为夏侯玄是名士，志节清高，不可屈服，但案子要了结，于是连夜为他写了供状，使与所查察之事相符合，然后流着眼泪给夏侯玄看；夏侯玄看后，只是微微点了点头而已。等到推到东市斩首，他仍然脸不变色，举动自如。

【原文】

二年（乙亥，255 年）

春，正月，俭、钦矫太后诏，起兵于寿春，移檄州郡以讨司马师，乃表言："相国懿，忠正，有大勋于社稷，宜宥及后世，请废师，以侯就第，以弟昭代之。太尉孚，忠孝小心，护军望，忠公亲事，皆宜亲宠，授以要任。"望，孚之子也。

俭又遣使邀镇南将军诸葛诞，诞斩其使。俭、钦将五六万渡渡淮，西至项；俭坚守，使钦在外为游兵。

司马师问计于河南尹王肃，肃曰："昔关羽虏于禁于汉滨，有北向争天下之志，后孙权袭取其将士家属，羽士众一旦瓦解。今淮南将士父母妻子皆在内州，但急往御卫，使不得前，必有关羽土崩之势矣。"时师新割目瘤，创甚，或以为大将军不宜自行，不如遣太尉孚拒之。唯王肃与尚书傅嘏、中书侍郎钟会劝师自行，师疑未决。嘏曰："淮、楚兵劲，而俭等负力远斗，其锋未易当也。若请将战有利钝，大势一失，则公事败矣。"师蹶然起曰："我请舆疾而东。"戊午，师率中外诸军以讨俭、钦，以弟昭兼中领军，留镇洛阳，召三方兵会于陈、许。

闰月，甲申，师次于㶏桥，俭将史招、李续相次来降。王基复言于师曰："兵闻拙速，未睹为巧之久也。方今外有强寇，内有叛臣，若不时决，则事之深浅未可测也。议者多言将军持重。将军持重，也是；停军不进，非也。持重，非不行之谓也，进而不可犯耳。今保壁垒以积实资虏而远运军粮，甚非计也。"师犹未计。基曰："将在军，君令有所不受。彼得亦利，我得亦利，是谓争地，南顿是也。"遂辄进据南顿，俭等从项亦欲往争，发十余里，闻基先到，乃复还保项。

俭之初起，遣健步赍书至兖州，兖州刺史邓艾斩之，将兵万余人，兼道前进，先趋乐嘉城，作浮桥以待师。俭使文钦将兵袭之。师自汝阳潜兵就艾于乐嘉，钦猝见大军，惊愕未知所为。钦子鸯，年十八，勇力绝人，谓钦曰："及其未定，击之可破也。"于是分为二队，夜夹攻军，鸯帅壮士先至鼓噪，军中震扰。师惊骇，所病目突出，恐众知之，啮被皆破。钦失期不应，会明，鸯见兵盛，乃引还。师与诸将曰："贼走矣，可追之！"诸将曰："钦父子骁猛，未有所屈，何苦而走？"师曰："夫一鼓作气，再而衰。鸯鼓噪失应，其势已屈，不走何待！"钦将引而东，鸯曰："不先折其势，不得去也。"乃与骁骑十余摧锋陷陈，所向皆披靡，遂引去。师使左长史司马班率骁骑八千翼而追之，鸯以匹马入数千骑中，辄杀伤百余人，乃出，如此者六七，追骑莫敢逼。

是日，毋丘俭闻钦退，恐惧夜走，众遂大溃。钦还至项，以孤军无继，不能自立，欲还寿春，寿春已溃，遂奔吴。吴孙峻至东兴，闻俭等败，壬寅，进至橐皋，文钦父子诣军降。毋丘俭走，北至慎县，左右人兵稍弃俭去，俭藏水边草中。甲辰，安风津民张属就杀俭，传首京师，封属为侯。诸葛诞至寿春，寿春城中十余万口，惧诛，或流迸山泽，或散走入吴。诏以诞为镇东大将军、仪同三司，都督扬州诸军事。

【译文】

二年（乙亥，公元255年）

春季，正月，毋丘俭，文钦假称受太后诏书，在寿春起兵，并向各州郡发檄文以共同讨伐司马师，以上表说："相国司马懿，为人忠正，为国家立了伟大功勋，应该宽宥他的后世，请求只废掉司马师的官职，让他以侯爵的身份退居家中，让其弟司马昭代替他。太尉司马孚尽忠尽孝小心奉职，护军司马望也能忠心耿耿尽职尽责，他们都应得到亲近和信任，授予他们重要职务。"司马望是司马孚之子。毋丘俭又派使者邀请镇南将军诸葛诞共讨司马师，但诸葛诞杀掉了使者。毋丘俭、文钦率五六万大军渡过淮河，向西到达项县；毋丘俭坚守城池，让文钦在外率领游动兵力。

司马师向河南尹王肃询问计策，王肃说："从前关羽在汉水之滨俘虏了于禁，有向北争夺天下的志向，后来孙权袭击攻取了其将士的家属，结果关羽的军队一下子就瓦解了。现在淮南众将士的父母妻子都留在内地州县，只要迅速派兵去保护其家属抵御毋丘俭、文钦的军队，不让他们进来，那他们必然会像关羽那样土崩瓦解。"当时司马师刚刚割掉眼部肿瘤，创口很大，很多人都认为此时大将军不应自己率兵前往，不如派太尉司马孚去抵抗叛军。只有王肃与尚书傅嘏、中书侍郎钟会等人劝司马师亲自去，但司马师犹豫不决。傅嘏说："淮、楚地区的兵力强劲，而且毋丘俭等自负力量强大要远征拼斗，其锋锐之势不易抵挡。如果诸将的战斗出现不利，大势一去，那么您的事情就要失败。"司马师快速地站起来说："我要抱病登车前去东边。"戊午（正月初五），司马师率领中外各军去讨伐毋丘俭和文钦，让其弟司马昭兼任中领军，留守洛阳，并召集三个方面的军队在陈县、许县会合。

闰正月，甲申（初一），司马师驻军于嬗桥，毋丘俭的将领史招、李续相继来投降。王基又对司马师说："用兵只听说过拙而能速胜，还未见过求巧而能持久。如今外部有强大的敌人，内部有叛乱的臣子，如果不及时做出决断，那么事态发展的深浅祸福则是难以预测的。议论的人都说将军持重稳健。您持重稳健是对的，但按兵不动则不对。持重，不是不往前行的意思，而是指前进而不可抵挡。如今我们坚守营垒，使其他各地积存的粮食资助了叛军而我们却从远方运输军粮，这实在不是好的计谋。"但司马师仍然不准进军。王基说："将领在行军作战时，君主的命令也可以不接受。如果敌人得到对敌人有利，我方得到对我方有利，这就是所谓争地，这个地方就是南顿。"随即就进军占据了南顿，毋丘俭等人从项县出发也想去争夺南顿，发兵行进了十余里，听说王基已经抢先到达，于是又返回坚守项县。

毋丘俭起兵之初，曾派遣善于走路的人到兖州送信，兖州刺史邓艾把他杀了。然后领兵一万多人，兼程前进，抢先赶到乐嘉城，制作了浮桥以等待司马师的大军。毋丘俭让文钦领兵去袭击乐嘉城。但司马师从汝阳秘密进兵到了乐嘉城与邓艾会合，文钦突然看到大军，大吃一惊不知如何是好。文钦之子文鸯，十八岁，勇猛强健，体力超人，此时就对文钦说："我们趁其尚书未安定，猛然出击可以攻破他们。"于是兵分二路，当夜就开始夹攻进击，文鸯率领强壮的士兵首先赶到，大声鼓噪进攻，城内军队惊扰不安。司马师也十分惊恐，急得他那只病眼也向外突了出来，他恐怕众人知道，就咬住被子强忍疼痛，结果把被子都咬破了。但文钦误了约定的时间未来接应，等到天明，文鸯见到对方兵力强盛，就撤兵而回。司马师对诸将说："叛贼跑了，现在可以去追击他们！"诸将说："文钦父子骁勇异常，没有受到挫折，苦于什么而要逃跑呢？"司马师说："打仗时第一次击鼓进攻士气大振，再次击鼓士气就衰弱了。文鸯鼓噪一夜又失去策应，其士气已然受挫，不逃走还等什么？"文钦将要领兵向东而退，文鸯说："如果不先挫其威势，我们是走不了的。"于是就同十几个骁勇骑兵杀入敌兵冲锋陷阵，所向披靡，然后才领兵而去，司马师派左长史司马班率领骁勇骑兵八千人从两翼追击，文鸯单枪匹马闯入数千骑兵之中，一次就杀伤百余人，然后突出重围而走，像这样来回六七次，追赶的骑兵不敢向前紧逼。

这天，毋丘俭听说文钦败退，十分恐惧，就连夜逃走，将士也随之四散溃逃。文钦退回到项县，因孤军无援，自己难以立足，想要回到寿春，而奉春已经溃败，于是就投奔了吴国。吴国孙峻到达东兴，听说毋丘俭等人失败，壬寅（闰正月十九日），进军到橐皋，文钦父子到军前来投降。毋丘俭逃走，向北到了慎县，左右的士兵逐渐都弃他而去，毋丘俭就藏身于水边的草丛中。甲辰（二十一日），安风津的百姓张属走过去杀掉了毋丘俭，毋丘俭的首级送到京师，于是加封张属为侯爵。诸葛诞到达寿春，寿春城中十余万人口害怕被杀，有的人流窜到山林川泽，有的人则分散地逃入吴国。诏令任何诸葛诞为镇东大将军、仪同三司，都督扬州诸军事。

魏纪九

【原文】

高贵乡公下甘露元年（丙子，256年）

姜维在钟提，议者多以为维力已竭，未能更出。安西将军邓艾曰："洮西之败，非小失也，士卒凋残，仓廪空虚，百姓流离。今以策言之，彼有乘胜之势，我有虚弱之实，一也。彼上下相习，五兵犀利，我将易兵新，器仗未复，二也。彼以船行，吾以陆军，劳逸不同，三也。狄道、陇西、南安、祁山各当有守，彼专为一，我分为四，四也。从南安、陇西因食羌谷，若趣祁山，熟麦千顷，为之外仓。贼有黠计，其来必矣。"

秋，七月，姜维复率众出祁山，闻邓艾已有备，乃回，从董亭趣南安；艾据武城山以拒之。维与艾争险不克，其夜，渡渭东行，缘山趣上邽，艾与战于段谷，大破之。以艾为镇西将军、都督陇右诸军事。维与其镇西大将军胡济期会上邽，济失期不至，故败，士卒星散，死者甚众，蜀人由是怨维。维上书谢，求自贬黜，乃以卫将军行大将军事。

八月，庚午，诏司马昭加号大都督，奏事不名，假黄钺。

【译文】

魏高贵乡公甘露元年（丙子，公元256年）

姜维在钟提，人们议论多认为他兵力已经衰竭，不能再次出征。但安西将军邓艾说："我们在洮西的失败，并不是小的损失，士卒伤残严重，十分衰弱，粮食仓库也已经空虚，百姓们流离失所。如今从谋略方面说，他们有乘胜进军的实力，而我们的现状却虚弱不堪，这是一。他们官兵上下相互熟习，兵器齐备而犀利，而我们更换了将领，更新了士兵，兵器也不完备，这是二。他们是坐船行进，而我们是陆地行军，劳逸不同，这是三。狄道、陇西、南安、祁山各地都应当有人守卫，他们是专门进攻一处，而我们却分守四方，这是四。他们从南安、陇西进军可以就地食用羌人的粮食，如果向祁山进军，那里成熟的麦子有千顷之多，足以成为他们的外部粮仓，这是五。敌人素来狡黠善于算计，他们来进攻是必然的。"

秋季，七月，姜维再次率兵出祁山，听说邓艾已有防备，就撤兵返回，从董亭奔向南安；邓艾据守武城山来抵抗姜维。姜维与邓艾争夺险要之地未能成功，当天夜里，他渡过渭水向东而行，沿山奔向上邽，邓艾又与姜维在段谷交战，把姜维打得大败。魏国任命邓艾为镇西将军，都督陇右诸军事。姜维与蜀汉的镇西大将军胡济约定在上邽会合，胡济误期未能到达，因此姜维失败了，士兵们四散奔逃，伤亡惨重，蜀人因此而埋怨姜维。姜维上书谢罪，自求贬职，蜀汉就让他以卫将军代行大将军的职权。

八月，庚午（二十六日），诏令司马昭加大都督封号，奏事可以不称名，出师持黄钺。

【原文】

二年（丁丑，257年）

征东大将军诸葛诞素与夏侯玄、邓飏等友善，玄等死，王凌、毋丘俭相继诛灭，诞内不自安，乃倾帑藏振施，曲赦有罪以收众心，畜养扬州轻侠数千人以为死士。因吴人欲向徐堨，请十万众以守寿春，又求临淮筑城以备吴寇。司马昭初秉政，长史贾充请遣参佐慰劳四征，且观其志。昭遣充至淮南，充见诞，论说时事，因曰："洛中诸贤，皆愿禅代，君以为如何？"诞厉声曰："卿非贾豫州子乎？世受魏恩，岂可欲以社稷输人乎！若洛中有难，吾当死之。"充默然；还，言于昭曰："诸葛诞再在扬州，得士众心。今召之，必不来，然反疾而祸小；不召，则反迟而祸大，不如召之。"昭从之。甲子，诏以诞为司空，召赴京师。诞得诏书，愈恐，疑扬州刺史乐綝间己，遂杀綝，敛淮南及淮北郡县屯田口十余万官兵，扬州新附胜兵者四五万人，聚谷足一年食，为闭门自守之计。遣长史吴纲将少子靓至吴，称臣请救，并请以牙门子弟为质。

司马昭奉帝及太后讨诸葛诞。

吴纲至吴，吴人大喜，使将军全怿、全端、唐咨、王祚将三万众，与文钦同救诞；以诞为左都护，假节、大司徒、骠骑将军、青州牧，封寿春侯。怿，琮之子；端，其从子也。

【译文】

二年（丁丑，公元257年）

征东大将军诸葛诞平时与夏侯玄、邓飏等人关系亲密，夏侯玄等人死了，王凌、毋丘俭等也相继被诛杀，诸葛诞内心很不安，于是就尽量拿出官府库中的财物广泛地赈济施舍，又曲法赦免那些有罪之人以收买众人之心，还蓄养了扬州的轻捷侠客数千人当作护卫自己的敢死队。因为吴国人想要攻打徐堨，诸葛诞就请求率十万兵众去守卫寿春，又要求濒临淮水建筑一座城以防备吴人进犯。司马昭刚刚执掌朝政，长史贾充建议派遣部下去慰劳征东、征南、征西、征北四将军，并观察他们的志趣、动向。司马昭派贾充到了淮南，贾充见到诸葛诞，一起谈论时事，贾充说道："洛中的诸位贤达之人，都希望实行禅让，您认为如何？"诸葛诞严厉地说："你不是贾豫州的儿子吗？你家世代受到魏国的恩惠，怎能想把国家转送他人？如果洛中发生危难，我愿为国家而死。"贾充默然无语。回来之后，贾充对司马昭说："诸葛诞再次到扬州后，深得士众之心。如今召他来，他必然不来，还会反叛，但早反叛祸害不大；如果不召他来，那么晚反叛祸害就大了，因此不如召他来。"司马昭采纳了这个意见。甲子（二十四日），调令任命诸葛诞为司空，并召他往赴京师。诸葛诞得到诏书，更加恐惧，怀疑是扬州刺史乐綝离间自己，于是就杀掉乐綝，聚集了在淮南及淮北郡县屯田的十余万官兵和扬州地区新招募的身强力壮的兵士四五万人，又聚集了足够食用一年的粮食，作了闭门自守的长期准备。又派遣长史吴纲带着他的小儿子诸葛靓到吴国，向吴王称臣请求救援，并请求再让部下将士的子弟做人质。

司马昭侍奉魏帝和太后共同去讨伐诸葛诞。

吴纲到了吴国，吴人大喜，派将军全怿、全端、唐咨、王祚等人领兵三万人，与文钦一起去救援诸葛诞；任命诸葛诞为左都护，持符节、大司徒、骠骑将军、青州牧，并封为寿春侯。全怿是全琮之子，全端是全琮的侄子。

【原文】

三年（戊寅，258年）

春，正月，文钦谓诸葛诞曰："蒋班、焦彝谓我不能出而走，全端、全怿又率众逆降，此敌无备之时也，可以战矣。"诞及唐咨等皆以为然，遂大为攻具，昼夜五六日攻南围，欲决围而出。围上诸军临高发石车火箭，逆烧破其攻具，矢石雨下，死伤蔽地，血流盈堑，复还城。城内食转竭，出降者数万口。钦欲尽出北方人省食，与吴人坚守，诞不听，由是争恨。钦素与诞有隙，徒以计合，事急愈相疑。钦见诞计事，诞遂杀钦。钦子鸯、虎将兵在小城中，闻钦死，勒兵赴之，众不为用，遂单走逾城出，自归于司马昭。军吏请诛之，昭曰："钦之罪不容诛，其子固应就戮；然鸯、虎以穷归命，且城未拔，杀之是坚其心也。"乃赦鸯、虎，使将数百骑巡城，呼曰："文钦之子犹不见杀，其余何惧！"又表鸯、虎皆为将军，赐爵关内侯。城内皆喜，且日益饥困。司马昭身自临围，见城上持弓者不发，曰："可攻矣！"乃四面进军，同时鼓噪登城。二月，乙酉，克之。诞窘急，单马将其麾下突小城欲出，司马胡奋部兵击斩之，夷其三族。诞麾下数百人，皆拱手为列，不降，每斩一人，辄降之，卒不变，以至于尽。吴将于诠曰："大丈夫受命其主，以兵救人，既不能克，又束手于敌，吾弗取也。"乃免胄冒陈而死。唐咨、王祚等皆降。吴兵万众，器仗山积。

司马昭之克寿春，钟会谋画居多；昭亲待日隆，委以腹心之任，时人比之子房。

孙綝奉牛酒诣吴主，吴主不受，赍诣左将军张布；酒酣，出怨言曰："初废少主时，多劝吾自为之者；吾以陛下贤明，故迎之。帝非我不立，今上礼见拒，是与凡臣无异，当复改图耳。"布以告吴主，吴主衔之，恐其有变，数加赏赐。戊戌，吴主诏曰："大将军掌中外诸军事，事统烦多，其加卫将军、御史大夫恩侍中，与大将军分省诸事。"或有告綝怀怨侮上，欲图反者，吴主执以付綝，綝杀之，由是益惧，因孟宗求出屯武昌，吴主许之。綝尽敕所督中营精兵万余人，皆令装载；又取武库兵器，吴主咸令给与。綝求中书两郎典知荆州诸军事，主者奏中书不应外出，吴主特听之。其所请求，一无违者。

将军魏邈说吴主曰："綝居外，必有变。"武卫士施朔又告綝谋反。吴主将讨綝，密问辅义将军张布，布曰："左将军丁奉，虽不能吏书，而计略过人，能断大事。"吴主召奉告之，且问以计画，奉曰："丞相兄弟支党甚盛，恐人心不同，不可卒制；可因腊会有陛兵以诛之。"吴主从之。

十二月，丁卯，建业中谣言明会有变，綝闻之，不悦。夜，大风，发屋扬沙，綝益惧。戊辰，腊会，綝称疾不至；吴主强起之，使者十余辈，綝不得已，将入，众止焉。綝曰："国家屡有命，不可辞。可豫整兵，令府内起火，因是可得速还。"遂入，寻而火起，綝求出，吴主曰："外兵自多，不足烦丞相也。"綝起离席，奉、布目左右缚之。綝叩头曰："愿徙交州。"吴主曰："卿何不徙滕胤、吕据于交州乎！"綝复曰："愿没为官奴。"吴主曰："卿何不以胤、据为奴乎！"遂斩之。以綝首令其众曰："诸与綝同谋者，皆赦之。"放仗者五千人。孙闿乘船欲降北，追杀之。夷綝三族，发孙峻棺，取其印绶，斫其木而埋之。

【译文】

三年（戊寅，公元258年）

春季，正月，文钦对诸葛诞说："蒋班、焦彝认为我们不能出城而走，全端、全怿又已率众投降，这正是敌人没有防备的时机，可以出城一战了。"诸葛诞和唐咨等人都认为很对，于是就大力准备进攻的器具，连续五六个昼夜进攻南面的包围，想要突破重围而出。包围圈上的魏国诸军站在高处发射石车火箭，迎面烧破敌方的进攻器具，箭石像雨一样泻下，死伤者遍地，流血充满堑沟，诸葛诞等又被迫返回城中。城内的粮食越来越少，出城投降者有数万人之多。文钦想让北方人都出城投降以节省粮食，留下他与吴国人一起坚守，但诸葛诞不同意，从此两人之间互相怨恨。文钦平时就与诸葛诞有矛盾，只是因为反对司马昭的想法相同而结合，事态紧急了就愈加相互猜疑。文钦进见诸葛诞商量事情，诸葛诞就杀掉了文钦。文钦之子文鸯、文虎领兵在小城中，听说文钦的死讯，就想带兵去为父报仇，但众人不为他们效命，二人随即独自越过城墙逃出来，投降了司马昭。军吏请求杀了他们，司马昭说："文钦罪不容诛，他的儿子本来也应该杀掉；但文鸯、文虎因走投无路而归顺，而且城还没攻破，杀了他们就更坚定了城内敌兵的死守之心。"于是赦免了文鸯、文虎，让他们率数百骑兵巡城高呼："文钦之子尚且不被杀，其余之人有什么可害怕的！"又让文鸯、文虎都担任将军，并赐爵关内侯。城内之人闻讯都很高兴，而且人们也日益饥饿困乏。司马昭亲自来到包围圈，见城上持弓者不发箭，就说："可以进攻了。"于是下令四面进军，同时鼓噪呐喊登上城墙，二月，乙酉（二十日），攻克寿春城。诸葛诞情急窘迫，单枪匹马率领麾下突击小城想要闯出城，司马胡奋手下的兵士把他杀死，又诛杀其三族。诸葛诞麾下的数百人，都拱手排成队列，却不投降，每杀一人，就问其余的人降不降，而他们的态度终究不变，以至于最后全部杀尽。吴将于诠说："大丈夫受命于君主，带兵来救人，既不能取胜，又要被敌人俘虏，我决不如此。"于是就脱掉盔甲突入敌人兵阵而战死。唐咨、王祚等人都投降了。俘虏的吴国兵卒有一万多人，缴获的兵器堆得像山一样。

司马昭攻克寿春，钟会出谋划策很多；因此，司马昭对他日益亲近重视，委任他办理机密要事，当时人把他比之为汉代的张良。

孙綝带着牛和酒去拜见吴主，但吴主不收，只好送到左将军张布家里；酒意正浓的时候，孙綝口出怨言说："当初废掉少主之时，很多人劝我自立为君；我认为陛下贤明，因此把他迎来。没有我他当不了皇帝，但我今天给他送礼却遭到拒绝，这是对我与一般大臣没有区别，我当再另立别人为君。"张布把这些话告诉了吴主，吴主怀恨在心，恐怕他发动变乱，所以多次加以赏赐。戊戌（疑误），吴主下诏说："大将军掌管中外诸军事，事务繁多，今加卫将军、御史大夫孙恩侍中之职，与大将军一起分担各种事务。"有人报告孙綝心怀怨恨侮辱主上，想图谋造反，吴主就把那人抓起来交给孙綝，孙綝把那人杀了，但从此心里更加害怕，通过孟宗向吴主要求外出驻扎在武昌，吴王答应了。孙綝命令他所统领的中军精兵万余人，都让他们上船，又取走了武库中的兵器，吴主都下令给他。孙綝又要求让中书两郎一同去管理荆州诸军事，主管者奏明中书不应外出，但吴主也特许孙綝带走中书。孙綝所要求的事没有一件不同意的。

将军魏邈对吴主说："孙綝居住在外，必然会有变乱。"武卫士施朔也报告说孙綝要谋反。吴主将要讨伐孙綝，就秘密地向辅义将军张布询问计策，张布说："左将军丁奉，虽不能撰写文书，但他计谋过人，能决断大事。"吴主召来了丁奉，讲了自己的想法，并向他询问计策，丁奉说："丞相的兄弟党羽很多，恐怕人心不同，不能突然制服他，可以乘腊祭集会之机用宿卫之兵杀掉他。"吴主同意了。

十二月，丁卯（初七），建业城中有谣言流传说明日腊祭要有事变，孙綝听到后，很不高兴。夜里，刮起了大风，吹掀了屋顶扬起漫天风沙，孙綝更加害怕。戊辰（初八），腊祭集会，孙綝称病不去；吴主强令他来，派使者催促十余次，孙綝不得已，将要入宫，众人劝他别去。孙綝说："国家多次下令，我不可推辞。你们可以预先整顿好兵力，在府内放一把火，以这个为借口我可以很快回来。"随即入宫，不久府内起了火，孙綝要求出去看看，吴主说："外面兵力自然很多，不用麻烦丞相亲自去。"孙綝起身离席，丁奉、张布目示左右之人把他绑起来。孙綝叩头说："我愿意迁徙到交州。"吴主说："你为什么不把滕胤、吕据迁到交州？"孙綝又说："我愿当个官家奴隶。"吴王说："你为什么不让滕胤、吕据为奴呢？"随即就把他杀了。又拿着孙綝的首级对他手下的兵将说："凡与孙綝同谋的人，一律赦免。"放下兵器投降者有五千人。孙闿乘船逃走想要投降魏国，吴王派人追杀了他。诛杀了孙綝的三族，又掘开孙峻的坟墓，取出他的印绶，削薄了他的棺木然后再埋上。

【原文】

元皇帝上景元元年（庚辰，260年）

帝见威权日去，不胜其忿。五月，己丑，召侍中王沈、尚书王经、散骑常侍王业，谓曰："司马昭之心，路人所知也。吾不能坐受废辱，今日当与卿自出讨之。"王经曰："昔鲁昭公不忍季氏，败走失国，为天下笑。今权在其门，为日久矣，朝廷四方皆为之致死，不顾逆顺之理，非一日也。且宿卫空阙，兵甲寡弱，陛下何所资用；而一旦如此，无乃欲除疾而更深之邪！祸殆不测，宜见重详。"帝乃出怀中黄素诏投地曰："行之决矣！正使死何惧，况不必死邪！"于是入白太后。沈、业奔走告昭，呼经欲与俱，经不从。帝遂拔剑升辇，率殿中宿卫苍头官僮鼓噪而出。昭弟屯骑校尉伷遇帝于东止车门，左右呵之，伷众奔走。中护军贾充自外入，逆与帝战于南阙下，帝自用剑。众欲退，骑督成倅弟太子舍人济问充曰："事急矣，当云何?"充曰:"司马公畜养汝等,正为今日。今日之事,无所问也!"济即抽戈前刺帝,须于车下。昭闻之,大惊,自投于地。太傅孚奔往,枕帝股而哭甚哀,曰:"杀陛下者,臣之罪也!"

昭入殿中,召群臣会议。尚书左仆射陈泰不至,昭使其舅尚书荀𫖮召之,泰曰:"世之论者以泰方于舅,今舅不如泰也。"子弟内外咸共逼之,乃入,见昭,悲恸,昭亦对之泣曰:"玄伯,卿何以处我?"泰曰:"独有斩贾充,少可以谢天下耳。"昭久之曰:"卿更思其次。"泰曰:"泰言唯有进于此,不知其次。"昭乃不复更言。𫖮,彧之子也。

太后下令,罪状高贵乡公,废为庶人,葬以民礼。收王经及其家属付廷尉。经谢其母,母颜色不变,笑而应曰:"人谁不死,正恐不得其所;以此并命,何恨之有!"及就诛,故吏向雄哭之,哀动一市。王沈以功封安平侯。庚寅,太傅孚等上言,请以王礼葬高贵乡公,太后许之。

【译文】

魏元帝景元元年(庚辰,公元260年)

魏帝见自己的权力威势日渐削弱,感到不胜愤恨。五月,已丑(初七),召见侍中王沈、尚书王经、散骑常侍王业,对他们说:"司马昭的野心,连路上的行人都知道。我不能坐等被废黜的耻辱,今日我将亲自与你们一起出去讨伐他。"王经说:"古时鲁昭公因不能忍受季氏的专权,讨伐失败而出走,丢掉了国家,被天下人所耻笑。如今权柄掌握在司马昭之手已经很久了,朝廷内以及四方之臣都为他效命而不顾逆顺之理,也不是一天了。而且宫中宿卫空缺,兵力十分弱小,陛下凭借什么?而您一旦这样做,不是想要除去疾病却反而使病更厉害了吗?祸患恐怕难以预测,应该重新加以详细研究。"魏帝这时就从怀中拿出黄绢诏书扔在地上说:"这样做已经决定了!纵使死了又有什么可怕的,何况不一定会死呢!"说完就进内宫禀告太后。王沈、王业跑出去告诉司马昭,想叫王经与他们一起去,但王经不去。魏帝随即拔出剑登辇,率领殿中宿卫和奴仆们呼喊着出了宫。司马昭的弟弟屯骑校尉司马伷在东止车门遇到魏帝,魏帝左右之人怒声呵斥他们,司马伷的兵士被吓得逃走了。中护军贾充从外而入,迎面与魏帝战于南面宫阙之下,魏帝亲自用剑拼杀。众人想要退却，骑督成倅之弟太子舍人成济问贾充说："事情紧急了，你说怎么办？"贾充说："司马公养你们这些人，正是为了今日。今日之事，没什么可问的！"于是成济立即抽出长戈上前刺杀魏帝，把他杀死于车下。司马昭闻讯大惊，自己跪倒在地上。太傅司马孚奔跑过去，把魏帝的头枕在自己的腿上哭得十分悲哀，哭喊着说："陛下被杀，是我的罪过啊！"

司马昭进入殿中，召集群臣议论。尚书左仆射陈泰不来，司马昭让陈泰之舅尚书荀顗去叫他，陈泰说："人们议论说我陈泰可以和您相比，今天看来您不如我陈泰。"但子弟们里里外外都逼着陈泰去，这才不得已而入宫，见到司马昭，悲恸欲绝，司马昭也对着他流泪，说："玄伯，你认为我怎样做才好呢？"陈泰说："只有杀掉贾充，才能稍稍谢罪于天下。"司马昭考虑了很久才说："你再想想其次的办法。"陈泰说："我说的只能是比这更高一级的处置，不知其次。"司马昭才不再说话了。荀顗是荀彧之子。

太后下令，列举高贵乡公的罪状，把他废为庶人，以百姓的丧礼安葬。拘捕了王经及其家属交付廷尉处置。王经向他母亲谢罪，他母亲脸色不变，笑着回答说："人谁能不死，正恐怕死得不得其所。为此事大家同死，还有什么遗恨！"到被诛杀的那天，故吏向雄为之痛哭，悲哀之情感动了整个街市之人。王沈因有功效封为安平侯。庚寅（初八），太傅司马孚等人向朝廷进言，请求以藩王的丧礼安葬高贵乡公，太后同意了。

魏纪十

【原文】

元皇帝下景元三年（壬午，262年）

汉大将军姜维将出军，右车骑将军廖化曰："兵不敢，必自焚，伯约之谓也。智不出敌而力小于寇，用之无厌，将何以存！"冬，十月，维入寇洮阳，邓艾与战于侯和，破之，维退住沓中。初，维以羁旅依汉，身受重任，兴兵累年，功绩不立。黄皓用事于中，与右大将军阎宇亲善，阴欲废维树宇。维知之，言于汉主曰："皓奸巧专恣，将败国家，请杀之！"汉主曰："皓趋走小臣耳，往董允每切齿，吾常恨之，君何足介意！"维见皓枝附叶连，惧于失言，逊辞而出。汉主敕皓诣维陈谢。维由是自疑惧，返自洮阳，因求种麦沓中，不敢归成都。

吴主以濮阳兴为丞相，廷尉丁密、光禄勋孟宗为左右御史大夫。初，兴为会稽太守，吴主在会稽，兴遇之厚；左将军张布尝为会稽王左右督将，故吴主即位，二人皆贵宠用事；布典宫省，兴关军国，以佞巧更相表里，吴人失望。

谯郡嵇康，文辞壮丽，好言老、庄而尚奇任侠，与陈留阮籍、籍兄子咸、河内山涛、河南向秀、琅邪王戎、沛国刘伶特相友善，号竹林七贤。皆崇尚虚无，轻蔑礼法，纵酒昏酣，遗落世事。

阮籍为步兵校尉，其母卒，籍方与人围棋，对者求止，籍留与决赌。既而饮酒二斗，举声一号，吐血数升，毁瘠骨立。居丧，饮酒无异平日。司隶校尉何曾恶之，面质籍于司马昭座曰："卿，纵情、背礼、败俗之人，今忠贤执政，综核名实，若卿之曹，不可长也！"因谓昭曰："公方以孝治天下，而听阮籍以重哀饮酒食肉于公座，何以训人！宜摈之四裔，无令污染华夏。"昭爱籍才，常拥护之。曾，夔之

子也。

钟会方有宠于司马昭，闻嵇康名而造之，康箕踞而锻，不为之礼。会将去，康曰："何所闻而来，何所见而去？"会曰："闻所闻而来，见所见而去！"遂深衔之。

山涛为吏部郎，举康自代；康与涛书，自说不堪流俗，而非薄汤、武。昭闻而怒之。康与东平吕安亲善，安兄巽诬安不孝，康为证其不然。会因谮"康尝欲助毋丘俭，且安、康有盛名于世，而言论放荡，害时乱教，宜因此除之。"昭遂杀安及康。康尝诣隐者汲郡孙登，登曰："子才多识寡，难乎免于今之世矣！"

昭欲大举伐汉，朝臣多以为不可，独司隶校尉钟会劝之。诏谕众曰："自定寿春以来，息役六年，治兵缮甲以拟二虏。今吴地广大而下湿，攻之用功差

竹林七贤图　清　钱慧安

难，不如先定巴蜀，三年之后，因顺流之势，水陆并进，此灭虢取虞之势也。计蜀战士九万，居守成都及备他境不下四万，然则余众不过五万。今绊姜维于沓中，使不得东顾，直指骆谷，出其空虚之地以袭汉中，以刘禅之暗，而边城外破，士女内震，其亡可知也。"乃以钟会为镇西将军，都督关中。征西将军邓艾以为蜀未有衅，屡陈异议；昭使主簿师纂为艾司马以谕之，艾乃奉命。

姜维表汉主："闻钟会治兵关中，欲规进取，宜并遣左右车骑张翼、廖化，督诸军分护阳安关口及阴平之桥头，以防未然。"黄皓信巫鬼，谓敌终不自致，启汉主寝其事，群臣其知。

【译文】

魏元帝景元三年（壬午，公元262年）

蜀汉大将军姜维将要出兵征战，右车骑将军廖化说："兵不止，必自焚，说的就是姜维。智谋超不出敌人，力量也小于敌人，而用兵没有满足的时候，将何以自存？"冬季，十月，姜维入侵洮阳，邓艾与他在侯和交战，打败了他。姜维撤兵驻扎在沓中。当初，姜维以羁旅之身投奔蜀汉，身受重任，连年兴兵，但没有建立什么功绩。黄皓在朝内当政，与右大将军阎宇关系交好，暗地里想废掉姜维而树立阎宇。姜维知道后，就对汉后主说："黄皓奸诈巧伪专权任意，将会败坏国家，请杀了他！"汉后主说："黄皓不过是在前面往来奔走的小臣，以前董允也常对他切齿痛恨，我常常为此遗憾，你何必介意他！"姜维见黄皓的党羽像树木的枝叶那样相互依附勾结，害怕自己失言，说了几句谦恭的话就出来了。汉后主让黄皓到姜维那里解释、谢罪。姜维从此就更加疑虑恐惧，从洮阳返回后，就要求到沓中去种麦，不敢返回成都。

吴主任命濮阳兴为丞相，廷尉丁密、光禄勋孟宗为左右御史大夫。当初，濮阳兴任会稽太守，吴王居住在会稽，濮阳兴对他很好，左将军张布曾任会稽王的左右督将，因此吴主即位之后，濮阳兴和张布二人受到尊崇而执掌朝政；张布主管朝内官署，濮阳兴主管军国之事，二人里里外外阿谀欺蒙，吴国人感到失望。

谯郡人嵇康，文章写得雄壮清丽，喜好谈论《老子》《庄子》，高节奇行，行侠仗义。他与陈留人阮籍、阮籍的侄子阮咸、河内人山涛、河南人向秀、琅邪人王戎、沛国人刘伶是至交好友，号称竹林七贤。他们都崇尚虚无之论，轻蔑礼仪法度，每日以纵情饮酒为乐，不问世事。

阮籍任步兵校尉，他母亲去世时，他正在与别人下围棋，对方要求停止，但阮籍却要他留下一决胜负。下完棋喝了两斗酒，高声一哭，吐血数升，极度哀痛而消瘦得只剩皮包骨了。居丧期间，和平日一样饮酒无度。司隶校尉何曾很讨厌他，就在司马昭座位前当面指责阮籍说："你是个纵情无度、违背礼仪、败坏风俗的人，如今忠贤之人执掌朝政，要综合考察人事的名与实，像你这类人，不可助长你的恶习！"于是就对司马昭说："您正在以孝道治理天下，却听任阮籍居丧期间在您的座前饮酒吃肉,以后还怎么教训别人?应该把他流放到四方荒远之地,不让他污染我们华夏的风气。"司马昭喜爱阮籍之才,常常扶助保护他。何曾是何夔之子。

钟会正受到司马昭的宠爱,听到嵇康的名声就去拜访他,嵇康伸腿坐在那里毫不在乎地打铁,很不礼貌地对待钟会。钟会将要离去,嵇康问他说:"你听到了什么而来,见到了什么而去?"钟会说:"听我所听到的而来,见我所见到的而去!"从此他对嵇康怀恨在心。

山涛任吏部郎,推荐嵇康代替自己;嵇康给山涛写信,说自己不堪忍受流俗,又菲薄商汤、周武王。司马昭听到后十分生气。嵇康与东平的吕安是好朋友,吕安之兄吕巽诬陷吕安不孝,嵇康为他作证说并非不孝。钟会借此事诬告说:"嵇康曾经想帮助毋丘俭,而且吕安、嵇康在世上享有盛名,但他们的言论放荡不羁,为害时俗,扰乱政教,应该乘此机会把他们除掉。"于是司马昭就杀了吕安和嵇康,嵇康曾去拜访隐士汲郡人孙登,孙登说:"你才气多见识少,在当今之世难免被杀!"

司马昭想要大举讨伐蜀汉,朝臣们大都认为不可,只有司隶校尉钟会赞成。司马昭告谕众人说:"自从平定寿春以来,已经六年没有战事了,我们要整治军队去攻打两个敌国。如今吴国土地广大而地势低湿,攻打他施展兵力较为困难,不如先平定巴蜀,三年之后,就顺流而下,水陆并进,这就是春秋时晋献公先灭虢国再乘势攻取虞国的那种形势。蜀国的战士共计有九万,居守成都以及防卫其他边境的不下四万人,这样剩余的战士不过五万人。如今把姜维牵制在沓中,让他不能向东出兵。我们发兵直向骆谷,通过他们的空虚地带去袭击汉中,以刘禅的暗弱无能,又加上边境城市在外面被攻破,蜀国的男女老少就会在内地震恐不安,这样敌人的灭亡就是意料之中的事。"于是任命钟会为镇西将军,都督关中。征西将军邓艾认为蜀国没有可乘之机,屡次陈述不同意见;司马昭让主簿师纂担任邓艾的司马去给他讲明道理,于是邓艾这才奉命行事了。

姜维向汉后主上表说:"听说钟会在关中整治军队,想图谋进攻,应该派遣左右车骑将军张翼、廖化率领诸军分别守护阳安关口和阴平的桥头,以防患于未然。"黄皓相信鬼神巫术,认为敌人终究不会自己找上门来,于是就奏明汉后主让他不提这件事,因而群臣没人知道。

【原文】

四年（癸未，263年）

诏诸军大举伐汉，遣征西将军邓艾督三万余人自狄道趣甘松、沓中，以连缀姜维；雍州刺史诸葛绪督三万余人自祁山趣武街桥头，绝维归路。钟会统十余万众分从斜谷、骆谷、子午谷趣汉中。以廷尉卫瓘持节监艾、会军事，行镇西军司。瓘，顗之子也。

会过幽州刺史王雄之孙戎，问："计将安出？"戎曰："道家有言，'为而不恃。'非成功难，保之难也。"或以问参相国军事平原刘寔曰："钟、邓其平蜀乎？"寔曰："破蜀必矣，而皆不还。"客问其故，寔笑而不答。

汉人闻魏兵且至，乃遣廖化将兵诣沓中为姜维继援，张翼、董厥等诣阳安关口为诸围外助。大赦，改元炎兴。敕诸围皆不得战，退保汉、乐二城，城中各有兵五千人。翼、厥北至阴平，闻诸葛绪将向建威，留住月余待之。钟会率诸军平行至汉中。九月，钟会使前将军李辅统万人围王含于乐城，护军荀恺围蒋斌于汉城。会径过西趣阳安口，遣人祭诸葛亮墓。

初，汉武兴督蒋舒在事无称，汉朝令人代之，使助将军傅佥守关口，舒由是恨。钟会使护军胡烈为前锋，攻关口。舒诡谓佥曰："今贼至不击而闭城自守，非良图也。"佥曰："受命保城，惟全为功；今违命出战，若丧师负国，死无益矣。"舒曰："子以保城获全为功，我以出战克敌为功，请各行其志。"遂率其众出；佥谓其战也，不设备。舒率其众迎降胡烈，烈乘虚袭城，佥格斗而死。佥，彤之子也。钟会闻关口已下，长驱而前，大得库藏积谷。

邓艾遣天水太守王颀直攻姜维营，陇西太守牵弘邀其前，金城太守杨欣趣甘松。维闻钟会诸军已入汉中，引兵还，欣等追蹑于强川口，大战，维败走。闻诸葛绪已塞道屯桥头，乃从孔函谷入北道，欲出绪后；绪闻之，却还三十里。维入北道三十余里，闻绪军却，寻还，从桥头过，绪趣截维，较一日不及。维遂还至阴平，合集士众，欲赴关城；闻其已破，退趣白水，遇廖化、张翼、董厥等，合兵守剑阁以拒会。

姜维列营守险，会攻之不能克，粮道险远，军食乏，欲引还。邓艾上言："贼已摧折，宜遂乘之，若从阴平由邪径经汉德阳亭趣涪，出剑阁西百里，去成都三百余里，奇兵冲其腹心，出其不意，剑阁之守必还赴涪，则会方轨而进，剑阁之军不还，则应涪之兵寡矣。"遂自阴平行无人之地七百余里，凿山通道，造作桥阁。山谷高深，至为艰险，又粮运将匮，濒于危殆，艾以毡自裹，推转而下。将士皆攀木缘崖，鱼贯而进。先登至江油，蜀守将马邈降。诸葛瞻督诸军拒艾，至涪，停住不进。尚书郎黄崇，权之子也，屡劝瞻宜速行据险，无令敌得入平地，瞻犹豫未纳；崇再三言之，至于流涕，瞻不能从。艾遂长驱而前，击破瞻前锋，瞻退住绵竹。艾以书诱瞻曰："若降者，必表为琅邪王。瞻怒，斩艾使，列阵以待艾。"艾遣子惠唐亭侯忠出其右，司马师纂等出其左。忠、纂战不利，并引还，曰："贼未可击！"艾怒曰："存亡之分，在此一举，何不可之有！"叱忠、纂等，将斩之。忠、纂驰还更战，大破，斩瞻及黄崇。瞻子尚叹曰："父子荷国重恩，不早斩黄皓，使败国殄民，用生何为！"策马冒陈而死。

汉人不意魏兵卒至，不为城守调度；闻艾已入平土，百姓扰扰，皆迸山泽，不可禁制。汉主使群臣会议，或以蜀之与吴，本为与国，宜可奔吴；或以为南中七郡，阻险斗绝，易以自守，宜可奔南。光禄大夫谯周以为："自古以来，无寄他国为天子者，若入吴国，亦当臣服。且治政不殊，则大能吞小，此数之自然也。由此言之，则魏能并吴，吴不能并魏明矣。等为称臣，为小孰与为大，再辱之耻何与一辱！且若欲奔南，则当早为之计，然后可果；今大敌已近，祸败将及，群小之心，无一可保，恐发足之日，其变不测，何至南之有乎！"或曰："今艾已不远，恐不受降，如之何？"周曰："方今东吴未宾，事势不得不受，受之不得不礼。若陛下降魏，魏不裂土以封陛下者，周请身诣京都，以古义争之。"众人皆从周议。汉主犹欲入南，狐疑未决。周上疏曰："南方远夷之地，平常无所供为，犹数反叛，自丞相亮以兵威逼之，穷乃率从。今若至南，外当拒敌，内供服御，费用张广，他无所取，耗损诸夷，其叛必矣！"汉主乃遣侍中张绍等奉玺绶以降于艾。北地王谌怒曰："若理穷力屈，祸败将及，便当父子君臣背城一战，同死社稷，以见先帝可也，奈何降乎！"汉主不听。是日，谌哭于昭烈之庙，先杀妻子而后自杀。

【译文】

四年（癸未，公元263年）

诏令诸军大举进攻蜀汉，派征西将军邓艾率领三万人从狄道奔赴甘松、沓中，以牵制姜维；派雍州刺史诸葛绪率领三万多人从祁山奔赴武街、桥头，断绝姜维的退路。钟会统兵十万余人分别从斜谷、骆谷、子午谷奔赴汉中。让廷尉卫瓘持符节监督邓艾、钟会的军事，兼镇西军司。卫瓘是卫觊之子。

钟会去拜访幽州刺史王雄之孙王戎，问他："我将怎样去干？"王戎说："道家有句话说'为而不恃'，也就是说成功并不难，而保持它则很难。"有人问参相国军事、平原人刘寔说："钟会、邓艾能平定蜀国吗？"刘寔说："破蜀是必然的，但他们都回不来。"对方问是什么原因，刘寔笑而不答。

姜维

蜀汉听到魏兵将至，就派遣廖化率兵到沓中作姜维的后援，派张翼、董厥等人到阳安关口帮助各个外围据点。实行大赦，改年号为炎兴。命令各外围据点不得与敌人交战，退守汉、乐二城，城中各有兵力五千人。张翼、董厥向北到达阴平，听到诸葛绪将向建威发兵，就留住一个多月等待敌兵。钟会率诸军齐头并进，到达汉中。九月，钟会让前将军李辅统兵万人把王含包围在乐城，让护军荀恺把蒋斌包围在汉城。钟会直接从西路奔向阳安口，派人祭奠了诸葛亮墓。

当初，蜀汉的武兴督蒋舒在位庸碌无为，蜀汉朝廷让人代替了他，派助将军傅佥把守关口，蒋舒因此怀恨在心。钟会派护军胡烈为前锋，进攻关口。蒋舒诡诈地向傅佥说："如今敌兵到了，不去进击而闭城自守，不是好的计策。"傅佥说："我受命保城，只要保全此城就是功劳；如今违抗命令出战，如果丧失军队有负于国家，即使战死也不会获益。"蒋舒说："你以保全此城为功劳，我以出战打败敌人为功劳，希望我们各行其志。"于是率领他的兵士出城；傅佥认为他是去交战，因此没有防备。蒋舒率领他的士兵迎接投降了胡烈，胡烈乘虚袭击城池，傅佥格斗拼杀而死。傅佥是傅肜之子。钟会听到关口已被攻克，就长驱直入，获得大量库藏的粮食。

邓艾派遣天水太守王颀直攻姜维营垒，陇西太守牵弘在前面阻截，金城太守杨欣奔赴甘松。姜维听说钟会诸军已经进入汉中，就领兵返回，杨欣等人在后面紧追至强川口，激烈交战，姜维败走。姜维又听到诸葛绪已经阻塞道路占据了桥头，于是就从孔函谷进入北部道路，想绕到诸葛绪的身后，诸葛绪知道后往回退却三十里。姜维进入北道三十多里后，听到诸葛绪退兵，赶紧往回走，从桥头过去，诸葛绪赶上去阻截姜维，但晚了一天没有赶上。姜维于是退至阴平，聚集军队，想要奔赴关城；还没到达，听说关城已破，于是退兵奔向白水，遇到了廖化、张翼、董厥等人，兵合一处据守剑阁以抵御钟会。

姜维排列营垒据守险要之地，钟会进攻不能取胜，而且运粮道路既危险又遥远，想要领兵撤回。邓艾上书说："敌兵已经受到摧折，应乘胜进军，如果从阴平出发由小路经过汉朝的德阳亭奔赴涪县，从剑阁之西一百里处进军，离成都三百余里，在这里出奇兵冲击其腹心之地，那么剑阁的守军必然往回奔赴涪县，而钟会就可以两车并行着向前推进。如果剑阁的守军不往回撤，那么接应涪县的兵力就会很少了。"于是从阴平出发走了七百余里的无人之地，凿山开路，架桥梁建阁道，山高谷深，非常艰险，运来的粮食也将吃尽，濒临危险的绝境，邓艾用毡毯裹住自己，翻转着滚下山去，将士们也都攀缘着树木崖壁，鱼贯而进。邓艾首先到达江油，蜀国守将马邈投降。诸葛瞻率诸军抵御邓艾，到达涪县后，停住不进。尚书郎黄崇是黄权之子，他屡次劝说诸葛瞻应迅速前进占据险要，不让敌人进入平地，诸葛瞻犹豫不决没有采纳；黄崇再三劝说，甚至流着眼泪说，但诸葛瞻仍然不听。于是邓艾长驱直入，击败诸葛瞻的前锋，诸葛瞻退兵驻扎在绵竹。邓艾写信劝诱诸葛瞻说："如果投降，必定表奏你为琅邪王。"诸葛瞻大怒，杀掉邓艾的使者，排列阵势以等待邓艾进攻。邓艾派他儿子惠唐亭侯邓忠攻其右翼，派司马师纂等人攻其左翼。邓忠与师纂战斗不利，都撤兵而还，说："敌兵还不能攻破！"邓艾大怒，说："存亡之别就在此一举，有什么不能的。"怒叱邓忠、师纂等人，说再攻不破就要杀了他们。邓忠、师纂跑回来再战，大败敌兵，杀了诸葛瞻和黄崇。诸葛瞻之子诸葛尚叹息说："我们父子蒙受国家重恩，没有早点杀了黄皓，致使国败民亡，活着还有什么用！"于是打马冲入敌阵而死。

蜀汉人没想到魏兵突然而至，没做守城的准备；听说邓艾已经进入平地，百姓们惊恐万状，都逃往山林大泽，不可禁止。汉后主召集群臣讨论，有人认为蜀与吴本来是友好邻邦，应该投奔到吴国；有人认为南中七郡，山势陡峭险峻，容易防守，应该奔向南面。光禄大夫谯周却认为："自古以来，没有寄居别国仍为天子的，如果到吴国去，也当臣服于吴。而且治国之道从来就没有什么不同，大国吞并小国，这是形势发展的自然趋势。从这点上说，魏国能吞并吴国，而吴国不能吞并魏国，这是很明显的事。同样是称臣，对小国称臣就不如对大国称臣，与其忍受两次受辱之耻不如一次受辱！而且如果想要奔赴南方，就应当及早计划好，才能成功；如今大敌已经临近，灾祸失败也将要降临，而且众小人之心，没有一个可保其不变，恐怕我们出发的时候，其变化不可预料，怎么能到达南中呢？"有人说："如今邓艾已经不远，恐怕他不接受我们投降，怎么办呢？"谯周说："现在吴国还没有臣服于魏，事情的形势使他不得不接受，接受了也不得不待之以礼。如果陛下投降魏国，而魏国不划分土地封给陛下的话，我请求只身到洛阳，用古代的大义与他们争辩。"众人都听从了谯周的建议。汉后主仍然想入南中，犹豫不决。谯周上疏说："南方偏远蛮夷之地，平常就不交纳供奉租税，还多次反叛，自丞相诸葛亮用武力威逼他们，走投无路才顺服。如今如果去南中，外要抗拒敌兵，内要供奉日常粮食物品，费用浩大，没有其他地方可以收取，只能耗损各个夷人部族，那他们必然会反叛。"于是汉后主就派侍中张绍等人奉着御玺向邓艾投降。北地王刘谌愤怒地说："如果我们理穷力屈，灾祸败亡将至，就应当父子君臣一起背城一战，共同为社稷而死，这样才能见先帝于地下，为什么投降？"汉后主不听。这一天，刘谌哭诉于昭烈帝刘备之庙，先杀了妻子儿女，然后自杀而死。

【原文】

咸熙元年（甲申，264年）

春，正月，壬辰，诏以槛车征邓艾。晋公昭恐艾不从命，敕钟会进军成都，又遣贾充将兵入斜谷。昭自将大军从帝幸长安，以诸王公皆在邺，乃以山涛为行军司马，镇邺。

钟会遣卫瓘先至成都收邓艾，会以瓘兵少，欲令艾杀瓘，因以为艾罪。瓘知其意，然不可得距，乃夜至成都，檄艾所统诸将，称："奉诏收艾，其余一无所问；若来赴官军，爵赏如先；敢有不出，诛及三族！"比至鸡鸣，悉来赴瓘，唯艾帐内在焉。平旦，开门，瓘乘使者车，径入至艾所；艾尚卧未起，遂执艾父子，置艾于槛车。诸将图欲劫艾，整仗趣瓘营；瓘轻出迎之，伪作表草，将申明艾事，诸将信之而止。

丙子，会至成都，送艾赴京师。会所惮惟艾，艾父子既禽，会独统大众，威震西土，遂决意谋反。会欲使姜维将五万人出斜谷为前驱，会自将大众随其后。既至长安，令骑士从陆道、步兵从水道，顺流浮渭入河，以为五日可到孟津，与骑兵会洛阳，一旦天下可定也。会得晋公书云："恐邓艾或不就征，今遣中护军贾充将步骑万人径入斜谷，屯乐城，吾自将十万屯长安，相见在近。"会得书惊，呼所亲语之曰："但取邓艾，相国知我独办之；今来大重，必觉我异矣，便当速发。事成，可得天下；不成，退保蜀、汉，不失作刘备也！"丁丑，会悉请护军、郡守、牙门骑督以上及蜀之故官，为太后发哀于蜀朝堂，矫太后遗诏，使会起兵废司马昭，皆班示坐上人，使下议讫，书版署置，更使所亲信代领诸军；所请群官，悉闭著益州诸曹屋中，城门宫门皆闭，严兵围守。卫瓘诈称疾笃，出就外廨。会信之，无所复惮。

姜维欲使会尽杀北来诸将，己因杀会，尽坑魏兵，复立汉主，密书与刘禅曰："愿陛下忍数日之辱，臣欲使社稷危而复安，日月幽而复明。"会欲从维言诛诸将，犹豫未决。

【译文】

咸熙元年（甲申，公元264年）

春季，正月，壬辰（疑误），诏令用囚车押回邓艾。晋公司马昭怕邓艾不从命，就命令钟会进军成都，又派遣贾充率兵入斜谷。司马昭则亲自率领大军跟着魏帝到达长安，因诸王公都在邺城，就任命山涛为行军司马镇守邺城。

钟会派卫瓘先到成都拘捕邓艾,钟会因卫瓘兵力少,想让邓艾杀掉卫瓘,再借此事定邓艾的罪。卫瓘知道他的意图,但又不能抗拒命令,于是在深夜到达成都,传檄文给邓艾所统领的将领,声称:"我奉诏来拘捕邓艾,其余的人一概不予追究;你们投向官军这一边,则如先前平蜀时一样再加爵赏,如胆敢不出,则要诛及三族!"等到鸡鸣时分,诸将都跑到卫瓘这里,只有邓艾帐内之人未来。到早晨,打开营门,卫瓘乘坐使者车,直接进入邓艾帐内;邓艾还躺着未起,于是把邓艾父子抓起来,把邓

四川汉中姜维庙

艾置于囚车中。诸将想要劫持邓艾,就整兵奔向卫瓘的营帐;卫瓘不带卫兵只身出来迎接,又假装书写表章,说将要申明邓艾没有反心。诸将相信了他而未劫持。

丙子(正月十五日),钟会到了成都,派人把邓艾押送京师。钟会所忌惮者只有邓艾,邓艾父子既已被擒,钟会则独自统领大众,威震西部地区,于是下定决心阴谋反叛。钟会想让姜维率五万人出斜谷为前锋,自己率领大众跟随其后。到长安之后,命令骑兵从陆路走,步兵从水路走,顺流从渭水进入黄河,认为五日即可到达孟津,再与骑兵会合于洛阳,一时之间就能平定天下。恰在此时,钟会收到了晋公的信,信中说:"恐怕邓艾不甘心接受惩处,现已派遣中护军贾充率领步骑兵一万人直接进斜谷,驻扎在乐城,我亲自率十万人驻扎在长安,近日即可相见。"钟会接到书信大惊失色,叫来亲信之人对他们说:"如果只取邓艾,相国知道我能独自办理;如今带来重兵,必定觉察到我有变异,我们应当迅速发难。事情成功了,就可得天下;不成功,就可以退保蜀汉,仍可作个刘备一样的人。"丁丑(十六日),钟会把护军、郡守、牙门骑督以上以及过去的蜀国官吏都请了来,在成都的朝堂为郭太后志哀,并假造了太后的遗诏,说让钟会起兵废掉司马昭,把遗诏向座

上众人宣布，让大家议论之后，开始授官任职，又让所亲信之人代领诸军；把所请来的群官，都关在益州各官署的屋中，关闭了城门宫门，派重兵把守。卫瓘诈称病重，出来住在外面的官舍。钟会相信他，对他也无所忌惮。

姜维想让钟会杀尽从北方来的诸将，自己再借机杀掉钟会，全部坑杀魏国兵士，重立汉王。他给刘禅写密信说："希望陛下再忍受数日之辱，我要让国家危而复安，日月幽而复明。"钟会想听从姜维的意见诛杀诸将，但仍犹豫不决。

资治通鉴第七十九卷

晋纪一

【原文】

世祖武皇帝上之上泰始元年（乙酉，265 年）

十二月，壬戌，魏帝禅位于晋；甲子，出舍于金墉城。太傅司马孚拜辞，执帝手，流涕歔欷不自胜，曰："臣死之日，固大魏之纯臣也。"丙寅，王即皇帝位，大赦，改元。丁卯，奉魏帝为陈留王，即宫于邺。优崇之礼，皆仿魏初故事。

拜谒图　西晋

这是魏晋南北朝上层社会觐见拜会的场面。图中两人手执写有姓名和官职的名刺，一人捧剑。隋唐以后，名刺与侠士之风在日本相当流行，影响至今。

【译文】

晋武帝泰始元年（乙酉，公元 265 年）

十一月，壬戌（十二日），魏元帝把皇位禅让给晋王。甲子（十四日），魏元帝搬到金墉城居住。太傅司马孚与魏元帝辞别，接着魏元帝的手，流泪叹息不能自制，说："我到死的那一天，仍然是大魏真正的臣子。"丙寅（十六日），晋王司马炎登上皇帝位，大赦天下，改年号为泰始。丁卯（十七日），尊奉魏元帝为陈留王，宫室安排在邺城，优厚高贵的礼制待遇，都仿效魏国初期的制度。

【原文】

二年，（丙戌，266年）

吴主以陆凯为左丞相，万彧为右丞相。吴主恶人视己，群臣侍见，莫敢举目。陆凯曰："君臣无不相识之道，若猝有不虞，不知所赴。"吴主乃听凯自视，而他人如故。

吴主居武昌，扬州之民溯流供给，甚苦之，又奢侈无度，公私穷匮。凯上疏曰："今四边无事，当务养民丰财，而更穷奢极欲；无灾而民命尽，无为而国财空，臣窃忧之。昔汉室既衰，三家鼎立；今曹、刘失道，皆为晋有，此目前之明验也。臣愚但为陛下惜国家耳。武昌土地危险墝确，非王者之都；且童谣云：'宁饮建业水，不食武昌鱼；宁还建业死，不止武昌居。'以此观之，足明人心与天意矣。今国无一年之蓄，民有离散之怨，国有露根之渐，而官吏务为苛急，莫之或恤。大帝时，后宫列女及诸织络数不满百，景帝以来，乃有千数，此耗财之甚也。又左右之臣，率非其人，群党相扶，害忠隐贤，此皆蠹政病民者也。臣愿陛下省息百役，罢去苛扰，料出宫女，清选百官，则天悦民附，国家永安矣。"吴主虽不悦，以其宿望，特优容之。

十二月，吴主还都建业，使后父卫将军、录尚书事滕牧留镇武昌。朝士以牧尊戚，颇推令谏争，滕后之宠由是渐衰，更遣牧居苍梧，虽爵位不夺，其实迁也，在道以忧死。何太后常保佑滕后，太史又言中宫不可易，吴主信巫觋，故得不废，常供养升平宫，不复进见；诸姬佩皇后玺绂者甚众，滕后受朝贺表疏而已。吴主使黄门遍行州郡，料取将吏家女，其二千石大臣子女，岁岁言名，年十五、六一简阅，简阅不中，乃得出嫁。后宫以千数，而采择无已。

【译文】

二年（丙戌，公元266年）

吴主任命陆凯为左丞相，万彧为右丞相。吴主憎恶别人注视他，群臣朝见或在一旁侍候，没有人敢抬眼看他。陆凯说："群臣之间没有不相识的道理，如果突然发生了意料不到的事情，就不知道该怎么办了。"吴主于是听凭陆凯注视他，而对别人却依然如故。

吴主居住在武昌，扬州的百姓逆流而上提供物资，异常劳苦。再加上吴主奢侈无度，使得国家和人民都穷困匮乏。陆凯上疏说："如今四周边境都没有战事，应当致力于休养民力，积蓄财富，然而却愈发穷奢极欲；还没有发生灾难而百姓的精力已尽，还没有什么作为而国库的资财已经空虚，我私下为此感到忧虑。从前汉室衰微，三家鼎立，如今曹、刘失道，都被晋所占有，这是近在眼前的、十分明显的证据。我蠢笨无知，只是为陛下珍惜国家而已。武昌地势高险，土质薄，多山石，并非帝王建都的地方，况且童谣说：'宁饮建业水，不食武昌鱼；宁还建业死，不在武昌居。'由此看来，是可以证明人心与天意了。现在国家仅有不足一年的积蓄，百姓有离散的怨言，国家这棵大树已经渐渐露出了根本，而官吏却致力于苛刻催逼百姓，没有人体恤他们。大帝的时候，后宫的女子以及各种织工，人数不足百人，景帝以来，人数已经上千，这就使资财的耗费非常严重了。另外，您身边的臣子，大多没有什么才能，他们结成帮派相互扶持，陷害忠良，埋没贤达，这都是些损政害民的人。我希望陛下减省、停止多种劳役，免去苛刻的骚扰，清理、减少宫女，严格选拔官吏，那么就会使天喜悦而民归附，国家长久安定了。"吴主虽然不高兴，但由于陆凯的名望大，就对他特别宽容。

十二月，吴主又把国都迁回建业，派皇后的父亲、卫将军、录尚书事滕牧留下来镇守武昌。朝廷中的官吏因滕牧是显贵的皇亲，都推举他，让他向上谏争，滕皇后因此逐渐地失去了恩宠。吴主又让滕牧去苍梧居住，虽然没有削夺他的爵位，实际上是把他放逐了，他在半路上由于忧郁而死去。何太后时常护佑着滕后，又加上太史说皇后不可更换，吴主信巫术，所以滕后没有被废，日常供养在升平宫，不再进见吴主。宫中的姬妾很多人都佩戴着皇后印玺绶带，滕后却只是接受大臣们的朝贺和上奏的表疏而已。吴主派遣宦官走遍了州郡，挑选将吏家中的女子；只要是二千石大臣家里的女儿，每年都要申报姓名年龄，到了十五六岁就要进行考察、检选，没有被选中的才可以出嫁。后宫女子已有上千人，吴主仍然不断地挑选新人入宫。

【原文】

三年（丁亥，267年）

司隶校尉上党李憙劾故立进令刘友、前尚书山涛、中山王睦、尚书仆射武陔各占官稻田，请免涛、睦等官，陔已亡，请贬其谥。诏曰："友侵剥百姓以缪惑朝士，其考竟以惩邪佞。涛等不贰其过，皆勿有所问。憙亢志在公，当官而行，可谓邦之司直矣。光武直云：'贵戚且敛手以避二鲍。'其申敕群僚，各慎所司，宽宥之恩，不可数遇也！"睦，宣帝之弟子也。

臣光曰：政之大本，在于刑赏，刑赏不明，政何以成！晋武帝赦山涛而褒李憙，其于刑赏两失之。使憙所言为是，则涛不可赦；所言为非，则憙不足褒。褒之使言，言而不用，怨结于下，威玩于上，将安用之！且四臣同罪，刘友伏诛而涛等不问，避贵族贱，可谓政乎！创业之初而政本不立，将以垂统后世，不亦难乎！

帝以李憙为太子太傅，征犍为李密为太子洗马。密以祖母老，固辞，许之。密与人交，每公议其得失而切责之，常言："吾独立于世，顾影无俦；然而不惧者，以无彼此于人故也。"

【译文】

三年（丁亥，公元267年）

司隶校尉、上党人李憙，揭发从前的立进县令刘友、前尚书山涛、中山王司马睦、尚书仆射武陔等都有霸占官府稻田的行为，请求免去山涛、司马睦等人的官职，武陔已经死亡，请求将他的谥号降级。晋武帝下诏说："刘友欺凌掠夺百姓，迷惑朝廷官吏，应对其拷问处死以惩罚邪佞之人。如果山涛等人不再重犯已往的过错，对他们就免于追究。李憙一心为公，对官员行使职责，可称为邦国中之司直了。汉光武帝有言：'贵戚尚且缩起手以躲避二鲍。'即指整肃百官群僚，使他们各自谨慎于自己的职责。而宽容的恩典是不应该经常使用的!"司马睦是晋宣帝弟弟的儿子。

臣司马光曰:政治的根本在于刑与赏,刑赏不分明,政治如何能成就!晋武帝赦免山涛而褒奖李憙,在刑与赏两方面都有缺失。如果李憙所言是正确的,那么山涛就不可以赦免;所言为非,李憙就不值得褒奖。褒奖李憙让他说话,他说了却又不采用,结果在下属中结下怨恨,在上则使权威被轻慢,这样又将如何使用李憙?况且四位大臣罪行相同,但刘友被处死而对山涛等人却不问罪,避开权贵而施法于轻贱,这能说是治政之道吗?正处于创业之初却不能树立治理国家的根本,要想把基业传给后世,不是很难的事吗?

晋武帝任命李憙为太子太傅,征召犍为人李密为太子洗马。李密因为祖母上了年纪,坚决辞让不受,晋武帝允许了。李密与人交往,往往公然议论其得失优劣而严厉地责备其人,他常常说:"我独自立于人世,自顾其影而没有伴侣,但我却心无恐惧,就是因为我对别人没有厚此薄彼的缘故。"

【原文】

四年(戊子,268年)

春,正月,丙戌,贾充等上所刊修律令。帝亲自临讲,使尚书郎裴楷执读。楷,秀之从弟也。侍中卢珽、中书侍郎范阳张华请抄新律死罪条目,悬之亭传以示民;从之。

又诏河南尹杜预为黜陟之课,预奏:"古者黜陟,拟议于心,不泥于法;末世不能纪远而专求密微,疑心而信耳目,疑耳目而信简书,简书愈繁,官方愈伪。魏氏考课,即京房之遗意,其文可谓至密;然失于苛细以违本体,故历代不能通也。岂若申唐尧之旧制,取大舍小,去密就简,俾之易从也!夫曲尽物理,神而明之,存乎其人;去人而任法,则以文伤理。莫若委任达官,各考所统,岁第其人,言其优劣。如此六载,主者总集,采按其言,六优者超擢,六劣者废免,优多劣少者平叙,劣多优少者左迁。其间所对不钧,品有难易,主者固当准量轻重,微加降杀,不足曲以法尽也。其有优劣徇情,不叶公论者,当委监司随而弹之。若令上下公相容过,此为清议大颓,虽有考课之法,亦无益也。"事竟不行。

【译文】

四年（戊子，公元268年）

春季，正月，丙戌（十八日），贾充等人奉上他们所修改的律令，晋武帝来到讲解之处，让尚书郎裴楷在一旁诵读。裴楷是裴秀的堂弟。侍中卢珽、中书侍郎范阳人张华，请求抄写新律令有关死罪的条目，在驿站张贴，以告示民众，晋武帝听从了这一建议。

晋武帝又命令河南尹杜预对官吏的进退升降进行考核，杜预上奏说："古时候进退人才，筹划于心，不拘泥于法规；到了衰亡之世，不能考虑长久的通行而专求细密、周到，心存疑忌就相信所见所闻，对所见所闻产生怀疑又相信文书、信札，文书、信札越来越繁琐，为官之道也越来越虚伪。魏氏考核官吏的方法，正是汉代京房遗留的法则，其文辞条令可称为极其细密，然而不足的是苛求细枝末节而违背了主体，所以历代都不能通行无阻。还不如申明唐尧时期的一日制度，取其大而舍其小，去其细密而从其简明，使之易于遵循。要想说透事物的常理，彰明精神实质，全在于人本身；抛开人而依赖法令，就会以文辞、条令损害事理。不如委任显贵的官员，各自考核其所统领范畴内的官吏，每年都进行考查，议论其优劣，这样连续六年，主管人综合六年的情况，审查对其六年的评议，六年成绩都是优良的人，可以超格选拔；六年的成绩都是劣的，就要废黜免职。优多劣少的人平级调任，劣多优少的人就要降职。在这当中如有对答不平衡，品评有难有易，主管人自然应当准确地衡量轻重，稍加损益，不必曲折以求尽合于法。有对优劣的品评徇私情，不符合公正的议论的，应当交付监察部门进行劾察。假如使上下公然地容忍过错，那么这就使公正的评论彻底地衰败，即使有对官吏考核的法令，也不会有益处。"这件事到底也没有实行。

【原文】

五年（己丑，269年）

帝有灭吴之志。壬寅，以尚书左仆射羊祜都督荆州诸军事，镇襄阳；征东大将军卫瓘都督青州诸军事，镇临菑；镇东大将军东莞王伷都督徐州诸军事，镇下邳。

祜绥怀远近，甚得江、汉之心，与吴人开布大信，降者欲去，皆听之，减戍逻之卒，以垦田八百余顷。其始至也，军无百日之粮；及其季年，乃有十年之积。祜在军，常轻裘缓带，身不被甲，铃阁之下，侍卫不过十数人。

初，汝南何定尝为吴大帝给使，及吴主即位，自表先帝旧人，求还内侍。吴主以为楼下都尉，典知酤籴事，遂专为威福；吴主信任之，委以众事。左丞相陆凯面责定曰："卿见前后事主不忠，倾乱国政，宁有得以寿终者邪！何以专为奸邪，尘秽天听，宜自改厉。不然，方见卿有不测之祸。"定大恨之。凯竭心公家，忠恳内发，表疏皆指事不饰。及疾病，吴主遣中书令董朝问所欲言，凯陈"何定不可信用，宜授以外任。奚熙小吏，建起浦里塘，亦不可听。姚信、楼玄、贺邵、张悌、郭逴、薛莹、滕脩及族弟喜、抗，或清白忠勤，或资才卓茂，皆社稷之良辅，愿陛下重留神思，访以时务，使各尽其忠，拾遗万一。"邵，齐之孙；莹，综之子；玄，沛人；脩，南阳人也。凯寻卒，吴主素衔其切直，且日闻何定之谮，久之，竟徙凯家于建安。

【译文】

五年（己丑，公元269年）

晋武帝有灭吴的志向。壬寅（十一日），任命尚书左仆射羊祜统领荆州诸项军事，镇守襄阳；任命征东大将军卫瓘统领青州诸项军事，镇守临菑；任命镇东大将军、东莞王司马伷统领徐州各项军事，镇守下邳。

羊祜对远近百姓都安抚关切，在江、汉地区深得人心。他与吴人开诚布公讲信用，投降的吴人想离开，都听从他们的心愿。羊祜裁减守边、巡逻的士兵，让他们开垦了八百多顷农田。他刚到那里的时候，军队的粮食不足以维持百日，等到了后期，已经有了够吃十年的积粮。羊祜在军中，时常穿着轻暖的裘皮衣服，衣带宽松，不披挂铠甲。他居住的地方，侍卫也不过十几人。

当初，汝南人何定曾经担任吴大帝的内侍，等到吴主孙皓即位，何定就自己表白是先帝的旧人，请求还去做内侍。吴主让他当了楼下都尉，掌管买酒买粮等事，他便独断专行，作威作福，吴主信任他，很多事情都交给他去办。左丞相陆凯当面指责何定说："你看看前后侍奉主人不忠诚、祸害扰乱国家政权的人，难道有得以寿终正寝的吗？你为什么专做邪恶的事，污染圣上的视听，你应当改掉恶习，不然的话，就要看到你料想不到的祸事。"何定对陆凯恨之入骨。陆凯一心一意为国家，忠诚恳切发自内心，所上表疏全都摆出事实，不为文饰。等陆凯病倒了，吴主派中书令董朝去问陆凯有什么话要说，陆凯陈述道："何定不可以信用，应当授予他朝廷以外的官职。奚熙这个小官，建起浦里塘，也不要听他的话。姚信、楼玄、贺邵、张悌、郭逴、薛莹、滕脩以及我的同族弟弟陆喜、陆抗，这些人有的清白、忠诚、勤恳；有的资质才能卓越、优秀，他们都是国家贤能的辅佐，希望陛下多留神费心，国家的事与他们商议，使他们各尽忠诚，能够纠正、补漏于万一。"贺邵是贺齐的孙子；薛莹是薛综的儿子；楼玄是沛人；滕脩是南阳人。陆凯不久就去世了，吴主平时就对陆凯的严厉耿直怀恨于心，况且耳朵里天天听到何定的谗言，日久天长，终于把陆凯的家属放逐到建安。

【原文】

六年（庚寅，270年）

夏，四月，吴左大司马施绩卒。以镇军大将军陆抗都督信陵、西陵、夷道、乐乡、公安诸军事，治乐乡。

抗以吴主政事多阙，上疏曰："臣闻德均则众者胜寡，力侔则安者制危，此六国所以并于秦，西楚所以屈于汉也。今敌之所据，非特关右之地，鸿沟以西，而国家外无连衡之援，内非西楚之强，庶政陵迟，黎民未乂。议者所恃，徒以长江、峻山限带封域，此乃守国之末事，非智者之所先也。臣每念及此，中夜抚枕，临餐忘食。夫事君之义，犯而勿欺，谨陈时宜十七条以闻。"吴主不纳。

初，魏人居南匈奴五部于并州诸郡，与中国民杂居，自谓其先汉氏外孙，因改姓刘氏。

【译文】

六年（庚寅，公元270年）

夏季，四月，吴国左大司马施绩去世。任命镇军大将军陆抗统领信陵、西陵、夷道、乐乡、公安各地的军事，治所设在乐乡。

陆抗因吴主处理政事多有过失，上疏说："我听说在恩德均等的情况下，人多的一方可以战胜人少的一方；在力量相同的情况下，安定的一方可以制服危难的一方，这正是六国之所以被秦吞并、西楚之所以屈服于汉的原因。现在敌人所凭据的，不只是关西地区，不只是鸿沟以西，而国家外没有六国时连衡之援助，内没有当时西楚那样强大，各种政务衰落，百姓没有得到治理。议论的人们所倚仗的，只不过以长江、高山这些天险为疆界，这是守卫国土中不足为凭的小事，并不是有才智的人首先要考虑的。我每当想到此，半夜里抚摸枕头睡不着，面对饭菜忘记了进食。侍奉君主的道理在于可以冒犯他却不可以欺骗他，我恭敬地陈述于时势合宜的十七条，使您能够听到。"吴主没有采纳他的意见。

当初，魏人把南匈奴的五部安置在并州诸郡中居住，与中原地区汉民族杂居。南匈奴人自称他们的祖称是汉朝的外孙，所以改姓为刘氏。

【原文】

七年（辛卯，271年）

吴人刁玄诈增谶文曰："黄旗紫盖，见于东南，终有天下者，荆、扬之君。"吴主信之。是月晦，大举兵出华里，载太后、皇后及后宫数千人，从牛渚西上。东观令华核等固谏，不听。行遇大雪，道涂陷坏，兵士被甲持仗，百人共引一车，寒冻殆死，皆曰："若遇敌，便当倒戈。"吴主闻之，乃还。帝遣义阳王望统中军二万、骑三千屯寿春以备之。闻吴师退，乃罢。

侍中、尚书令、车骑将军贾充，自文帝时宠任用事，帝之为太子，充颇有力，故益有宠于帝。充为人巧谄，与太尉、行太子太傅荀顗、侍中、中书监荀勖、越骑校尉安平冯统相为党友，朝野恶之。帝问侍中裴楷以方今得失，对曰："陛下受命，四海承风，所以未比德于尧、舜者，但以贾充之徒尚在朝耳。宜引天下贤人，与弘政道，不宜示人以私。"侍中乐安任恺、河南尹颖川庚纯皆与充不协，充欲解其近职，乃荐恺忠贞，宜在东宫；帝以恺为太子少傅，而侍中如故。会树机能寇乱秦、雍，帝以为忧，恺曰："宜得威望重臣有智略者以镇抚之。"帝曰："谁可者？"恺因荐充，纯亦称之。秋，七月，癸酉，以充为都督秦、凉二州诸军事，侍中、车骑将军如故；充患之。

贾充将之镇，公卿饯于夕阳亭。充私问计于荀勖，勖曰："公为宰相，乃为一夫所制，不亦鄙乎！然是行也，辞之实难，独有结婚太子，可不辞而自留矣。"充曰："然则孰可寄怀？"勖曰："勖请言之。"因谓冯紞曰："贾公远出，吾等失势；太子婚尚未定，何不劝帝纳贾公之女乎！"紞亦然之。初，帝将纳卫瓘女为太子妃，充妻郭槐赂杨后左右，使后说帝求纳其女。帝曰："卫公女有五可，贾公女有五不可：卫氏种贤而多子，美而长、白；贾氏种妒而少子，丑而短、黑。"后固以为请，荀顗、荀勖、冯紞皆称充女绝美，且有才德，帝遂从之。留充复居旧任。

【译文】

七年（辛卯，公元271年）

吴人刁玄伪造谶文说："黄色的旗帜、紫色的车盖，出现于东南方，最终得天下者，是荆、扬之地的君主。"吴主信以为真，当月的最后一天，从华里大规模地出兵，车上载着太后、皇后以及后宫几千人，从牛渚向西进发。东观令华核等人坚持谏阻，吴主不听。行进途中遇到大雪，道路塌陷损毁，兵士身披铠甲，手持兵器，一百个人拉着一辆车子，天气寒冷，几乎要把人冻死，兵士们都说："如果遇到敌兵，我们就倒戈。"吴主听到这些话，就返回了。晋武帝派遣义阳王司马望统率中军二万人、骑兵三千人驻扎在寿春以防备敌军，听到吴军退却的消息，这才停止了军事行动。

侍中、尚书令、车骑将军贾充，自晋文帝时就受到宠信而当权，晋武帝能成为太子，贾充起了很大作用，所以他更加受到晋武帝宠爱。贾充为人虚伪谄媚，他与太尉、行太子太傅荀顗，侍中、中书监荀勖、越骑校尉、安平人冯紞相互结为党羽，朝野上下都憎恨他们。晋武帝询问侍中裴楷当今朝政的得失，裴楷回答说："陛下受命于天，四海承受教化，之所以德惠还未能与尧、舜相比，只因为朝廷中还有贾充之徒而已。应当招引任用天下德才兼备的人一同弘扬为政之道，不应当让天下人看到您以个人偏爱用人。"侍中、乐安人任恺，河南尹、颍川人庾纯都与贾充不和，贾充想免除任恺担任的亲近君王的职务，就向晋武帝推荐任恺，说任恺忠诚可靠，应当在东宫任职，晋武帝便让任恺担任太子少傅，而他所担任的侍中职务不变。当时，秃发树机能侵犯、骚扰秦、雍之地，晋武帝为此而忧虑。任恺说："应当派一位有威望、有智谋才略、身居要职的大臣去安抚。"晋武帝问："谁可以担当此任？"任恺乘机推荐贾充，庾纯也推举他。秋季，七月，癸酉（二十日），晋武帝命贾充统领秦州、凉州各地军事，他的侍中、车骑将军职务依旧。贾充对此很忧虑。

贾充将要赴镇守之任，公卿大臣们在夕阳亭为他饯行。贾充悄悄问荀勖有没有什么计谋，荀勖说："您身为宰相，却被一个寻常之辈所制约，难道不让人小看吗？但是此次之行，推辞掉实在很困难，只有和太子结亲，才可以不用推辞外出之任而自然地留下来。"贾充说："那么谁可以去表达我的意愿呢？"荀勖说："请让我去说吧。"因而就对冯紞说："贾公要是出远门的话，我们都会失去权势，太子的婚事还没有定下来，何不劝说武帝纳娶贾公的女儿？"冯紞也赞同这个主意。当初，晋武帝将要纳娶卫瓘的女儿做太子之妃，贾充的妻子郭槐贿赂了杨皇后身边的人，让杨皇后劝说武帝请求纳娶贾充的女儿。晋武帝说："卫公的女儿有五可，贾公的女儿有五不可：卫氏种族优秀而且儿子多，容貌美好而且身材修长，皮肤白洁。贾氏传统妒忌而且少子女，容貌丑陋，身材矮小，皮肤黑。"但杨皇后坚持为贾氏请求武帝，荀颢、荀勖、冯紞都称赞贾充的女儿极其美丽，而且德才兼备，晋武帝于是听从了他们的意见留下贾充仍然担任旧职。

【原文】

八年（壬辰，272年）

二月，辛卯，皇太子纳贾妃。妃年十五，长于太子二岁，妒忌多权诈，太子嬖而畏之。

帝与右将军皇甫陶论事，陶与帝争言，散骑常侍郑徽表请罪之。帝曰："忠谠之言，唯患不闻，徽越职妄奏，岂朕之意。"遂免徽官。

秋，七月，以贾充为司空，侍中、尚书令、领兵如故。充与侍中任恺皆为帝所宠任，充欲专名势而忌恺，于是朝士各有所附，朋党纷然。帝知之，召充、恺宴于式乾殿而谓之曰："朝廷宜壹，大臣当和。"充、恺等各拜谢。既而充、恺以帝已知而不责，愈无所惮，外相崇重，内怨益深。充乃荐恺为吏部尚书，恺侍觐转希；充因与荀勖、冯紞承间共谮之，恺由是得罪，废于家。

八月，吴主征昭武将军、西陵督步阐。阐世在西陵，猝被征，自以失职，且惧有逩，九月，据城来降，遣兄子玘、璿诣洛阳为任。诏以阐为都督西陵诸军事、卫将军、开府仪同三司、侍中，领交州牧，封宜都公。

羊祜归自江陵，务修德信以怀吴人。每交兵，刻日方战，不为掩袭之计。将帅有欲进谲计者，辄饮以醇酒，使不得言。祜出军行吴境，刈谷为粮，皆计所侵，送绢偿之。每会众江、沔游猎，常止晋地，若禽兽先为吴人所伤而为晋兵所得者，皆送还之。于是吴边人皆悦服。祜与陆抗对境，使命常通：抗遗祜酒，祜饮之不疑；抗疾，求药于祜，祜以成药与之，抗即服之。人多谏抗，抗曰："岂有鸩人羊叔子哉！"抗告其边戍曰："彼专为德，我专为暴，是不战而自服也。各保分界而已，无求细利。"吴主闻二境交和，以诘抗，抗曰："一邑一乡不可以无信义，况大国乎！臣不如此，正是彰其德，于祜无伤也。"

羊祜不附结中朝权贵，荀勖、冯紞之徒皆恶之。从甥王衍尝诣祜陈事，辞甚清辩；祜不然之，衍拂衣去。祜顾谓宾客曰："王夷甫方当以盛名处大位，然败俗伤化，必此人也。"及攻江陵，祜以军法将斩王戎。衍，戎之从弟也，故二人皆憾之，言论多毁祜。时人为之语曰："二王当国，羊公无德。"

陆抗

【译文】

八年（壬辰，公元272年）

二月，辛卯（十七日），晋皇太子纳贾妃。贾纪年龄十五，比太子大两岁。她生性妒忌，机巧狡诈，太子宠爱她又怕她。

晋武帝和右将军皇甫陶在一起论事，皇甫陶与晋武帝争论起来。散骑常侍郑徽上表，请求给皇甫陶判罪。晋武帝说："忠诚正直的言论，唯恐听不到，郑徽逾越职位，胡乱禀奏，这岂是朕的意思？"于是免去郑徽的官职。

秋季，七月，晋朝任命贾充为司空，其侍中、尚书令、领兵等职务依旧。贾充与侍中任恺都被晋武帝所宠爱、信任，贾充想独占名誉、权势而嫉妒任恺，于是朝中官吏各自都有依附的靠山，各种宗派集团众多而庞杂。晋武帝知道了这些情况，召来贾充、任恺，在式乾殿宴请他们，说："朝廷应当是一个统一的整体，大臣之间要和睦相处。"贾充、任恺各自拜谢了晋武帝。以后贾充、任恺认为晋武帝已经知道了他们之间不和却又没有责备他们，更加无所顾忌，表面上他们互相推崇、尊重，内心里的怨恨却越来越深。贾充于是荐举任恺任吏部尚书，任恺侍从会见皇帝的机会变少了，贾充便与荀勖、冯紞一起乘机诬陷任恺，任恺因此获罪，被罢免呆在家里。

八月，吴主征召昭武将军、西陵督步阐，步阐世代居住在西陵，突然被召，自以为是因公事失职，而且害怕有人进了谗言，九月，占据西陵城投降晋国，派侄子步玑、步璿到洛阳去当人质。晋朝诏令任命步阐为都督西陵诸事、卫将军、开府仪同三司、侍中，兼任交州牧，封步阐为宜都公。

羊祜从江陵回来以后，致力于整治道德信义以使吴人归顺。每次与吴国交战，都要约定日期才开战，不做乘其不备、突然袭击的打算。将帅当中有要献诡诈计谋的人，羊祜总是给他喝醇厚的美酒，使他酒醉不能说话。羊祜的军队外出在吴境内行走，割了谷子做口粮，全都记下所取的数量，然后送去绢偿还。每次与部众在长江、沔水一带打猎，经常只限于晋的领地，如果禽兽先被吴人所杀伤而后被晋兵所得，都要送还吴人。于是吴国边境的百姓对羊祜心悦诚服。羊祜与陆抗在边境相对，双方的使者常奉命相互来往，陆抗送给羊祜的酒，羊祜喝起来从不生疑；陆抗病了，向羊祜求药，羊祜把成药送给他，陆抗也马上就服下。许多人谏阻陆抗，陆抗说："怎么会有用毒酒杀人的羊祜？"陆抗对守边的士兵说："别人专门行恩惠，我们专门作恶，这就等于不战而自己就屈服了。现在双方各自保住疆界就可以了，我们不要再想占小便宜。"吴主听说双方边境交往和谐，就以此事责难陆抗，陆抗说："一邑一乡都不可以不讲信义，更何况大国呢！我如果不这样做，正是显扬了羊祜的恩惠，对羊祜毫无损伤。"

羊祜不攀附结交朝廷中的权贵，荀勖、冯紞之徒都憎恨他。羊祜堂外甥王衍曾经去羊祜那里陈述事情，言辞非常清晰明辨；羊祜对他并不赞赏，王衍拂衣而去。羊群回过头对宾客们说："王衍应当能以极大的名声达到高位，然而败坏风俗、损伤教化的必定是他。"等到攻打江陵时，羊祜曾依军法要斩王戎。王衍是王戎的堂弟，所以两人都怨恨羊祜，言谈之间经常诽谤羊祜。当时的人为此有句话说："二王执掌朝政，羊公一无是处。"

晋纪二

【原文】

世祖武皇帝上之下泰始九年（癸巳，273年）

吴人多言祥瑞者，吴主以问侍中韦昭，昭曰："此家人筐箧中物耳！"昭领左国史，吴主欲为其父作纪，昭曰："文皇不登极位，当为传，不当为纪。"吴主不悦，渐见责怒。昭忧惧，自陈衰老，求去侍、史二官，不听。时有疾病，医药监护，持之益急。吴主饮群臣酒，不问能否，率以七升为限。至昭，独以茶代之，后更见逼强。又酒后常使侍臣嘲弄公卿，发摘私短以为欢；时有忿失，辄见收缚，至于诛戮。昭以为外相毁伤，内长尤恨，使群臣不睦，不为佳事，故但难问经义而已。吴主以为不奉诏命，意不忠尽，积前后嫌忿，遂收昭付狱。昭因狱上辞，献所著书，冀以此求免。而吴主怪其书垢故，更被诘责；遂诛昭，徙其家于零陵。

诏选公卿以下女备六宫，有蔽匿者以不敬论；采择未毕，权禁天下嫁娶。帝使杨后择之，后惟取洁白长大而舍其美者。帝爱卞氏女，欲留之。后曰："卞氏三世后族，不可屈以卑位。"帝怒，乃自择之，中选者以绛纱系臂，公卿之女为三夫人、九嫔，二千石、将、校女补良人以下。

【译文】

晋武帝泰始九年（癸巳，公元273年）

吴国有许多谈论吉祥符瑞的人，吴主向侍中韦昭询问这件事，韦昭说："这不过是人家箱笼里的寻常物罢了！"韦昭担任左国史之职，吴主想给自己的父亲作纪，韦昭说："文皇帝没有登天子之位，应当作传，不应当作纪。"吴主心中不快，逐渐显露出对韦昭的谴责与怒气。韦昭忧郁恐惧，于是上书陈述自己年事已高，请求免去他侍中及左国史二项官职，但是吴主不允许。有时韦昭得了病，吴主派医生、送医药监视护理，催促他快些上朝。吴主召集群臣饮酒，不管能不能喝，一律限定必须喝七升。至于韦昭，唯独用茶代替酒，但以后就越来越强逼他。另外，饮酒之后，吴主经常指使近臣嘲弄公卿大臣，揭露他们的隐私和短处拿来取乐；大臣们这时若有过失，就被拘禁起来，甚至于杀头。韦昭认为，不顾脸面地诽谤、中伤，会使人的内心增长怨恨情绪，使群臣之间不和睦，这并不是好事，所以他只是在经义方面发难质问而已。吴主认为韦昭没有奉行他的命令，不忠心尽职，把前前后后对韦昭的愤恨、仇怨都积累起来。于是拘捕了韦昭，把他投进了监狱。韦昭通过狱吏上书陈词，献上了他写的书，希望以此求得赦免。但吴主却责备他的书又脏又破旧，愈加责怪他，于是杀死韦昭，把他的家族放逐到零陵。

晋武帝下诏，挑选公卿以下人家的女子补充六宫，有隐蔽藏匿的以不敬论处；挑选未结束时，暂时禁止天下嫁娶。晋武帝让杨皇后去挑选美女，杨皇后只挑选皮肤洁白、身体修长的而舍弃了容貌美丽的女子。晋武帝喜爱卞氏之女，想把她留下。杨皇后说："卞氏是三代为皇后的家族，不能屈尊以就后宫的卑微地位。"晋武帝动了怒，就自己挑选，凡是中选的女子，就用深红色的纱巾系在臂上。公卿之家的女子封为三夫人、九嫔；俸禄二千石的官员以及将校之女，补充良人以下的位置。

【原文】

十年（甲午，274年）

诏又取良家及小将吏女五千人入宫选之，母子号哭于宫中，声闻于外。

以前太常山涛为吏部尚书。涛典选十余年，每一官缺，辄择才资可为者启拟数人，得诏旨有所向，然后显奏之。帝之所用，或非举首，众情不察，以涛轻重任意，言之于帝。帝益亲爱之。涛甄拔人物，各为题目而奏之，时称《山公启事》。

吴大司马陆抗疾病，上疏曰："西陵、建平，国之蕃表，既处上流，受敌二境。若敌泛舟顺流，星奔电迈，非可恃援他部以救倒县也。此乃社稷安危之机，非徒封疆侵陵小害也。臣父逊，昔在西垂上言，'西陵国之西门，虽云易守，亦复易失。若有不守，非但失一郡，荆州非吴有也。如其有虞，当倾国争之。'臣前乞屯精兵三万，而主者循常，未肯差赴。自步阐以后，益更损耗。今臣所统千里，外御强对，内怀百蛮，而上下见兵，财有数万，羸敝日久，难以待变。臣愚以为诸王幼冲，无用兵马以妨要务，又，黄门宦官开立占募，兵民避役，逋逃入占。乞特诏简阅，一切料出，以补疆场受敌常处，使臣所部足满八万，省息众务，并力备御，庶几无虞。若其不然，深可忧也！臣死之后，乞以西方为属。"及卒，吴主使其子晏、景、玄、机、云分将其兵。机、云皆善属文，名重于世。

【译文】

十年（甲午，公元274年）

晋武帝又下诏，召取清白人家以及小将吏家的女子共五千人，入宫进行挑选。母女的号哭声响彻宫中，声音传到了宫外。

晋朝任命前太常山涛为吏部尚书。山涛掌管选拔官吏的职务十几年，每当有一个官职空缺，他总是选择几名才能与资历都合适的人，告诉晋武帝，得到武帝诏令，对任用某人有倾向性的意见时，他才明确地为这名人选上奏。因此，晋武帝所任用的人，有的并不是选拔人中最好的。大家对这些情况并不了解，有人就说山涛凭自己意志推举官吏，并禀告晋武帝，晋武帝对山涛却更加亲近宠爱。山涛甄别选拔人才，对每一个人都进行评量品题然后上奏，当时的人把这称为《山公启事》。

吴国大司马陆抗病情加重。他上疏说："西陵、建平，是国家的屏障，地势既处于上流，二郡边境的西面、北面又与敌人的边境接壤。如果敌人泛舟顺流而下，那么就如同星奔电驰一样迅速，到那时，就不能依赖别的地区援助来解救危难了。这可是关系到国家安危的关键，不只是国家疆界受到侵犯的小祸患。我的父亲陆逊，从前在西部边境时曾上书说：'西陵是国家的西门，虽然说容易防守，但同时也容易丧失。假如守不住的话，那就不只是失掉一个郡，就连荆州都会不属于吴所有了。如果西陵有忧患，就要竭尽国家的力量去争夺它。'我过去曾经请求在西陵驻守三万精兵，但是主管的官员遵循常规，不肯派兵赴西陵。自从步阐事件以后，我方兵力愈加损耗。现在我统率着千里方圆的地方，对外抵御着强大的敌人，对内里又安抚各蛮族，上上下下的现有军队，才有几万，久已疲惫、衰败，是很难应付突发的事变的。我认为，诸王年幼，不要给他们配备兵马，使要紧的事务受到损害。另外，对黄门宦官进行招募，使士兵百姓得以躲避兵役，而逃亡的罪人也都进入黄门。我请求特别下诏书对黄门宦官进行检查，凡是清理出来的，都把他们补充到边境地区经常与敌人冲突的地方，以使我所统领的军队，兵员满额为八万，节省、停止众多的事务，集中力量准备防御，也许可以避免忧患。如果不这样做，那就非常令人担忧了。我死了以后，请特别注意西方边境。"陆抗死后，吴主让陆抗的儿子陆晏、陆景、陆玄、陆机、陆云分别统领陆抗的士兵。陆机、陆云都善于写文章，名声为当世所推重。

【原文】

咸宁元年（乙未，275年）

吴中书令贺邵中风不能言，去职数月。吴主疑其诈，收付酒藏，掠考千数，卒无一言，乃烧锯断其头，徙其家属于临海。又诛楼玄子孙。

【译文】

咸宁元年（乙未，公元275年）

吴国中书令贺邵得了中风病不能说话，便离职几个月。吴主怀疑他装病，把他拘捕起来，押送到储藏酒的仓库里拷打，打了他上千次，他最后也没有说一句话，吴主叫人烧红刀锯割断了他的头颅，把他的家属放逐到临海。吴主又诛杀了楼玄的儿子和孙子。

【原文】

二年（丙申，276年）

秋，七月，吴人或言于吴主曰："临平湖自汉末壅塞，长老言：'此湖塞，天下乱；此湖开，天下平。'近无故忽更开通，此天下当太平，青盖入洛之祥也。"吴主以问奉禁都尉历阳陈训，对曰："臣止能望气，不能达湖之开塞。"退而告其友曰：

"青盖入洛者,将有衔璧之事,非吉祥也。"

冬,十月,以汝阴王骏为征西大将军,羊祜为征南大将军,皆开府辟召,仪同三司。

祜上疏请伐吴曰:"先帝西平巴、蜀,南和吴、会,庶几海内得以休息;而吴复背信,使边事更兴。夫期运虽天所授,而功业必因人而成,不一大举扫灭,则兵役无时得息也。蜀平之时,天下皆谓吴当并亡,自是以来,十有三年矣。夫谋之虽多,决之欲独。凡以险阻得全者,谓其势均力敌耳。若轻重不齐,强弱异势,虽有险阻,不可保也。蜀之为国,非不险也,皆云一夫荷戟,千人莫当。及进兵之日,曾无藩篱之限,乘胜席卷,径至成都,汉中诸城,皆鸟栖而不敢出,非无战心,诚力不足以相抗也。及刘禅请降,诸营堡索然俱散。今江、淮之险不如剑阁,孙晧之暴过于刘禅,吴人之困甚于巴、蜀,而大晋兵力盛于往时,不于此际平壹四海,而更阻兵相守,使天下困于征戍,经历盛衰,不可长久也。今若引梁、益之兵水陆俱下,荆、楚之众进临江陵,平南、豫州直指夏口,徐、扬、青、兖并会秣陵;以一隅之吴当天下之众,势分形散,所备皆急。巴、汉奇兵出其空虚,一处倾坏,则上下震荡,虽有智者不能为吴谋矣。吴缘江为国,东西数千里,所敌者大,无有宁息。孙晧恣情任意,与下多忌,将疑于朝,士困于野,无有保世之计,一定之心;平常之日,犹怀去就,兵临之际,必有应者,终不能齐力致死,弓可知也。其俗急速不能持久,已弩戟楯不如中国;唯有水战是其所便,一入其境,则长江非复所保,还趣城池,去长入短,非吾敌也。官军县进,人有致死之志,吴人内顾,各有离散之心,如此,军不逾时,克可必矣。"帝深纳之。而朝议方以秦、凉为忧,祜复表曰:"吴平则胡自定,但当速济大功耳。"议者多有不同,贾充、荀勖、冯紞尤以伐吴为不可。祜叹曰:"天下不如意事十常居七、八。天与不取,岂非更事者恨于后时哉!"唯度支尚书杜预、中书令张华与帝意合,赞成其计。

【译文】

二年(丙申,公元 276 年)

秋季,七月,吴国有人对吴主说:"临平湖自从汉末就荒芜阻塞了,老人们说:'此湖塞,天下乱;此湖开,天下平。'近来无缘无故,临平湖忽然又开通了,这是天下将要太平，青色车盖进入洛阳的吉祥征兆。"吴主以此事去询问奉禁都尉、历阳人陈训，陈训对他说："我只会望云气，不能通达湖水开通阻塞的奥秘。"陈训退下来就对他的朋友说："青车盖入洛阳，这是说将要有战败而君主投降之事，这并不是吉祥的兆头。"

冬季，十月，晋任命汝阴王司马骏为征西大将军，羊祜为征南大将军，二人都设立府署，征召属员，仪节与三司相同。

羊祜上疏请求讨伐吴国，说："先帝在西面平定了巴、蜀地区，在南面与东吴、会稽地区和平相处，海内几乎可以休息了。但是吴国却再次背信弃义，使边境又生事端。运数虽说是由上天所授予，而功勋业绩却必须由人来成就。如果不用一次大规模的行动把敌人彻底消灭，那么兵役就没有停息的时候。平定蜀国的时候，天下人都认为吴国也应当一同灭亡，从那时到现在，已经十三年了。谋略虽然很多，却需要独自决断。凡是凭借险阻得到保全的，是因为其势力与敌方相等罢了。如果轻重不等，强弱之间势力不同，即使有险阻，也保不住。蜀作为一个国家，其地势并非不险，人们都说，一夫当关，万夫莫开。但是，到了我军进兵之日，却不曾有藩篱的阻碍，我军乘胜席卷而下，直接到了成都，汉中各城，都如栖息之鸟，不敢出动。并不是因为他们没有抵抗之心，实在是其力量不足以与我相抗衡。等到刘禅请求投降，各个营堡索然离散。现在长江、淮水的险峻不如蜀之剑阁，孙皓的残暴超过了刘禅，吴人的困苦胜于巴、蜀，而大晋的兵力比以往任何时候都强盛，不在此时平定统一四海，却还要坚守要塞防守，使天下为远行守边而窘迫，将士们长年出征，经历盛年而至于衰老，这样下去是不会长久的。现在如果率领梁州和益州之兵沿水路、陆路齐下，荆、楚之兵进逼江陵，平南、豫州的军队直趋夏口徐、扬、青、兖各路兵马在秣陵会合，这样的话，吴国依凭其一隅之地，抵挡天下之众，必然会分兵把守，所守之处，处处危急。然后，乘其空虚，从巴、汉出奇兵袭击，只要有一处被摧毁，就会引起上下震动，即使再有谋略之士也不能为吴国谋划了。吴国沿着长江建立了国家，其地从东到西有几千里，敌对的战线过于广大，所以没有安宁。孙皓放纵任性，为所欲为，常常猜忌臣下，结果使将官在朝中感到疑虑不安，兵士于原野困顿疲惫，没有保卫国家的计谋和长久的打算；平常的日子里，尚且考虑是否离去，到了战事临头之际，必然会有反应，最终不能齐心协力以效死命，这一点，现在就已经很清楚了。吴人的习性是急而快但不能持久，他们运用弓弩戟盾等兵器也不如中原地区的士兵熟练，只有水战是他们所适宜的，但是我军一入吴境，那么长江就不再是他们所要保住的，等他们回过头来奔救城池，正是丢弃了长处而拾起短处，就不是我们的对手了。我军深入敌境，人人有献身效命的决心；吴人牵挂后方，各自怀有离散之心，这样，我军过不了多久，克敌制胜就是必然的了。"晋武帝深为赞同，采纳了羊祜的意见。当时朝廷议事，正为秦州、凉州的胡人而忧虑，羊祜又上表说："平定了吴国，胡人自然就安定了，现在只应当迅速去成就伟大的功业。"朝中不少人不同意羊祜的意见，贾充、荀勖、冯紞尤其认为不能伐吴。羊祜叹道："天下不如意的事情，常占十之七八。上天赐予时机人却不去获取，这岂不是使经历其事的人以后悔恨吗！"当时只有度支尚书杜预、中书令张华与晋武帝意见相合，赞成羊祜的计划。

【原文】

三年（丁酉，277年）

卫将军杨珧等建议，以为"古者封建诸侯，所以藩卫王室；今诸王公皆在京师，非捍城之义。又，异姓诸将居边，宜参以亲戚。"帝乃诏诸王各以户邑多少为三等，大国置三军五千人，次国二军三千人，小国一军一千一百人；诸王为都督者，各徙其国使相近。

徙封钜平侯羊祜为南城郡侯，祜固辞不受。祜每拜官爵，常多避让，至心素著，故特见申于分列之外。祜历事二世，职典枢要，凡谋议损益，皆焚其草，世莫得闻；所进达之人皆不知所由。常曰："拜官公朝，谢恩私门，吾所不敢也。"

【译文】

三年（丁酉，公元277年）

卫将军扬珧等人建议，认为："古时候分封诸侯，是为了藩屏护卫王室；现在诸位王公都在京都，这就失去了保卫的意义。另外，异姓诸将领居住在国家边境地区时，应当让皇室的亲戚参与其中。"晋武帝于是下诏书，诸王根据所食户邑的多少被分为三等，大国设置三军共五千人，次国设二军共三千人，小国设一军一千一百人。诸王中任都督的，各自迁往封国使他们靠近任所。

钜平侯羊祜被徙封为南城郡侯。羊祜坚持推辞不接受。羊祜每当被授予官职和爵位时，经常避让，他的至诚之心一贯有名，所以他被特别许可不接受分封他的官爵。羊祜经历了两代帝王，他一直掌管关键重要的部门。凡是他参与谋划商议的事情，不管是设置或简省，他都把草稿烧掉，使世人不能知道。由羊祜荐举而作了官的人，自己都不知道是谁推荐的。羊祜常常说："在公家的朝廷里被授予官职，但是却让别人向你个人谢恩，这样的事情是我所不敢作的。"

【原文】

五年（己亥，279年）

初，南单于呼厨泉以兄于扶罗子豹为左贤王，及魏武帝分匈奴为五部，以豹为左部帅。豹子渊，幼而隽异，师事上党崔游，博习经史。尝谓同门生上党朱纪、雁门范隆曰："吾常耻随、陆无武，绛、灌无文；随、陆遇高帝而不能建封侯之业，绛、灌遇文帝而不能兴库序之教，岂不惜哉！"于是兼学武事。及长，猿臂善射，膂力过人，姿貌魁伟。为任子在洛阳，王浑及子济皆重之，屡荐于帝，帝召与语，悦之。济曰："渊有文武长才，陛下任以东南之事，吴不足平也。"孔恂、杨珧曰："非我族类，其心必异。渊才器诚少比，然不可重任也。"及凉州覆没，帝问将于李憙，对曰："陛下诚能发匈奴五部之众，假刘渊一将军之号，使将之而西，树机能之首可指日而枭也。"孔恂曰："渊果枭树机能，则凉州之患方更深耳。"帝乃止。

东莱王弥家世二千石，弥有学术勇略，善骑射，青州人谓之"飞豹"。处士陈留董养见而谓之曰："君好乱乐祸，若天下有事，不作士大夫矣。"渊与弥友善，谓弥曰："王、李以乡曲见知，每相称荐，适足为吾患耳。"因歔欷流涕。齐王攸闻之，言于帝曰："陛下不除刘渊，臣恐并州不得久安。"王浑曰："大晋方以信怀殊俗，奈何以无形之疑杀人侍子乎？何德度之不弘也！"帝曰："浑言是也。"会豹卒，以渊代为左部帅。

【译文】

五年（己亥，公元279年）

当初，南单于呼厨泉任命他哥哥于扶罗的儿子刘豹为左贤王。后来魏武帝把匈奴分为五部，任命刘豹为左部帅。刘豹的儿子刘渊，年幼却俊秀出众。他拜上党人崔游为师，广博地学习经与史。他曾经对与他同门的学生、上党人朱纪和雁门人范隆说："我常常为随何、陆贾没有武功，绛侯、灌婴没有文才而感到羞愧。随何、陆贾遇到了汉高帝却不能建立封侯的业绩；绛侯、灌婴遇到了汉文帝却不能振兴文化教育，这难道不可惜吗？"于是他在习文的同时也兼学武功。等他长大了，长臂善于射箭，体力超过常人，身材高大魁梧。他因为是人质，所以留在洛阳。王浑与儿子王济都很器重刘渊，多次向晋武帝荐举。晋武帝就召来刘渊与他交谈，结果非常喜欢他。王济说："刘渊有文武英才，陛下把东南的事情委任于他，平定吴国都不够他施展的。"孔恂、杨珧说："刘渊非我族类，必然与我们不是一条心。刘渊的才能器量确实很少有人能和他相比，但是却不能重用他。"后来凉州陷落，晋武帝问李憙，可以用谁为将去救凉州。李憙回答说："陛下如果真能把匈奴五部的人都发动起来，给刘渊一个将军的名号，让他率领匈奴人向西进发，那么树机能的头颅示众就指日可待了。"孔恂说："刘渊要是真杀了树机能的头示众，那么凉州的祸患就会更深了。"晋武帝于是没有任用刘渊。

　　东莱人王弥的家世袭二千石俸禄。王弥有学问，勇猛而有谋略。他善于骑射，青州人称他为"飞豹"。他喜欢打抱不平。隐士陈留人董养看到他就对他说："你是一个喜好动乱和灾祸的人，如果天下有乱事，你就连士大夫都不想作了。"刘渊和王弥很友好，刘渊对王弥说："王浑和李憙因为与我是同乡所以了解我，他们时常向晋武帝荐举我，这却正是我的忧虑。"说着就抽泣流泪了。齐王司马攸知道了这件事，他对晋武帝说："陛下如不除掉刘渊，我恐怕并州不能够长久安宁了。"王浑说："大晋正要以信义来安抚异族，为什么要为了无形的怀疑，就要杀了人家入侍皇帝的儿子呢？为什么恩惠的气度就不能宽宏大量呢？"晋武帝说："王浑说得对。"这时刘豹去世了，刘渊继位作了左部帅。

资治通鉴第八十一卷

晋纪三

【原文】

世祖武皇帝中太康元年（庚子，280年）

杜预向江陵，王浑出横江，攻吴镇、戍，所向皆克。二月，戊午，王浚、唐彬击破丹阳监盛纪。吴人于江碛要害之处，并以铁锁横截之；又作铁链，长丈余，暗置江中，以逆拒舟舰。浚作大筏数十，方百余步，缚草为人，被甲持仗，令善水者以筏先行，遇铁锥，锥辄著筏而去。又作大炬，长十余丈，大数十围，灌以麻油，在船前，遇锁，然炬烧之，须臾，融液断绝，于是船无所碍。庚申，浚克西陵，杀吴都督留宪等。壬戌，克荆门、夷道二城，杀夷道监陆晏。杜预遣牙门周旨等帅奇兵八百泛舟夜渡江，袭乐乡，多张旗帜，起火巴山。吴都督孙歆惧，与江陵督伍延书曰："北来诸军，乃飞渡江也。"旨等伏兵乐乡城外，歆遣军出拒王浚，大败而还。旨等发伏兵随敌军而入，歆不觉，直至帐下，虏歆而还。乙丑，王浚击杀吴水军都督陆景。杜预进攻江陵，甲戌，克之，斩伍延。于是沅、湘以南，接于交、广，州郡皆望风送印绶。预杖节称诏而绥抚之。凡所斩获吴都督、监军十四，牙门、郡守百二十余人。胡奋克江安。

杜预与众军会议，或曰："百年之寇，未可尽克，方春水生，难于久驻，宜俟来冬，更为大举。"预曰："昔乐毅藉济西一战以并强齐，今兵威已振，譬如破竹，数节之后，皆迎刃而解，无复著手处也。"遂指授群帅方略，径造建业。

吴主闻王浑南下，使丞相张悌督丹阳太守沈莹、护军孙震、副军师诸葛靓帅众三万渡江逆战。至牛渚，沈莹曰："晋治水军于蜀久矣，上流诸军，素无戒备，名将皆死，幼少当任，恐不能御也。晋之水军必至于此，宜畜众力以待其来，与之一战，若幸而胜之，江西自清。今渡江与晋大军战，不幸而败，则大事去矣！"悌曰："吴之将亡，贤愚所知，非今日也。吾恐蜀兵至此，众心骇惧，不可复整。及今渡江，犹可决战。若其败丧，同死社稷，无所复恨。若其克捷，北敌奔走，兵势万倍，便当乘胜南上，逆之中道，不忧不破也。若如子计，恐士众散尽，坐待敌到，君臣俱降，无一人死难者，不亦辱乎！"

三月，悌等济江，围浑部将城阳都尉张乔于杨荷；乔众才七千，闭栅请降。诸葛靓欲屠之，悌曰："强敌在前，不宜先事其小；且杀降不祥。"靓曰："此属以救兵未至，力少不敌，故且伪降以缓我，非真伏也。若舍之而前，必为后患。"悌不从，抚之而进。悌与扬州刺史汝南周浚，结陈相对，沈莹帅丹阳锐卒、刀楯五千，三冲晋兵，不动。莹引退，其众乱，将军薛胜、蒋班因其乱而乘之，吴兵以次奔溃，将帅不能止，张乔自后击之，大败吴兵于版桥。诸葛靓帅数百人遁去，使过迎张悌，悌不肯去，靓自往牵之曰："存亡自有大数，非卿一人所支，奈何故自取死！"悌垂涕曰："仲思，今日是我死日也！且我为儿童时，便为卿家丞相所识拔，常恐不得其死，负名贤知顾。今以身徇社稷，复何道邪！"靓再三牵之，不动，乃流泪放去，行百余步，顾之，已为晋兵所杀，并斩孙震、沈莹等七千八百级，吴人大震。

王浚自武昌顺流径趣建业；吴主遣游击将军张象帅舟师万人御之，象众望旗而降。浚兵甲满江，旌旗烛天，威势甚盛，吴人大惧。

时王浑、王浚及琅邪王伷皆临近境，吴司徒何植、建威将军孙晏悉送印节诣浑降。吴主用光禄勋薛莹、中书令胡冲等计，分遣使者奉书于浑、浚、伷以请降。又遗其群臣书，深自咎责，且曰："今大晋平治四海，是英俊展节之秋，勿以移朝改朔，用损厥志。"使者先送玺绶于琅邪王伷。壬寅，王浚舟师过三山，王浑遣信要浚暂过论事，浚举帆直指建业，报曰："风利，不得泊也。"是日，浚戎卒八万，方舟百里，鼓噪入于石头，吴主晧面缚舆榇，诣军门降。浚解缚焚榇，延请相见。收其图籍，克州四，郡四十三，户五十二万三千，兵二十三万。

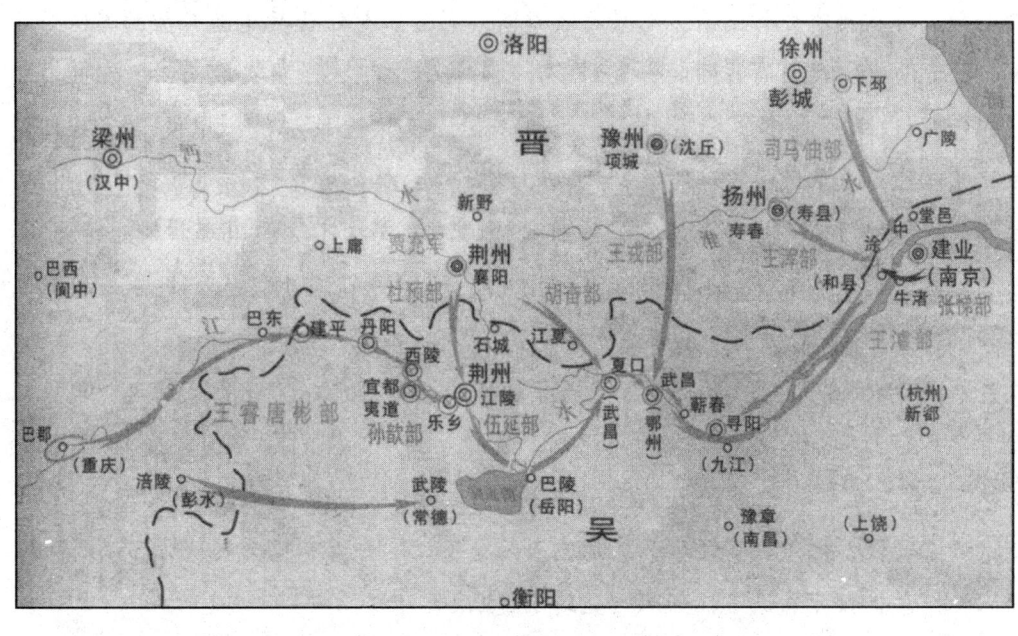

晋灭吴之战示意图

【译文】

晋武帝太康元年（庚子，公元280年）

杜预向江陵进发，王浑从横江出兵，攻打吴的兵镇及边防营垒，攻无不克。二月，戊午（初一），王濬、唐彬打败了丹阳监盛纪。吴人把江边浅滩上的要害区域，用铁锁拦住，还打造了一丈多长的大铁锥，暗中放进江里，用以阻挡战船。王濬造了几十个大木筏，每一个木筏，长、宽都有一百余步。王濬让人扎了许多草人，草人披铠甲，拿兵器，放在大木筏上，让水性好的人与木筏走在前面，遇到铁锥，铁锥就扎到木筏上，被木筏带走了。王濬又造了许多大火把，火把长十几丈，有几十围粗，用麻油浇在火把上，把火把放在船的前面，遇到铁锁就点燃火把，一会儿功夫，铁锁就被火把烧得融化而断开，于是战船就无所阻挡。庚申（初三），王濬攻克了西陵，杀了吴都督留宪等人。壬戌（初五），又攻下了荆门、夷道两座城，杀了夷道监陆晏。杜预派遣牙门周旨等人率领八百名奇兵，在夜里泛舟渡过长江，袭击乐乡。周旨竖起许多旗帜，又在巴山点起火。吴都督孙歆非常恐惧，写信给江陵督伍延说："从北边过来的军队，是飞渡过江的。"周旨等人把军队埋伏在乐乡城外。孙歆派兵出城去打王浚,结果大败而回。周旨等人让伏兵尾随孙歆的军队进了城,孙歆没有觉察,周旨的兵一直到了孙歆的帐幕之下,活捉孙歆而回。乙丑(初八),王浚打败了吴水军都督陆景,把他杀了。杜预进攻江陵,甲戌(十七日),攻克了江陵,杀了伍延。这时候,沅、湘以南地区以及地界相接的交、广等州郡,都闻声把印绶送来。杜预手持符节按照皇帝的诏命安抚了这些州郡。到此时为止,总共俘获、斩杀吴都督、监军十四人,牙门、郡守一百二十多人。胡奋又攻克了江安。

杜预与众将领议事,有人说:"百年的寇贼,不可能一下子彻底消灭,现在正是春季,有雨水,军队难以长时间驻扎,最好等到冬季来临,再大举发兵。"杜预说:"从前,乐毅凭借济西一仗而一举吞并了强大的齐国。目前,我军兵威已振,这就好比破竹,破开数节之后,就都迎刃而解了,不会再有吃力的地方了。"于是,指点传授众将领计策谋略,部队一直到了建业。

吴主听说王浑领兵南下,就派丞相张悌,督率丹阳太守沈莹、护军孙震、副军师诸葛靓率领部众三万人渡过长江迎战。走到牛渚时,沈莹说:"晋在蜀地整治水军已经有很长时间了。我上流各部队,素来没有戒备,名将又都死了,只是些年少之人担当重任,恐怕抵挡不住。晋的水军必然要到这些地方,我们应当集中大家的力量等他们到来,与晋打一仗,假如有幸能够取胜,那么长江以北的地区自然就太平了。如果现在渡江与晋大军交战,不幸而打败了,那么大事就完了。"张悌说:"吴将要亡国,这是无论聪明还是愚笨的人都知道的事实,不是今日才有的事。我担心蜀地之兵到了这里,我军恐惧惊慌,就不可能再整肃起来了。趁着现在渡江,尚且还能与晋决一死战。如果败亡,就一同为国而死,再没有什么可遗憾的了;假如能够取胜,那么敌军奔逃,我军声势就将倍增,然后就乘胜向南进军,在半路上迎击敌人,那就不愁不能破敌。要是依了你的计谋,恐怕兵士都四散奔逃;坐等到敌军到来,君臣就一起投降,没有一个人死于国难,这难道不是耻辱吗?"

三月,张悌等人渡过长江,在杨荷包围了王浑的部将、城阳都尉张乔。张乔手下只有七千人,他关闭了栅栏请求投降。诸葛靓想把他们都杀了,张悌说:"强敌还在前面,不宜先去做无关紧要的事情,况且杀了投降的人不吉利。"诸葛靓说:"这些人是因为救兵还没有到、力量弱小抵挡不住,所以才暂且假装投降以拖延时间,并不是真正的屈服了。如果放了他们,和我们一起往前走,必然会成为后患。"

张悌不听，安抚他们往前走。张悌与扬州刺史、汝南人周浚，组成阵列相对。沈莹率领丹阳精兵以及手持大刀、盾牌的士兵共五千人，三次向晋兵发起冲锋，但是却冲击不动晋兵。沈莹领兵退却，部众开始乱起来，这时，晋将军薛胜、蒋班乘吴兵混乱之机打过来，吴兵接二连三地奔逃溃散，将帅们也制止不住，张乔又从背后杀过来，结果在版桥，晋大破吴兵。诸葛靓带着几百人逃走，他派人去接张悌，张悌不肯离开，诸葛靓又亲自拉他走，说："存亡自有气数，并不是你一个人所能支撑的，为什么一定要自己求死呢"张悌流泪说："诸葛靓，今天是我死的日子。况且我还是幼儿的时期，就被你家丞相诸葛亮所赏识提拔。我常常怕我死得没有意义，辜负了名贤对我的了解与照顾。我今天以身殉国，还有什么可说的呢！"诸葛靓再三拉他走，还是拉不动他，于是就流着眼泪放开手，走了。走了一百多步远，回过头去看张悌，他已经被晋兵杀了。同时被斩首的，还有孙震、沈莹等七千八百人。吴人受到了极大的震动。

　　王濬从武昌顺着长江直接向建业进逼。吴主派遣游击将军张象率领舟师一万人抵抗。张象的部下望见王濬的旌旗就投降了。这时候，江中满满的全都是身披铠甲的王濬的士兵，旌旗映照着天空，威猛的气势极其盛大，吴人异常恐惧。

　　这时，王浑、王濬以及琅邪王司马伷都已逼近建业附近。吴司徒何植、建威将军孙晏都把印玺、符节送到王浑那里投降了。吴主采用光禄勋薛莹、中书令胡冲等人的计谋，分别派遣使者向王浑、王濬、司马伷奉上书信请求投降。吴主又给大臣们一封信，在信中深深地谴责了自己的罪过，还说："当前，大晋平治四海，这正是杰出优秀的人才发挥、施展其气节操守的时候，不要因为改朝换代就因此丧失了志向。"吴主的使者先把印玺送到琅邪王司马伷那里。壬寅（十五日），王濬的舟师经过三山，王浑派信使邀请王濬暂时过来商议事情，王濬正扬帆直逼建业，回复王浑说："船行正顺风，无法停下来。"这一天，王濬的八万士兵，乘着相连百里的战船，擂鼓呐喊进入石头城。吴主孙皓反绑双手，载着棺材，到军营门前投降。王濬为孙皓松了绑，焚烧了棺材，请他相见。晋接收了吴的地图、户籍，攻克了吴的四个州，四十三个郡，五十二万三千户，二十三万名士兵。

【原文】

二年（辛丑，281年）

春，三月，诏选孙皓宫人五千人入宫。帝既平吴，颇事游宴，怠于政事，掖庭殆将万人。常乘羊车，恣其所之，至便宴寝；宫人竞以竹叶插户，盐汁洒地，以引帝车。而后父杨骏及弟珧、济始用事，交通请谒，势倾内外，时人谓之三杨，旧臣多被疏退。山涛数有规讽，帝虽知而不能改。

【译文】

二年（辛丑，公元281年）

春季，三月，晋武帝下诏书，挑选孙皓的宫女五千人进宫。晋武帝已经平定了吴，他开始把很多时间花费在游乐、宴饮上，对政事的处理懈怠了，宫中妃嫔的人数几乎接近一万人。晋武帝经常乘坐着羊拉的车子，听凭羊走到哪里，就在哪里宴饮、入寝，宫女们都争先恐后地用竹叶插在门上，用盐水洒地，诱使羊把车子拉到自己门前。皇后的父亲杨骏及杨骏的弟弟杨珧、杨济开始当权，他们互相勾结，互相利用，权势倾动朝廷内外，当时的人称他们为三杨，朝廷里的旧臣，许多都被疏远、贬退了。山涛多次对晋武帝规劝、谏阻，晋武帝心里也明白，但是改不了。

【原文】

三年（壬寅，282年）

春，正月，丁丑朔，帝亲祀南郊。礼毕，喟然问司隶校尉刘毅曰："朕可方汉之何帝？"对曰："桓、灵。"帝曰："何至于此？"对曰："桓、灵卖官钱入官库，陛下卖官钱入私门，以此言之，殆不如也。"帝大笑曰："桓、灵之世，不闻此言，今朕有直臣，固为胜之。"

毅为司隶，纠绳豪贵，无所顾忌。皇太子鼓吹入东掖门，毅劾奏之。中护军、散骑常侍羊琇，与帝有旧恩，典禁兵，豫机密十余年，恃宠骄侈，数犯法。毅劾奏琇罪当死；帝遣齐王攸私请琇于毅，毅许之。都官从事广平程卫径驰入护军营，收琇属吏，考问阴私，先奏琇所犯狼籍，然后言于毅。帝不得已，免琇官。未几，复使以白衣领职。

齐王攸德望日隆，荀勖、冯紞、杨珧皆恶之。紞言于帝曰："陛下诏诸侯之国，宜从亲者始。亲者莫如齐王，今独留京师，可乎？"勖曰："百僚内外皆归心齐王，陛下万岁后，太子不得立矣。陛下试诏齐王之国，必举朝以为不可，则臣言验矣。"帝以为然。冬，十二月，甲申，诏曰："古者九命作伯，或入毗朝政，或出御方岳，其揆一也。侍中、司空、齐王攸，佐命立勋，劬劳王室，其以为大司马、都督青州诸军事，侍中如故，仍加崇典礼，主者详按旧制施行。"以汝南王亮为太尉、录尚书事、领太子太傅，光禄大夫山涛为司徒，尚书令卫瓘为司空。

【译文】

三年（壬寅，公元282年）

春季，正月，丁丑朔（初一），晋武帝亲自到南郊祭祀。典礼结束后，晋武帝感叹地询问司隶校尉刘毅说："我可以和汉代的哪一个帝王相比？"刘毅回答说："可与桓帝、灵帝相比。"晋武帝说："何至于到这个地步？"刘毅说："桓帝、灵帝出卖官职的钱都进了官府的仓库，陛下出卖官职的钱都进了个人的家门，凭这一点来说，大概还不如桓帝、灵帝了。"晋武帝大笑道："桓帝、灵帝的时代，听不到这样的话，现在朕有正直的臣下，已经胜过桓帝、灵帝了。"

刘毅任司隶，举发惩处豪门权贵，无所顾忌。皇太子吹打着乐器进入宫中的东掖门，违反了宫中的规定，刘毅就上奏皇帝检举他。中护军、散骑常侍羊琇，过去曾有恩于晋武帝。他掌管皇帝的亲兵，十几年来一直参与朝廷机要事，倚仗着皇帝的恩宠，骄横奢侈，多次犯法。刘毅上奏皇帝，检举羊琇的罪行，认为他所犯下的罪应当处以死刑，晋武帝派齐王司马攸私下去找刘毅，为羊琇求情，刘毅同意了。这时，都官从事、广平人程卫，直接进入护军营，拘捕了羊琇的手下官吏，拷打审问他暗中所做的隐秘之事。他先把羊琇所犯下的不检点的事上奏皇帝，然后告诉了刘毅。晋武帝不得已，免了羊琇的官，但是没过多久，又让他以平民的身份兼任职务。

齐王司马攸的德行与名望一天比一天受人尊崇，荀勖、冯紞、杨珧都憎恨他。

冯统对晋武帝说："陛下命令诸侯回到自己的封国去，应当从亲属开始执行。与您最亲的没有人能比得上齐王了，如今却只有他还留在京城，这可以吗？"荀勖说："朝廷内外的百官，都从心里归附齐王，陛下万年之后，太子就不可能即天子之位了。陛下可以试着命令齐王回封国，朝廷上下必定都认为不可以，那么我说的话就应验了。"晋武帝同意了。冬季，十二月，甲申（十三日），晋武帝下诏书说："古时候九级官爵可以做方伯，或者是在朝廷里辅佐帝王处理朝政，或者外出统治一方，无论在内在外，都遵循着一个准则。侍中、司空、齐王司马攸，辅佐天子，建立了功勋，为了国家而辛勤劳苦，任命他为大司马、统领青州诸军事，侍中之职依旧，仍然增加、提高典制礼仪，令主管人详细地按照旧制施行。"任命汝南王司马亮为太尉、录尚书事、兼领太子太傅，光禄大夫山涛任司徒，尚书令卫瓘任司空。

【原文】

四年（癸卯，283年）

齐献王攸愤怨发病，乞守先后陵。帝不许，遣御医诊视，诸医希旨，皆言无疾。河南尹向雄谏曰："陛下子弟虽多，然有德望者少；齐王卧居京邑，所益实深，不可不思也。"帝不纳，雄愤恚而卒。攸疾转笃，帝犹催上道。攸自强入辞，素持容仪，疾虽困，尚自整厉，举止如常，帝益疑其无疾；辞出数日，欧血而薨。帝往临丧，攸子冏号踊，诉父病为医所诬。诏即诛医，以冏为嗣。

初，帝爱攸甚笃，为荀勖、冯统等所构，欲为身后之虑，故出之。及薨，帝哀恸不已。冯统侍侧，曰："齐王名过其实，天下归之，今自薨殒，社稷之福也，陛下何哀之过！"帝收泪而止。诏攸丧礼依安平献王故事。

攸举动以礼，鲜有过事，虽帝亦敬惮之。每引之同处，必择言而后发。

【译文】

四年（癸卯，公元283年）

齐献王司马攸由于愤怒、怨恨而生了病，他请求去守文明皇后的陵墓，晋武帝不答应，派了御医给他看病。各位御医为了迎合晋武帝，都说司马攸没有病。河南尹向雄进谏说："陛下子侄弟兄虽然多，但是有德行名望的却很少。让齐王卧病居住在京都,所带来的好处实际上是很深远的,不可以不考虑。"晋武帝不采纳他的意见,向雄由于愤怒怨恨而死去了。这时,司马攸的病开始加重,晋武帝仍然催促他上路。司马攸勉力撑持着去向晋武帝辞行,他平日里一贯保持容貌与仪表,虽然病得很厉害,他还是整齐振作,举止和往常一样,晋武帝越发怀疑他没有病。司马攸辞别上路,没有几天,他就吐血而死。晋武帝去司马攸那里亲临丧事,司马攸的儿子司马蕤顿足号哭,诉说他父亲的病是被医生给耽误了,受了医生的欺骗。晋武帝立即下令杀了医生,司马同接替了司马攸的地位。

当初,晋武帝对司马攸的疼爱之情是很深厚的。但是,由于荀勖、冯𬘘等人挑拨,晋武帝要为自己死后的事做打算,所以就让司马攸离开京都。等司马攸死了,晋武帝悲哀伤痛不止。这时,冯𬘘正在身旁侍候,就说:"齐王的名声超过了他的实际,天下的人都归附他。现在他自己死了,这是国家的福气,陛下为什么要过分悲哀呢!"晋武帝于是止住了眼泪,命令司马攸的丧礼要依照安平献王司马孚的规格去办。

司马攸的行为举止都合于礼法,很少有过错,即使是晋武帝也对他又敬又畏,每次拉着他在一起相处时,总是斟酌词语然后才说话。

【原文】

五年(甲辰,284年)

初,陈群以吏部不能审核天下之士,故令郡国各置中正,州置大中正,皆取本土之人任朝廷官、德充才盛者为之,使铨次等级以为九品,有言行修著则升之,道义亏缺则降之,吏部凭之以补授百官。行之浸久,中正或非其人,奸敝日滋。刘毅上疏曰:"今立中正,定九品,高下任意,荣辱在手,操人主之威福,夺天朝之权势,公无考校之负,私无告讦之忌,用心百态,营求万端,廉让之风灭,争讼之俗成,臣窃为圣朝耻之!盖中正之设,于损政之道有八:高下逐强弱,是非随兴衰,一人之身,旬日异状,上品无寒门,下品无势族,一也。置州都者,本取州里清议咸所归服,将以镇异同,一言议也。今重其任而轻其人,使驳违之论横于州里,嫌仇之隙结于大臣,二也。本立格之体,为九品者,谓才德有优劣,伦辈有首尾也。今乃使优劣易地,首尾倒错,三也。陛下赏善罚恶,无不裁之以法,独置中正,委以一国之重，曾无赏罚之防，又禁人不得诉讼，使之纵横任意，无所顾惮，诸受枉者，抱怨积直，不获上闻，四也。一国之士，多者千数，或流徙异邦，或取给殊方，面犹不识，况尽其才！而中正知与不知，皆当品状，采誉于台府，纳毁于流言，任己则有不识之蔽，听受则有彼此之偏，五也。凡求人才，欲以治民也，今当官著效者或附卑品，在官无绩者更获高叙，是为抑功实而隆空名，长浮华而废考绩，六也。凡官不同人，事不同能。今不状其才之所宜而但第为九品，以品取人，或非才能之所长，以状取人，则为本品之所限，徒结白论而品状相妨，七也。九品所下不彰其罪，所上不列其善，各任爱憎，以植其私，天下之人焉得不懈德行而锐人事，八也。由此论之，职名中正，实为奸府；事名九品，而有八损；古今之失，莫大于此！愚臣以为宜罢中正，除九品，弃魏氏之敝法，更立一代之美制。"太尉、汝南王亮、司空卫瓘亦上疏曰："魏氏承丧乱之后，人士流移，考详无地，故立九品之制，粗且为一时选用之本耳。今九域同规，大化方始，臣等以为宜皆荡除末法，咸用土断，自公卿以下，以所居为正，无复侨客，远属异土，尽除中正九品之制，使举善进才，各由乡论，则华竞自息，各求于己矣。"始平王文学江夏李重上疏，以为："九品既除，宜先开移徙，听相并就，则土断之实行矣。"帝虽善其言而终不能改也。

【译文】

五年（甲辰，公元284年）

当初，陈群由于吏部不能够审查核实天下的士人，所以就命令郡国各自设置中正，州设置大中正，都选取本地区的人担任朝廷的官职，只有富于德才的人才能够当选。按照士人的才能、政绩、资历分为不同的九品等级。如果言行卓越显著就可以被提升，道义缺损的就被降级，吏部就凭借这个来补充朝廷的百官。这个制度实行的日子越来越长久，有的中正并不是合格的人选，于是邪恶敝败的风气一天一天地滋长。刘毅针对这种状况上书说："如今设立了中正来决定官职的九品等级，品级的高与低，中正可以随自己的心愿来决定，别人的荣与辱都攥在他们的手里。他们掌握着人君才能有的威与福，夺取了朝廷的权势。他们对公，不因为自己的考查失实而觉得有所亏负；对私，也不为揭人隐私而有所避忌。这种制度使人们以各种

吴地殊韵

各样的用心从各个方面去钻营，廉洁谦让的风气消失了，争斗的习俗形成了，我私下为圣朝感到羞耻。中正制度的设立，对于政治的损害有八点：品级的高下，随着势力的强弱为转移，是与非的标准，以人的兴盛衰败来决定，同一个人，十天之内，处境就发生了变化。上品的官员没有出身于贫贱之家的，下品的官员，没有出身于有权势的大族的，这是第一。设置中正的目的，是要使州里公正的评论都能够归服顺从，将要以此来安定异同，使言论归于统一。现在却重视中正的职权而轻视担任中正的人选，使得违背的言论在州中放任，在大臣之间结下了憎恶的仇怨，这是第二。本着设置这项制度的规则，之所以要把士人分为九个等级，就是因为人的才与德有优劣的不同，资历、辈分也有前后。现在的做法却使得优与劣调换了位置，前与后颠倒，这是第三。陛下奖赏善良，惩罚邪恶，从来都是依法来裁决，唯独设置中正，把一国的重任托付给他，却没有能控制他的奖赏与惩罚的办法。还禁止人们控告中正，这就使中正为所欲为，肆无忌惮，各位受了冤枉的人，有一肚子的怨言和真心话，却不能使陛下听到，这是第四。一个国家里的士人，多得可以以千计数，他们或者流徙于异邦，或者是到别的地方谋求衣食。对这些人的相貌都不曾见过，更何况要发挥他们的才能！作为中正，对这些人无论是了解还是不了解，都应当评论、衡量他们的表现，不管是官府对他们的赞誉之词，还是败坏他们名声的流言蜚语，都应当全面地听取。但对这些意见如果只相信自己的判断，就会被不了解所蒙蔽，只听别人告诉你的话，就会因为彼此的局限而陷于片面与狭隘，这是第五。凡是寻求人才的目的，就是为了用他们来治理民众。现在担任官职有显著的成绩的人，有的却处于很低的等级，担任官职没有政绩的人，反而获得很高的级别，这就是压抑了确实有功劳的人而崇尚空虚的名声，助长了浮华的风气，使得对官员政绩的考核被废除。这是第六。所有的官职都是由不同的人担任的，各种各样的事情也需要不同才能的人来处理。现在是不问其才能是否合适，只管让他登上九品。以品级来选取人，有的人的才能与品级并不相符；若要根据具体人的情况来选取人，又被品级所局限，不过是空话，官职的品级与人的才德不相吻合，这是第七。九品中恶劣的人，也不彰明他的罪过，对所推举的人也不陈述他们的好处，各自放任自己的爱憎，培植自己的亲信，那么天下的人又如何不懈怠于德行而却专心于人情世故呢？这是第八。由此看来，职务名为中正，实际上是邪恶的处所；事务名称为九品，却有八点损害，古今的过失，没有比这更大的了。我愚昧地认为，应当罢免中正，废除九品，抛弃魏氏的这一敝陋之法，再重新建立一代美好的制度。"太尉、汝南王司马亮，司空卫瓘也上疏说："魏氏在丧乱之后当权，人士四处流徙迁移，要想详细地加以考察是办不到的，所以建立了九品官职的制度，以作为一时选拔人才的大致上的标准和依据。如今九州有了统一的制度，伟大的教化正要开始推行，我们认为，应当扫除浅陋的措施，改用以所在地区为主的土断之法，从公卿以下，以自己的居住地为准，不要再像客居当地似的，隶属于远处的其他地区。全部废除九品中正制度，使得荐举选拔优秀的人才，各自由乡里讨论决定，那么争相追求浮华的习气自然就会止息，人们也就会尽心于自己的努力了。"在始平王那里任文学之职的江夏人李重上疏，他认为："九品制度废除后，应当先开始流动迁徙，听任人们相互合并附就，那么真正的土断之法就开始实行了。"晋武帝虽然对这些建议很赞赏，但是最终也没能实行改革。